MARTIN HEIDEGGER

GESAMTAUSGABE

II. ABTEILUNG: VORLESUNGEN 1919–1944

BAND 62

PHÄNOMENOLOGISCHE INTERPRETATIONEN AUSGEWÄHLTER ABHANDLUNGEN DES ARISTOTELES ZUR ONTOLOGIE UND LOGIK

VITTORIO KLOSTERMANN
FRANKFURT AM MAIN

MARTIN HEIDEGGER

PHÄNOMENOLOGISCHE INTERPRETATIONEN AUSGEWÄHLTER ABHANDLUNGEN DES ARISTOTELES ZUR ONTOLOGIE UND LOGIK

ANHANG
PHÄNOMENOLOGISCHE INTERPRETATIONEN
ZU ARISTOTELES
(ANZEIGE DER HERMENEUTISCHEN SITUATION)
AUSARBEITUNG FÜR DIE MARBURGER UND DIE
GÖTTINGER PHILOSOPHISCHE FAKULTÄT

VITTORIO KLOSTERMANN
FRANKFURT AM MAIN

Frühe Freiburger Vorlesung Sommersemester 1922

Anhang
Phänomenologische Interpretationen zu Aristoteles
(Anzeige der hermeneutischen Situation)
Ausarbeitung für die Marburger und die Göttinger
Philosophische Fakultät (Herbst 1922)
Text des Typoskripts mit den handschriftlichen Zusätzen und
Randbemerkungen des Autors aus seinem Exemplar

Herausgegeben von Günther Neumann

Satz: Mirjam Loch, Frankfurt am Main
Druck: Wilhelm & Adam, Heusenstamm
Gedruckt auf alterungsbeständigem Papier ∞ ISO 9706 · Printed in Germany
ISBN 3-465-03429-5 kt · ISBN 3-465-03430-9 Ln

INHALT

VORBEMERKUNG ZU DEN ARISTOTELESINTERPRETATIONEN

ERSTES KAPITEL

Übersetzung und Interpretation von »Metaphysik« A 1 und A 2

Die Weisen des erhellenden Verstehens und die komparativische Bestimmung des eigentlichen Verstehens (σοφία). Die Interpretation des Verstehenderseins (σοφώτερον) als faktisch auslegende Dafürnahme des Lebens

A. Übersetzung von »Metaphysik« A 1 und A 2

DRITTES KAPITEL
Übersetzung (Kap. 1–4) und Interpretation (Kap. 2 und 3) von »Physik« A

Bestimmung der Prinzipien der Naturgegenstände und der ontologischen Grundbegriffe durch Verständnis ihrer Genesis und des ihrem Sachfeld entspringenden Herkunftssinnes

ANHANG II

Ergänzungen aus den studentischen Nachschriften

ANHANG III

Phänomenologische Interpretationen zu Aristoteles
(Anzeige der hermeneutischen Situation)
Ausarbeitung für die Marburger und die Göttinger Philosophische Fakultät
(Herbst 1922)

VORBEMERKUNG ZU DEN ARISTOTELESINTERPRETATIONEN[1]

§ 1. Das Wichtigste über die Texte des Aristoteles (Ausgaben, Zitation, Übersetzungen, Bibliographie)

Der textliche Boden für die Interpretation der überlieferten Untersuchungen des Aristoteles zur Philosophie steht weitgehend gesichert zur Verfügung in der Ausgabe der Preußischen Akademie der Wissenschaften in Berlin. Die Ausgabe umfaßt fünf Bände:

Bd. I u. II. Aristoteles Graece ex rec. Imm. Bekkeri; Berolini [apud Georgium Reimerum] 1831. (Die eigentlichen Textbände; vgl. Bd. V.)

Bd. III. Aristoteles Latine interpretibus variis, ib. 1831. (Übersetzung aus der Renaissancezeit. Metaphysikübersetzung wertvoll.)

Bd. IV. Scholia in Aristotelem collegit Christ. Aug. Brandis, [ib.] 1836. (Hierzu jetzt: Commentaria in Aristotelem Graeca. Edita consilio et auctoritate Academiae Litterarum Regiae Borussicae. Tom.: [I–]XXIII; dazu Supplementum Aristotelicum, [ib.] 1882–1909.)

Bd. V. Aristotelis, qui ferebantur, librorum fragmenta, collegit Val. Rose.
Comm. Syriani in lib. Met., ed. [H.] Usener.
Index Aristotelicus, [ed.] H. Bonitz [ib. 1870].[2]

Die Sicherung des Textes ist seit Erscheinen von tom. I und II hinsichtlich der verschiedenen Schriften und Schriftengruppen verschieden weit und gründlich fortgeschritten, heute nicht etwa abgeschlossen und daher bei jeder Interpretation als Voraufgabe mit im Auge zu behalten.

[1] [Überschrift von Heidegger.]

[2] [Vgl. dazu Nachschrift Weiß: Bonitz' Index des gesamten Sprachgutes des Aristoteles.]

Nach der Bekkerschen oder, wie man meist sagt, der Akademieausgabe wird zitiert. Die beiden Textbände (I und II) haben fortlaufende Seitenzahl:
Titel der Schrift (d. h. der Sammlung von Abhandlungen) in Abkürzung | Buchnummer | Kapitel | Seitenzahl | Spalte (a bzw. b) | Zeilen:
Phys. Γ 7, 208 a 3;
Met. A 1, 981 b 20;
Rhet. B 4, 1381 a 36.

Neuere Ausgaben einzelner Schriften haben jeweils am Textrand die Paginierung der Bekkerschen Ausgabe beigedruckt. (Auch die Übersetzungen der Meinerschen Philosophischen Bibliothek.)

Als Einzelausgaben kommen in Betracht die der Bibliotheca scriptorum Graecorum et Romanorum Teubneriana; davon sind für die Zwecke dieser Interpretation, auch wenn sie nicht ausdrücklich Gegenstand der Untersuchung sind, eingehender zu studieren:
Metaphysica (ed. Christ[3])
(Übersetzung v. A. Lasson; Rolfes (Philos. Bibl.)[4]);
Ethica Nicomachea (ed. Susemihl – Apelt[5])
(Übersetzung v. A. Lasson; Rolfes (Philos. Bibl.)[6]);

[3] [Aristotelis Metaphysica. Recognovit W. Christ. Lipsiae in aedibus B. G. Teubneri 1886 (Handexemplar Heideggers); 1903; 1906.]

[4] [Aristoteles, Metaphysik. Ins Deutsche übertragen von Adolf Lasson. Jena: Diederichs 1907.

Aristoteles' Metaphysik. Übersetzt und mit einer Einleitung und erklärenden Anmerkungen versehen von Eug. Rolfes. Leipzig: Dürr 1904; 2., verb. Aufl. Leipzig: Meiner 1921.]

[5] [Aristotelis Ethica Nicomachea. Recognovit Franciscus Susemihl. Lipsiae in aedibus B. G. Teubneri 1882 (Handexemplar Heideggers); editio altera curavit Otto Apelt 1903; editio tertia curavit Otto Apelt 1912.]

[6] [Aristoteles, Nikomachische Ethik. Ins Deutsche übertragen von Adolf Lasson. Jena: Diederichs 1909.

Aristoteles, Nikomachische Ethik. Übersetzt und mit einer Einleitung und erklärenden Anmerkungen versehen von Eug. Rolfes. Leipzig: Meiner 1911; 2., durchges. Aufl. 1921.]

De anima (ed. Biehl – Apelt[7])
(Übersetzt von Busse (Philos. Bibl.)[8]);
Physica (ed. Prantl[9])[10];
De animalium motione (ed. W. W. Jaeger[11]).

Bedauerlicherweise das »*Organon*« nicht erschienen. – *Waitz*[12] schwer zugänglich. Neu übersetzt Categorien, Hermeneutik, Topik, Sophistische Widerlegungen v. Rolfes a.a.O.[13]

Gemeinste Bibliographie-Auskünfte in [Friedrich] Ueberwegs Grundriß der Geschichte der Philosophie I, 11. Aufl. vollständig neubearbeitet v. K. Praechter, [Berlin: Mittler] 1920. (Allgemein zur Verfügung im Lesesaal der Bibliothek.)

[7] [Aristotelis De Anima libri III. Recognovit Guilelmus Biehl. Editio altera curavit Otto Apelt. In aedibus B. G. Teubneri Lipsiae 1911 (Handexemplar Heideggers).]

[8] [Aristoteles, Über die Seele. Neu übersetzt von Adolf Busse. Leipzig: Meiner 1911; 2., durchges. Aufl. 1922.]

[9] [Aristotelis Physica. Recensuit Carolus Prantl. Lipsiae in aedibus B. G. Teubneri 1879 (Handexemplar Heideggers).]

[10] [Vgl. dazu Nachschrift Weiß: keine Übersetzung oder schlechte.]

[11] [Aristotelis De Animalium motione et De Animalium incessu. PS-Aristotelis De Spiritu libellus. Edidit Vernerus Guilelmus Jaeger. Lipsiae in aedibus B. G. Teubneri 1913.]

[12] [Aristotelis Organon Graece. Edidit Theodorus Waitz. Pars prior: Categoriae, Hermeneutica, Analytica priora. Pars posterior: Analytica posteriora, Topica. Lipsiae, in sumtibus Hahnianis 1844–1846.]

[13] [Aristoteles, Kategorien. Neu übersetzt und mit einer Einleitung und erklärenden Anmerkungen versehen von Eug. Rolfes. Leipzig: Meiner 1920.

Aristoteles, Peri hermenias oder Lehre vom Satz. Neu übersetzt und mit einer Einleitung und erklärenden Anmerkungen versehen von Eug. Rolfes. Leipzig: Meiner 1920.

Aristoteles, Topik. Neu übersetzt und mit einer Einleitung und erklärenden Anmerkungen versehen von Eug. Rolfes. Leipzig: Meiner 1919.

Aristoteles, Sophistische Widerlegungen. Neu übersetzt und mit einer Einleitung und erklärenden Anmerkungen versehen von Eug. Rolfes. Leipzig: Meiner 1918.]

§ 2. Die Literaturform der überlieferten aristotelischen Schriften[1]

Ein Text ist nicht lediglich eine Aufeinanderfolge von Worten und Sätzen. Er ist mit und durch den Bedeutungszusammenhang des Sprachlichen – ›Ausdruck‹; und zwar entsprechend dem Inhaltlichen, was sich ausdrückt, entsprechend dem Ausdrucksziel, der Ausdruckstendenz (Mitteilung einer Lehre, Mitführung in wissenschaftlicher Forschung), hat der Text einen bestimmten, und zwar mehrfachen Ausdruckscharakter. Bedeutungszusammenhang ist Ausdruck des gegenständlichen Was. Das Wie des Bedeutens drückt aus das Wie des Ansprechens und Zugehens auf.

Sofern die Kundgabe immer solche ist innerhalb und für den Umkreis von Hörern und Lesern – die Kundgabe also mit den Ausdrucksmitteln und Formen ihrer geschichtlichen Lage sich darbietet bzw. solche Mittel und Formen umbildungsweise zum Ausgang nimmt, lebt die Mitteilungstendenz des Philosophierens, im besonderen der philosophischen Forschung, in einer bestimmten literarischen Form bzw. bildet eine solche aus.

Gerade je entscheidender das Absehen auf eine prinzipielle Aneignung einer überlieferten Philosophie geht, um so weniger gleichgültig ist der literarische Ausdruckscharakter der vorgegebenen Quellen.

Die Literaturformenforschung hat erst neuerdings die überlieferte philosophische Literatur (es ist hier zunächst nur die Rede von der des ›klassischen Altertums‹) in ihren Aufgabenkreis gestellt.

Zwar sah man im Rohen immer schon einen Unterschied zwischen einem platonischen Dialog (vor allem der Frühzeit) und einer aristotelischen Abhandlung, und man war immer etwas verlegen, ob man aus platonischen Dialogen ein System der Philosophie herauspräparieren könne und überhaupt dürfe. Die Frage

[1] [Überschrift von Heidegger.]

bezüglich der Interpretation der platonischen Philosophie ist keineswegs ins reine gebracht, sie ist noch nicht einmal prinzipiell scharf gestellt.

Dagegen sind die aristotelischen Schriften, im besonderen die unter dem Titel »Metaphysik« überlieferten Stücke, neuerdings auf ihre ›innere schriftstellerische Form‹ befragt worden. (vgl. W[erner] W[ilhelm] Jaeger, Studien zur Entstehungsgeschichte der Metaphysik des Aristoteles. Berlin [Weidmann] 1912[2]). Das Ergebnis der für alle Aristotelesinterpretation grundlegenden Untersuchung ist kurz folgendes: Was vorliegt ist wissenschaftliche Literatur mit dem betonten Charakter der Untersuchung und eigentlichen Forschung; und zwar ist sie berechnet auf Mitteilung innerhalb der engeren Forschungsgemeinschaft im Lykeion (Forschungsinstitut!). Vorlesungsschriften in der beweglichen Form der ›Abhandlung‹ – ihre ἔκδοσις, Weise, Publikationsart ist nicht die Herausgabe als Buch und ›philosophisches Werk‹ –, sondern die Mitteilung in der Vorlesung (eigener Manuskripte und deren [?] Nachschriften[3]) für die Ein- und Mitführung in philosophische Forschung.

Das Nähere der Jaegerschen Ergebnisse kann nur ein gründliches Studium der Untersuchung selbst geben, die in Fragestellung und Ergebnis ebenso fruchtbar für die spezifische philologische Kritik ist wie vorbildlich für die entsprechende Erforschung der übrigen philosophischen Literatur. Gewirkt hat sie bereits auf die Platonforschung: J[ulius] Stenzel, Studien zur Entwicklung der platonischen Dialektik von Sokrates zu Aristoteles. Arete und Diairesis. Mit einem Anhang: Literarische Form und philosophischer Gehalt des platonischen Dialoges. [Breslau: Trewendt & Granier] 1917.[4]

Für die philosophische Interpretation ist das Ergebnis der Jaegerschen Untersuchung in negativer Hinsicht wichtig: daß es

[2] [Vgl. dazu Nachschrift Weiß: Jägers Schrift *sehr gut.*]

[3] mitweltlicher Umlauf.

[4] [Die Briefe Martin Heideggers an Julius Stenzel aus dem Jahren 1928–1932 sind wiedergegeben in: Heidegger Studies 16 (2000), S. 11–33).]

nicht angeht, die Abhandlungen gewaltsam auf ein System der Metaphysik oder gar der ganzen Philosophie zu komponieren.

§ 3. Praktische Anweisung für Hören und Studium[1]

a) Sprachbeherrschung, Übersetzung und Interpretation

Der Zugang zu den Schriften im Verstehen der griechischen Sprache. Wer ›Griechisch kann‹, versteht aber noch nicht Aristoteles, sowenig der, der die deutsche Sprache beherrscht, Hegel schon versteht. Philologische Sprachbeherrschung ist notwendige, aber grundsätzlich nicht hinreichende Verstehensbedingung, so zwar, daß ihr Beitrag zur Verstehensleistung erst dann echt wirksam werden kann, wenn sie selbst von der hermeneutischen Situation her, die dem ausgedrückten Gegenstandszusammenhang angemessen ausgebildet sein muß, ihre Direktion empfängt. Es liegt alles daran, wie und wie weit, je nach der Verstehenstendenz, der Bedeutungszusammenhang der Worte angeeignet wird. Ein Verständnis erwächst immer in mehrfachen und je nach Verstehensabzweckung vielfachen Übersetzungsstufen.

Jede Übersetzung aber ist schon eine bestimmte Interpretation und demnach verschieden weit in die zu verstehende Sache vorgedrungen und von verschieden klarer oder gar ausdrücklich angeeigneter Verstehenslage her ausgebildet. Sehr oft so, daß diese nicht bestimmt dirigiert und die übersetzende Bedeutungsprägung von den disparatesten Anschauungsrichtungen und -stufen hinsichtlich der bedeuteten Sachen aus bestimmt ist.

Auf dem Niveau und für die Ansprüche eines ersten rohen, ganz verwaschenen Verständnisses, im Umkreis ganz niedrig gesetzter Verstehenstendenzen können verschiedene Übersetzungen desselben Textes in einer gewissen Einstimmigkeit eine Kenntnis vom ›Inhalt‹ vermitteln: daß also z. B. sichtbar wird: es ist hier die

[1] [Überschrift von Heidegger.]

Rede vom sittlichen Verhalten des Menschen und nicht von der Verdauung der Säugetiere.

Die Übersetzung sowohl wie eine erste Lesung des griechischen Textes vermögen gleich genügend eine solche erste Orientierung zu vermitteln. Und es ist ratsam, in dieser Weise sich für die Absichten dieser Vorlesung mit der »Metaphysik«, der »Nikomachischen Ethik« und »Psychologie« [Περὶ ψυχῆς/De anima], »Organon« zu beschäftigen, um überhaupt eine rohe Vorstellung von dem zu haben, wovon die Rede ist.

In dem Moment, wo eine eigentliche Interpretation einsetzt, werden sich auch in Verständnissen des Textes und in den Übersetzungen Differenzen einstellen.

Um eine zu weitgehende Zersplitterung der Formulierung zu vermeiden, soll jeweils für die einzelnen Stücke eine Übersetzung gegeben werden, wie sie aus dem in der Vorlesung wirksamen Interpretationsansatz und der Interpretationsabsicht entspringt.

Maßstab und Charakter einer Übersetzung sind immer relativ auf das Ziel der Interpretation. Hier handelt es sich nicht um Stilübungen, sondern um eine volle Aneignung der Bedeutungszusammenhänge, d. h. der bedeuteten Sachen, um den Nachvollzug der diese Sachen originär gebenden Anschauungen und Anschauungszusammenhänge. Je bestimmter die Übersetzung *darauf* abzielt, je strenger ist sie jeweils. Eine sogenannte wörtliche Übersetzung, die sich nur an die Worte hält, die dastehen, sie nach dem Lexikon wörtlich übersetzt, und in die Übersetzung ebensoviel aufnimmt und es dabei bewenden läßt, ist die denkbar unsachlichste; sie bewegt sich in wortmäßig zwar einzigen und *so* bestimmten Bedeutungen bzw. ›*Wörtern*‹. Diese scheinbare Bestimmtheit gibt aber der bei jedem Wort und gerade bei philosophischen Wortausdrücken mitgehenden Vieldeutigkeit den größten Spielraum. (Die hermeneutische Funktion eines Lexikons und die dazu gehörige Kritik.)

Die auf eine nachkommende ausdrücklich ihr zugehörige Interpretation abzweckende Übersetzung genügt am ehesten ihrer Aufgabe in der Weise, daß dabei schon *die* Ausdrücke auftauchen, durch deren Verständnis hindurch eine Anschauung der vermeinten Gegenstände erzielt werden soll. Eine solche Übersetzung lenkt das Wortverständnis schon in bestimmte Anschauungsrichtungen und Vergegenwärtigungsweisen der Sachen, sie lockert gleichsam einen starren Text auf und macht ihn erst einmal beweglich und gefügig für eine ihn dann erst wieder begrifflich fixierende Interpretation.

Die Paraphrase ist schon ein Schritt zur Interpretation, d.h. etwas, was erst recht und gerade interpretationsbedürftig ist; sie ist also gegenüber einem festen, glatten und schönen Übersetzungstext im vorliegenden Fall – das liegt an den Sachen, von denen die Rede ist – zunächst weniger zugänglich.

So wenig wie jede andere ist die Paraphrase etwa *die* Übersetzung; sie ist es nicht etwa *deshalb* nicht, weil sie auch ›Fehler‹ haben wird, ›unabgeschlossen‹ ist, sondern weil es so etwas wie ›*die* Übersetzung‹ gar nicht gibt. Diese Idee entspringt gar nicht einem historischen ›Denken‹ und das Absehen darauf ist sinnlos (nur: ursprünglicher oder nicht historisch-geschichtlich). (*Grammatische Richtigkeit* – an *diese* hat sich Paraphrase zu halten – ›stabiler‹ (Stabilität auch geschichtlich!), aber auch *nicht etwas absolutes Regelhaftes* – und gerade nicht in philosophischen Ausdruckszusammenhängen, wo die Sprache erst eigentlich *in* der Forschung wächst.)

b) Zu Leben und Werk: Hinweis auf neuere Darstellungen. Anweisung zum Studium

Vorausgesetzt wird in dieser Vorlesung die Kenntnis dessen, was man so nennt ›Leben und Werke‹, was in das Feld einer mitzubringenden wissenschaftlich philosophiegeschichtlichen Bildung fällt; bzw. es wird angenommen, daß Sie von selbst darauf kommen, sich darüber, je nach den wissenschaftlichen Möglichkeiten und den maßgeblichen wissenschaftlichen Ansprüchen zu orientieren.

Von neueren Darstellungen sind zu nennen:
Zeller, Die Philosophie der Griechen, II, 2. Abt.;[2]
Windelband-Bonhöffer, Geschichte der antiken Philosophie[3] (Handbuch der klassischen Altertums-Wissenschaft V, 1. Abt., 1. Teil);
Gomperz, Griechische Denker;[4]
Brentano, Aristoteles, in: von Aster, Große Denker. Siehe: Aristoteles und seine Weltanschauung.[5, 6]

Wichtiger aber ist die Lektüre von Schriften des Aristoteles selbst, vor allem Ethik und Psychologie. Für die Vorlesung sind wichtig: Met. A, Z, H, Θ; Anal. post. I und II.

Da sich im Verlauf der Vorlesung Schwierigkeiten und Mißverständnisse einstellen werden, die sich nur in Rede und Gegenrede fruchtbar bewältigen lassen, soll die Freitagstunde solchem Zwecke dienen, vor allem auch dazu, eine intensivere Aneignung des in der Vorlesung Gesagten bei Ihnen zu vermitteln. Hierfür sollen ›Fragen‹ und Einwände schriftlich kurz fixiert jeweils bis zum Schluß der Donnerstagstunde vorgelegt werden.

[2] [Eduard Zeller, Die Philosophie der Griechen in ihrer geschichtlichen Entwicklung. II. Teil, 2. Abt.: Aristoteles und die alten Peripatetiker. 4. Aufl. Leipzig: Reisland 1921.]

[3] [W. Windelband, Geschichte der antiken Philosophie. 3. Aufl., bearbeitet von Adolf Bonhöffer. München: Beck 1912.]

[4] [Theodor Gomperz, Griechische Denker. Eine Geschichte der antiken Philosophie. 3 Bde. Leipzig: Veit 1896–1909.]

[5] [F. Brentano, Aristoteles. In: Große Denker. Hg. von E. von Aster. Bd. I. Leipzig: Quelle & Meyer 1911, S. 153–207; erweiterte Einzelausgabe: Franz Brentano, Aristoteles und seine Weltanschauung. Leipzig: Quelle & Meyer 1911.]

[6] [Vgl. Nachschrift Weiß zu Brentano: Aber in bestimmter Interpretation.]

§ 4. Einleitung in die voraristotelische Philosophie im Anschluß an Aristoteles, »Metaphysik« A.[1] *Methodischer Mittelweg: Aristoteles als Anweisung*

Wissenschaft: der idealste Weg von ihm [Aristoteles] aus. Ausarbeitung seiner Problematik; von da zurück und nach vorn. Der Weg ist praktisch in einer Semestervorlesung nicht zu gehen. Die *Vorbereitung* allein wird das Semester ausfüllen. Mittelweg: von ihm aus *eine Anweisung geben* lassen.

Wenn wir die wissenschaftliche Philosophie der Griechen aus ihnen selbst verstehen wollen, dann ist er der beste Führer. Die Annahme ist nicht zu gewagt, daß er die Griechen besser verstand als die Allzuklugen des 19. Jahrhunderts, die als Fabel aufbrachten, Aristoteles habe Plato nicht verstanden.

Wenn wir Anleitung suchen bei Aristoteles für das Verständnis der voraristotelischen Philosophie, sind wir in günstiger Lage. Von ihm selbst ist eine historische Einleitung in die Philosophie überliefert – das I. Buch seiner »Metaphysik«.

Er gibt darin ein Doppeltes:

1. Kap. 1 und 2: eine Darstellung des Ursprungs des theoretischen Verhaltens und der Wissenschaft im Menschen selbst – von dem, wonach Wissenschaft überhaupt fragt, d. h. Herausarbeitung der möglichen Fragen nach dem Woher und Warum (αἴτιον – ἀρχή).

2. Kap. 3–10: in großen Zügen die Entwicklung der Problematik der wissenschaftlichen Philosophie bis zu seiner Zeit.

Wir beginnen mit der Interpretation des I. Buches der »Metaphysik«, d. h., wir setzen uns zusammen ins Kolleg zu Aristoteles; nur dafür Sorge tragen, daß wir ihn nicht mißverstehen.

Mit dieser Interpretation den freien *Ausblick* auf die Grundprobleme, die *wir dann* konkret von den Anfängen der milesischen Naturphilosophie an in der gekennzeichneten Weise verfolgen.

[1] [Dieser Teil der Überschrift von Heidegger.]

§ 5. Der Titel »Metaphysik« (μετὰ τὰ φυσικά) als redaktionstechnischer und sachlicher Titel

Allgemeines über Aristoteles' Schriften – Zitation.[1]

»Metaphysik«, im besonderen Bonitz, Ausg. u. Comm., Arist. Met., Bonn 1849.[2] Einleitung zu Bd. II, *35* Seiten: das Wesentliche zusammengefaßt, seine eigene Untersuchung.

[»Metaphysik«] kein einheitliches Werk, nach festem Plan entworfen, sondern einzelne Abhandlungen, die die Untersuchung neu ansetzen in verschiedener Richtung und verschieden weit.

Die *»Metaphysik«* kein Buch, sondern Sammlung von Abhandlungen über das Sein – Erste *Philosophie*. Philosophie: *Wissenschaft* überhaupt.

(Andronikus von Rhodus, ca. 70 v. Chr., später Peripatetiker.)

Titel μετὰ τὰ φυσικά:

1. Redaktionstechnischer Titel, den die Sammler der aristotelischen Schriften [prägten]: Die Abhandlungen, die in der Ordnung der Schriften nach und hinter denen kommen, die über die Natur handeln.
2. Sachlicher Titel, heute noch doppeldeutig. Die Abhandlungen, die ihrem sachlichen Thema nach von dem handeln, was über und hinter dem Seienden liegt, das wir Natur nennen (»Metaphysik«).
   a) *Über φυσικά hinaus* im Sinne der Wissenschaft vom Seienden (»Tiergeschichte« – »Teile der Tiere«; »Meteorologie« – »Vom Himmel«)[3]; so auch schon Physik. Wissenschaft vom *Sein*, obzwar noch nicht völlig geklärt. α) Die vom Sein handeln; πρότερον πρὸς ἡμᾶς – πρότερον τῇ φύσει; β) von dem *Seienden*, das Natur- und Weltgrund ist; νοῦς, Geist, Gott.

[1] [Vgl. oben § 1, S. 1 ff.]

[2] [Aristotelis Metaphysica. Recognovit et enarravit Hermannus Bonitz. Pars prior et pars posterior. Bonnae Ad. Marcus 1848–1849.]

[3] [Aristoteles' Schriften: Historia animalium – De partibus animalium; Meteorologica – De caelo (coelo).]

b) Vom Sein als solchen – πρώτη φιλοσοφία. Vom höchsten und eigentlichen Seienden – θεολογικὴ ἐπιστήμη, θεολογία.

ERSTES KAPITEL
ÜBERSETZUNG UND INTERPRETATION VON »METAPHYSIK« A 1 UND A 2

Die Weisen des erhellenden Verstehens und die komparativische Bestimmung des eigentlichen Verstehens (σοφία). Die Interpretation des Verstehenderseins (σοφώτερον) als faktisch auslegende Dafürnahme des Lebens

§ 6. Vorbemerkung zur ontologischen Forschung und zum nächsten Ziel der Untersuchung: Gewinnung eines prinzipiellen Verständnisses der Ontologie des Aristoteles[1]

Das nächste Ziel der Untersuchung ist die Gewinnung eines prinzipiellen Verständnisses dessen, was man am kürzesten mit einem in den Anfängen der neuzeitlichen Philosophie aufgekommenen Terminus (J. Clauberg, Opera (1691),[2] p. 281) als die *Ontologie des Aristoteles* bezeichnen kann: Sicuti autem θεοσοφία vel θεολογία dicitur quae circa Deum occupata est scientia: ita haec, quae non circa hoc vel illud ens speciali nomine insignitum vel proprietate quadam ab aliis distinctum, sed circa ens in genere versatur, non incommode ὀντοσοφία vel ὀντολογία dici posse videatur. (Vgl. Donat, Ontologia, Innsbruck 1910,[3] p. 11 f.) Nur die Namenprägung neu; sachlich: *Scholastik;* λόγος τοῦ ὄντος – λόγος τοῦ βίου, Biologie.

[1] [Siehe Anhang I, Beilage Nr. 1, S. 265.]

[2] [Johannis Claubergii Opera omnia philosophica. Cura Joh. Theod. Schalbruchii. Amstelodami. Ex Typographia P. & I. Blaev 1691. Pars prima (Reprograf. Nachdruck: Hildesheim: Olms 1968).]

[3] [J(osef) Donat, Ontologia (Summa Philosophiae Christianae. Auctore Josepho Donat. Vol. III). Oeniponte (Innsbruck) typis et sumptibus Feliciani Rauch 1910.]

Eine der heute umlaufenden Auffassungen von Aufgabe und Tragweite der Ontologie darf nicht maßgebend sein für die Interpretation dessen, was bei Aristoteles vorliegt; denn die heutigen ontologischen Meinungen und Theoreme sind in ihrer Beweisgrundlage und Beweismethode ganz ungeklärt, ja geradezu so gestellt und dafür ausgegeben, daß für sie eine grundsätzliche Besinnung nicht gekannt und für dringlich befunden wird.

Die heute gerade durch die Phänomenologie stark betonte und in ihr besonders gepflegte ontologische Forschung ist so sehr mit ungeklärten, aus der Überlieferung unbesehen aufgegriffenen Einstellungsmotiven und Aspirationen durchsetzt, daß kaum etwas (wissenschaftlich) fragwürdiger sein kann als die Einsetzung der Ontologie in die Rechtsame einer Grunddisziplin der Philosophie oder eines Leitfadens für alle phänomenologische Untersuchung.

Sofern ein entscheidender, aber gänzlich verdeckter Sinn in den ontologischen Bemühungen liegt, und dieser herausgestellt und durchgesetzt werden will innerhalb und gegen eine wissenschaftliche Lage, die wie keine aus den verworrensten Überlieferungsstücken ihr Dasein fristet und wahllos gleichsam irgendwo in der Geistesgeschichte eine Meinung aufrafft (um daraus die Theorien der Gegenwart zu machen), bleibt nur das eine, überhaupt erst einmal zu einer prinzipiellen und eindeutig gestellten Frage darnach sich vorzuarbeiten, was das mit ›Ontologie‹ mehr nur Bezeichnete als bestimmt Gemeinte im Zusammenhang philosophischer Forschung prinzipiell besagen kann.

Sofern alles, was sich als Ontologie und Kategorienlehre ausgibt, letztlich auf Aristoteles zurückweist, hat eine kritische Besinnung diesem Tatbestand einfach Folge zu geben, ohne jede sentimentale Rücksicht auf Bedenken wie die, daß man mit solchen umständlichen Umwegen über die Geschichte der Philosophie nie zum System, nie zu einer geschlossenen Weltanschauung, oder mit solchem Historizismus nie zur absoluten Position komme. Mit solchen inquisitorischen und demagogischen Argumenten[4] kann man höchstens junge Mädchen, romantische aber um so bequemere Jünglinge und alte Weiber etwas verängstigen.

Der Terminus ›Ontologie‹ ist im vorliegenden Zusammenhang nur eine kurze Bezeichnung für das, was sich kurz so fixieren läßt: *Die Frage nach dem, was das Seiende nach dem Charakter des ›Seins‹ am Seienden ist, dem Seinssinn des Seienden: Ontologie die Frage darnach in eins damit die Bewältigung*[5] *der Frage in bestimmt gerichteter Forschung.* Es ist also zu untersuchen, in welchen Fragezusammenhängen, aus welchen Motiven und in welchen Absichten die Forschung nach dem Seinssinn des Seienden entspringt, in welche Rolle diese Forschung innerhalb der entscheidenden Fragestellung der aristotelischen Philosophie gebracht ist und warum gerade dann in diese.

Ein *volles* und echtes Verständnis der aristotelischen Ontologie ist nicht auf dem Wege zu gewinnen, daß erzählt wird, von welchen abstrakten Sachen da die Rede ist, daß ein Katalog von ontologischen Grundbegriffen hergestellt wird, wie er nicht einmal bei Aristoteles vorliegt, daß diese Grundbegriffe in allgemeinen Reden umschrieben werden, sondern dazu muß als einer ersten Forderung dem genügt werden: die aristotelische Forschung selbst nach Fageansatz, Fragemittel, Frageschwierigkeiten, nach Bewältigungswegen, streckenweiser Lösung, Auswertung der Lösung, Stehenbleiben der Frage, Neuansetzen und dergleichen ganz konkret erst einmal verfolgen.

Um aber einen solchen Zusammenhang lebendiger Forschung – nicht etwa um einen Betrieb zwecks Ausheckung eines Systems der Philosophie – in die Untersuchung zu nehmen, bedarf es eines vorgängigen Verständnisses dessen, des Phänomens, was Aristoteles selbst unter wissenschaftlicher Forschung versteht, d. h. es bedarf einer *ersten Interpretation des vollen Sinnes der Fragehaltung*, in der sich für Aristoteles seine ontologische Forschung ins Werk setzt.

[4] [Andere Formulierung am Rand:] Mit solchen abgerissenen Untersuchungen, die sachlich gar nichts, nicht einmal eine scharf gestellte Frage vorbringen.

[5] [Einfügung in Stenographie:] Versicherung [?]

Eine erste, für die Zwecke dieser Untersuchung hinreichende ›Vorstellung‹ von dieser Fragehaltung kann vermittelt werden durch die Interpretation von Met. A 1, 980 a 21 – 2, 983 a 23 (vgl. Überleitung von Met. A 1, 2 zu Physik[6]).

A. Übersetzung von »Metaphysik« A 1 und A 2

§ 7. Übersetzung von »Metaphysik« A 1
(Die Weisen des Vernehmens, des sich auskennenden Umgangs, der Verfahrung und des wissenden Verstehens)

In der Übersetzung die wichtigen Zusammenhänge gerade durch reichere und betontere und erfülltere Ausdrücke betont. Von da erst ein Zurückbeschneiden auf eine *sinn*mäßige wörtliche Anmessung an den blanken Text und die Wort- und Satzzahl und -teilung möglich. Was nicht da steht, ›da steht‹: eine Sache und *diese* echt und konkret zugänglich machen. Eine wörtliche Übersetzung, sofern sie mehr ist als lexikalisches Umschreiben (Bedeutungen einfach roh aufgegriffen), kann gerade erst von da aus reduktiv gewonnen werden, sofern ein besonderes Interesse daran besteht.[1]

a) »Metaphysik« A 1, 980 a 21–27
(Das Kennenlernenwollen des Menschen in den Weisen des Vernehmens. Vorzug des Sehens)

980 a 21–27: Πάντες ἄνθρωποι τοῦ εἰδέναι ὀρέγονται φύσει. σημεῖον δ' ἡ τῶν αἰσθήσεων ἀγάπησις· καὶ γὰρ χωρὶς τῆς χρείας ἀγαπῶνται δι' ἑαυτάς, καὶ μάλιστα τῶν ἄλλων ἡ διὰ τῶν ὀμμάτων. οὐ γὰρ μόνον ἵνα πράττωμεν, ἀλλὰ καὶ μηδὲν μέλλοντες πράττειν τὸ ὁρᾶν αἱρούμεθα ἀντὶ πάντων ὡς εἰπεῖν τῶν ἄλλων.

[6] [Im vorliegenden Band: Zweites Kapitel, S. 115–120.]

[1] [Eventuell späterer Zusatz zur Übersetzung auf der rechten Blattseite, nicht in den Nachschriften. Vgl. auch oben § 3 a, S. 6 ff.]

αἴτιον δ' ὅτι μάλιστα ποιεῖ γνωρίζειν ἡμᾶς αὕτη τῶν αἰσθήσεων καὶ πολλὰς δηλοῖ διαφοράς. »Das Verlangen nach dem Leben im Sehen [dem Aufgehen im Seh-baren] ist etwas, was das Wie*sein*[2] [seinshafte Zeitungungsweise (des Seins)][3] *des Menschen* mitausmacht. Dieses Wiesein des Menschen drückt sich darin aus, daß er (vorzugsweise) gern lebt in *den* Weisen, die je nur etwas Neues und Anderes kennenlernen lassen. Dieses, das Sehen-Gernhaben [diese Sucht und Gier], ist so im Wiesein [seinshafte Zeitigungsweise][4] des Menschen verwurzelt, daß er darauf aus ist auch da und dann, wo diese Weisen des Kennenlernenlassens frei sind von einer Nutzung und Leistung des Vollziehens und Erfüllens von Besorgenstendenzen [der *gegebenen* Leistungssphäre]. Den stärksten Vorzug für dieses Verlangen hat das Kennenlernenwollen in der Weise des ›Sehens‹ [des Aufgehens im Seh-baren, des sich etwas Ansehens, des Sichumsehens, des nach- und dahinter-Sehens.][5] Die besagte Gier und sonach das Wiesein des Menschen drückt sich mit am eigentlichsten im Sehenwollen aus. Wir *ergreifen* nämlich das Sehen *vor* nahezu allen anderen Weisen des Kennenlernens [wir suchen uns vorzugsweise darin festzunisten und zu halten], und zwar nicht ausschließlich in Ansicht darauf, jeweils immer etwas ausrichtend ins Werk zu setzen, sondern (gerade) auch dann und da, wo wir ›nichts vorhaben‹, wo es auf nichts weiter ankommen soll [nur daß gesehen ist, nur daß man unterrichtet ist, trivial: nur daß man weiß, ›was los ist‹]. Hieran ist Schuld, daß das Sehen uns ›am meisten‹ [am entsprechend

[2] ›sein‹ betont – ein solches vom Charakter des Lebens. Ein Sein, derart, daß *an ihm selbst es auf etwas an-kommt*; *nicht* bezüglich seiner, *es in einen Bezug genommen*. Formal anzeigender Sinn von ›Leben‹, vgl. Einleitung [in: Martin Heidegger, Phänomenologische Interpretationen zu Aristoteles. Einführung in die phänomenologische Forschung. Frühe Freiburger Vorlesung Wintersemester 1921/22. Hg. von Walter Bröcker und Käte Bröcker-Oltmanns. Gesamtausgabe Bd. 61. Frankfurt a. M.: Klostermann 1985; 2., durchges. Aufl. 1994, S. 1–155.]

[3] Wie*sein* [durchgestrichen und darübergeschrieben] seinshafte Zeitigungsweise (des Seins).

[4] Wiesein [eingeklammert und darübergeschrieben] seinshafte Zeitigungsweise.

[5] [Vgl. dazu Nachschrift Weiß: nicht physiologisch zu verstehen.]

genügendsten im Hinblick gerade auf die vernehmende Tendenz] dazu verhilft, etwas recht eigentlich kennen zu lernen, daß *es* gerade am ehesten viele Unterschiede [immer gleich recht viel, eine Mannigfaltigkeit des Sehbaren] offenbarend beistellt.«

b) Exkurs: De sensu 1, 437 a 3–15 (Sehen und Hören)

Vgl. De sensu[6] 1, 437 a 3–15[7]:

437 a 3–9: αὐτῶν δὲ τούτων πρὸς μὲν τὰ ἀναγκαῖα κρείττων ἡ ὄψις καθ' αὑτήν, πρὸς δὲ νοῦν καὶ κατὰ συμβεβηκὸς ἡ ἀκοή. διαφορὰς μὲν γὰρ πολλὰς καὶ παντοδαπὰς ἡ τῆς ὄψεως ἀγγέλλει δύναμις διὰ τὸ πάντα τὰ σώματα μετέχειν χρώματος, ὥστε καὶ τὰ κοινὰ διὰ ταύτης αἰσθάνεσθαι μάλιστα (λέγω δὲ κοινὰ σχῆμα καὶ μέγεθος, κίνησιν, ἀριθμόν). »Von diesen Weisen des Vernehmens [Riechen, Hören, Sehen] ist das Sehen auch an ihm selbst wichtiger in Hinsicht auf das, was dem Lebenden not tut, in Hinsicht aber auf geistiges Leben auch das Hören, sofern es also nicht an ihm selbst genommen – sondern in dieser Hinsicht des Lebens. Zahlreiche und mannigfaltige Unterschiede[8] bringt entgegen meldend (gibt vor) das Sehenkönnen, weil alle Dinge (Körper) gefärbt, als farbig sich geben, so daß man dadurch auf die *jeweils* mitvorhandenen, durchgängig mitgegebenen [jedem zugänglichen!] Bestimmtheiten nach Gestalt, Größe, Geschehnisweise und Mannigfaltigkeit sich zur Kenntnis bringen kann.«

437 a 9–15: ἡ δ' ἀκοὴ τὰς τοῦ ψόφου διαφορὰς μόνον, ὀλίγοις δὲ καὶ τὰς τῆς φωνῆς. κατὰ συμβεβηκὸς δὲ πρὸς φρόνησιν ἡ ἀκοὴ πλεῖστον συμβάλλεται μέρος. ὁ γὰρ λόγος αἴτιός ἐστι τῆς μαθήσεως ἀκουστὸς ὤν, οὐ καθ' αὑτὸν ἀλλὰ κατὰ συμβεβηκός· ἐξ ὀνομάτων γὰρ σύγκειται, τῶν δ' ὀνομάτων ἕκαστον σύμβολόν

[6] [Griechischer Text nach: Aristotelis Parva naturalia. Recognovit Guilelmus Biehl. Lipsiae in aedibus B. G. Teubneri 1898.]

[7] Die Stelle ist auch für das Folgende (das Lernen) wichtig.

[8] [Stenographische Randbemerkung:] Differenz.

ἐστιν. »Das Hören bringt nur die Unterschiede des Geräusches zur Gegebenheit, bei wenigen auch die der *Stimme*, des Lautes. In Hinsicht des *Mit*beitragens zum verstehenden Bewahren (Verstehen – Überlegen) ist das Hören am meisten beteiligt. Denn die Rede – sofern sie hörbar ist – ist [nicht ihrem Eigentlichen nach, sondern jeweils als gerade *gehörte*, hörbare] mit schuld am Lernen. Denn die Rede besteht aus Worten, jegliches derselben aber ist irgendwie mitbeibringend[9] [das Bedeutungshafte].«

c) »Metaphysik« A 1, 980 a 27 – 981 a 3 (Das Verfügenkönnen in den Weisen der Orientierung (αἴσθησις), des Behaltens (μνήμη) und des sich auskennenden Umgangs (ἐμπειρία))

980 a 27 – b 25: φύσει μὲν οὖν αἴσθησιν ἔχοντα γίγνεται τὰ ζῷα, ἐκ δὲ τῆς αἰσθήσεως τοῖς μὲν αὐτῶν οὐκ ἐγγίγνεται μνήμη, τοῖς δ' ἐγγίγνεται. καὶ διὰ τοῦτο ταῦτα φρονιμώτερα καὶ μαθητικώτερα τῶν μὴ δυναμένων μνημονεύειν ἐστίν· φρόνιμα μὲν ἄνευ τοῦ μανθάνειν, ὅσα μὴ δύναται τῶν ψόφων ἀκούειν, οἷον μέλιττα, κἂν εἴ τι τοιοῦτον ἄλλο γένος ζῴων ἐστίν· μανθάνει δ' ὃ πρὸς τῇ μνήμῃ καὶ ταύτην ἔχει τὴν αἴσθησιν. »Zum Wiesein dessen, was in *der* Weise ist, daß es *lebt*, gehört es, zu werden [in der Seinsweise des Geschehens zu sein] und darin mit dem Verfügenkönnen über Kenntnisnahme (Orientierung). Bei dem einen, das in der Weise solchen Lebens *ist*, kommt es *nicht* dazu, daß sich aus dem ständig orientierten Leben [aus ihm selbst für es selbst] in dessen Werdensweise einbildet das Wiesein durch so etwas wie Behalten; bei anderen kommt es dazu. Daher ist, was dann so [im Behalten] lebt, auch klüger [so etwas wie berechnender] und gelehriger (lernfähiger) als das, das nicht über das Behaltenkönnen verfügt. Es gibt auch solche [›Lebewesen‹], die eine gewisse Klugheit [berechnende Orientiertheit] haben, ohne in den Stand gesetzt zu sein, zu lernen; alle die nämlich, die außerstande sind, Geräusche

[9] ist nicht nur da, sondern bringt etwas mit. Dieser mitbringende Charakter ist die Seinsweise von Worten! Hier schon durch die dinghafte Vorhabe wirksam.

zu vernehmen[10], so die Bienen, und etwaiges anderes, was die nämliche Seinsweise hat, gesehen auf die Abkünftigkeit seines Wieseins[11]. Es lernt aber [jegliches Lebende], das über diese Vernehmensweise [das Hören] verfügt und dabei *behalten* kann.«

980 b 25–27: τὰ μὲν οὖν ἄλλα ταῖς φαντασίαις ζῇ καὶ ταῖς μνήμαις, ἐμπειρίας δὲ μετέχει μικρόν. »Was es also sonst so an Lebendem [das Menschsein ausgenommen] gibt, das *lebt* in den Weisen des jeweiligen Aufgehens in dem, wie sich gerade die Gegenstände [der Um*welt*] geben [in ihrer nächsten Zugänglichkeit] und des [entsprechenden] Behaltens. Eine geringe Rolle spielt in dieser Weise des Seins (als Leben) die ἐμπειρία, *der sich auskennend etwas ausrichtende Umgang (die ausrichtend umgehende Auskenntnis).*« Leben vorwiegend als ›vegetieren‹. ›Erfahrung‹ – aber nur in der besagten Interpretation; anders ist der Terminus viel zu sehr in ganz anderer Hinsicht belastet, gerade auch in der Fassung als Fremdwort ›*Empirie*‹, ›empirisch‹, als daß es von diesem heute durch die Erkenntnistheorie in Umlauf gesetzten Gebrauch her noch möglich wäre, dies Entscheidende der Bedeutung zu fassen. Die Betonung – und zwar eine umschreibende – ist im Zusammenhang dieser Interpretation wichtig, weil gerade ohne diese die aristotelische Auslegung von σοφία unverständlich bleibt: Umgangscharakter – Auskenntnischarakter.[12]

980 b 27 – 981 a 1: τὸ δὲ τῶν ἀνθρώπων γένος καὶ τέχνῃ καὶ λογισμοῖς. γίγνεται δ' ἐκ τῆς μνήμης ἐμπειρία τοῖς ἀνθρώποις· αἱ γὰρ πολλαὶ μνῆμαι τοῦ αὐτοῦ πράγματος μιᾶς ἐμπειρίας δύναμιν ἀποτελοῦσιν. »Was aber ist aus und in der Seinsabkünftigkeit des Menschseins, das lebt (dazu) auch in den Weisen der Verfahrung und Überlegung. Den Menschen *wächst* eigentümlich [?] aus dem Behalten [und Behaltenen, dem über solches Verfügen] zu der sich auskennende Umgang. Denn das vielfache und behaltende

[10] T[erminus].

[11] [Vgl. dazu Nachschrift Weiß: Γένος darf nicht mit Gattung übersetzt werden, eigentlich Stamm, Abkünftigkeit, Herkunft etc. Erst später ganz zu verstehen.]

[12] [Siehe Anhang II, Nachschrift Bröcker Nr. 1, S. 305 f.]

Begegnen mit demselben (irgendwie auf Umgang mit ihm bedeutsamen) Gegenstand gibt am Ende aus sich her das seins- und lebensmäßige ›Kann‹[13] einer charakterisierten einzig, eigenbestimmten, auf diese Bedeutsamkeit bezogenen umgänglichen Auskenntnis (das in dieser Sache im Besorgen des Seienden Erfahrensein).«

981 a 1–3: καὶ δοκεῖ σχεδὸν ἐπιστήμῃ καὶ τέχνῃ ὅμοιον εἶναι ἡ ἐμπειρία· ἀποβαίνει δ' ἐπιστήμη καὶ τέχνη διὰ τῆς ἐμπειρίας τοῖς ἀνθρώποις. »Und in gewisser Weise scheint auch dieses Umgehen (eben als erhelltes in der Weise der Auskenntnis, des Sichauskennens) so etwas zu sein wie ein im vorhinein wissendes Verstehen[14] und als ausrichtender Umgang so etwas wie ins Werk setzende, besorgende Verfahrung. Denn sie (ἐμπειρία) ist es, woraus und wohindurch den Menschen wissendes Verstehen und Verfahrung von der Hand gehen [und sich als die herrschenden Weisen ihres Wieseins ausbilden].«

d) »Metaphysik« A 1, 981 a 3–12 (Die Ausbildung der ins Werk setzenden Verfahrung (τέχνη) in der Dafürnahme (ὑπόληψις) auf ein ›im Ganzen‹ und das Aussehen)

981 a 3–5: ἡ μὲν γὰρ ἐμπειρία τέχνην ἐποίησεν, ὡς φησὶ Πῶλος, ὀρθῶς λέγων, ἡ δ' ἀπειρία τύχην. »Denn – sagt Polos ganz richtig – umgängliches Sichauskennen zeitigte ins Werk setzende Verfahrung, unbeholfene Unerfahrenheit aber beläßt in der Weise des gerade dahin und darauflos Lebens [mit dem unbrüchigen [?] ›Glauben, daß es sich schon immer irgendwie geben wird‹.]« (*Τύχη* mit ἐμπειρία zusammennehmen im Wie des Umgehens mit der Welt, des Seins *in ihrem* Geschehnischarakter; vgl. Phys. B 4–6.)

[13] [Vgl. dazu Nachschrift Weiß: 981 a [1]: δύναμιν = das Kann, das seins- und lebensmäßige Kann; es ist ein Grundcharakter dessen, was ist in der Weise des Lebens.]

[14] [Vgl. dazu Nachschrift Weiß: ἐπιστήμη = das wissende Verstehen. (›Wissenschaft‹ verdeckt völlig das, was zugänglich gemacht werden soll.)]

981 a 5–7: γίγνεται δὲ τέχνη, ὅταν ἐκ πολλῶν τῆς ἐμπειρίας ἐννοημάτων μία καθόλου γένηται περὶ τῶν ὁμοίων ὑπόληψις[15]. »Zur Ausbildung von Verfahrung kommt es aber dann, wenn sich zeitigt *eine* bestimmte Dafürnahme (Dafür-Halt) [mit betontem Zugriffscharakter], und zwar aus den vielen je im Umgang wirksamen Auskenntnissen (bzw. deren irgendwie abgesetzten Behalten), eine Dafürnahme in der Richtung auf ein bestimmtes Überhaupt (›im Ganzen‹) (was in jedem Fall) in Hinsicht auf ähnliche Begegnisse des Gegenstandes, der im Ziel des Umgangs steht.«

981 a 7–9: τὸ μὲν γὰρ ἔχειν ὑπόληψιν ὅτι Καλλίᾳ κάμνοντι τηνδὶ τὴν νόσον τοδὶ συνήνεγκε καὶ Σωκράτει καὶ καθ' ἕκαστον οὕτω πολλοῖς, ἐμπειρίας ἐστίν. »Es ist Art und Zeitigungsweise des sichauskennend ausrichtenden Umgangs, in so etwas wie einer [unausdrücklichen, aber gerade so wirksamen] Dafürnahme zu leben, daß dem Kallias bei dieser Krankheit *das* geholfen hat, im gleichen dem Sokrates und so je im einzelnen vielen anderen.«

981 a 10–12: τὸ δ' ὅτι πᾶσι τοῖς τοιοῖσδε κατ' εἶδος ἓν ἀφορισθεῖσι, κάμνουσι τηνδὶ τὴν νόσον, συνήνεγκεν, οἷον τοῖς φλεγματώδεσιν ἢ χολώδεσιν ἢ πυρέττουσι καύσῳ, τέχνης. »Art und Zeitigungsweise der ins Werk setzenden Verfahrung ist es, sich zu gründen in einer ausdrücklich zugrifflich gehabten Dafürnahme dergestalt, daß diese das Womit des Umgangs bestimmt, in seinem Was (So(Wie)-Aussehen) abhebt *mit solcher Bestimmtheit* und damit – was am Kranken so aussieht – Kranke, also die an Verschleimung, Gallensucht, hitzigem Fieber Leidenden, ausgrenzt und damit die Zuträglichkeit des Mittels und die Mittelbesorgung eingrenzend zugrifflich bestimmt – das sicherste *Verfahren* wird.«

[15] [Siehe Anhang II, Nachschrift Weiß Nr. 1, S. 315.]

e) »Metaphysik« A 1, 981 a 12 – b 13 (Die Dafürnahmen hinsichtlich des ›verstehender sein‹ (σοφώτερον))

α) »Metaphysik« A 1, 981 a 12–24 (Das ›überhaupt‹ (καθόλου) und das ›jeweilig gerade so‹ (καθ᾽ ἕκαστον))

981 a 12–20: πρὸς μὲν οὖν τὸ πράττειν ἐμπειρία τέχνης οὐδὲν δοκεῖ διαφέρειν, ἀλλὰ καὶ μᾶλλον ἐπιτυγχάνοντας ὁρῶμεν τοὺς ἐμπείρους τῶν ἄνευ τῆς ἐμπειρίας λόγον ἐχόντων. αἴτιον δ᾽ ὅτι ἡ μὲν ἐμπειρία τῶν καθ᾽ ἕκαστόν ἐστι γνῶσις, ἡ δὲ τέχνη τῶν καθόλου, αἱ δὲ πράξεις καὶ αἱ γενέσεις πᾶσαι περὶ τὸ καθ᾽ ἕκαστόν εἰσιν· οὐ γὰρ ἄνθρωπον ὑγιάζει ὁ ἰατρεύων, πλὴν ἀλλ᾽ ἢ κατὰ συμβεβηκός, ἀλλὰ Καλλίαν ἢ Σωκράτη ἢ τῶν ἄλλων τινὰ τῶν οὕτω λεγομένων, ᾧ συμβέβηκεν ἀνθρώπῳ εἶναι. »Gesehen auf den Umgangscharakter des Zuwegebringens [Ausrichtens – ›Besorgens‹ – ins Werk Setzens] scheint zwischen umgänglicher Auskenntnis und Verfahrung kein Unterschied zu bestehen, sondern *wir sehen* sogar diejenigen, die sich auskennen, zu mehr gelangen, *mehr* ausrichten als die, die ohne eigentliche Auskenntnis imstande sind, angemessen zwar den Fall zu besprechen. Schuld hieran ist das Eigene am sich auskennenden Umgang, daß er nach seinem Auskenntnischarakter ist eine Vertrautheit mit dem je gerade Begegnenden; die Verfahrung dagegen gründet in Kenntnissen dessen, worauf es in jedem Fall überhaupt [aber gerade nicht im jeweilig gerade so] ankommt. Die Leistungsweise des Lebens aber und die geschehenden Begegnisse in und aus der Welt des jeweiligen Lebens sind gerade in ihrer Seinsweise vom Charakter des jeweilig gerade so und so sich Begebens. Wer jemanden verarztet, heilt nicht das Menschsein; diese Rede hat Sinn nur dann, wenn das Menschsein vermeint ist in der Weise des möglichen Mitgegebenseins bei einer [eigentlichen!] Waserfassung des betreffenden Gegenstandes. Der Betreffende macht vielmehr den Kallias oder den Sokrates und sonst einen von den

anderen gesund; bei jedem von ihnen ist je mitgegeben und als solches abhebbar das Menschsein.«

981 a 21–24: ἐὰν οὖν ἄνευ τῆς ἐμπειρίας ἔχῃ τις τὸν λόγον, καὶ τὸ μὲν καθόλου γνωρίζῃ, τὸ δ' ἐν τούτῳ καθ' ἕκαστον ἀγνοῇ, πολλάκις διαμαρτήσεται τῆς θεραπείας· θεραπευτὸν γὰρ τὸ καθ' ἕκαστον. »Wenn nun jemand, ohne sich eigentlich umgänglich auszukennen, einen Fall [Aufgabe – Lage und dergleichen] in seinem vollen Was besprechen kann und angeben kann, worauf es (in jedem Fall), also auch in diesem z. B., überhaupt ankommt, gerade aber mit dem bestimmten jeweilig gerade jetzt Bedeutsamen nicht vertraut ist und nicht die Vertrautseinsmöglichkeit hat, nicht über dieses ›Kann‹ verfügt, der wird sich oft vertun in der Besorgung; denn im eigentlichen Sinne ist Gegenstand des Besorgens das jeweilig bedeutsame Begegnis.«

β) »Metaphysik« A 1, 981 a 24 – b 6
(Das ›mehr Sehen‹ im Wissen um das ›Warum so‹:
Verfahrung (τέχνη) und umgehende Auskenntnis (ἐμπειρία))

981 a 24–29: ἀλλ' ὅμως τὸ γ' εἰδέναι καὶ τὸ ἐπαΐειν τῇ τέχνῃ τῆς ἐμπειρίας ὑπάρχειν οἰόμεθα μᾶλλον, καὶ σοφωτέρους τοὺς τεχνίτας τῶν ἐμπείρων ὑπολαμβάνομεν, ὡς κατὰ τὸ εἰδέναι μᾶλλον ἀκολουθοῦσαν τὴν σοφίαν πᾶσιν· τοῦτο δέ, ὅτι οἱ μὲν τὴν αἰτίαν ἴσασιν,[16] οἱ δ' οὔ. οἱ μὲν γὰρ ἔμπειροι τὸ ὅτι μὲν ἴσασι, διότι δ' οὐκ ἴσασιν. »Aber gleichwohl [ob ἐμπειρία auch erfolgsmäßig eigentlicher ist und Vorzug hat] *sind wir des Glaubens*, daß, wo es auf Hinsehen und Hinhören ankommt, die Verfahrung mehr davon hat als der sich auskennende Umgang, *und wir halten dafür*, daß wer in *Ver*fahrung (ausrichtend, ins *Werk setzenden* Umgang) lebt, verstehender ist [seine Weise des Lebens mehr durch Verstehen erhellt], als wer nur so im Auskennen umgehend je etwas zu Wege bringt, wie wenn unsere ›Meinungen‹, Annahmen im Auge hätten die eigentliche Idee von σοφία, von der zu sagen ist,

[16] [Vgl. dazu Nachschrift Weiß: a 27: ὡς…πᾶσιν; sehr wichtig für die Fassung der methodischen Struktur. […] τὴν αἰτίαν = schuld sein.]

daß sie nachgeht dem ›*mehr* Sehen‹. [Mit der Steigerung dieses ›Mehr‹ bildet sie sich aus.] Das ›Mehr‹ liegt daran, daß die einen darum wissen, was jeweils schuld ist [daß etwas *so* ist und *so* geschieht und *so* angefaßt und *so* besorgt werden soll], die anderen dagegen nicht. Die, die umgehen mit der Welt, geführt von, in einem je nur Sichauskennen, die wissen immer jeweils Bescheid, daß jetzt so, dann anders vorzugehen ist. Das ›Warum so‹ wissen sie nicht.«

981 a 29 – b 2, b 5–6: οἱ δὲ τὸ διότι καὶ τὴν αἰτίαν γνωρίζουσιν. διὸ καὶ τοὺς ἀρχιτέκτονας περὶ ἕκαστον τιμιωτέρους καὶ μᾶλλον εἰδέναι νομίζομεν τῶν χειροτεχνῶν καὶ σοφωτέρους, ὅτι τὰς αἰτίας τῶν ποιουμένων ἴσασιν [...][17] ὡς οὐ κατὰ τὸ πρακτικοὺς εἶναι σοφωτέρους ὄντας, ἀλλὰ κατὰ τὸ λόγον ἔχειν [αὐτοὺς] καὶ τὰς αἰτίας γνωρίζειν. »Wer dagegen in der Weise des ausrichtend verstehenden verfahrenden Umgangs seinen Teil besorgt, macht sich vertraut mit dem Warum und was je schuld ist. Deshalb *bewegen* wir uns auch *in der faktischen Wertnahme*, daß, wer in jeglichem Wirkungsfelde das Verfahren leitend beherrscht und vorzeichnet, ›wertvoller ist‹ [sein Sein ist ein eigentlicheres!], und daß [dieser][18] mehr sieht, als wer nur Vorgezeichnetes ins Werk umsetzend ausführt; daß der erste verstehender ist, weil er weiß um das, was und weswegen es so gemacht wird; wir sind dieses Glaubens, gleichsam als wenn wir dabei geführt wären von dem Sinn des Verstehens, wonach Menschen als verstehender angesprochen werden nicht nach Maßgabe dessen, was sie ausrichten, sondern im Hinblick darauf, daß sie Begegnendes *so ansprechen* können, wie und was es eigentlich ist und soll, und daß sie vertraut machen mit dem, woran jeweils etwas liegt.«

981 b 2–5:[19] τοὺς δ' ὥσπερ καὶ τῶν ἀψύχων ἔνια ποιεῖν μέν, οὐκ εἰδότα δὲ ποιεῖν ἃ ποιεῖ, οἷον καίει τὸ πῦρ· τὰ μὲν οὖν ἄψυχα φύσει τινὶ ποιεῖν τούτων ἕκαστον, τοὺς δὲ χειροτέχνας δι' ἔθος. »Bezüglich derer, die nur Vorgezeichnetes und Vorgemachtes aus-

[17] [Die Übersetzung von b 2–5 folgt im nächsten Absatz. Siehe auch Anm. 19.]
[18] [Erg. d. Hg.]
[19] [Siehe Anhang II, Nachschrift Weiß Nr. 2, S. 315.]

führen, sind wir der Meinung [νομίζομεν wiederaufzunehmen][20], daß sie etwas besorgen, so wie auch einiges von dem, was überhaupt ohne Orientierung und Direktion ist (unbeseelt), ohne zu wissen, was sie eigentlich machen, wie das Feuer einfach erwärmt. Das Unbeseelte macht je sein Jeweiliges, weil dieses Ausführen, zum Ergebnis-haben, einfach gerade die Weise seines Seins ist – das Feuer, sofern es *ist*, erwärmt – ›brennt‹ [Doppelsinn: intransitiv und transitiv!]. Die ausführenden Handwerker kommen erst durch Überlieferung und Gewöhnung[21] zu ihrem Tun.«

γ) »Metaphysik« A 1, 981 b 7–13 (Das ›mehr Verstehen‹ im Lehrenkönnen und Wissen um das ›Warum‹)

981 b 7–9: ὅλως τε σημεῖον τοῦ εἰδότος τὸ δύνασθαι διδάσκειν ἐστίν, καὶ διὰ τοῦτο τὴν τέχνην τῆς ἐμπειρίας ἡγούμεθα μᾶλλον ἐπιστήμην εἶναι· δύνανται γάρ, οἱ δ' οὐ δύνανται διδάσκειν. »Überhaupt zeigt sich, ob jemand in der Weise des sehenden Verstehens lebt, daran, daß er sich in [den][22] Stand setzen kann zu lehren (beibringen); und gerade auch deshalb *sind wir des Glaubens*, daß die Weise des *verfahrenden* Umgangs mehr vom Charakter wissenden Verstehens hat als dies umgänglich ausrichtende Sichauskennen. Wer in jener lebt, vermag sich eben dadurch in den Stand zu setzen, zu lehren, wer in dieser [der Erfahrung], kann so etwas nicht.«

981 b 10–13: ἔτι δὲ τῶν αἰσθήσεων οὐδεμίαν ἡγούμεθα εἶναι σοφίαν· καίτοι κυριώταταί γ' εἰσὶν αὗται τῶν καθ' ἕκαστα γνώσεις· ἀλλ' οὐ λέγουσι τὸ διὰ τί περὶ οὐδενός, οἷον διὰ τί θερμὸν τὸ πῦρ, ἀλλὰ μόνον ὅτι θερμόν. »Ferner aber *haben wir die Überzeugung*, daß in den Weisen des (bloßen) Vernehmens, Ken-

[20] [Konjektur Heideggers nach Parallelstelle 981 a 31.]

[21] [Vgl. dazu Nachschrift Weiß: ἔθος = Gewöhnung und Überlieferung (letzteres das Primäre).]

[22] [Erg. d. Hg.]

nenlernens nichts vom Verstehen liegt. Und *das meinen wir*, obgleich doch diese Weisen des Vernehmens entscheidend sind als Wege des Vertrautwerdens mit dem jeweilig Begegnenden (Welt). Trotz dieser entscheidenden Rolle im ›Erkennen‹ muß ihnen der Verstehens- und Wissenscharakter abgesprochen werden, weil ihre Gegenstände in ihnen so gegeben werden, daß dieses Kennenlernenlassen nichts sagt über das ›warum‹, also z. B. nicht, warum das Feuer wärmt, sondern nur, *daß* es Wärme *gibt*.« Die Vernehmensweisen lassen ihre Gegenstände sich geben; gilt z. B. Feuer als ›warum‹. Wo also von Verstehen die Rede ist, liegt mehr vor als Kenntnisnahme von etwas und Kenntnisse haben. (›Sinnlichkeit‹ – das in der Faktizität, was von dieser selbst her immer Anspruch macht auf die Weise des Vernehmens und das herrschend und rein Werden dieser Weise. Dieser *Anspruch* wird *praestruktiv* für den (immer sinnlich ›vermittelten‹) Umgang mit Welt; qua Umgang steht er notwendig in der Bedingung durch diesen Anspruch auf Vernehmen – im Vernehmen bleiben und fortgehen! Die spezifisch faktische Motivation für Einstellungszeitigung! In ihr, mit ihr das Leben, Leben in der Welt. – Welt *›ist da‹*.)

f) »Metaphysik« A 1, 981 b 13–27 (Das Bewundertwerden und das Freisein von den Dringlichkeiten des Lebens in den Weisen des wissenden Verstehens)

981 b 13–20: τὸ μὲν οὖν πρῶτον εἰκὸς τὸν ὁποιανοῦν εὑρόντα τέχνην παρὰ τὰς κοινὰς αἰσθήσεις θαυμάζεσθαι ὑπὸ τῶν ἀνθρώπων, μὴ μόνον διὰ τὸ χρήσιμον εἶναί τι τῶν εὑρεθέντων, ἀλλ' ὡς σοφὸν καὶ διαφέροντα τῶν ἄλλων· πλειόνων δ' εὑρισκομένων τεχνῶν, καὶ τῶν μὲν πρὸς τἀναγκαῖα τῶν δὲ πρὸς διαγωγὴν[23]

[23] [Vgl. dazu Nachschrift Weiß: Διαγωγή (= das klare, ungestörte Verweilen; durch keine Dringlichkeiten gestört sein) spielt auch in Ethik und Gotteslehre bei Aristoteles große Rolle, sofern es die Verhaltungsweise ist, die Gott zugeschrieben werden muß.]

οὐσῶν, αἰεὶ σοφωτέρους τοὺς τοιούτους ἐκείνων ὑπολαμβάνεσθαι, διὰ τὸ μὴ πρὸς χρῆσιν εἶναι τὰς ἐπιστήμας αὐτῶν. »Es ist nun auch nicht überraschend, daß, wer zuerst neben und gegenüber den landläufigen Kenntnissen von einer bedeutsamen Sache eine auf sie bezogene Verfahrung [des besorgenden Umgangs mit ihr] erfunden hat, von den Menschen bewundert wird, nicht etwa nur deshalb, weil die gefundene Verfahrung verwendbar ist, sondern gleich als sähen die Menschen in einem solchen einen Verstehenden und sich so aus der Mitwelt Heraushebenden. Sofern aber mannigfaltige Verfahrungen gefunden [und verfügbar] werden, davon die einen verfügbar sind für das Besorgen der ›*un*umgänglichen‹ Dringlichkeiten des Lebens, die anderen aber zur Erhaltung und Sicherheit des klaren ungestörten Verweilens, halten wir aus denen, die solche Verfahrungen verfügbar machen, immer diejenigen für verstehender, die zur Erhellung der letztgenannten Besorgnisse etwas beitragen [das ›Wofür‹ des Verfahrens und das Womit des Umgangs (und Wobei) [?] eigentlicher im Ziel des Lebens *und so*, daß es dazu mehr eines Sehens und im Blickhabens des Lebens und der Welt bedarf], da die von ihnen beigestellten Weisen des wissenden umgangerhellenden Verstehens es nicht auf den Umgang mit den Dringlichkeiten und die Nutzung dabei absehen.«

981 b 20–25: ὅθεν ἤδη πάντων τῶν τοιούτων κατεσκευασμένων αἱ μὴ πρὸς ἡδονὴν μηδὲ πρὸς τἀναγκαῖα τῶν ἐπιστημῶν εὑρέθησαν, καὶ πρῶτον ἐν τούτοις τοῖς τόποις οὗπερ ἐσχόλασαν. διὸ περὶ Αἴγυπτον αἱ μαθηματικαὶ πρῶτον τέχναι συνέστησαν· ἐκεῖ γὰρ ἀφείθη σχολάζειν τὸ τῶν ἱερέων ἔθνος. »Von *da* her wird es verständlich, daß erst, nachdem schon alle derartigen Weisen des Umgangs des Lebens mit der Welt und ihm selbst gesichert eingesetzt und im Gang waren, *die* Weisen (wissenden) umgangerhellenden Verstehens gefunden wurden[24], die es nicht absehen auf Erhellung und Beistellung von (sinnlichen) Genüssen (Annehmlichkeiten) und Bedürftigkeiten des Lebens – und das ge-

[24] ›Finden‹ von ἐπιστῆμαι besagt? Tendenz und Blick muß worauf – d. h. wovon *weg*!

schah zuerst an den Orten, wo die Menschen frei waren von der Sorge um solche Bedeutsamkeiten des Lebens. Daher entstanden in Ägypten zuerst die mathematischen Verfahrungen [beachte das Gleichsetzen von ἐπιστήμη und τέχνη – in beiden je zwei identische Sinne des bildenden Umgangs und der Erhellung wirksam][25], denn dort war dem Priesterstand Zeit gelassen für solches [*weg*gelassen dazu].«

981 b 25–27: εἴρηται μὲν οὖν ἐν τοῖς Ἠθικοῖς τίς διαφορὰ τέχνης καὶ ἐπιστήμης καὶ τῶν ἄλλων τῶν ὁμογενῶν. »In den Untersuchungen zur ›Ethik‹ ist nun ausgemacht, worin der Unterschied zwischen Verfahrung und umgangerhellendem Verstehen und den anderen Weisen der Erhellung besteht.« (Ethic. Nic. Z. *φρόνησις, σοφία, νοῦς, βουλεύεσθαι, σύνεσις, γνώμη.*)

g) »Metaphysik« A 1, 981 b 27 – 982 a 3 (Das Verstehen als erhellendes zum Sehen-bringen der Warum und Woher)

981 b 27 – 982 a 1: οὗ δ᾽ ἕνεκα νῦν ποιούμεθα τὸν λόγον, τοῦτ᾽ ἐστίν, ὅτι τὴν ὀνομαζομένην σοφίαν περὶ τὰ πρῶτα αἴτια καὶ τὰς ἀρχὰς ὑπολαμβάνουσι πάντες.[26] διὸ, καθάπερ εἴρηται πρότερον, ὁ μὲν ἔμπειρος τῶν ὁποιανοῦν ἐχόντων αἴσθησιν εἶναι δοκεῖ σοφώτερος, ὁ δὲ τεχνίτης τῶν ἐμπείρων, χειροτέχνου δ᾽ ἀρχιτέκτων, αἱ δὲ θεωρητικαὶ τῶν ποιητικῶν μᾶλλον. »Weshalb wir *jetzt* in diesem Zusammenhang für uns *diese* Untersuchung anstellen (so muß gesagt werden): es geschieht deshalb, *weil* alle bezüglich des sogenannten Verstehens und Verstehendseins im Grunde in der Dafürnahme leben, es gehe dabei um so etwas, was wir in ausgeformter Bestimmung festlegen werden als die ersten Warum und die Ausgänge (die Woher).[26] Daher [weil diese Grundnahme

[25] [Vgl. dazu Nachschrift Weiß: b 24 μαθηματικαὶ *τέχναι*, zu beachten, nicht ἐπιστήμη. Mathematik, wie jede Wissenschaft, aus bestimmten Motiven des besorgenden Umgangs mit den Dingen entstanden.]

[26] [Vgl. dazu Nachschrift Weiß: b 27–29 sehr wichtig; Fingerzeig für die Art der Darlegung, aus der die Untersuchung erwächst.]

im Leben der Menschen unabgehoben da und wirksam ist, sich gibt σημεῖα, daß es auf das μᾶλλον εἰδέναι ankommt] scheint, wie zuvor gesagt, wer in Auskenntnissen lebt, verstehender zu sehen, als wer nur in irgendwelchen Vernehmensweisen festliegt – verstehender, wer eine Verfahrung beherrscht [und in ihr dann weltlichen Umgang vollzieht], als ein solcher, der auskennend etwas ausrichtet (festliegen), verstehender, wer Verfahrung leitend vorzeichnet, als wer nur (festliegend) ausführt, verstehender, die in solchen Weisen leben (ihr Sein haben), bei denen es mehr auf den *Charakter* des *erhellenden zum Sehen-bringens* als auf *das ausrichtende Umgehen* mit ankommt [unabgehoben positiv einheitlich faktische Konstitution des sorgenden orientierten Umgangs].« (Das *Festliegen* – nicht los sein von; eigentliche Zugriffsmöglichkeiten ausbilden, sie intendieren! – Ein zugrunde liegendes Phänomen.)

982 a 1–3: ὅτι μὲν οὖν ἡ σοφία περί τινας αἰτίας καὶ ἀρχάς ἐστιν ἐπιστήμη, δῆλον. »Somit ist geklärt: Das Verstehen ist eine Weise des Erhellens, und zwar die zum Sehen bringende, wobei das, *was* zu Gesicht gebracht wird, etwas ist vom Charakter des Warum und Woher.«

§ 8. Übersetzung von »Metaphysik« A 2[1] *(Bestimmung des eigentlichen Verstehens (σοφία))*[2]

a) »Metaphysik« A 2, 982 a 4–21 (Die faktischen Dafürhaben (ὑπολήψεις) in bezug auf das Verstehen)

982 a 4–6: ἐπεὶ δὲ ταύτην τὴν ἐπιστήμην ζητοῦμεν, ταῦτ᾽ ἂν εἴη σκεπτέον, ἡ περὶ ποίας αἰτίας καὶ περὶ ποίας ἀρχὰς ἐπιστήμη σοφία ἐστίν. »Da es eine Aufgabe ist, gerade diese Weise verste-

[1] [Siehe Anhang II, Nachschrift Weiß Nr. 3, S. 315 f.]
[2] [Siehe Anhang I, Beilage Nr. 2, S. 266.]

henden (wissenden) Erhellens [um-gangerhellenden Verstehens – das ›theoretische‹ erst von b 11 an betonen!] aufzusuchen [d. h. zur Bestimmung und Aneignung zu bringen], so dürfte die weitere Nachforschung so verlaufen, daß gefragt wird, was es denn für ›warum‹ und was es denn für ›woher‹ (Ausgänge) sind, die im *eigentlichen Verstehen* (σοφία) ins Helle gestellt, zum Sehen gebracht werden sollen.«

982 a 6–8: εἰ δὴ λάβοι τις τὰς ὑπολήψεις ἃς ἔχομεν περὶ τοῦ σοφοῦ, τάχ᾽ ἂν ἐκ τούτου φανερὸν γένοιτο μᾶλλον. »Wenn jemand [zu Zwecken einer Auslegung] die Wofürhabe vernehmen möchte, in der für uns *der* steht, den wir für einen Verstehenden halten, so dürfte gleich für uns anschaulicher (sichtbar) werden, was wir suchen [auf welche Art von ›warum‹ und ›woher‹ die Aufhellungstendenz des eigentlichen Verstehens aus ist].«

982 a 8–10: ὑπολαμβάνομεν δὴ πρῶτον μὲν ἐπίστασθαι πάντα τὸν σοφὸν ὡς ἐνδέχεται, μὴ καθ᾽ ἕκαστον ἔχοντα ἐπιστήμην αὐτῶν. »In erster Linie (als am nächsten liegend) halten wir dafür, daß der eigentlich Verstehende *von allem* ein Wissen hat, so wie das für ihn möglich ist – nicht so jedoch, daß er *dabei* über jegliches für sich als solches eigens im Klaren ist.«

982 a 10–12: εἶτα τὸν τὰ χαλεπὰ γνῶναι δυνάμενον καὶ μὴ ῥᾴδια ἀνθρώπῳ γιγνώσκειν, τοῦτον σοφόν (τὸ γὰρ αἰσθάνεσθαι πάντων κοινόν, διὸ ῥᾴδιον καὶ οὐδὲν σοφόν). »Dann aber den, der imstande ist, vertraut zu sein (in Vertrautheit zu stehen) mit dem, was [für erhellendes Bezogensein darauf] *schwer* zu *haben* und zu *behalten* ist und womit sich vertraut zu machen dem Menschen nicht leicht ist. Vernehmen zwar (Kennenlernen) *kann* jeder, jeder hat dazu die Neigung, keiner braucht von ihm selbst her etwas dafür aufzubringen – deshalb ist es auch leicht. Es hat aber auch mit Verstehendsein nichts zu tun.«

982 a 12–14: ἔτι τὸν ἀκριβέστερον καὶ τὸν διδασκαλικώτερον [τῶν αἰτίων] σοφώτερον εἶναι περὶ πᾶσαν ἐπιστήμην. »Ferner halten wir dafür, daß der eigentlich verstehender ist, der im Felde und Aufgabenkreis jeglichen wissenden Erhellens (umgänglich eigentlich erhellenden Verstehens) *schärfer (strenger)* aufhellt,

der auch mehr in der Lage ist, die ›warum‹ anderen mitteilend zugänglich zu machen.«

982 a 14–16: καὶ τῶν ἐπιστημῶν δὲ τὴν ἑαυτῆς ἕνεκεν καὶ τοῦ εἰδέναι χάριν αἱρετὴν οὖσαν μᾶλλον εἶναι σοφίαν ἢ τὴν τῶν ἀποβαινόντων ἕνεκεν. »Auch halten wir von den [vollen] Weisen wissender Erhellung [worin der eigentlich Verstehende sich irgendwie bewegt] *die* mehr für eigentliches Verstehen, die ausdrücklich ergriffen und in Aneignung (Verwahrung) behalten ist *ihrer selbst wegen* und (rein) *um des Sehens willen*[3] [das im Klaren sein ›über‹ – ›in‹]. Das genügt *eher* dem, was wir als eigentliches Verstehen nehmen, als die Erhellungsweise, die nur ergriffen ist in Hinsicht auf das, was dabei ab-fällt [herauskommt für Sorgen in ἀναγκαῖα – διαγωγή – ῥᾳστώνη].«

982 a 16–19: καὶ τὴν ἀρχικωτέραν τῆς ὑπηρετούσης μᾶλλον εἶναι σοφίαν· οὐ γὰρ δεῖν ἐπιτάττεσθαι τὸν σοφὸν ἀλλ᾽ ἐπιτάττειν, καὶ οὐ τοῦτον ἑτέρῳ πείθεσθαι, ἀλλὰ πούτῳ τὸν ἧττον σοφόν. »Auch halten wir *die* Erhellung eher für eigentliches Verstehen, die [Herrschaft oder das, worauf alles ankommt] vorgibt gegenüber dem, was dienend nachkommt, die maßgebliche Richtung. Denn der eigentlich Verstehende soll *auf* das Ordnungshafte verweisen, es vorbildend vorzeichnen, nicht sich führen lassen; nicht soll er auf andere hören [im Vollzug der Erhellung, seiner Erhellungsweise und -stufe], sondern auf *ihn*, wer weniger im Verstehen lebt.«

982 a 19–21: τὰς μὲν οὖν ὑπολήψεις τοιαύτας καὶ τοσαύτας ἔχομεν περὶ τῆς σοφίας καὶ τῶν σοφῶν. »In so gearteten und so vielfältigen Dafürhaben in bezug auf das Verstehen und den im Verstehen Lebenden bewegen wir uns faktisch.«[4]

[3] [Stenographische Randbemerkung:] wo es nur ankommt auf [?]

[4] [Vgl. dazu Nachschrift Weiß: τὰς…τῶν σοφῶν wichtig. Beachtenswert Zusammenstellung der σοφία und σοφός.]

b) »Metaphysik« A 2, 982 a 21 – b 11 (Die Dafürhaben in den Weisen des erhellenden Verstehens und deren einer selbiger Sinn)

α) »Metaphysik« A 2, 982 a 21 – b 7 (Der Sinn des ›am meisten‹ (μάλιστα) erhellenden eigentlichen Verstehens in den jeweiligen Dafürhaben)

982 a 21–23: τούτων δὲ τὸ μὲν πάντα ἐπίστασθαι τῷ μάλιστ' ἔχοντι τὴν καθόλου ἐπιστήμην ἀναγκαῖον ὑπάρχειν· οὗτος γὰρ οἶδέ πως πάντα τὰ ὑποκείμενα. »Notwendig verfügt *der* nun über ein umgangerhellendes Verstehen in bezug *auf Alles* [was irgendwie begegnet und begegnen kann], der am meisten sich angeeignet ein Verstehen, in dem Gegenständliches vermeint ist vom Charakter des ›im Ganzen‹. Ein solcher weiß gleichsam im vorhinein irgendwie eigentlich die Gegenstände, worüber (überhaupt) bestimmende Aussagen vollzogen werden können.« (Bonitz, Co.[5] 48 sq., findet den Gebrauch von ὑποκείμενον ungewöhnlich, sofern man hier auslegen möchte: die dem Allgemeinen unterstehenden Einzelfälle; vgl. 982 b 4; es gibt aber einen viel schärferen und gerade echten auf die prinzipiellen Kategorienprobleme bezogenen Sinn, wenn man die Aristoteles geläufige strenge Bedeutung von ὑποκείμενον ansetzt; vgl. Anal. post. A 27, 87 a 33: καθ' ὑποκειμένου – nicht auf materiale Bestimmbarkeit abzielend. Das ὑποκείμενον hat zwei Bedeutungen:[6] [1.] Das ›worüber‹ der Aussage, [2.] das ›worüber‹ des Gegenstandsmeinens überhaupt. μονὰς οὐσία ἄθετος, στιγμὴ δὲ οὐσία θετός [ib. 87 a 36].)

982 a 23–25: σχεδὸν δὲ καὶ χαλεπώτατα ταῦτα γνωρίζειν τοῖς ἀνθρώποις, τὰ μάλιστα καθόλου· πορρωτάτω γὰρ τῶν αἰσθήσεών ἐστιν. »In gewisser Weise ist das ›im Ganzen‹ gerade auch das, womit die Menschen *am schwersten* sich vertraut machen; es ist

[5] [Hermannus Bonitz, Commentarius in Metaphysica Aristotelis (Aristotelis Metaphysica, ed. Bonitz, op. cit., pars posterior).]

[6] [Dieser Satz nach der Nachschrift Weiß ergänzt.]

am weitesten weg von dem, was in den [besagten] Vernehmensweisen zugänglich wird [es ist ganz anderen gegenständlichen Charakters; der Weg des Erfassens ihrer entfernt sich am weitesten von dem Ausgang und der leichten, für alle gleichen Ausgangslage].«

982 a 25–26: ἀκριβέσταται δὲ τῶν ἐπιστημῶν αἳ μάλιστα τῶν πρώτων εἰσίν. »*Am strengsten* unter den Weisen des umgangerhellenden Verstehens sind die, die am entsprechendsten [der Verstehenstendenz selbst angemessensten Weise] bei ›den Ersten‹ sind.« (Über ἀκριβές bezüglich ἐπιστήμη vgl. Plato, Philebos 55 e.) Diese ›Ersten‹ sind ihrem Sinne nach an Mannigfaltigkeit geringer, jedes *nach* ihnen, von *ihnen* Abkünftige, trägt sie bei sich, so zwar, daß seine jeweils eigenen gegenständlichen Bestimmungen hinzukommen. (Die Ersten – ›die Zuletzt‹; verschiedene Ordnungen; die eine kommt im Durchlaufen der anderen zur möglichen Ausbildung.[7])

982 a 26–28: αἱ γὰρ ἐξ ἐλαττόνων ἀκριβέστεραι τῶν ἐκ προσθέσεως λαμβανομένων, οἷον ἀριθμητικὴ γεωμετρίας. »Die Weisen bestimmender Erhellung aus einer geringen Zahl der Bestimmtheit gebenden ›Woraus‹ (ἐξ) sind strenger als diejenigen, in denen bei ihrer Gegenstandserfassung mehr an Sachbestimmtheit mit hinzugebracht werden; *so* verhält sich Arithmetik [reine Anzahlverhältnisse] zur Geometrie [Verhältnisse in einem bestimmten sachhaltigen Was der räumlichen Ausdehnung].« (Vgl. Anal. post. cap. 27, 87 a 31 sqq.: οὐσία ἄθετος; vgl. Categ. 6, 5 a 15 sqq.: θέσις – τάξις![8] Procl. Euclid, die Elem. lib. II: ἄθετος [...] ἡ μονὰς ὡς ἄυλος καὶ παντὸς ἔξω διαστήματος καὶ τοῦ ποῦ.[9])

982 a 28–30: ἀλλὰ μὴν καὶ διδασκαλική γ' ἡ τῶν αἰτιῶν θεωρητικὴ μᾶλλον· οὗτοι γὰρ διδάσκουσιν οἱ τὰς αἰτίας λέγοντες

[7] [Siehe Anhang II, Nachschrift Weiß Nr. 4, S. 316.]

[8] [Vgl. dazu Nachschrift Weiß: ἐκ προσθέσεως = cf. Kategorienlehre Cap. 6, wo formale Bestimmungen entwickelt werden unter dem Titel θέσις – τάξις, nachher in die Mathematik übergegangen.]

[9] [Procli Diadochi in primum Euclidis Elementorum commentarii. Ex recognitione Godofredi Friedlein. Lipsiae in aedibus B. G. Teubneri 1873, liber II, definitio 1, p. 96, 8–10. (Im Original heißt es τόπου statt τοῦ ποῦ.)]

περὶ ἑκάστου. »Aber in der Tat ist diejenige Weise des umgangerhellenden Verstehens auch *lehrbar (mitteilbar)*, die mehr darauf aus ist, die Warum zu erhellen (und zwar in der Weise des rein sie ins Auge Fassens), der daran liegt, die αἴτια schon zu haben. Diejenigen *lehren*, teilen etwas mit (denen, die verstehen wollen), die ihnen jeglichen Gegenstand in seinem ›Warum-so‹ besprechen.«

982 a 30 – b 4: τὸ δ' εἰδέναι καὶ τὸ ἐπίστασθαι αὐτῶν ἕνεκα μάλισθ' ὑπάρχει τῇ τοῦ μάλιστ' ἐπιστητοῦ ἐπιστήμῃ· ὁ γὰρ ἐπίστασθαι δι' ἑαυτὸ αἱρούμενος τὴν μάλιστα ἐπιστήμην μάλιστ' αἱρήσεται, τοιαύτη δ' ἐστὶν ἡ τοῦ μάλιστ' ἐπιστητοῦ· μάλιστα δ' ἐπιστητὰ τὰ πρῶτα καὶ τὰ αἴτια· διὰ γὰρ ταῦτα καὶ ἐκ τούτων τἆλλα γνωρίζεται, ἀλλ' οὐ ταῦτα διὰ τῶν ὑποκειμένων. »Das Sehen und sehende Bestimmen *um seiner selbst willen* ist am meisten lebendig in *der* Weise des Erhellens, die aus ist auf das im *eigentlichen Sinne* Wißbare [was also so ist, daß es nur im reinsten Vollzug verstehenden Gegenstanderhellens zugänglich wird]. Wer das umgangerhellende Verstehen seiner selbst wegen *für sich* ergreift (sich aneignet), wem es darauf ankommt, dieses eigentlich zu haben, der wird eigentlich ergreifen die Weise, die es eigentlichst ist. Eigentliches Verstehen ist das, das zu seinem Gegenstand hat das, was eigentlich Verstehen *ermöglicht, letztlich gibt.* Dergestalt sind aber ›die Ersten‹ und ›die Warum‹. *Durch* diese [so daß diese je (in jeglichem Verstehen) mit beteiligt sind] und aus diesen her ist alles andere so, daß es für das wissende Verstehen kenntnismäßig vertraut wird; nicht aber kommen diese [ἀρχαί und αἴτια] schon damit ins Verstehen, daß die Gegenstände möglicher (natürlicher) Bestimmbarkeit zur Bestimmung kommen [an diesen so etwas nie antreffbar, solange die Verstehenstendenz nicht in ihre Eigentlichkeit kommt].«

982 b 4–6: ἀρχικωτάτη δὲ τῶν ἐπιστημῶν, καὶ μᾶλλον ἀρχικὴ τῆς ὑπηρετούσης, ἡ γνωρίζουσα τίνος ἕνεκέν ἐστι πρακτέον ἕκαστον. »Am eigentlichsten steht im *Charakter des Verweisung*-*gebens*, Verstehen-*Leitens* und *mehr* Direktion gebend als die in Diensten stehende ist *die* Erhellungsweise, die vertraut macht mit dem, weswegen jegliches so und so zu besorgen ist [es [?] wird

das schon ›besorgen‹, ›machen‹, ausrichten]. Dieses Weswegen an jeglichem, was in möglicher Besorgbarkeit steht, ist das, was an ihm das Gute ist [das Bedeutsame; worauf es an ihm ankommt].« (*Hier deutlich der Charakter des Umgangs – Besorgniserhellung.* Und hier gerade im Haben des ›Wozu‹ die *stärkste* Besorgniserhellung. Bedeutsamkeitsbezogene Erhellung! Daß diese leitend [?] ist, zeigt gerade die Paranthese [982] b 10; wird aber umgebildet von der einstellungsmäßig ausgeformten Verstehenstendenz!)

982 b 6–7: τοῦτο δ' ἐστὶ τἀγαθὸν ἐν ἑκάστοις, ὅλως δὲ τὸ ἄριστον ἐν τῇ φύσει πάσῃ. »Im Gegenstandszusammenhang dessen, das vom Seinscharakter ist, daß es in ihm irgendwie auf etwas ankommt, ist das Weswegen im Ganzen schließlich ›das Beste‹. Das ›weswegen‹, das solches nie je nur für ein einzelnes ist, das über jegliches einzelne Bedeutsame hinaus und sofern für das *Seiende* als solches nach seinem Seinssinn Bedeutsame, ist das Beste, was es *gibt.*«

β) »Metaphysik A 2, 982 b 7–11
(Der zu bestimmende eine selbige Sinn
des eigentlichen Verstehens (σοφία))

982 b 7–8: ἐξ ἁπάντων οὖν τῶν εἰρημένων ἐπὶ τὴν αὐτὴν ἐπιστήμην πίπτει τὸ ζητούμενον ὄνομα. »Die zu bestimmende Bedeutung – der erfragte Sinn – weist also, sofern er in der faktischen Rede und Dafürhabe aufgenommen und ausgelegt wird, auf *eine* selbige Weise des besorgniserhellenden Verstehens.« Der Sinn erwächst hieraus, bzw. in der faktischen Erhellung des Umgangs ist diese Tendenz – auf solchen Sinn und seine Ausformung – lebendig.

982 b 8–10: δεῖ γὰρ ταύτην τῶν πρώτων ἀρχῶν καὶ αἰτιῶν εἶναι θεωρητικήν· καὶ γὰρ τἀγαθὸν καὶ τὸ οὗ ἕνεκα ἓν τῶν αἰτίων ἐστίν. »Nämlich die, die vorgrifflich – als These – vorausangesetzt wurde: σοφία soll sein und muß es, sofern man sich an ›das Leben‹ hält, *die* Weise erhellenden Verstehens, die geht auf die er-

sten Ausgänge und Ursachen (Warum), und zwar in der Bezugsweise des sie betrachtenden Bestimmens. Denn auch das Gute und das Weswegen gehört zu den Warum, zu dem möglichen Ersten, als Gegenständen *›bloßer Betrachtung‹*.« (Ποιητικὴ – θεωρητικὴ ἐπιστήμη; τέχνη.[10] Es liegt hier im Ansatz eine *bestimmte* kategoriale Prägung.)

982 b 10–11: ὅτι δ᾽ οὐ ποιητική, δῆλον καὶ ἐκ τῶν πρώτων φιλοσοφησάντων. »Das eigentliche Verstehen ist nicht eine Weise der Erhellung in und für verfertigendes Besorgen; das wird auch klar aus der Verhaltensweise derer, die zuerst sich um ein solches eigentliches Verstehen bemühten (weil sie es liebten).« Der Terminus ›Philosophie‹ (φιλεῖν, *›lieben‹!* sich freuen an) drückt gerade am schärfsten die Ruinanz (vor etwas fliehen, Ausweg suchen, *ausweichen* – aber dahin, wo Neigung [?] ist) und ruinante Motivation und Tendenz aus. Existenzielle phänomenologische Forschung hat als Motiv die gegenruinante Entscheidung, das Wagnis, die Auflehnung, die verbissene, bzw. eine ganz andere Fraglichkeit.[11]

c) »Metaphysik« A 2, 982 b 11–28 (Schärfere Bestimmung des eigentlichen Verstehens (σοφία) als bloß betrachtende Weise des erhellenden Verstehens (θεωρητικὴ ἐπιστήμη))

α) »Metaphysik« A 2, 982 b 11–21 (Die Bemühung um eigentliches Verstehen durch das Erstauntsein (θαυμάζειν))

982 b 11–17: διὰ γὰρ τὸ θαυμάζειν οἱ ἄνθρωποι καὶ νῦν καὶ τὸ πρῶτον ἤρξαντο φιλοσοφεῖν, ἐξ ἀρχῆς μὲν τὰ πρόχειρα τῶν ἀπόρων θαυμάσαντες, εἶτα κατὰ μικρὸν οὕτω προϊόντες καὶ περὶ τῶν μειζόνων διαπορήσαντες, οἷον περί τε τῶν τῆς σελήνης παθημάτων καὶ τῶν περὶ τὸν ἥλιον [καὶ περὶ ἄστρων] καὶ περὶ τῆς τοῦ

[10] [Siehe Anhang II, Nachschrift Weiß Nr. 5, S. 316.]
[11] [Siehe Anhang II, Nachschrift Weiß Nr. 6, S. 316 f.]

παντὸς γενέσεως. »Durch das Bestaunen und Erstauntsein hindurch kommen die Menschen nämlich jetzt und zuerst allmählich dazu, sich um eigentliches Verstehen zu bemühen. Anfänglich bestaunten sie, was ihnen an Unwegsamkeitsmäßigem (unmittelbar) vor Augen und vor-handen lag; dann aber gingen sie je um ein geringes in ihrer Bestaunenstendenz weiter und suchten an Größerem, Eindrucksvollerem [überwiegend ferner Liegendem] durchzukommen [mit der Erhellungstendenz], so hinsichtlich der mannigfachen Zustände, in denen [für sie] der Mond und auch die Sonne begegneten, und in bezug auf die Sternenwelt und hinsichtlich der Werdens- und Geschehensweise[12] des *Alls.*« (Welche Vorhabe und Vorgriff für Ablesung am τὰ πάντα, τὸ πᾶν?)

982 b 17–18: ὁ δ' ἀπορῶν καὶ θαυμάζων οἴεται ἀγνοεῖν. »Wer keinen Ausweg ins Helle *findet* [der sucht und will jedenfalls irgendwie so etwas] und wer (also) bestaunt (befremdet ist), in dem ist unabgehoben die Meinung lebendig, daß er nicht mit den Gegenständen so vertraut ist, wie es sein könnte.« *(Wiesein des ἀπορούμενος!)* Das Nichtdurchkommenkönnen und Befremdetsein sind Ausdruck der Tendenz, mehr ins Klare kommen zu wollen; diese drückt aus einen im Wiesein des Menschen anfänglich mitgegebenen Grundglauben: noch nicht und nicht recht über das ihm Begegnende im Klaren zu sein. Dieser Grundglaube des ›noch nicht‹ und ›nicht recht‹ – seinem vollen Sinn nach – als Grundwie faktischer Erhellungsweise in der faktischen Besorgnis ist das Konstitutivum für ›Welt‹ – Wirklichkeit. (›Noch nicht‹ – ›nicht recht‹: *Darbung.* In diesem Zusammenhang faktischer Bewegtheit das μᾶλλον, d. h. ein irgend ruinantes vorwärts.)

982 b 18–21: (διὸ καὶ ὁ φιλόμυθος φιλόσοφός πώς ἐστιν· ὁ γὰρ μῦθος σύγκειται ἐκ θαυμασίων)· ὥστ' εἴπερ διὰ τὸ φεύγειν τὴν ἄγνοιαν ἐφιλοσόφησαν, φανερὸν ὅτι διὰ τὸ εἰδέναι τὸ ἐπίστασθαι ἐδίωκον, καὶ οὐ χρήσεώς τινος ἕνεκεν. »Daher ist in gewisser

[12] woher es wie begegnet (kommt).

Weise, wer Interesse an fremdartigen, unvertrauten und nicht durchsichtigen, aber gerade doch dabei irgendwie in ihrer Weise aufklärenden Erzählungen hat, bemüht um eigentliches Verstehen. Denn in solcher Rede kommen zur Sprache Gegenstände, über die man sich wundert [die einem nicht vertraut sind und ins Klare gestellt sein wollen]. Daher wird [aus dem, wovor sie flüchteten, dem sie auswichen] offenbar, daß sie des Sehens wegen [um ins Klare zu kommen] auf das Verstehen aus waren, nicht aber um irgendeines ausnützenden Umgangs willen, wenn anders sie überhaupt um eigentliches Verstehen sich bemühten, um einem noch nicht recht im Klaren Sein zu entgehen.«

β) »Metaphysik« A 2, 982 b 21–28 (Eigentliches Verstehen als bloßes Sehen um seiner selbst wegen)

982 b 21–22: μαρτυρεῖ δ' αὐτὸ τὸ συμβεβηκός. »Daß es bei der Bemühung um eigentliches Verstehen ankommt auf – in der Verfolgung steht – das bloße Sehenwollen ohne jegliche andere Abzweckung, das bekundet sich an dem, was bei den ersten Schritten der Zeitigung dieses eigentlichen Verstehens an Weisen des Lebens mit da war, bzw. in welchem Stand diese mit da waren [Weise der faktischen Zeitigung].«

982 b 22–28: σχεδὸν γὰρ πάντων ὑπαρχόντων τῶν ἀναγκαίων καὶ ⟨τῶν⟩[13] πρὸς ῥᾳστώνην καὶ διαγωγὴν ἡ τοιαύτη φρόνησις ἤρξατο ζητεῖσθαι. δῆλον οὖν ὡς δι' οὐδεμίαν αὐτὴν ζητοῦμεν χρείαν ἑτέραν· ἀλλ' ὥσπερ ἄνθρωπός φαμεν ἐλεύθερος ὁ ἑαυτοῦ ἕνεκα καὶ μὴ ἄλλου ὤν, οὕτω καὶ αὕτη, μόνη ἐλευθέρα οὖσα τῶν ἐπιστημῶν· μόνη γὰρ αὐτὴ ἑαυτῆς ἕνεκέν ἐστιν. »Denn [erst] als dem Leben verfügbar war das Nichtzuentbehrende und das, was zur Erleichterung (Freiwerdung) und was zum positiven ungestörten, möglichen heiteren Verweilen gehörte, begann man die

[13] [Konjektur nach Jaeger (s. Anm. 14). Die Lesart καὶ τῶν πρὸς wird auch im kritischen Apparat von Heideggers Handexemplar (Aristotelis Metaphysica, ed. Christ, op. cit.) genannt (nach Alexander, auf den sich auch Jaeger beruft).]

sogestalte [Jaeger[14]: τῶν, b 23] Überlegung [Weise der Erhellung][15] für sich zu suchen. So ist nun also durchsichtig, daß wir um keiner anderen Nutzung wegen sie suchen; wie wir den als einen freien Menschen ansprechen, der *ist*, lebt seiner selbst wegen [Ausbildung seiner selbst] und nicht eines anderen Menschen wegen, so ist auch diese Weise des Verstehens als die einzige unter allen, die frei ist, nur ihrer selbst wegen [dafür, daß *sie* in dem, was sie ist, zu *ihrem* Sein kommt – ihre auf sie selbst bezogene Möglichkeit ausbilden?].«

d) »Metaphysik« A 2, 982 b 28 – 983 a 11 (Möglichkeit und Aneignungsweise eines solchen als göttlich angesprochenen (eigentlichen) Verstehens im Leben des Menschen)

982 b 28–29: διὸ καὶ δικαίως ἂν οὐκ ἀνθρωπίνη νομίζοιτο αὐτῆς ἡ κτῆσις· πολλαχῇ γὰρ ἡ φύσις δούλη τῶν ἀνθρώπων ἐστίν. »Dieses eigentliche Verstehen ist also so etwas, daß sein Besitz, das in ihm Leben, das Vollziehen seiner [Verwahrung gegenruinant!] mit Recht auch für nicht menschlich gehalten werden möchte; denn die *Seins*weise des Menschen – im Sinne bestimmten *Lebens* – ist in vielfacher Hinsicht unfrei.«

982 b 30 – 983 a 5: ὥστε κατὰ Σιμωνίδην θεὸς ἂν μόνος τοῦτ᾽ ἔχοι γέρας, ἄνδρα δ᾽ οὐκ ἄξιον τὸ μὴ οὐ ζητεῖν τὴν καθ᾽ αὑτὸν ἐπιστήμην. εἰ δὴ λέγουσί τι οἱ ποιηταὶ καὶ πέφυκε φθονεῖν τὸ θεῖον, ἐπὶ τούτου συμβαίνειν μάλιστ᾽ εἰκὸς καὶ δυστυχεῖς εἶναι πάντας τοὺς περιττούς. ἀλλ᾽ οὔτε τὸ θεῖον φθονερὸν ἐνδέχεται εἶναι, ἀλλὰ καὶ κατὰ τὴν παροιμίαν πολλὰ ψεύδονται ἀοιδοί, οὔτε τῆς τοιαύτης ἄλλην χρὴ νομίζειν τιμιωτέραν. »Daher dürfte

[14] [W. Jaeger, Emendationen zur aristotelischen Metaphysik A–Δ. In: Hermes. Zeitschrift für classische Philologie. (Hg. Carl Robert und Georg Wissowa). Bd. 52 (1917), S. 481–519; hier S. 495 f. (Nachdruck in: ders., Scripta Minora I. Roma: Edizioni di Storia e Letteratura 1960, S. 213–251; hier S. 227 f.)

Vgl. dazu Nachschrift Weiß: 982 b 23: καὶ τῶν πρὸς ῥαστώνην καὶ διαγωγήν. Jaeger setzt τῶν dazwischen; dadurch verständlicher.]

[15] [Siehe Anhang I, Beilage Nr. 14, S. 282 f.]

auch nach Simonides einzig ein Gott im Besitz dieser Ehrengabe sein. Dem Menschen aber ziemt es nicht, eine andere Weise wissenden Erhellens zu suchen als die, die auf sein Wiesein zugeschnitten ist. Wenn also *etwas* an dem ist, was die Dichter so reden und das Göttliche sei, gerade ob dieses sein Wiesein und in diesem neidisch, dann sind vermutlich gerade am meisten solche menschlichen Aspirationen von ihrem Neid betroffen, und es ist verständlich, daß alle, die zu hoch hinaus wollen, in Unseligkeit geraten. Aber: weder kann das Göttliche neidisch sein (vielmehr treiben auch, nach dem Sprichwort, die Dichter gemeinhin viel Schwindel), noch braucht man zu meinen, es gäbe neben der charakterisierten und in Rede stehenden Weise verstehenden Erhellens noch eine höhere [d.h. was Menschen zugänglich sei, sei lediglich auf diese zugeschnitten].«

Erste Abhebung zur Einstellung – bzw. *Aristoteles* zeitigt durch seine Interpretation, d. h. deren bestimmter Vorhabe und Vorgriff, selbst die Ausformung der einstellungsmäßigen Philosophie (Plato), bzw. er gibt die entscheidende Erhellungstendenz in prinzipieller Ausbildung, *ergreift* radikal logisch den griechischen Vorhabe-Vorgriff.[16]

Aristoteles geht mit der Ruinanz, nimmt sie positiv. Das ›χωρίς‹ und οὐπρός ist gerade noch ruinanter, sofern reine *Neugier* als *die* Weise der Flucht vor der Darbung. Diese Weise, ausgeformt im Höchsten, das Gegen der Überwindung! Dieses ›noch nicht‹ und ›nicht recht‹ als *›φύσις‹* in der Vorhabe! – aber nicht als ›Darbung‹, sondern *positive*[17] Anlage (indoles), und ruinant so sehr, daß sie in die Grenzen des ›Göttlichen‹[17] kommt (Vermessenheit – Abständigkeit!), statt gerade zu sehen, daß sie das ›Menschlichste‹ ist, am entferntesten von Gott.

983 a 5–6: ἡ γὰρ θειοτάτη καὶ τιμιωτάτη· τοιαύτη δὲ διχῶς ἂν εἴη μόνη. »*Sie* [von der wir reden] ist in der Tat die göttlichste und

[16] Das volle faktische Grundmotiv der griechischen Logik prinzipiell ausgelegt – in der reinsten Einstellung *das Wie des Vorgriffs* als das Grundwie und Grundsinn von möglichen letztem und erstem Kategorialen!

[17] [Pfeilstrich von:] *positive* [zu:] ›Göttlichen‹.

allen anderen vorzuziehen [die eigentlichste, μάλιστα!]. So etwas könnte sie nur sein in zweifacher Hinsicht [d. h. bezüglich ἐπιστήμη sind zwei Hinsichten möglich, diesen müßte sie genügen!].«

983 a 6: ἥν τε γὰρ μάλιστ᾽ ἂν θεὸς ἔχοι. »Einmal ist *die* Weise des verstehenden Erhellens als göttlich anzusprechen, deren Habensweise, Aneignungs- und Besitzweise so ist, daß darin am eigentlichsten die Seinsweise des Göttlichen lebendig wird.«

983 a 6–7: θεία τῶν ἐπιστημῶν ἐστί, κἂν εἴ τις τῶν θείων εἴη. »Dann aber ist die Weise des Verstehens göttlich in *dem Falle*, daß, *was* sie versteht (worauf sie verstehend aus ist), vom Gegenstands- und Seinscharakter des Göttlichen ist.«

983 a 7–8: μόνη δ᾽ αὕτη τούτων ἀμφοτέρων τετύχηκεν. »Diese beiden Bestimmtheiten hat sich einzig gerade *die* Verstehensweise, von der wir reden, zugeeignet.« Sie ist gerade einzig die Zeitigung (Vollzug) des göttlichen, mit Göttlichem verstehend umgehenden Lebens!

983 a 8–10: ὅ τε γὰρ θεὸς δοκεῖ τῶν αἰτίων πᾶσιν εἶναι καὶ ἀρχή τις, καὶ τὴν τοιαύτην ἢ μόνος ἢ μάλιστ᾽ ἂν ἔχοι θεός. »Für alle nämlich, wenn sie Gott meinen, sieht es doch so aus, daß er so etwas wie ein Ausgang (ein Woher) ist und daß er zu dem gehört, dem man Schuld gibt an Dingen und Geschehnissen. Und die Weise des Verstehens ist nach allem eine solche, die einzig und am eigentlichsten dem entspräche, was der Gott haben könnte, um das er sich in der Weise seines Lebens bekümmern möchte.«

983 a 10–11: ἀναγκαιότεραι μὲν οὖν πᾶσαι ταύτης, ἀμείνων δ᾽ οὐδεμία. »Dringlicher [auf die Dringlichkeiten des Lebens bezogen und aus ihnen und für sie erwachsend] sind nun zwar *vor* dieser alle anderen, wertvoller aber ist keine [bedeutsamer ist keine, wenn man sieht auf den Bedeutsamkeitscharakter dessen, was überhaupt je für Menschen anzueignen ist, worauf es für den Menschen nach seinem Seinssinn ankommen kann. – Zwei verschiedene Hinsichten!]«

e) »Metaphysik« A 2, 983 a 11–23 (Stand und Weise der Aneignung eines solchen (eigentlichen) Verstehens im Leben gegenüber der anfänglichen Weise des Verwunderung)

983 a 11–17: δεῖ μέντοι πως καταστῆναι τὴν κτῆσιν αὐτῆς εἰς τοὐναντίον ἡμῖν τῶν ἐξ ἀρχῆς ζητήσεων. ἄρχονται μὲν γάρ, ὥσπερ εἴπομεν, ἀπὸ τοῦ θαυμάζειν πάντες, εἰ οὕτως ἔχει, καθάπερ τῶν θαυμάτων ταὐτόματα τοῖς μήπω τεθεωρηκόσι τὴν αἰτίαν, ἢ περὶ τὰς τοῦ ἡλίου τροπὰς ἢ τὴν τῆς διαμέτρου ἀσυμμετρίαν· θαυμαστὸν γὰρ εἶναι δοκεῖ πᾶσιν, εἴ τι τῷ ἐλαχίστῳ μὴ μετρεῖται. »Es muß indes nun irgendwie das Leben in solchem eigentlichen Verstehen uns in den *gegenteiligen Stand* [ergänze: wenn anders der Besitz solchen Verstehens so hoch anzusetzen ist in seiner Bedeutsamkeit] bringen gegenüber den anfänglichen Weisen des Suchens.« Hier bestimmte Weise der Verwunderung über bestimmte Gegenstände des über das bislang nächst Zugängliche Hinaus*sehen*wollens. »*Alle* nehmen, wie gesagt, den Ausgang von dem Verwundertsein, daß[18] etwas so und so ist; so wundern sie sich über die von Taschenspielern gezeigten sich selbst bewegenden Dinge, oder über die Wendungen der Sonne, oder die Unmeßbarkeit der Diagonale. So wundern sie sich über solche merkwürdigen Dinge, die denen, die niemals das Warum gesehen haben[19], von selbst [auf Schritt und Tritt] begegnen, deren Begegnen solche Menschen von ihnen selbst her ständig ausgesetzt sind.« (So nicht θαυμάτων ταὐτόματα eine Tautologie! (Vgl. Schwegler, Commentar[20], p. 23; vgl. gerade: *θαύματα* δὲ εἶπε τὰ

[18] [Nach der Nachschrift Weiß schließt sich Heidegger mit der Übersetzung von εἰ (983 a 13) als »daß« (= ὅτι) wiederum Jaeger an (s. oben Anm. 14).]

[19] [Vgl. dazu Nachschrift Weiß: Heidegger schlägt anders vor und macht Bonitz' Verschiebung unnötig.]

[Gemeint ist die von Bonitz vorgeschlagene Verschiebung von τοῖς…αἰτίαν (983 a 14–15) hinter πᾶσιν (a 16) (vgl. den kritischen Apparat von Heideggers Handexemplar (Aristotelis Metaphysica, ed. Christ, op. cit.) und Bonitz, Commentarius in Metaphysica Aristotelis (Aristotelis Metaphysica, ed. Bonitz, op. cit., pars posterior), S. 56 f.]

[20] [Die Metaphysik des Aristoteles. Grundtext, Übersetzung und Commentar

ὑπὸ τῶν θαυματοποιῶν δεικνύμενα παίγνια [Sz![21]], ἃ ἐξ αὑτῶν δοκεῖ καὶ αὐτομάτως κινεῖσθαι, Alex. in Met. (ed. Hayduck)[22] 18, 17 sq.)[23]) »Allen, die noch nie das Warum zu Gesicht bekommen haben, kommt es befremdend vor, wenn etwas nicht sollte durch das Kleinste [das doch überall anwendbare Maß] meßbar sein.«

Diese Interpretation *gegen* die Autorität eines *Alexander*. Einmal gibt es in der Erkenntnis, vor allem nicht in der, die hier vollzogen werden muß, Autoritäten. Dann aber ist zu beachten, daß Alexanders Kommentar gut 500 Jahre später ist, ein Zeitabstand, der für die damalige Zeit als weit größer anzusetzen ist, als der zwischen uns und dem Mittelalter. Dabei ist zu beachten, daß die aristotelischen Lehrschriften erst im letzten vorchristlichen Jahrhundert wieder Beachtung fanden. Dann aber genügt schon eine rohe Kenntnis der griechischen Kommentatoren, um zu bemerken, *wie* stark sie bei scheinbar ganz klaren Lehrstücken des Aristoteles auseinandergehen (στέρησις). Es wurde deshalb bei Beginn der Vorlesung gerade Abstand genommen davon, diese Kommentatoren heranzuziehen. Ihre Benutzung verlangt ein ungewöhnliches Maß an philosophischer Kritik, falls man sich nicht einfach einer Meinung auszuliefern geneigt ist (vgl. Paulus in der Auslegung der ersten vier christlichen Jahrhunderte; apostolische Väter Marc.[24], Tertullian, Origenes[25], Augustinus, Cyprian[26]). –

nebst erläuternden Abhandlungen von Albert Schwegler. 4 Bde. Tübingen: Fues 1847–1848. Bd. III: Des Commentars erste Hälfte.]

[21] [Vermutlich auf παίγνια bezogene Übersetzung: S(piel)z(euge); vgl. dazu diesen Absatz oben: »so wundern sie sich über die von Taschenspielern gezeigten sich selbst bewegenden Dinge«.]

[22] [Alexandri Aphrodisiensis in Aristotelis Metaphysica commentaria. Edidit Michael Hayduck. (Commentaria in Aristotelem Graeca. Edita consilio et auctoritate Academiae Litterarum Regiae Borussicae. Vol. I). Berolini typis et impensis Georgii Reimeri 1891.]

[23] [Siehe Anhang I, Beilage Nr. 3, S. 267.]

[24] [Marcion (Markion) (um 85 – um 160) wird als erfolgreichster christlicher Häretiker des 2. Jahrhunderts gewöhnlich nicht zu den »apostolischen Vätern« gerechnet. Er zeichnet sich durch einen übersteigerten Paulinismus aus und begründet seine Hermeneutik mit ›Antithesen‹.]

[25] [Origenes (um 185/186 – um 253/254) stand mit der Übernahme philoni-

Von da her, einer Berufung auf Alexander, ist die Interpretation nicht zu erschüttern; die einzige Möglichkeit: Aristoteles selbst, die beiden Stellen, die Bonitz, Index 124 b 2 sq.[27] [anführt]: aus περὶ ζῴων γενέσεως, 734 b 10, 741 b 9; περὶ ζῴων κινήσεως, 701 b 2. Liegen 1. zeitlich später und in einem anderen Zusammenhang; 2. hier aber das Sachliche wichtig: vgl. ἐξ ἀρχῆς μὲν [τοῖς μήπω][28] τὰ πρόχειρα (982 b 13); das, was begegnet, *θαύματα!* in einem ganz allgemeinem Sinne, das ist *ja Thema!*

983 a 17–20: δεῖ δ' εἰς τοὐναντίον καὶ τὸ ἄμεινον κατὰ τὴν παροιμίαν ἀποτελευτῆσαι, καθάπερ καὶ ἐν τούτοις ὅταν μάθωσιν· οὐδὲν γὰρ ἂν θαυμάσειεν οὕτως ἀνὴρ γεωμετρικὸς ὡς εἰ γένοιτο ἡ διάμετρος μετρητή. »Es muß aber schließlich der gegenteilige Stand und nach dem Sprichwort auch der bessere gewonnen werden, so auch im letzteren Falle, wenn die Menschen (nur erst) Aufschluß erhalten haben.« Das Verwundertsein verschwindet nicht; es ist immer in Begleitschaft mit dem, *was* vertraut ist, als das, was gegen diesen Charakter anspricht. Positiv ist zu sagen: die Aneignung zeitigt mit der ›Verschiebung‹ das Motiv und das Wie des möglichen Verwundertseins, *eine eigene* und auf bestimmte Gegenstände (ἀρχαί) bestimmt bezogene *Vertrautheit!* Die Verwunderung geht nun gerade darauf, zu behalten: die ungenügende [?] Vertrautheit. »Wer etwas von Geometrie versteht [wem die Gegenstände (da) vertraut sind in ihrem eigentlichen So- und Warum-so-sein], der möchte sich über nichts mehr ver-

scher Allegorese (in: Origenes, Περὶ ἀρχῶν/De principiis IV) in der Tradition der alexandrinischen Theologenschule und damit im Gegensatz zu der in aristotelischer Tradition stehenden antiochenischen Theologie (s. auch § 20, unten S. 170 f., und Anhang II, Nachschrift Weiß Nr. 26, S. 329 f.).]

[26] [Thascius Caecili(an)us Cyprianus (nach 200 – 258), seit 248/49 Bischof von Karthago, war der maßgebliche Schriftsteller und Lehrer vor Aurelius Augustinus (354–430) und theologisch und literarisch vor allem von dem lateinischen Theologen Quintus Septimius Florens Tertullianus (um 160/170 – nach 212) beeinflußt.]

[27] [Index Aristotelicus. Edidit Hermannus Bonitz. Berolini apud Georgium Reimerum 1870 (Aristotelis Opera. Edidit Academia Regia Borussica. Vol. V). Index zu αὐτόματος.]

[28] [Einfügung nach Parallelstelle 983 a 14.]

wundern, als wenn das ihm Verständliche anders werden sollte, die Diagonale also meßbar.«

983 a 20–23: τίς μὲν οὖν ἡ φύσις τῆς ἐπιστήμης τῆς ζητουμένης, εἴρηται, καὶ τίς ὁ σκοπὸς οὗ δεῖ τυγχάνειν τὴν ζήτησιν καὶ τὴν ὅλην μέθοδον. »Welches nun das Wie*sein* [im Sinne lebensmäßigen Werdens] des verstehenden wissenden Erhellens ist, um dessen Bestimmung und Aneignung wir uns bemühen, ist (damit) ausgemacht. Auch ist das Ziel angezeigt [ἀρχή, αἴτιον], in das die Untersuchung und die ganze *dahin nachgehende* [μέθοδος] Forschung zu bringen ist.«

(Vgl. Idee der *θεωρία* – als Existenz im Müßiggang – Neugier; Erkennen, Wissen – *Nachgehen! Ruhe*, Genuß, Schau.
Interpretiert von Aristoteles auf eigentliche Bewegtheit.
Theoretisch – praktisch:
Θεωρεῖν dem Existenziellen vorrangig – und dementsprechend auch als ontologische Explikation führend; Grund: der Durchsprung in die griechische Existenz.
Πρᾶξις *bleibt zurück und wird von da gesehen;* hier schon Wurzel der Diskrepanzen; obwohl Aristoteles, Eth. Nic. Z *radikal und ursprünglich.*)[29]

[29] [Siehe Anhang II, Nachschrift Bröcker Nr. 2, S. 306.]

B. Interpretation von »Metaphysik« A 1 und A 2

§ 9. Gewinnung eines Verständnisses des vollen Sinnes der Frage- und Forschungshaltung der aristotelischen Philosophie als Voraufgabe

a) Auslegender Zugang, Aneignung und Verwahrung des Gegenständlichen als Weisen, in denen Sinn im Leben gehabt wird. ›Phänomen‹ als die formalanzeigende gegenstandsmäßige Grundkategorie der spezifisch aregionalen Gegenständlichkeit ›Leben‹

In der Voraufgabe[1] steht die Gewinnung eines Verständnisses des vollen Sinnes der Frage- und Forschungshaltung der aristotelischen Philosophie; und das zunächst nur in *dem* Ausmaß, daß damit eine Perspektive (Durchsicht) aufgeschlossen wird, in die hinein die Interpretationen der ontologischen Untersuchungen des Aristoteles zu stellen sind. Diese erste Durchsicht, die jeglichem Aufschluß gleichsam horizontöffnend vorwegläuft, muß für jeden Schritt der Interpretation festgehalten werden und wirksam bleiben. Den *Sinn* der aristotelischen Forschung gilt es zu gewinnen. Damit ist die Vorbestimmung getroffen: Forschung ist etwas von *dem* Gegenstands- und Seinscharakter, das auf Sinnhaftes ausgelegt werden kann. *Sofern Sinn etwas ist, was seine Zugangsweise hat in Auslegung,* wird das, was unter dem Titel ›Forschung‹ vorgemeint ist, genuin und originär zugänglich in Auslegung.

Gegenstände vom Gegenstands- und Seinscharakter des Sinnhaften (also nicht nur *durch* Sinn erst bestimmte Gegenstände), die *sind* als Sinn, bezeichnen diese Untersuchungen als *›Phäno-*

[1] Konkrete Vorbereitung des ontologischen Problems. Ontologische Frage verlangt ein Feld der Erörterung. Beistellung des Phänomenfeldes, d. h. der zunächst wichtigen Phänomene und Phänomenstrukturen: Umgang, Hinsehen, Erhellung, Aufenthalt (faktisches Leben, *εὐδαιμονία*); λόγος, ἀρχή – Daßsein, Wassein, Sein. Formale Anzeige des Existenzproblems auch bei Aristoteles.

mene‹. (›*Phänomen*‹[2] (im Leben als *solchen* voll verstanden) eine – die formalanzeigende gegenstandsmäßige, nicht *Sein* betreffende Grundkategorie der spezifisch aregionalen Gegenständlichkeit ›Leben‹. Sie hat die eigentümliche kategoriale Funktion, das in der Interpretation Gegebene, dieses ›worüber‹, zu fixieren, um mit der Hebung und Verwahrung der Sinne als Gegenständlichkeit – *dann* noch möglichen Seins – zu verschwinden. – ›Bloße Erscheinung‹ in einem prinzipiellen Sinne. Die Notwendigkeit dieser Kategorie und ihrer Funktion liegt in der faktischen Ruinanz – auch des reinsten Verstehensvollzuges.)

Was also nicht nur in und aus Sinn her sinnmäßig charakterisiert ist, sondern was *ist* im eigenen Seinscharakter von Sinn, das verlangt eine eigentümliche Weise auslegungsmäßigen *Zugangs*, auslegungsmäßig verstehender *Aneignung*, und vor allem auslegungsmäßig verstehender *Verwahrung*. Auslegender Zugang, Aneignung, Verwahrung sind Weisen, in denen Sinn (formal gesprochen) *gehabt* wird. *Es gibt Gegenstände, die nicht nur verstehend gehabt werden, die man im Verstehen hat, sondern die man im Verstehen ist* – ja die in solchem Verstehen (in der Verwahrung) gerade erst zu ihrem eigentlichen Sein kommen. Gegenstand dieser ausnehmenden (Habens-) Seinsweise ist das, was ist als Sinn.

Sofern Sinn ist – eigentlich ist in der Habensweise der Verwahrung – sind die genannten anderen Habensweisen von Sinn (auslegender Zugang, Aneignung u.a.), sofern sie nicht die eigentlichen sind, *auch die uneigentlichen* (aber gerade faktisch ›üblichen‹) *Weisen, in denen Sinn ist*. Sinn ist Gegenständlichkeit solchen Seinscharakters, daß er nach dem möglichen (formalen) mehr oder minder des Gehabtwerdens mehr oder minder ›ist‹. Seiendes, das *nicht zuweilen gerade* mehr oder weniger ist, sondern Seiendes in eben diesem Seinscharakter des *je immer* mehr oder weniger bezeichnen diese Untersuchungen formal als Lebendes, dieses Sein als Leben, im vorliegenden Zusammenhang:

[2] *Phänomen* – Gegenstand philosophischer Auslegung; der Woraufcharakter, die Wie der Artikulate als solche Sinne. Auslegung aber besagt?

menschliches Leben (formale Anzeige für Leben, vgl. Einleitung[3] und diese Interpretation Ms. S. 1 b[4]). Sinn *ist* gerade so, daß sein Sein im ›mehr oder weniger‹ steht, so zwar, daß dieses ›mehr oder weniger‹ für ihn selbst ist seine Möglichkeit des entscheidend ergriffenen und festgehaltenen *So* als dem eigentlich gehabten ›*Gegen*-mehr oder minder‹. (Sinn (ist eine Grundkategorie) besagt das jeweilige Wie des Seins eines Seienden vom Seinscharakter (menschlichen) Lebens; ›Sinne‹ = Weisen, Wie des Lebens. Das ›*Wie*‹ – kategorial ontologischer Vorrang vor dem Was – im aregional Seienden als Leben. ›Relation‹ der Marburger – nur formal [...][*].)[5]

Die Rede von Sinn begegnet vorwiegend in der Logik bzw. es hat von da, wo eine auch nur dürftige Bestimmung für nötig befunden wurde, eine Ausweitung und sehr freigebige Übertragung in entsprechende und parallele ›Sphären‹ (des Ethischen, Religiösen, Ästhetischen) sich breit gemacht, zum Teil in der grotesken Form, daß in den genannten nicht logischen Sphären nach den analogen Urteilen gesucht wird, bzw. wo sie nicht da sind, werden sie erfunden. Oder es bleibt der Begriff des Sinnes prinzipiell in der Bestimmung (ob gefaßt als transzendentales Korrelat oder nicht, ist prinzipiell gleichgültig): ›der geurteilte Sachverhalt‹. Dabei stehenbleiben ist wissenschaftlich sicherer als eine unkritische Übertragung, denn diese Bestimmung ist in der Tat ein vom Ausgang entferntes Derivat *der* Grundbestimmungen von ›Sinn‹, wie sie für eine prinzipielle philosophische Fragestellung sich ergeben. Bleibt man dagegen bei der Bestimmung, wie sie eine vielleicht auch sehr zufällige und äußerliche Logik erstellt, und versucht damit in der philosophischen Fragestellung der ›Erkenntnistheorie‹ und dergleichen weiterzukommen, dann wird alles von Grund aus verschieft und es kommen auf solche

[3] [In: M. Heidegger, Phänomenologische Interpretationen zu Aristoteles. Einführung in die phänomenologische Forschung (Gesamtausgabe Bd. 61), S. 1–155.]

[4] [Im vorliegenden Band S. 17, Anm. 2.]

* [Längerer Text in Stenographie konnte nicht entziffert werden.]

[5] [Siehe Anhang II, Nachschrift Weiß Nr. 7, S. 317.]

Weise erkünstelte Vexierfragen in den Rang sogenannter ›tiefer Probleme‹.

Sinn ist *zumeist* – faktisch – uneigentlich, also gehabt in den besonderen Weisen gewisser Auslegung. Er wird gehabt, steht in gewisser Dafürnahme, in einer Meinung von ihm; er ist in seiner üblichen Meinung über ihn *(Öffentlichkeit)*; er ist in der Rolle, die er weltlich spielt, in dem, *wie* er da genommen wird. Weisen, in denen Sinn zumeist ist, d. h. in denen er sich kundgibt, auslegt. Und er wird zugänglich so, daß diese faktische Auslegung ins Haben kommt, d. h. die Auslegung vollzogen wird. Je nach dem Charakter der Auslegung, Ansatz, Richtung, Reichweite, auch Ausmaß, wird Sinn mehr oder minder zugänglich. Das Haben von Sinn kann je nach Auslegungsvollzug sich in eine eigentlichere Auslegung *zu* bewegen oder von ihr abkommen bis in ein bloßes Dafürhaben, Mitmachen von Meinungen im nivellierten Auffassen (vgl. Einleitung in die Phänomenologie der Religion[6]), und selbst *das* ganz unausdrücklich. Faktisches Leben ist zumeist so, in solcher Auslegung für es da und hat darin gerade sein Faktisches, daß es zu solcher Weise des Sichhabenlassens je von seiner Welt von ihm selbst her neigt. Diese faktischen Auslegungen – und auch jede eigentliche Auslegung erst recht – sind nicht etwa den betreffenden Gegenständen angeklebte und von ihnen abziehbare Auffassungsweisen, sondern jeweils mit das Wie, in dem die Gegenstände ihrem Seinscharakter nach *sind.*

Den vollen Sinn eines Phänomens gilt es zu fassen (d. h. seine theoretische Gegenständlichkeit entscheidend verschwinden lassen). Jeder Sinn ist in eine – seine Sinn*mannigfaltigkeit* auslegbar. Den Zusammenhang (formal) für die jeweilige Sinnmannigfaltigkeit bildet nicht eine sie umgreifende Bestimmtheit, sondern die Mannigfaltigkeit selbst von ihr selbst her, so aber, daß eine bestimmte Sinn(richtung) als die herrschende verstanden wird (d. h. *der* bestimmte Sinn das Sein, das Wiesein bestimmt).

[6] [Frühe Freiburger Vorlesung Wintersemester 1920/21. Hg. von Matthias Jung und Thomas Regehly. In: Martin Heidegger, Phänomenologie des religiösen Lebens. Gesamtausgabe Bd. 60. Frankfurt a. M.: Klostermann 1995, S. 1–156.]

b) Die echte Methode geisteswissenschaftlicher und philosophischer Forschung in Abgrenzung gegen die Technik der Interpretation

Kein Schematismus und keine Technik der Interpretation und Interpretationsstufen.[7] Das verhängnisvollste Mißverständnis, dem die Geisteswissenschaften und die Philosophie verfallen sind: die Strenge ihrer eigentlichen möglichen Methode sei erreicht und gesichert in einer Technik eines Verfahrens. Wissenschaft wird, damit die Methode gewahrt bleibt, nicht als Einsicht genommen. Im Absehen hierauf ist schon alles verfehlt. Daß man, wo Technik prinzipiell abgelehnt wird, nur Chaos und Willkür als die einzigen Möglichkeiten sieht und sich dann doch eher noch an Technik klammert, zeigt, wie gänzlich das Verständnis des Sinnes geisteswissenschaftlicher Forschung abhanden gekommen ist. (Daß dann für das Publikum und die Betriebmacher geisteswissenschaftlicher Forschung als genau dasselbe vorkommt, was am Ende seine Literaten besser machen, verschlägt nichts. Typisch: Kunstwissenschaft (neben der Philosophie, in für uns wohl noch absehbarer Zeit auch *Soziologie* und *Theologie*) beliebteste Einbruchsstellen des Literaten in geistiges Leben. Und es wäre wiederum ein Mißverständnis, den Unterschied dem Publikum andemonstrieren zu wollen. Denn Publikum ist gerade dadurch das, was es ist, daß es alles immer nur so nimmt und zu nehmen vermag, wie ihm das Begegnende gerade in den ›Kram paßt‹.)

Die Sachen selbst sprechen lassen ist auch in der geisteswissenschaftlichen Forschung und in der Philosophie das formale methodische Prinzip. Aber, das ist hier in einem ganz anderen Sinne schwieriger; und sofern man *der* Schwierigkeit mit einer Technik Herr wird, läßt man nicht mehr die Sachen reden, sondern den Apparat und den Betrieb. Und überall, wo Technik den Sinn der Methode geisteswissenschaftlicher und philosophischer For-

[7] Gewicht der Methode anders verteilen! Überschärfung der Interpretation.

schung bestimmt, ist das ein *Ausdruck der hilflosen Angst vor den Dingen*[8], mit denen man umgeht bzw. umgehen *möchte*, ohne seine Bequemlichkeit und die Möglichkeiten der Betriebmacherei aufs Spiel zu setzen. Technik in den Methoden der Geisteswissenschaften ist da organisierte ›Mogelei‹. Es wäre nicht nur Zeitverschwendung, sondern vor allem eine Herabwürdigung der aristotelischen Philosophie, wollte man sie ausdrücklich und umständlich gegen solche Meinungen in Schutz nehmen.

Alle *sogenannten* ›tiefen Denker‹, d.h. solche, denen es der Gott im Schlaf gibt, verachten so etwas wie Methode. Sie nehmen das ›keine Methode‹ zu leicht und ganz romantisch. Die für sie vorbildlichen Genies haben einmal in ihrer Entwicklung darum gerungen (Hegel), wenn auch nicht durchgehalten und rechtzeitig kritisch *aufgehört*, d.h. zum Gegenstand zurück!

Ein entscheidender Widerstand gegen die Verfolgung der Methode in Technik, ihr Überwuchern der Sachen und ihr Verdekken der Zugangsfragen ist nur so zu überwinden, daß echte Methode am Werk ist, d.h. in den Sachen eigentlich lebt.

Die Grundschwierigkeit liegt in der (perspektivischen) Gewinnung, Aneignung und Verwahrung der Vorhabe (Grunderfahrung), die Ausbildung der hier notwendigen gegenruinant wirksamen radikalen Kritik. In zweiter Linie im vorgrifflichen und *be*grifflichen Artikulieren; sofern dieses für uns weltlich das nächste – die faktischen Auslegungsrudimente – muß das radikal durchreflektiert werden, um so die Vorhabeproblematik radikal zu verstehen.

[8] daß sie anders antworten könnten und daß man selbst als in anderer Lage befindlich korrektiv enthüllt wird!

§ 10. Das Ansprechen der Weisen des erhellenden Verstehens im Hinblick auf das ›mehr an Hinsehen‹ als faktisch auslegende Dafürnahmen des faktisch umgänglichen Lebens (Interpretation von »Metaphysik« A 1)

a) Auslegung der faktischen Rede vom Verstehen und Verstehendersein (σοφία, σοφός, σοφώτερος) als Aufgabe der Interpretation

α) Der Begegnischarakter und die ausgängliche Situation des eigentlichen (das forschende Verhalten bestimmenden) Verstehens (σοφία) als erste Frage der Interpretation

Die erste Frage der Interpretation ist: wie ist das, worin sich für Aristoteles das forschende Verhalten bestimmt (das eigentliche Verstehen), für ihn da. In welchem Begegnischarakter ist es ausgänglich für ihn gegeben, in welcher Weise geht er darauf zu, wie geht er (auslegend[1]) damit um?[2]

Das Ziel des Aristoteles ist die Bestimmung des eigentlichen Verstehens (σοφία); das Wie*sein* desselben in seinem Wie*werden* (φύσις, 983 a 21) soll herausgestellt werden. Der Gegenstand solcher Untersuchung muß aber für diese in irgendeiner Weise zur Vorgabe kommen. Σοφία, σοφός, σοφώτερος begegnen in der Ausdrucksweise des faktisch umgänglichen Lebens. Nur sofern solcher Ausdruck in der faktischen Rede begegnet, sofern das faktische Leben faktisch so spricht (981 b 27), besteht überhaupt die Möglichkeit, eine Auslegung dieser Rede *zur Aufgabe* zu stellen, so daß sie für das *Ziel* vermeint [?] wird. *Nur aus dieser Möglich-*

[1] [Daruntergeschrieben:] Antwort!

[2] Hinsehendes verstehendes Bestimmen als Umgang. – Ἀρχή-Forschung aber Zugangsproblematik (*von wo aus des Hinsehens; ἀρχή*-Forschung für *Forschung*), Aufbrechen des Gegenstandsfeldes, Umgangsbereitung; daraufhin die Interpretation dirigieren [?]. Welchen Sinn hat Zugangsforschung für die *Griechen*? Zugehen auf – auf Erhellen im eigentlichen Sinn.

Vgl. Überleitung [im vorliegenden Band: Zweites Kapitel, bes. S. 119 f.], κίνησις-Vorhabe und θεωρία.

keit vermag sich der in solcher Auslegung zugängliche Sinn als etwas zu bekunden, worin faktisches Leben nach seinem eigentlichen Seinssinn sich bewegt – als eine Weise, in der es mit sich selbst zu sich selbst spricht (nichts Erdachtes!). Nur bei dieser Möglichkeit besteht am Ende das *Recht*, diese Weise als eine entscheidende für faktisches Leben in *Anspruch* zu setzen.

Nur weil eine Rede von Verstehen faktisch im Leben *umgeht*, besteht die *Möglichkeit*, nach der Bedeutung zu fragen (τὸ ζητούμενον ὄνομα, 982 b 8), sie auslegungsmäßig zu ergreifen; nur weil sie umgeht faktisch, besteht – unter *Vor*setzung einer bestimmten *Aufgabe* verstehender Erhellung des faktischen Lebens – die spezifische *Notwendigkeit*, sie zu ergreifen, sofern in ihr ein entscheidender Sinn zugänglich wird.

So ist die entscheidende Ausgangssituation der Forschungen des Aristoteles hier und überall, wo er forschend ansetzt, zu verstehen. Und nicht etwa ist das eine Lage, in der er nur instinktmäßig sich befindet und bewegt; sondern er ist über sie ausdrücklich im klaren, er hat sie als Situation und vermerkt das immer wieder von neuem.

Diese Situation ist angeeignet und festgehalten gegen das unbändige und bodenlose Gerede der *Sophistik* und sie ist ergriffen im Durchgang durch und gegen die Romantik des gefeierten Lehrers *Plato*.

Es ist der modernen Sophistik vorbehalten geblieben, folgende Meinung über Aristoteles ins Publikum zu bringen: Aristoteles philosophiert in populären Meinungen, in den ganz primitiven und rohen Begriffen des täglichen Lebens. Das ist eine unkritische zurückgebliebene Philosophie – ja sogar gegenüber Plato – ein Rückfall in die Barbarei (›kritisch‹! – ›metaphysisch‹ (jedweder Artung!)).

Man stellt sich aber auch hinsichtlich des prinzipiellen Mißverstehens der aristotelischen Philosophie auf dieselbe Seite mit dieser Sophistik, wenn man, wie die Neuscholastik und jeglicher Aristotelismus, der sich ein Ansehen verschaffen will, dieser sophistischen Meinung Rede stehen will und krampfhaft versucht, eine Erkenntnistheorie, und sogar eine kritische, bei Aristoteles zu entdecken.

β) Die faktische Rede vom eigentlichen Verstehen als Ausdruck bestimmter Dafürnahmen des faktisch umgänglichen Lebens

Die faktische Rede vom ›eigentlichen Verstehen‹ – ›verstehend-‹, ›verstehendersein‹ begegnet[3] als Ausdruck bestimmter Dafürnahmen, in denen faktisches Leben sich hält (ὑπολήψεις – οἰόμεθα – ὑπολαμβάνομεν – νομίζομεν – ἡγούμεθα; ὑπόληψιν ἔχομεν). Diese Dafürnahmen sind Auslegungsweisen des faktischen Lebens, in denen es sich selbst je nach seinen Ansprüchen in genügende, für es bedeutsame Klarheit (Verständnis) setzt.

Die Dafürnahmen, die die Rede von ›Verstehen‹, ›verstehendsein‹ ausbilden und brauchen, beziehen sich auf *bestimmte Gegenstände* und Gegenstandszusammenhänge; nicht nur das, sondern es sind solche, die das, was sie auslegen, in einer ganz bestimmten *Hinsicht* sich vornehmen. Und weiter: die Dafürnahme ist so, daß sie *vergleichenderweise* die in bestimmter Hinsicht genommenen eigentümlichen Gegenstände auslegt (also ein konkreter vielseitiger Ursprungsboden des *Sinnes* von σοφώτερος – σοφός – σοφία!).

γ) Der komparativische oder ›mehr‹-Charakter der faktischen Dafürnahmen[4]

Die faktisch nächstbegegnenden Dafürnahmen, in denen die Rede von Verstehen sich ausbildet[5], gebrauchen diese ›komparativisch‹, d.h. *was* in der Dafürnahme steht, begegnet *so*, daß es solchen Ausdruck bedeutungsmäßig motiviert. Formal kann gesagt werden: der gegenständlich von den Dafürnahmen betroffe-

[3] ὑπολαμβάνειν und διανοεῖν Sache des νοῦς (vgl. De an. Γ 4, 429 a 23); statuere – ansehen für ›wahr‹.

[4] [Siehe Anhang I, Beilage Nr. 4, S. 268.]

[5] die also ursprünglicheres Sein betreffen!

ne Zusammenhang begegnet in dem Charakter des *›mehr‹*[6]. Welche und wie komparativisch bedeutsamen Begegnisse sieht Aristoteles? Wir halten für verstehender (σοφώτερος) den, der in Verfahrungen lebt, als den, der nur so in Auskenntnis umgeht; und ebenso mehr den Verfahrungen selbst wieder Leitenden, Vorzeichnenden, als den, der lediglich sie besorgt. Und wo Verfahrungen ausgebildet werden, da kommen wir *»immer«* (981 b 18) zu bestimmten Dafürnahmen. Gewisse sind ›mehr‹ im Wie des Verstehens denn andere.

δ) Das ›mehr an Hin- und Aufsehen‹ als ein Wie des Umgangs des faktischen Lebens. Die im Hin-und Aufsehen auf das Aussehen liegende Möglichkeit eines anderen ›mehr‹ (μᾶλλον): die Besorgnis um die Möglichkeiten des Vollzugs des Hinsehens selbst

Aber nicht erst, wo Verfahrungen unter sich oder *gegen* bloßen sich auskennend ausrichtenden Umgang in die Auslegung genommen werden, sondern wo das faktische Leben es bei ihm selbst nur auf das Ausrichten seiner Besorgungen absieht, wo es ganz in diesen auf- und mitgeht und seine Auslegungen, im Gleichen mitgehend, nur diese Besorgenswelt betreffen, begegnet Gegenständliches im Charakter des ›mehr‹; der sich auskennende Umgang *richtet ›mehr‹ aus* als Verfahrung (981 a 12 sqq.). (Das zu Besorgende und Besorgbare ist mit der Sorgenszeitigung in die Bewegtheit eines zu besorgenden ›mehr‹ (Ruinanz) gestellt.) ἀλλ' ὅμως (981 a 24), »aber gleichwohl« – obzwar auf das *ausrichtende* Sorgen, die faktische Grundbewegtheit des faktischen Lebens gesehen – der auskennende Umgang ein ›mehr‹ ist, gleichwohl *nehmen* wir ihn faktisch für ein ›weniger‹, sofern wir es auf etwas anderes *ankommen lassen*; sofern es die faktische Lebensauslegung am Leben (Welt) »nicht nur« (μὴ μόνον, 981 b 15) auf das *Ausrichten absieht.* Wir nehmen ausdrücklich die Begegnisse, die

[6] Abständigkeit! Vorrang – fällt auf! *weiter wollen.*
Aristoteles geht diesem nach!

besorgten, und ihr Besorgen in *ein anderes Absehen auf sie*. Die Umgangsweisen werden mit diesem anderen Absehen in die Möglichkeit auch eines anderen *›mehr‹* gestellt. Ein anderes Absehen auf das vordem schon begegnende Leben und seine Weisen. *Das Absehen vom faktischen Leben her* (auf seine Sorgensweisen) *besagt: die Weise* ihrer faktischen Zeitigung ist irgendwie anders, d.h. sofern überhaupt verschiedene Weisen faktisch begegnen, muß die Verschiedenheit an ihnen selbst so *sein*, daß sie ein verschiedenes Absehen motivieren kann, dergestalt, daß in solchem die Möglichkeit eines anderen ›mehr‹ ersteht. In 981 a 7–12 ist der Unterschied expliziert. In der Umgangsweise der Verfahrung sind die Gegenstände des Umgangs, sein ›Womit‹ anders da. Sie werden auf ihr *Aussehen* bei dem Besorgen mit angesehen – d.h. die jeweilig sorgende, besorgende Umgangstendenz beläßt das Womit des Umgangs nicht in der bloßen jeweiligen Bekanntheit der Auskenntnis, sondern die durch *solche bestimmte* Sorgenstendenz vorgezeichnete Mannigfaltigkeit begegnender Gegenstände *sind auch anders*[7], *wie sie aussehen* (κατ᾽ εἶδος (ἕν), ἀφορισθέντα! [vgl. 981 a 10]) in Hinsicht auf das, worauf es dem Besorgen ankommt, ausgegrenzt. In solchem Umgang, der nach seiner eigenen Umgangstendenz das Aussehen seines jeweiligen Womit sich verfügbar macht, wird das bislang in der Auskenntnis mitgegangene, und zwar unausdrücklich mitgegangene Auf- und Hinsehen auf das Aussehen des Womit des Umgangs, wichtig.

Und zwar ist das Wie dieses Hinsehens[8] ausdrücklich ausgehoben *für* den Umgangsvollzug selbst, ein Hinsehen[8], das auch abgehoben faktisch mitgeht und mitsteht im Vollziehen und Mitvollziehen des Besorgens, so zwar, daß es gerade das Umgehen mit und das von diesem für seinen eigenen konkreten Vollzug Aufzubringende umgänglicher macht.

In dieser in den faktischen Umgangsweisen selbst aushebbaren

[7] und zwar bestimmt rücksichtlich *eines* bestimmten Umgangs: das sie herstellend ins Sein bringen.

[8] Hinsehen [(so auch in den Nachschriften) später mit roter Tinte korrigiert zu:] Umsehen.

und aneigenbaren Auf- und Hinsehensmöglichkeit liegt die *Möglichkeit eines anderen* ›mehr‹. (Auf- und Hinsehen ›ist‹ ja in der ruinanten Bewegtheit des Sorgens, bleibt und ist, ja wird je eigentlich ein Wie der ruinanten Bewegtheit des faktischen Lebens.)[9]

Der faktische Umgang des faktischen Lebens in und mit seiner Welt steht faktisch immer in bestimmten Dafürnahmen, unausdrücklichen oder ausdrücklichen Auslegungen. Die Aushebbarkeit des im Umgang mitlebendigen, umgangmitvollziehenden ausdrücklichen Hinsehens auf das Womit des Umgangs ist die vom faktischen Leben an ihm selbst faktisch gezeitigte Möglichkeit eines anderen Absehens auslegender Dafürnahme auf den faktischen Umgang selbst. Diese Möglichkeit ist eine solche eines anderen begegnenden ›mehr‹. Das Absehen folgt dem möglicherweise begegnenden ›mehr‹ an Hinsehen; mit diesem Absehen folgt und ist da eine bestimmte Auslegung dieses ›mehr‹. Dieses ›mehr‹ an Hinsehen findet den auslegungsmäßig entsprechenden Ausdruck in dem komparativischen: ›verstehender‹. Diese Auslegung zeitigt sich faktisch im faktischen Leben, ohne daß dieses selbst im Klaren darüber steht oder zu stehen braucht, worauf die Auslegung es eigentlich absieht – das Sorgen um ein Wie solchen Hinsehens und *damit die Besorgnis um die Möglichkeiten des Vollzugs des Hinsehens selbst (des Verstehenderseins).*

Dieses ›mehr an Aufsehen und Hinsehen‹ muß genommen werden als ein Wie des Umgangs, etwas, was umgänglich faktisch umgangumbildend eine neue Weise zeitigt (und damit von sich selbst her sein faktisches Woraus seines faktischen Ursprungs in eine neue umgangbetreffende, faktische Lebenserhellung betreffende Auslegung stellt). (᾿Επιστήμη, σοφία als Wie faktischen Lebens *ist* in und durch seine Herkunft aus ἐμπειρία und τέχνη – *Herkunftsweise.*)

[9] (Schon bestimmtstufige Interpretation.)

b) Charakterisierung der vier faktisch auslegenden Dafürnahmen bezüglich des ›mehr an Hinsehen‹ (μᾶλλον εἰδέναι)

Aristoteles nimmt das ›mehr an Hinsehen‹ und damit das, was in faktischer Dafürnahme als Verstehendersein angesprochen wird, in folgenden faktisch begegnenden Charakterisierungen (immer schon Ausgelegtheiten) auf:

(In welchen Hinsichten faktisches Leben in seinen Auslegungen sieht. Die Hinsichten, in denen Aristoteles das μᾶλλον εἰδέναι sich begegnen läßt, interpretierend aufnehmen für Vorhabe-, Vorgriffscharakteristik; dann aber vor allem ihr ›daß‹, die Faktizität einer spezifischen Bewegtheit fixieren, bzw. woher *das ›mehr‹ als solches* primär *in* faktischer Begegnung. – Der faktisch ruinante (relucent praestruktive) Ursprungssinn des ›mehr‹, des Komparativischen; *als genuiner, eigentlicher Ausdruck des Seinssinnes als Bewegtheit.* – Diese Hinsichten zeigen, worauf es der faktischen Auslegung ankommt, welche Sorgenstendenz in ihr lebendig ist.)

α) Erste Charakterisierung: Das ›mehr‹ betrifft den Gegenstand des Umgangs und des Hinsehens. Vertiefende Interpretation hinsichtlich der Vorhabe für die ausformende Bestimmung des Sinnes wissenschaftlicher Forschung

Das ›mehr‹ betrifft den Gegenstand des Umgangs und des Hinsehens. In diesem ist das, was zu Gesicht kommt, in einem anderen Charakter da; d.h. gegenüber der Weise des gerade so und so Begegnens im sich auskennend ausrichtenden Umgang liegt das Eigentümliche der Verfahrung darin, daß die in ihr lebendige Erhelltheit (Orientierung im Womit des Umgangs) den Umgangsgegenstand in seinem so Aussehen begegnen läßt; das Womit des Umgangs ist *als* Umgangsgegenstand[10] mehr in Sicht; der Gegen-

[10] der Verrichtung.

stand ist ›mehr da‹ *für* den und *im* Vollzug des besorgenden Umgehens mit ihm. Das ausdrücklich in Sicht genommene So-und-so-Aussehen des Umgangsgegenstandes ist *für* den besorgend ausrichtenden Umgangsvollzug selbst das *Darum*-so-und-so, das ihn selbst hinsichtlich seiner von ihm zu leistenden Besorgung orientiert. Das im Aufsehen darauf abgehobene Aussehen des Umgangsgegenstandes ist *das faktisch ursprüngliche ›darum‹* – τὸ διότι – *der Besorgenszeitigung*. Insofern der Umgangsgegenstand nach seinem Aussehen in Hinsicht auf Umgang mit ihm abgehoben ist, ist das ›Darum‹ da; der Gegenstand ist *mehr* gesehen, mehr nämlich *um* das ›Warum‹ gegenüber dem ›daß‹ des umgänglichen Begegnens. (Dieses ›daß‹ (das des faktischen Begegnens) unterschieden vom ›daß‹ einer theoretisch untersuchenden, regional bestimmt zugänglich orientierten Feststellung. Hier wieder: Vorkommensfeststellung – Bestehensfeststellung. Denn innerhalb des faktischen Begegnens die Ereignisfeststellung – die geschichtliche Feststellung des Gewesenen – schließlich die spezifisch historische Feststellung.)[11]

(*Das Aussehen* – ist Aussehen des Umgangsgegenstandes – formal anzeigend und jeweilen je nach primärer Umgangs- und Erhellungstendenz verschieden abkünftig. Die Aus*sicht* und der Aussichtssinn bestimmen sich aus dem eigentlichen *Umgangssinn*!

Das Warum – der formal-anzeigende Warumcharakter (vgl. B 7[12]): Das nach ›Aussehen‹ (Bedeutsamkeit) ausgegrenzte Womit des Umgangs in und für diesen erfüllt also *einen ganz bestimmten* Sinn des ›Warum‹; entscheidend der Umgangssinn, Tendenz, und der regionale Charakter des ›Womit‹. An welchen gegenstandssachhaltig und seinsmäßig wie bestimmten Gegenständen des

[11] Das ›Warum‹ (διότι ποιητέον οὕτως) des besorgend ausrichtenden Umgangs (Soaussehen) wird zu (›schlägt um zu‹): Warum das so aussieht. (Das Warum bleibt ein Aussehen, geht auf dieses. Es ist die Orientierungshinsicht auf ausrichtenden Umgang gesperrt; es bleibt nur die auf Hinsehenssorgen und entsprechendes Fragen! Warum es so und so aussieht – ›da ist‹; ›ist‹ ›als‹ was es da ist? Seinssinn: οὐσία.)

[12] [Vermutlich ist Phys. B 7 gemeint.]

faktischen Umgangs artikuliert sich der Sinn des ›Warum‹? Und welches ist die Weise des erhellenden Aufnehmens, Ergreifens des ›Warum‹charakters? Wie wird er eigenständig? Es liegen hier verschiedene Möglichkeiten der Ausbildbarkeit des ›Warum‹. Entscheidend *die* Erhellungstendenz und ihr Sinn, deren Herkunft und Bewegtheit. Wie das bei Aristoteles und griechischer Philosophie? Das Warum in Eigenständigkeit: das Woher die Grundartikulation des Aussehens des Seienden[13], wie es für Erkennen da ist (Seinssinn).)

Das ›mehr sehen‹ betrifft zwar den Gegenstand des Umgehens, nicht aber in der Meinung, als sei der Gegenstand nach seinen möglichen sachhaltigen Bestimmtheiten artikuliert; um ein theoretisches, den Gegenstand erfassendes ihn Bestimmen handelt es sich gerade nicht, sondern um ein ›Mehr‹ in Hinsicht auf besorgenden Umgang. Es handelt sich sowenig um theoretisches Bestimmen und theoretische Bestimmungstendenz, daß vielmehr der Umgangsgegenstand durch diese Erhellung gerade noch ›mehr‹ Umgangsgegenstand wird und bleibt. Die faktisch dafürnehmende Auslegung, die dieses ihr begegnende ›Mehr‹ als ›verstehender‹-sein des umgänglichen Lebens anredet, ist selbst noch ganz mit ihrer Auslegungstendenz innerhalb des besorgend ausrichtenden Umgangs faktischen Lebens.[14]

Das διότι ist die Abgehobenheit des Aussehens des Umgangswomit in Hinsicht auf besorgenden Umgang mit ihm. Läge das ›mehr sehen‹ lediglich am Beistellen einer wachsenden Fülle von begegnenden Gegenständen und in dem immer nur gerade neu Begegnen, dann wäre zu fragen, warum nicht gerade die Weisen des Vernehmens und erfahrenden Kenntnisnehmens *dem* genügen, was die faktisch dafürnehmende Auslegung in ihrer Rede vom σοφώτερον im Auge hat (vgl. ὁ μὲν ἔμπειρος τῶν ὁποιανοῦν ἐχόντων αἴσθησιν εἶναι δοκεῖ σοφώτερος, 981 b 30 sq.).

(κυριώταταί [...] τῶν καθ' ἕκαστα γνώσεις (981 b 11), eigentliche Weisen des Vertrautwerdens mit dem Gegenstand in seiner

[13] *Seiend:* Met. Z 7, Gemachtsein – ὕλη.

[14] Trotzdem Geneigtheit zur Theorie. Warum? Das ›Was‹, εἶδος – λόγος.

faktisch begegnenden Tauglichkeit. Entsprechend dem Sinn von Feststellung ist zu scheiden:

ἕκαστον – des unabgehobenen Umgehens und Besorgens;
εἶδος – des besorgenden Umgangs, So-Aussehen und orientierendes Darin;
εἶδος – Aussehen als eigenständiges Thema, entsprechend Warumzusammenhang;
ἕκαστον – in der bestimmten theoretisch-kategorialen Artikulation von εἶδος![15])

Sie [die Rede vom σοφώτερον] hält aber gerade dafür, daß hier nichts vom eigentlichen Verstehen lebendig ist; denn die Verfahrensweisen sagen nicht das ›Warum‹ (οὐ λέγουσι τὸ διὰ τί περὶ οὐδενός (981 b 11 sq.), rein gar nichts). Es ist in ihnen nichts von dem Aufsehen des oben fixierten Charakters. Den Vernehmensweisen ›fehlt‹ ein ausdrückliches *Ansprechen und Besprechen* der begegnenden Gegenstände auf ihren Darumcharakter.[16] Es kommt nicht dazu, solange sie faktisch sind in der Weise des Erhellens der Erfahrung. Die Vernehmensweisen sind die Weise des im je gerade Begegnenden und Begegniszusammenhang mitgehenden Erhellens – *das Wie des nicht ansprechenden, aber vernehmend erhellten Umgangs (›Aussehen in Hinsicht auf‹). Die* Vernehmensweisen – das Wie des Lebens – in dem es umgehend mit und in seiner Welt zu dieser ›nichts zu sagen‹ hat. *Sie sind κοινά;* sie geben das, was jeder ohne ausdrückliches bestimmt gerichtetes Hinsehen auf (ohne Verrichtungstendenz bestimmtes) in Erfahrung bringt und hat. (Es ist in ihnen nichts davon; schon eine ganz bestimmte Auslegung des Aristoteles von σοφία – ἐπιστήμη her, und trotzdem gerade sie eine *Möglichkeit* des Sehenwollens! – In der Isolierung der αἰσθήσεις schon eine regionale psychologisch-dingliche Absetzung.)

[15] [Siehe Anhang II, Nachschrift Bröcker Nr. 3, S. 306 f.]

[16] τέχνη – ἀρχιτέκτων.
διὰ τὸ *λόγον* ἔχειν αὐτοὺς (981 b 6). [Im Original heißt es κατὰ statt διὰ.]
In ihnen selbst wird das Womit *als* solches (ein solches, vermeint als das, das zu seiner Besorgung das und das verlangt) Umgangswomit angesprochen. Zusammenhang mit β) [Zweite Charakterisierung (im vorliegenden Band S. 64 ff.)].

Was hat Aristoteles in der Vorhabe für die ausformende Bestimmung des Sinnes wissenschaftlicher Forschung? Aristoteles nimmt als vorgegeben bestimmte Auslegungen, die sich ausdrücken in der komparativischen Rede vom ›verstehender sein‹. Die obige Frage lautet demnach: Was ist in diesen faktischen Auslegungen vermeint, welchen Gegenstandszusammenhang betreffen sie? Was ist näherhin in der komparativischen Rede vermeint?[17]

Die faktische Rede von ›verstehender sein‹ weist ihrer Ausdruckstendenz nach auf ἐμπειρία – τέχνη, auf Weisen des Umgehens des Lebens mit seiner Welt; und die Rede meint einen ›mehr‹-Charakter an einer dieser Umgangsweisen im Hinblick zugleich auf die andere. In solchen die Umgangsweisen betreffenden Vergleichen sind diese in einer bestimmten Vergleichshinsicht genommen.[18]

Was wird an ihnen in der auslegenden Rede der Dafürnahme in Vergleich gestellt? Die Weise, *wie* das Umgangswomit gegenständlich jeweils vermeint ist.[19]

Wo eine Umgangsweise als ›verstehender‹ angesprochen wird, ist mehr da *im* Umgehen[20] selbst und für dieses: ein Hinsehen auf das Umgangswomit; d. h. aber: das Aussehen des Umgangsgegenstandes ist eigens abgehoben.

Die faktisch auf ›verstehender sein‹ auslegenden Dafürnahmen meinen faktische Umgangsweisen des Lebens, und zwar meinen sie diese bezüglich des Abgehobenseins des Aussehens des Umgangsgegenstandes. Die von Aristoteles aufgenommenen Dafürnahmen faktischen Lebens haben im Auge das *mehr an Hinse-*

[17] *Grundsätzliches:* die ganze Interpretation schärfer durcharbeiten, 1. hinsichtlich des Umgangsphänomens überhaupt, 2. ›Abhebung‹ des διότι – αἴτιον, 3. Beziehung von ἀρχή – αἴτιον (vgl. Arleth, Symb. Prag.! [Emil Arleth, Beiträge zur Erklärung des Aristoteles. In: Symbolae Pragenses. Festgabe der deutschen Gesellschaft für Alterthumskunde in Prag zur 42. Versammlung deutscher Philologen und Schulmänner in Wien 1893. Prag/Wien: Tempsky und Leipzig: Freytag 1893, S. 1–7]). Vgl. Phys. B 3 und ἀρχή-, Vorhabe-Problematik.

[18] Im ›mehr‹ nie eine zufällige Reihung, Ordnung, Zusammenhang, und zwar bestimmter, gewisser Phänomene.

[19] zu schnell!

[20] heißt?

hen[21, 22] in den Umgangsweisen (μᾶλλον εἰδέναι, vgl. εἴδησις, De anima 402 a 1 (vgl. νόησις, ποίησις, ὄρεξις); vgl. Hicks, Aristotle de anima 1907,[23] a.a.O. 173: bei Theophrast[24], frag. LXXXIX, § 4, Clemens von Alexandria und Sextus Empiricus).

Aristoteles nimmt verschiedene faktische Dafürnahmen auf. Die Frage ist, was ist jeweils in diesen an dem vermeinten ›mehr an Hinsehen‹ als bestimmender Charakter ausgezeichnet, in welchen Ausdruckscharakteren begegnet faktisch mit den Umgangsweisen dieses ›mehr an Hinsehen‹. Dadurch, daß von den verschiedenen von Aristoteles aufgeführten Ausdruckscharakteren des ›mehr an Hinsehens‹ her dieses selbst auslegbar wird, läßt sich konkret das bestimmen, was Aristoteles (ausgänglich) für die Bestimmung von σοφία ansatzweise in die Vorhabe nimmt.

D. h., damit wird die Möglichkeit geschaffen, in *einer* Hinsicht(-zu) zu erweisen, aus welchem Boden gleichsam der Sinn von σοφία erwächst[25] (zunächst Vorhabeproblem). (Vgl. Ms. S. 8.[26])

Einmal also begegnet das ›mehr sehen‹ für die faktischen Dafürnahmen *so*, daß das Womit des Umgangs in einem eigenen Charakter steht.

β) Zweite Charakterisierung:[27] Das ›mehr an Hinsehen‹ modifiziert die Umgangsweise selbst in Hinsicht gerade ihrer Beziehung ›auf‹ den Gegenstand

Dann aber vor allem so, daß die Umgangsweise selbst in Hinsicht gerade ihrer Beziehung ›auf‹ den Gegenstand eine andere ist. Dieser zweite Charakter, in dem das ›mehr sehen‹ begegnet, ist

21 [Zusatz zu *Hin(sehen)*:] *Um[sehen]*.

22 die Sache, wie sie *aussieht*, sprechen lassen; Aussehen – von *wo* aus sehen.

23 [Aristotle, De anima. With translation, introduction and notes by R. D. Hicks. Cambridge: At the University Press 1907.]

24 [Theophrasti Eresii Opera quae supersunt omnia. Ex recognitione Friderici Wimmer. Tom. III: Fragmenta. Lipsiae sumptibus et typis B. G. Teubneri 1862, p. 187, 1.]

25 was sie ihrer Herkunft nach ist – sinnhaft.

26 [Im vorliegenden Band oben § 10 b, S. 59.]

27 [Siehe Anhang I, Beilage Nr. 5, S. 268.]

nicht ohne Zusammenhang mit dem erstgenannten. Beide Ausdrücke und Auslegungen eines Phänomens, das damit schon in der Mannigfaltigkeit der es betreffenden Dafürnahmen seine mehrfältige Auslegbarkeit bekundet.

Immer nämlich gibt da die faktische Dafürnahme ihre Auslegung auf ein ›verstehender sein‹, wo es nicht nur und nicht so sehr auf das Ausrichten im Umgang ankommt, die Umgangstendenz mit der Welt aber dabei nicht weniger lebendig ist. Die Weise des Umgehens ist so, daß dabei *das* in ihm lebende Sorgen das Besorgen des Ausrichtens aufgibt – *nicht* auf Ausrichtung besorgt ist –, sondern die Sorgenstendenz sich *verlegt* in etwas, was im Umgehen da ist, den Umgang mitvollzieht. Das Umgehen ist μὴ πρὸς ἡδονήν, μὴ πρὸς τἀναγκαῖα [vgl. 981 b 21 sq.]; die Sorgenstendenz ist nicht losgelassen in ihre faktisch nächstaufgesuchte Richtung des ausrichtenden Besorgens der faktisch nächsten Ansprüche, sondern sie ist in gewisser Weise *gesperrt*, so zwar, daß dieses *Aufgeben*[28] der betreffenden Besorgensrichtung ist ein Besorgen des Auf- und Hinsehens. Die Weise des Umgehens ist nicht überhaupt nicht mehr, sondern *bleibt*[28] in einer im Umgehen selbst mitlebendigen *Möglichkeit* des Umgehens. Und geradezu διὰ τὸ μὴ πρὸς χρῆσιν εἶναι (981 b 19 sq.), weil das Umgehen nicht so ist, sondern in einer *Sperrung auf eine eigene Möglichkeit* sich auf das Hinsehen verlegt, gibt das faktische Leben die Auslegung auf ›verstehender‹.

Das Aufgeben des besorgenden Ausrichtens ist *im* faktischen Umgehen schon selbst die erste Zeitigung des Hinsehens selbst, ist dieses selbst. Das μὴ πρός, das Aufgeben ist nicht gleichsam ein Heraustreten aus jeglichem Umgang überhaupt, sondern *in* diesem, d. h. umgehend, gibt das faktische Leben etwas auf, so daß gerade durch diese Aufgabe ein anderes sich zeitigt, für sich freiwerden kann, da ist; es bleibt etwas, so daß in diesem jetzt die umgängliche Sorgenstendenz lebt.[29]

[28] [Zweifache Zuordnung durch doppeltes Zuordnungszeichen zum darauffolgenden Absatz.]

[29] Anderes *bleibt*, das schon da ist – durch Aufgabe aber gerade modifiziert und

(Prinzipiell wichtig hier 1. Sinngenesis der ›theoretischen Einstellung‹, 2. für das Verständnis einer theoretischen Erhellung des geschichtlichen und historischen Umgangs, a) als einstellungshaft ›zurückkehrender‹, b) in der Genuinität ursprünglich faktisch-historischer Erhellung und entsprechender kategorialer Artikulation.)

In α) wurde deutlich, die Abhebung, *als solche schon des Umgangsgegenstandes*, sein Aussehen ist die Weise, in der faktisch ein Warum – umgangsmäßig – erfahren wird. Das Hinsehen auf das Aussehen also, ist das Hin auf den Warumcharakter; sofern sich die Sorgenstendenz des Umgehens in das Hinsehen auf als solches verlegt, *wird das Womit des Umgangs mehr und mehr das Worauf des Hinsehens, gesehen nämlich auf den Warumcharakter.* Das Aussehen des Gegenstandes, *das Aussehen* der im Umgang begegnenden und besorgten Welt, *dieses Aussehen an ihm selbst* wird angesehen im Charakter des Warum; es wird als Aussehen in bestimmter Weise, d.h. im Hinsehen auf seinen Warumcharakter besorgt, d.h. es wird befragt. Das ›mehr sehen‹ besagt also für die Dafürnahmen: der Bezugssinn des faktisch ausrichtend besorgenden Umgangs erfährt von der Sorgenstendenz eine ›Sperrung‹, so zwar, daß sich das Sorgen eigens in das verbleibende, d.h. aber zugleich eigens ergriffene Hinsehen verlegt; eine Verlegung, in der sich das faktische Leben *in eine eigenständige andere*[30] Umgangsweise mit seiner Welt setzt, die Welt anders da ist. Der Daseinssinn ist modifiziert. (Die Welt ist nicht jetzt erst da,[31] *objektiv* für hinsehendes Bestimmen, sondern dieses selbst ist

gezeitigt. Das Aufgeben selbst noch verrichtend, als nicht verrichtend ist schon Erkennen. ›Erkennen‹ grundsätzlich da *in Sperrung*. Was besagt diese *Herkunft* aus dem faktischen Leben für das Sein von Erkennen im faktischen [Leben]? Sperrung eine ruinante, Ruinanz mitnehmende*; kommt auf das Vernehmen zurück, bildet dieses nun erst aus. *[Siehe unten Anm. 31 (auf S. 67).]

[30] das Begegnisinteresse, Zugangstendenz und ›alles‹ am Phänomen anders.

[31] sie wird auch nicht anders, sondern: sie sieht jetzt erst überhaupt so und so aus (nach dem jetzt ausrichtend-besorgensfreien *Was*); vordem lebte der besorgend-erhellte Umgang im Aussichtigen – auskennend – jetzt im Aussehen.

lediglich Erhellung der *Umgangswelt*, an deren Wirklichkeitscharakter so wenig gerüttelt wird, daß *er* gerade fundamentum ist, an dem jegliche Seinssinnmodifikation, d. h. eine solche *dieses* Seinscharakters ansetzt. Als *Modificat ist* er gerade in jeder Modification.[32])

Daß das ›mehr sehen‹ eine solche vom faktischen Leben selbst neu und als *eigenständig* auszubildende *Weise* seines *Umgehens* mit, d. h. zugleich seines *eigensten Daseins*, ausmacht,[33] zeigt die Charakterisierung, die Aristoteles in diesem Zusammenhang vermerkt: der Hinweis auf das σχολάζειν (981 b 23 sqq.); das faktische Leben muß sich eigens *Zeit nehmen* und Zeit geben dafür. Faktisch hat es, im Verfolg des nächsten Besorgens in diesem aufgehend, für nichts anderes Zeit. Das sorgende Leben im bloßen Hinsehen auf und hinsehenden Bestimmen der begegnenden Gegenstände in ihrem Warumcharakter ist so etwas, daß das faktische Leben eigens dafür Zeit ausbilden, Zeit verfügbar machen muß, daß es Zeit haben kann, daß das Sein des Lebens *so* ist, daß es dafür Zeit *behält.* (Σχολάζειν – (Bonitz, Index[34] 741 a 20 sqq.:) ἡ τῶν ἰδίων[35] ἐπιμέλεια Πδ4, 1291 b 26. διῄρηται ὁ βίος εἰς ἀσχολίαν καὶ εἰς σχολὴν ib. η14, 1333 a 31. σχολάζειν πρὸς τοῖς ἰδίοις ib. ε8, 1308 b 36.)[36]

Das Erkennen läuft jetzt auch geistesgeschichtlich so, daß die Welt auf Sache *reduziert** wird, begibt sich mehr und mehr der Möglichkeit und Neigung zu ursprünglichen Zugängen. *[Pfeilstrich von:] *reduziert* [zu:] Ruinanz mitnehmende [oben Anm. 29].

[32] [Pfeilstrich von:] ... Modification [zu:] ... kategorialer Artikulation [oben, Ende des vorangehenden Absatzes in Klammern.]

[33] Leben in Welt.

[34] [Index Aristotelicus, ed. Bonitz, op. cit. (Abkürzungen im folgenden nach Bonitz: Πδ4 = Politica Δ 4 usw.)]

[35] τὰ ἴδια – opp[ositum] κοινά
die Angelegenheiten des *nicht öffentlichen* Lebens!
nicht mitweltlichen
nicht (unabgehoben) mit-, umweltlichen Besorgens.

[36] [Siehe Anhang II, Nachschrift Weiß Nr. 8, S. 317 f.]

γ) Dritte Charakterisierung: Das ›mehr sehen‹ begegnet als etwas, was faktisches Leben bewundert (θαυμάζεσθαι)

Das ›mehr sehen‹ begegnet für die faktisch auslegende Dafürnahme als etwas, was faktisches Leben *bewundert*. Das Erfinden einer Weise des Umgehens im Sinne der Verfahrung *fällt auf*, εὑρόντα θαυμάζεσθαι ὡς διαφέροντα (εἰκός) (vgl. 981 b 14 sqq.); es tritt heraus gegenüber den geläufigen, von jedem gepflegten Weisen des Vernehmens der Umwelt (Umgangswelt); es fällt demgegenüber auf, weil die Umgangsgegenstände anders gezeigt, auf ihr Aussehen hin nähergebracht werden, und es fällt auf die eigenständige andere Weise des Umgangs, die begegnende Sperrung. (Das Wie dieser Begegnung im unabgehobenen mitweltlichen Umgang! – Das ›mehr sehen‹ ist gerade ob seiner so charakterisierten Herkunft und Zeitigungsweise ipso facto die Zeitigung einer neuen möglichen *Eigenständigkeit* faktischen Lebens, ›rein‹ in einer Hinsicht, in anderer gerade nicht.) Daß so etwas auffällt, in das besondere Interesse der Bewunderung genommen wird, das besagt, das ›mehr sehen‹ ist irgendwie im Interesse des begegnenden Umgehens gelegen. Im faktischen Begegnen und Auslegen des faktischen Lebens ist so etwas wie eine Geneigtheit dazu lebendig; auffallen und gar bewundert werden besagt – in *einer* Hinsicht zunächst –, einer bestimmten *wertenden Geneigtheit dazu entgegenkommen*. (Diese Geneigtheit Ausdruck einer (latenten) Gespanntheit darauf, Zugrichtung dazu. Diese eine solche besondere Grundbewegtheit der Faktizität, ὀρέγονται φύσει [980 a 21].)

Das in α) und β) charakterisierte ›mehr sehen‹ ist zugleich vom Charakter einer Weise des faktischen Lebens, in der dieses faktisch sich selbst begegnet (wiederfindet), ein Wie seines Seins, zu dem in ihm selbst die Gespanntheit darauf und Zugrichtung dazu faktisch ist.

δ) Vierte Charakterisierung: Das ›mehr sehen‹ begegnet als ein ›Kann‹ des Mitteilens, Lehrens (δύνασθαι διδάσκειν)

Und schließlich begegnet das ›mehr sehen‹, das die Dafürnahme als ›Verstehendersein‹ anspricht, als δύνασθαι διδάσκειν [981 b 7], als ein ›Kann‹ des Mitteilens, Lehrens. Lehren besagt hier: Beibringen einer Weise des Umgehens derart, daß dabei der *Darum*zusammenhang des so und so ausrichtenden Besorgens aufgehellt und *als Orientierung* verfügbar gemacht wird. Lehren ist eine Weise, in der faktisches Leben für seine Mitwelt die eigenen faktischen Umgangsweisen ins Helle und zu verfahrender Aneignung bringt. Das ›Kann‹ für solche Erhellung ist also selbst eine Weise des Seins, in die faktisches Leben sich stellt. Das ›mehr sehen‹, in dem solches ›Kann‹ für das faktische Leben erwächst, ist eine Weise der Zeitigung seiner selbst, und zwar in Hinsicht auf die Ausbildung der faktischen Möglichkeiten verbreiteterer und eigentlicher Erhelltheit und Sicherheit seines eigenen Umgehens mit seiner Welt. (Das Faktische der auslegenden Dafürnahme ist selbst ein Wie der Zeitigung des ruinanten Sehens.)

ε) Abschließende zusammenfassende Charakterisierung der faktisch auslegenden Dafürnahmen bezüglich des ›mehr an Hinsehen‹ als Auslegungen eines Begegnens, in dem faktisches Leben einem bestimmten faktischen Wiesein seiner selbst begegnet. Kennzeichnung dieses Wie des faktischen Lebens als Umgangserhellung

Die faktisch auslegenden Dafürnahmen, die Aristoteles aufnimmt, haben im Blick und erwachsen als Auslegungen eines Begegnens, in dem faktisches Leben einem bestimmten faktischen Wiesein seiner selbst begegnet. Als solches Wie seiner selbst bekundet es sich vielfach. Die mannigfachen Begegnischaraktere dieses Wie kennzeichnen es als die im faktischen Leben gelebte, von diesem selbst besorgte, erwartete und behaltene Erhellung seines Umgangs in seiner Welt.

Dieses Wie des faktischen Lebens, *seine Erhellung*, begegnet so, daß die faktischen Dafürnahmen es zunächst komparativ auslegen. Es begegnet in einem ›mehr als‹ und ›mehr hin auf‹. ((Formal) ein ›von weg – auf zu‹, und zwar ein solches des Umgangs des faktischen Lebens; formal eine Bewegtheit des Lebenssinnes selbst.) Dieses Wie also begegnet selbst als eigentümlich gerichtete Bewegtheit, und die Dafürnahmen zeigen gerade in ihren faktischen Auslegungen, worauf es in diesem ›mehr‹ ankommt. Das ›mehr an Hinsehen‹ ist solches ›mehr‹ im mehr des Seins von Leben (aristotelische Grunderfahrung); in diesem hier nur formal angezeigten Zusammenhang gründet es.

Diese nächste faktische komparativische Auslegung ist in ihrer Faktizität selbst eine faktische Weise der Zeitigung des in der komparativischen Auslegung vermeinten Wie des Lebens (des hinsehenden Umgangs).

Damit ist eine erste Kennzeichnung dessen gegeben, was Aristoteles für die Aufgabe der Bestimmung des Sinnes wissenschaftlicher Forschung vorgegeben hat und *wie* es vorgegeben ist.

Die nächste Frage ist: Wie nimmt Aristoteles das so in die Vorhabe gebrachte Phänomen der Umgangserhellung auf? Die Tendenz dieser Aufnahme wird ersichtlich aus dem Moment, das ihm an dem in die Vorhabe gebrachten Phänomen und seinen mannigfaltigen Charakterisierungen wichtig ist: 982 a 2 (Schluß des cap. 1). Verstehen ist eine in bestimmter Weise (β, γ, δ)[37] sich zeitigende Erhellung (ἐπιστήμη), die es absieht auf irgendwelche Warum und Woher (περί τινας αἰτίας καὶ ἀρχάς [982 a 2]). (Es ist für das Verständnis des sinngenetischen Zusammenhangs zwischen αἴτιον und ἀρχή nicht unwichtig, daß im Zusammenhang der eben besprochenen Explikation bei Aristoteles nur von διότι/αἴτιον die Rede ist.[38])

[37] [Zweite, dritte, vierte Charakterisierung nach § 10 b (im vorliegenden Band S. 64–69).]

[38] [Vgl. dazu Nachschrift Weiß: (Cf. Metaph. Buch V, Cap. 1 u. 2, zur näheren Aufklärung von ἀρχή und αἴτια.)]

§ 11. Bestimmung des Sinnes des eigentlichen Verstehens und Verstehendseins (σοφία, σοφός) im Mitgehen mit den faktisch auslegenden Dafürnahmen des Lebens (Interpretation von »Metaphysik« A 2)

a) Die ausdrückliche Herausnahme des ›Worauf‹ des in den Dafürnahmen vermeinten Hinsehens (Übergang von »Metaphysik« A 1 zu A 2)

Aus den Charakterisierungen des in den Dafürnahmen vermeinten ›Hinsehens auf‹ nimmt Aristoteles ausdrücklich heraus das *Worauf* des Hinsehens. Es ist das, worauf es in der Bewegtheit des Hinsehens ankommt. Wie wird nun feststellbar, worauf es der Bewegtheit des Hinsehens selbst ankommt, worauf sie in ihrer eigenen Vollzugstendenz zugeht. Worauf sie zugeht ist: eigentlich in dem zu sein, bezüglich dessen sie faktisch noch in Bewegtheit ist: eigentlich verstehend sein. Was besagt das? Das faktische Leben hat darüber seine Dafürnahmen ausgebildet. Aristoteles nimmt also *von neuem* Dafürnahmen hinsichtlich des σοφός, der σοφία auf – genauer: Dafürnahmen, die gehen auf das ›Worauf‹ des eigentlich verstehenden Hinsehens. *Aristoteles stellt sich im weiteren Fortgang der Sinnauslegung erneut in die Dafürnahmen, d. h. er geht in diesen mit der faktischen Auslegungstendenz.*

Das ›mehr‹ Hinsehen ist in seiner Bewegtheit selbst immer das Sorgen um das ›mehr‹ seiner selbst; dieses ›mehr‹ hat die Richtung auf sein ›am meisten‹. Die Weisen des Lebens stehen für die griechische Philosophie in der Grundkategorie der ἀρετή. An dem Sinn dieser Kategorie ist zu ersehen, weshalb in den Auslegungen über eine bestimmte, z. B. die Rede von ›mehr‹, ›am meisten‹, also die Bedeutung von ›Größe‹, Ausmaß sich nahelegt. *Ἀρετή* – das die Eiferungstendenz jeder faktischen Bemühung erfüllende *Wiesein*[1], das den vollen Einsatz einer Vollzugstendenz

[1] ἕξις! vgl. Exzerpt aus Eth. Nic.! [Das Exzerpt konnte nicht identifiziert werden.] μέσον καθ' ἡμᾶς – echt gestaltet; vgl. an einem Werk, an dem nichts zuviel und zuwenig [vgl. Eth. Nic. B 5, 1106 b 5 sqq.].

faktischen Lebens erfüllende Wiesein (Eth. Nic. A 6, B). Σοφία ist eine ἀρετή. καὶ ἡ ἀρετὴ τελείωσίς τις· ἕκαστον γὰρ τότε τέλειον καὶ οὐσία πᾶσα τότε τελεία, ὅταν κατὰ τὸ εἶδος τῆς οἰκείας ἀρετῆς μηδὲν ἐλλείπῃ μόριον τοῦ κατὰ φύσιν *μεγέθους*. (Met. Δ 16, 1021 b 20 sqq.) »Auch dieses Wiesein ist so etwas wie Vollendung. Jeglicher Gegenstand nämlich und jegliches Seinshafte ist dann vollendet, wenn es in Hinsicht auf das Worauf seiner eigensten Zeitigungstendenz in keiner Weise sich etwas vergibt an dem seiner seinshaften Zeitigung entsprechenden Ausmaß [des Wiesein-könnens].«

b) Die fünf verschiedenen Dafürnahmen (ὑπολήψεις) des faktischen Lebens bezüglich des eigentlich Verstehenden (σοφός) (Met. A 2, 982 a 4 – b 7)

Aristoteles nimmt fünf verschiedene Dafürnahmen des faktischen Lebens bezüglich σοφός auf:

α) Erste faktische Dafürnahme: Der eigentlich Verstehende weiß ›im Grunde‹ alles. Das ›auf *alles* Hinsehen Können‹ als rein in Hinsicht auf das Aussehen der Gegenstände

Der eigentlich Verstehende weiß alles; es ist ihm ›im Grunde‹ nichts verborgen; er vermag jegliches anzusprechen in dem, was es ist und was mit ihm ist; er braucht dabei gar nicht von jeglichem ein gerade diesem entsprechendes Wissen zu haben. Der faktischen Dafürnahme liegt an dem ›auf *alles* Hinsehen können‹. Die Gegenstände des faktischen Begegnens und die, die begegnen können, sind jetzt rein in Hinsicht auf ihr Aussehen genommen; jeder Beziehung auf ausrichtenden Umgang und dessen Orientierung ist das Aussehen der Gegenstände hier ledig. Die Gegenstände selbst rücken damit in eine und dieselbe Hinsicht; es kommt nur auf Aussehen an, die Bestimmbarkeit ihres

Was, und zwar sind *alle* Gegenstände, gerade *als alle*, in den hinsehend sie bestimmenden Umgang mit ihnen gestellt.

β) Zweite faktische Dafürnahme: Das Ansprechen des im eigentlichen Verstehen vollzogenen Hinsehens und der entsprechenden Gegenstände als schwierig (χαλεπός)

Der eigentlich Verstehende verfügt bei sich über ein bestimmtes Kann; er kann sich vertraut machen mit und in Vertrautheit halten mit dem, was den Menschen sonst schwer zugänglich ist. Er hat eine vom faktischen Leben selbst bei ihm vorgefundene, vorgesetzte (statt motivierende [?]) und in Bewunderung genommene Möglichkeit ausgebildet, d.h. ergriffen. Die faktische Dafürnahme spricht das im eigentlichen Verstehen vollzogene Hinsehen und die entsprechenden Gegenstände ›worauf‹ als schwierig an. (Gefordert eine spezifische Aktivität, Einsatz! Wagnis! und *Seinsstufe!*) Es kann gerade damit ebensosehr der Sinn des Verstehender- und Verstehend-seins verfehlt wie gewonnen werden. Das ›Worauf‹ spricht mit bei der Frage, ob ein bestimmendes Hinsehen auf das Aussehen der Gegenstände verstehender ist als ein anderes, ob es eigentliches Verstehen ist. Je eigentlicher sich das Worauf des Hinsehens in seiner Bestimmbarkeit nach Warumcharakteren ausbildet, um so mehr entfernt es sich von dem, wobei hinsehende Neugier und zuweilen hinsehende Neugier bequem sich aufhält, um ebenso bequem und schnell zum Nächstbegegnenden abzuspringen. So sehr eine Geneigtheit im faktischen Leben zum Hinsehen und Leben im Aussehen der Gegenstände da ist, so wenig leicht ist für das faktische Leben, sich in das Kann eines eigentlichen Vertrautseins mit dem Aussehen der Gegenstände zu bringen. Diese Schwierigkeit am hinsehenden bestimmenden Umgehen mit der Welt ist dem faktischen Sich-in-ihm-selbst-Umsehen und Auslegen des faktischen Lebens begegnet.

Der eigentlich Verstehende *ist* gerade durch das Verfügen über ein bestimmtes Kann (Verwahrung dieses Kann); er kann sich vertraut machen mit und in Vertrautheit halten mit dem, was zu ›haben‹ dem Menschen nicht leicht ist. Die faktische Dafürnahme hält das Hinsehen auf das Worauf, den Umgangsgegenstand des eigentlichen Verstehens, für *schwierig*. Es entsteht hier für die Interpretation die Frage, *was es heißt: eine Weise des Umgehens faktischen Lebens, ein Wie des Lebens ist ›schwer‹, ›nicht leicht‹;* die Frage: *was und wie ist das faktische Leben, daß es selbst seine Bewegtheiten in solchen Ausdrücken auslegt?*

Im verfahrend besorgenden ausrichtenden ›weitergehenden‹ Umgang zeitigt sich das Hinsehen auf das Aussehen des Umgangswomit im Aufgeben der ausrichtenden Sorgenstendenz. In diesem *so* durch Sperrung vollzogenen Hinsehen bleibt der Umgang ganz in der faktisch nächstbegegnenden Umwelt, so zwar, daß sich jetzt gerade die herrschende Umgangsbewegtheit in die als verfügbar abgehobene Hinsehenstendenz auf das *Aussehen* des umweltlich Begegnenden legt. So ist erst die Neugier faktisch umgänglichen Kenntnisnehmens (ἀγάπησις τῶν αἰσθήσεων [vgl. 980 a 22]) frei, d. h. sie *ist* faktisch. Es ist ein ›mehr‹-Hinsehen lebendig, sofern es ausdrückliches ist. Dabei, beim hinsehenden Umgang mit dem nächstbegegnenden und leicht anders begegnenden Aussehen der Umwelt kann es bleiben; sofern das Sorgen der Neugier in *diesem* Wie des Hinsehens sich hält, besagt das ›mehr‹ jetzt: mehr an begegnenden Aussichten, mehr an Neuem, mehr an Gelegenheiten zu immer neuen Absprüngen auf anderes. Der Aussichtsreichtum begegnender Umwelt im faktischen Leben kommt der Hinsehenstendenz entgegen. Das Hinsehen ist ein Umgehen mit der Welt unbeschwert durch die Last ausrichtenden Besorgens. Das hinsehende Leben im Aussehen ist eine Erleichterung des Wieseins der Faktizität, und zwar eine solche, die der Geneigtheit zum Sehen entgegenkommt, d. h. das faktische Leben hat in seiner Bewegtheit die Neigung zur Erleichterung des Umgehens mit der Welt; und das hinsehend umgängliche Leben im Aussehen der begegnenden Welt zeitigt die ῥᾳστώνη; dieses Hinsehen ist leicht; es lebt faktisch mit den anderen, d. h. wie es gegebener Brauch, wie es gerade an der Tagesordnung, Mode ist.

(Das faktische Leben steht in seiner Bewegtheit selbst *für* diese bereit, tentativ-quietativ bei jeglicher Umgangsweise (Wie seines Seins, *erst recht*) das Leichte nahezulegen, zur vorwaltenden Begegnis zu bringen; es hält und treibt sich selbst in die *Ruinanz* seiner Möglichkeiten – *die faktische Corruption in der Faktizität*[2] Die Griechen haben das Teuflische *dieses*[2] Grundsinns der Faktizität nicht gesehen, das χαλεπόν auch nur aesthetisch ernst genommen, abgesehen davon, daß es selbst noch ein Leichtes ist. – *Daß* die Hinsehenstendenz faktisch da ist, und gar in der φύσις und in dieser leicht zugänglich und behaltbar, das steigert gerade und macht aus die Möglichkeit eigentlicher Ruinanz.)

So gewiß in der besagten Sperrung die faktisch erste Weise ausdrücklicher Zeitigung des Hinsehens liegt und so sehr dieses Hinsehen die Weltaussicht erst als solche zugänglich macht, so sehr liegt gerade in diesem vom faktischen Leben gezeitigten neuen Wie des Umgangs die Möglichkeit, ein vom faktischen Leben selbst auch vorgesetztes Mehr an Hinsehen zu verfehlen. In der Geneigtheit zum leichten und erleichternden hinsehenden Leben im Aussehen liegt erst die vom faktischen Leben selbst ausgebildete Möglichkeit, daß ihm faktisches Hinsehen auch schwer fällt. Wird vom faktischen Leben selbst das im eigentlichen Verstehen lebendige Hinsehen als ›schwer‹ angesprochen, dann besagt das: das ›mehr‹ solchen Hinsehens *ist* in und durch Überwindung eines Widerstandes; der Widerstand ist nichts anderes als der Widerzug der faktischen Geneigtheit des Hinsehens selbst.

D. h. das Hinsehen des eigentlichen Verstehens muß so sein, daß das faktisch ursprüngliche für es in gewissem Sinne Erschwerung ›bedeutet‹. Das besagt aber: der Vollzugssinn des ›mehr Sehens‹ – als des vorgängigen, vorbereitenden, vorstufigen für das *noch* mehr eigentlichen Verstehens – ist mit der Charakterisie-

[2] [Pfeilstrich von:] *die faktische Corruption in der Faktizität* [zu:] *dieses.*

rung als Aufgabe und Sperrung der besorgend ausrichtenden Umgangstendenz nicht voll bestimmt. Das Vollziehen eigentlichen Hinsehens zeitigt sich erst in der Ergreifung und im Ausbilden und in Verwahrung einer Möglichkeit, die faktisches Leben ausdrücklich in Bewunderung hält und die irgendwie gegen die faktische Geneigtheit des Hinsehens selbst sich bewegt. Das Worauf des eigentlich verstehenden Hinsehen ist *so*, es liegt an ihm, daß die Geneigtheit gerade des hinsehenden Lebens im Aussehen für es eine Erschwerung des Zugangs zu ihm bedeutet.

Die faktisch auslegende Dafürnahme des faktischen Lebens kann etwas an ihm, d. h. am Wie seines Seins, nur deshalb als ›schwer‹ ansprechen, sofern es selbst ist in der Geneigtheit zum Sein in der Erleichterung des Sich-leicht- [bzw. Sich-]bequemmachens. Daß es so ist, darin drückt sich ein Grundsinn der Faktizität des Lebens aus.

Um die eigentliche Hinsehenstendenz zu verfehlen, muß aber erst eine Hinsehenstendenz lebendig da sein, es muß erst schon auf Aussehen der Welt ankommen, um eine Weise als ›schwierig‹ bzw. ›leicht‹ zu deuten (vgl. Eth. Nic. B 1).[3]

γ) Dritte faktische Dafürnahme: Die schärfere Zufassung der Warumcharaktere und -beziehungen

Näher dem eigentlichen Verstehen kommt, wer mit dem ›Warum‹ strenger umgeht (und das innerhalb schon ausgebildeter Weisen des erhellenden Bestimmens (ἐπιστῆμαι) im Unterschied von anderen), d. h. wer das Aussehen echter zum Worauf seines Umgehens macht dadurch, daß die Warumcharaktere und -beziehungen eine schärfere Zufassung erfahren. Dieses eigentlichem Verstehen genügende hinsehende Umgehen hat in sich selbst eine eigene Umgangsweise auszubilden. Das Hinsehen geht auf das Aussehen der Gegenstände zu; die Zeitigung des

[3] [Siehe Anhang II, Nachschrift Weiß Nr. 9, S. 318 f.]

Hinsehens ist Auseinandersetzung mit diesen (Auseinander-setzung mit – Auseinander-setzung von)[4]; das bestimmende Hinsehen zwingt sie unnachgiebig, seinem sie Ansprechen ›Rede zu stehen‹. Für die faktische Dafürnahme ist die Zeitigung eigentlich verstehenden Hinsehens etwas, was in ausgezeichneter Weise das Sorgen im Wie des den Umgangsgegenstand Befragens ergreift und sich in die Möglichkeit bringt, eigentlichen ›Aufschluß‹ zu geben, zum Hinsehen zu bringen, in gewisser Weise zu zwingen.

δ) Vierte faktische Dafürnahme: Dafürnahme des faktischen Lebens bezüglich des eigenen Verstehendseins, in der es sich über das ›Weswegen‹ des hinsehenden Bestimmens positiv ausspricht

Das faktische Leben hat eine Dafürnahme bezüglich des eigenen Verstehend-Seins, in der es sich über das ›Weswegen‹ des hinsehenden Bestimmens positiv ausspricht. Bei der Zeitigung eigentlichen Verstehens genügt nicht die ›Sperrung‹, das Aufgeben des *ausrichtenden* Besorgens und das Sichüberlassen und Mitgehen im Hinsehen auf Nächstbegegnendes, sondern dieses Hinsehen selbst muß um seiner selbst willen ergriffen sein. Die Möglichkeit dazu ist in der Zeitigungsweise des Hinsehens gegeben; es *ist* ja gerade das Aufgeben jeglichen Absehens auf ausrichtende, bewerkstelligende Besorgung. *Ein mögliches Weswegen seiner Zeitigung und deren Sosein besteht für das Hinsehen jetzt nur noch an ihm selbst.* Das Womit des Umgangs ist jeweilig im Grundcharakter des ›Worauf‹ – und nichts weiter. Das Worauf ist in dem, was es ist, nur festgehalten, wenn das Hinsehen je und je reiner nur als Hinsehen vollzogen und gelebt wird. Das Hinsehen bleibt jeweils nur an seinem Worauf als solchem und geht nicht nach und läuft nicht weg zu dem, was sich daraus ergibt, weder in möglicher theoretischer

[4] [Vgl. dazu Nachschrift Weiß: Die Zeitigung des Hinsehens ist eine Auseinandersetzung *mit* dem Worauf, ein Auseinandersetzen ›von‹, das seine Direktion erfährt durch die bestimmt geführte Frage, die eine Auseinandersetzung trägt.]

Ableitung und noch weniger in ausrichtender Verwendung. Das Hinsehen muß – nach der faktischen Dafürnahme – als solches ergriffen sein, nicht bloß *sein* im Sinne des *Verbleibens* nach und durch Aufgabe des ausrichtenden Besorgens.

ε) Fünfte faktische Dafürnahme: Der eigentlich Verstehende bringt sich in eine ausgezeichnete Eigenständigkeit und zugleich höchste Stufe eines ordnunggebenden Herrschafts- und Dienstverhältnisses

Damit aber bringt sich der eigentlich Verstehende in eine ausgezeichnete Eigenständigkeit, d. h. zugleich in eine bestimmte und zugleich höchste Stufe innerhalb eines Herrschafts- und Dienstverhältnisses des faktischen Lebens, das unabgehoben schon im Sinnzusammenhang zwischen besorgendem Umgang und Erhellung liegt. Der eigentlich Verstehende gibt in der Herausstellung der Warumzusammenhänge für die Gegenstände des faktisch besorgenden Umgangs zugleich deren spezifischen Charakter ihres ›Womit‹; er leistet so prinzipiell *die* Umgangserhellung faktischen Lebens. Der eigentlich Verstehende weist ordnunggebend vor und an jedes hinsehende Umgehen mit dem Aussehen der Gegenstände.

c) Vertiefende Interpretation der aufgewiesenen fünf Dafürnahmen des faktischen Lebens bezüglich des eigentlich Verstehenden (σοφός)

α) Das Mitgehen des Aristoteles mit der faktischen Auslegungstendenz des faktischen Lebens. Die letztliche Abzielung der aufgenommenen Dafürnahmen auf das reine Worauf als solches in seinem ›am meisten‹ (μάλιστα)

Aristoteles geht nicht nur insofern *mit* der faktischen Auslegungstendenz des faktischen Lebens, daß er sich von diesem dessen

Dafürnahmen auch hinsichtlich des eigentlichen Verstehens vorgeben läßt, sondern gerade auch in der ausdrücklichen Auslegung, die er selbst eigens von diesen Dafürnahmen gibt, stellt er sich in die Auslegungstendenz des faktischen Lebens.

Er interpretiert sie – unter Mitbehalten des in der Vorhabe begegnenden ›Mehr‹(μᾶλλον)-Charakters und in Beziehung auf die in diesem angezeigte Bewegtheitstendenz – auf ein μάλιστα an ihnen. Aristoteles verhilft den faktischen Dafürnahmen, in ihnen selbst mitgehend, zu ihrer eigenen eigentlichen Verständigung über sich selbst. Und das in der Weise, daß er zeigt: die aufgenommenen Dafürnahmen haben im Auge gerade das, ›worauf‹ es dem mehr Hinsehen letztlich ankommt, das reine Worauf als solches, und sie haben es *so* im Auge, daß sie dafürhalten, es kommt im eigentlichen Verstehen *darauf* an im Wie des μάλιστα (das Worauf als solches in seinem μάλιστα, d. h. im μάλιστα des ›Warum‹.). (Σοφία ist das μάλιστα der bestimmt herkünftigen und lebenverflochtenen Erhellung.)

β) Zur ersten faktischen Dafürnahme: Das Sich-Beziehen des eigentlichen Verstehens auf ein Worauf im gegenständlichen Charakter des καθόλου. Diese erste Auslegung als die entscheidende

Ad b) α) Was die faktische Dafürnahme meint: der eigentlich Verstehende weiß ›im Grunde‹ alles. Das ist da erfüllt, wo angeeignet ist das bestimmende Hinsehen auf das, was in dem, was es ist, aussprechbar ist in Hinsicht auf, καθ'[5], jegliches und alles, was Gegenstand ist (ὅλου) (τὸ καθόλου). Ein darauf bezogenes verstehendes Bestimmen ist so, daß es *notwendig* dem genügen[5] muß, was faktische Auslegung in ihrer Vormeinung hat. In gewisser Weise, ›irgendwie‹, weiß, sieht ein so Erkennender alle Gegenstände und Gegenstandszusammenhänge als die möglichen ›Worüber‹ konkreter erhellender Bestimmungen.

[5] [Verbindungsstrich von:] καθ' [zu:] genügen.

(μάλιστα δὲ καθόλου ἐστὶν ἐπιστήμη ἡ περὶ τῶν ὄντων ᾗ ὄντα· κοινὸν γὰρ τὸ ὂν πᾶσι τοῖς ἐν ὑπάρξει (Alex.[6] p. 11, 7 sq.) (ὕπαρξις – subsistentia, was im Wie des Seins ist; *ἐν ὑπάρξει* bei Aristoteles noch nicht *Terminus*). Diese Interpretation spricht gegen Bonitz'[7] gekünstelte Auffassung des ὑποκείμενον (über ἐν ὑπάρξει vgl. Index *Hayduck*[8]). κατὰ διάφορον δὲ *ἐπίνοιαν* [ebenfalls nicht: intentio] τό τε ὂν καὶ τὸ ἓν κατηγοροῦμεν, διὰ μὲν τοῦ ὂν εἰπεῖν τι τὴν *ὕπαρξιν* σημαίνοντες αὐτοῦ, διὰ δὲ τοῦ ἓν τὸν ἀπὸ τῶν ἄλλων *χωρισμὸν* [Identität] καὶ τὸν ἀπὸ τοῦ πλήθους [in Einheit der Mannigfaltigkeit] (Alex. (in Met. Γ 2) 247, 18 sqq.). Seinshaftigkeit und Einhaftigkeit sind für uns Grundbestimmungsweisen desselben Gegenständlichen als solchen – nur daß es dabei verschieden vermeint ist.[9])

Diese erste Auslegung ist entscheidend, sofern *sie* die übrigen Dafürnahmen verständlich macht; d. h. was diese als Charaktere für den σοφός ansprechen, das sind Ausdrücke dafür, daß das verstehende Hinsehen des σοφός auf ein Worauf geht vom gegenständlichen Sinn des καθόλου. Das *καθόλου* (Met. Δ 26; ein spezifisches *ἕν* und dessen immanente Beziehungen) erweist sich als ein Gegenstandszusammenhang ganz eigenständiger Art, wobei die Eigenständigkeit gerade gründet in den hier obwaltenden Warumbeziehungen. (Es ist τὸ καθ' – das was auf, hinunter auf; τοξεύειν κατά τινος, Kühner § 433.[10])

Aristoteles zeigt bezüglich der übrigen Dafürnahmen, daß das, was sie eigentlich meinen, verständlich wird, sobald ausdrücklich das eine festgehalten ist: das eigentliche Verstehen bezieht sich auf ein Worauf im gegenständlichen Charakter des καθόλου.

[6] [Alexandri Aphrodisiensis in Aristotelis Metaphysica commentaria, ed. Hayduck, op. cit.]

[7] [H. Bonitz, Commentarius in Metaphysica Aristotelis (Aristotelis Metaphysica, ed. Bonitz, op. cit., pars posterior), p. 48 sq. (Met. A 2, 982 a).]

[8] [Alexandri in Met., ed. Hayduck, op. cit., 901 b.]

[9] [Siehe Anhang II, Nachschrift Weiß Nr. 10, S. 319 f.]

[10] [Raphael Kühner, Ausführliche Grammatik der griechischen Sprache. II. Teil: Satzlehre, 1. Abt. 3. Aufl., besorgt von Bernhard Gerth. Hannover/Leipzig: Hahn 1898, § 433 a β (Κατά, von her, herab), S. 475.]

Zugleich aber wird aus den Sinnmomenten, die je in den einzelnen Dafürnahmen zur Sprache kommen, die Möglichkeit gegeben, seinerseits den Sinn dieses καθόλου schärfer zu klären.

γ) Zur zweiten faktischen Dafürnahme: Der καθόλου-Charakter des Worauf des eigentlich verstehenden Verhaltens als das, woran es liegt, daß dieses dem faktischen Leben schwer vorkommt. Das Hinsehen nur mehr auf das Aussehen der umweltindifferenten Gegenstände, ›insofern‹ sie Gegenstände sind

Ad b) β) So liegt es am καθόλου-Charakter des *Worauf* des eigentlich verstehenden Verhaltens, daß dieses dem faktischen Leben schwer vorkommt.

Das Hinsehen wird schon in der faktisch nächsten Weise seiner ausdrücklichen Zeitigung – im Aufgeben – in eine gewisse Eigenständigkeit gebracht, eine eigene Weise des Umgehens; Tendenzen, Ansprüche, Vollzugsweisen, Motive werden jetzt aus dem *Worauf* des Hinsehens selbst vorgezeichnet. Schon innerhalb ausrichtenden Umgangs ist das Hinsehen die Weise des Ansprechens des Umgangsgegenstandes auf seinen Warumcharakter, das Warum des besorgenden Umgangs. (Was ist, gesagt wird in Hinsicht auf den Gegenstand als in dieser seiner Jeglichkeit vermeint.[11])

Im Aufgeben der Ausrichtungstendenz entfällt die vom Umgangswarum ausgehende Orientierungsfunktion für die Ausrichtung. Das Aussehen bleibt aber nicht nur, sondern *ist* als eigene Weise von Gegenständlichkeit und Sein. Es steht als ständliches Worauf in Hinsichten, ist gegenständlich artikuliert in einem oder mehreren ›Insofern‹. Der Orientierungszusammenhang, der vom Gegenstand im Charakter des Warum ausging, bleibt jetzt *am* Gegenstand; er *gibt* eine Orientierung innerhalb des Aussehens der Gegenstände (er verlegt sich damit und bildet einen Sachzusammenhang). Er *ist* nichts anderes als die im Aussehen

[11] Vgl. τὸ καθ' ἕκαστον; vgl. Interpretation, Ms. S. 8, 3 [im vorliegenden Band: Erstes Kapitel B, oben S. 61 f.].

selbst motivierte Ordnung der sehbestimmenden Sachhaltigkeiten. Durch diese Hinsichten im Charakter des ›Insofern‹ kommt das Aussehen der Gegenstände mehr und mehr vor das bestimmende Auge. Sie werden so in dem, *was* sie sind, ihrem Wascharakter eigentlicher zugänglich. Die mehr und mehr gesteigerte Erfüllung der Vollzugstendenz des Hinsehens kann nur sein: die mehr und mehr an der Sache selbst bleibende, aus dem Sachgebiet geschöpfte Ausbildung der bestimmunggebenden Hinsichten.

Entsprechend dem Sinn der nächsten ausdrücklichen Zeitigung des faktischen Hinsehens bewegt sich dieses zunächst in der Welt des gerade vorwiegend Begegnenden. Die aber schon hier gewonnene Eigenständigkeit des Hinsehens – daß ihm nur liegt am hinsehenden Umgang mit dem Aussehen begegnender Gegenstände – hat die mögliche Tendenz, das Hinsehen in der Richtung des gegenständlichen Worauf so zu steigern, daß *nur* mehr das Aussehen als solches von Belang ist. Im Sinn der Bewegtheit des eigenständig gewordenen Hinsehens liegt es, *das* Aussehen der Sachen (umweltindifferenten Gegenstände) in die entsprechende Hinsicht zu bringen. Die Gegenstände werden in die Umweltindifferenz gestellt und sind sich damit gleich gestellt; und es kommt mit dieser Gleichstellung als hinsehender an auf das Aussehen der *so* gleichgestellten [Gegenstände] – auf ihr Aussehen als alle Gegenstände als seiende. D. h. alle Gegenstände *insofern* zu nehmen, als sie Gegenstände sind. Die Gegenstände stehen in *der* Hinsicht der Gegenständlichkeit, *dem* Insofern als Gegenstände. Mit *diesem* ›Inwiefern‹ hat sich das Bestimmen des Aussehens der Gegenstände am meisten frei gemacht von einer Orientierung an bestimmten, je gerade im Hinblick auf bestimmte Umgangstendenzen und vor allem je gerade ob ihres inhaltlichen *Was* bedeutsamen Gegenstandsgebieten und Sachfeldern. Dem Hinsehen wird zugemutet, mehr und mehr sich frei zu machen von bestimmten bevorzugten, dem faktischen Leben gerade wichtigen umweltlichen Gegenstandszusammenhängen. Es entfernt sich damit am weitesten von der Welt, in der faktisches Kenntnisnehmen umgeht. Das Hinsehen dringt darauf, das seinem Gegenstand als solchen angemessenste ›Inwiefern‹ diesem entgegenzufragen – was er *ist*, sofern er ist.[12]

Die Aushebung der Insofernbeziehungen an dem auf sein Gegenstand-etwas-sein als solchen befragten Gegenstand zeitigt ihrerseits in diesem abgehobenen Inwiefern einen etwas-Gegenstands-Zusammenhang. Wie *dieser* in seinem Sein ausgelegt wird, hängt zusammen mit der Auslegung und dem Vollzugssinn der ἐπιστήμη – σοφία, dem Sinn des Inwiefern (formal-ontologisch jedenfalls nicht, aber auch nicht einfach material-generell; vgl. Aristoteles' Kategorien).

δ) Zur dritten faktischen Dafürnahme: Ausbildung des ›Insofern‹ und der Warumbeziehungen in der Eigentlichkeit des Hinsehens zur Eigenständigkeit des ›Woher‹ bzw. ›Woraus‹ (›die Ersten‹, ἀρχαί)

Ad b) γ) Mit diesem Inwiefern (und Warum) ist aber das Hinsehen am meisten bei ›den Ersten‹; mit der gesteigerten Freiwerdung und Ausbildung der Hinsehenstendenz und der Warumbeziehungen bestimmt sich das Aussehen mehr und mehr von den in ihm selbst abhebbaren Hinsichtsbeziehungen. Nächst ausdrücklich ist das Hinsehen ein Aufsehen aus dem besorgenden Umgang auf das Aussehen. Mit der Eigenständigkeit des Aussehens als eigenem Womit hinsehenden Umgangs verlegt sich das Aussicht*gebende* in das jeweilige Inwiefern bzw. Insofern; das, worauf es ankommt, stellt sich in den Sinn dessen, das von *sich* her Aussehen eigentlich bestimmt und ausmacht. (Das Aussehende als solches soll ja jetzt bestimmt werden; das ›Insofern‹ ist Aussehen-bestimmend. Das Woher des Soaussehens,[13] im εἶδος, Gestalt, liegt aber zugleich das Sinnmoment des Besorgten, *Gestalteten.* Woher die Gestaltung, das *Geworden*-Sein, das Sein.[14] –

[12] Vgl. Met. Z 17.
[13] Von wo aus – für das Sehen –, von wo aus das Ansehen, in welcher Hinsicht.
[14] Vgl. Met. Z 17.

Die Mitaufnahme des ›Ausrichtens‹-Sinnes in das Hinsehen durch den in diesem lebendigen Fragesinn des Woraus.)

Das Insofern bildet sich in der Eigentlichkeit des Hinsehens aus zur Eigenständigkeit des ›woher‹, des ›woraus‹ der Gegenstand ist, was er ist. (Dieses ›Woraus‹ – der Ausgang, ἀρχή – hat dabei schon im faktisch umgänglichen Hinsehen seine bestimmte Bedeutung und Rolle der Umgangs- und vor allem Zeitigungserhellung. Ἀρχή in der Sinnerfüllung durch *ὕλη*!)

Indem sich das Insofern zum Woraus artikuliert, d. h. für das Hinsehen selbst eine weitere Hinsicht nicht ausgebildet werden kann, ist das so bestimmte Worauf des Hinsehens zugleich das, was die strengste Bestimmung ermöglicht. Die ersten Woraus sind ›alles‹ und als ›erste‹ in der Hinsicht der Be-gründung zugleich unbedürftig einer Rück-sichtnahme auf die den ›Ersten‹ nachfolgende und sie mitbrauchende Mannigfaltigkeit der Gegenstandsbestimmungen. Hier besteht für das Hinsehen keine Möglichkeit, je gerade nach bestimmtem Interesse, nach gerade herrschender Hinsicht, nach gerade am wenigsten beschwerlicher Hinsicht über das Aussehen der Gegenstände zu reden und dabei *immer* etwas ›Richtiges‹ und vielleicht ›Aufsehen‹ Erregendes zu sagen: der eigentlich Verstehende stellt sich in letzte Eigenständigkeit, damit aber auch in den Verzicht auf die billige Lässigkeit des Hinsehens auf die Gegenstände je nach Bedürfnis und herrschenden Interessen. (›Unfruchtbar‹ dieses Theoretische, wo es als verdorbenes Griechisches in andere Lebenszusammenhänge und Explikationstendenzen kommt.)

ε) Zur fünften (vierten) faktischen Dafürnahme: Das Aufgeben jeglichen Dienstverhältnisses im Hinsehen auf ›die Ersten‹ (die ›Woraus‹) und im erfassenden Bestimmen der solches Hinsehen betreffenden ›Insofern‹

Ad b) ε) (δ) Und nur wo solches Hinsehen auf die Ersten (die Woraus) und die solches betreffenden ›Insofern‹ lebendig ist, hat es jegliches Dienstverhältnis aufgegeben und ist es in reine Eigenständigkeit gebracht. Der Gegenstand des erkennenden Bestimmens ist das, was sich *im letzten Inwiefern* zur Erfassung bringen läßt – das am meisten Verstehbare. *Dieses*[15] erfassende Bestimmen erfüllt eigentlich den Sinn des Verstehens, und dieses Verstehen hat echt ergriffen, wer rein um des Hinsehens selbst willen es ergreift und aneignet in der Abzweckung, es seiner eigensten Tendenz nach zu seinem vollendeten Vollzug zu bringen.

Aber noch in dieser vollendeten Eigenständigkeit verleugnet das hinsehende Verstehen nicht seine ›Abkunft‹; auch in dieser Eigenständigkeit ist es ein Wie des Umgehens und ein Wie des Lebens. Wo die ersten, alles bestimmenden ›Insofern‹ verstanden sind, da besteht die echte Eignung, jede andere Weise hinsehenden Gegenstandsbestimmens mit ihrem eigentlichen Weswegen vertraut zu machen. Die Erhellungsleistung des eigentlichen Verstehens macht in eins mit der Herausstellung des letzten Insofern vertraut mit dem entscheidenden und entscheidend orientierenden ›warum‹, weswegen, für jeglichen Umgangsvollzug. Gerade in dem Aufgeben der nächsten Nutzungsinteressen und Erfolgsberechnungen wird *die* Eigenständigkeit des eigentlichen Verstehens gewonnen, die dieses *die* entscheidende Umgangsorientierung und Sinngebung ausbilden und verfügbar machen läßt.

d) Der echte Sinn dieser Auslegung des eigentlichen Verstehens innerhalb der spezifisch griechischen Weise des Lebens und die Bedeutung für die heutige wissenschaftliche Forschung und Philosophie[16]

Diese Auslegung des Sinnes eigentlichen Verstehens (Philosophie und Wissenschaft) hat ihren echten und gar nicht utopischen Sinn innerhalb der spezifisch griechischen Weise des Lebens und Lebensauslegung.

[15] Vgl. οὐσία von λόγος her! (ousiativ! [vgl.] Met. Z 17.)

[16] [Im Zuge einer späteren Bearbeitung ist dieser auch in den Nachschriften vorliegende Textabschnitt mit blauem Stift durchgestrichen.]

So leichtfertig und bequem die Meinung ist, die Griechen haben uns nichts mehr zu sagen, so naiv ist die andere, die das Ideal und den Sinn griechischer Philosophie und Wissenschaft mit einigen Korrekturen und Modernisierungen übernimmt und heutigem Leben einfach zu präsentieren versucht.

Aber auch nur in eine scharf gesetzte Aufgabe das eine zu stellen, nichts anderes denn lediglich *dasselbe* anzustreben, was an ihrem Teil die griechische Philosophie sich erarbeitete, ist Arbeit genug.

Denn das schließt in sich, zu verstehen, was in dieser Philosophie vorging, was sie zur Verfügung hatte und wie es in dieser Hinsicht heute steht. Das sind ganz primitive, aber bestimmte Fragen.

Diese Aufgabe kommt nicht zur Erledigung im Vortrag einer vielleicht von früheren abweichenden Auffassung der griechischen Philosophie, sondern so, daß ganz konkret in der heutigen wissenschaftlichen Forschung das verstandene Griechische gesehen und auf seine Leistungsmöglichkeit befragt wird, so daß die Wissenschaften in ihnen selbst und wissenschaftlich zu einer Krise gebracht werden. Die wissenschaftliche Philosophie wird allein in solcher Beschränkung eine angemessene Wirkungsmöglichkeit suchen dürfen.

e) Bestimmung des ursprünglichen Bewegtheitssinnes und der faktisch ausgänglichen Lage des Phänomens des eigentlichen Verstehens (Met. A 2, 982 b 7–28)

α) Das eigentliche Verstehen als eine eigenständige Weise des Lebens. Bestimmung der Vorhabe und des Vorgriffs der aristotelischen Auslegung des Phänomens des eigentlichen Verstehens als mit der Bewegtheit der faktischen Dafürnahmen mitgehende

Demnach *muß*[17] das eigentliche Verstehen, wenn man die es betreffenden faktischen Dafürnahmen ihrem eigenen Auslegungssinne nach ›scharf‹ auslegt, ein erhellend bestimmendes *Hinsehen* sein auf die ersten Woher und Warum (982 b 9: ἀρχαί!). (Ἐπιστήμη θεωρητική, rein *hinsehendes* Verstehen. Θεωρία eine eigene Weise der Bewegtheit von Leben. Klärung – Auslegung auf faktisches Motiv[18] des Theoretischen und damit zugleich Bestimmung der Bewegtheit; Aufenthalt, die ›ausgängliche Lage‹[18], wie unabgehoben sich die Bewegtheit des θεωρεῖν ausnimmt.)

Das eigentliche Verstehen ist damit als eine eigenständige Weise des Lebens gekennzeichnet, die umgeht mit dem, was im ›strengsten‹ Sinne *ist.*

(*Verstehen:* ganz weit; faktisch angezeigt:

1. Er versteht seine Sache, sein Handwerk; er versteht = er kann umgehen;[19]
2. ›theoretisch‹ verstehen, über eine Sache im Klaren sein; Ausformung zur Philosophie;

[17] δεῖ γάρ [982 b 8] – es ist so die vorgesetzte These durch die Auslegung als ›notwendig‹ – im Sinn des Umgehens*, im Wie des Lebens gelegen – erwiesen! Das zeigt*: Feld und Gang der Auslegung. *[Verbindungsstrich von:] Das zeigt [zu:] im Sinn des Umgehens.

[18] [Verbindungsstrich mit dem erläuternden Zusatz:] mehr [?] [von:] faktisches Motiv [zu:] die ›ausgängliche Lage‹.

[19] [Siehe Anhang II, Nachschrift Bröcker Nr. 4, S. 307.]

noch nicht berührt:
3. einen anderen Menschen verstehen; 1. und 2. mitgemeint! (geschichtlich);
4. existenziell-kategoriales *Verstehen*! (philosophisch).)

Worauf die Interpretation zunächst abhob, war: in welcher Vorhabe begegnet und steht für Aristoteles der in das Thema der Untersuchung gesetzte Gegenstand ›eigentliches Verstehen‹? Die nächste Bedeutung gibt sich an dem faktisch begegnenden ›mehr an Sehen‹, d. h. an einer bestimmt gerichteten Bewegtheit einer Umgangsweise. An dieser trat als vorwiegendes Charakteristikum ihr ›Worauf‹ in den Blick, und zwar sich artikulierend als Womit des Umgangs im Charakter des Warum.

Aus dieser seiner vollen Vorhabe nimmt Aristoteles das ›mehr Sehen‹ auf gerade in Hinsicht auf sein ›Worauf‹. Dieses bildet den Gegenstand der *zu*greifenden Auslegung. Und zwar charakterisiert sich das Zugreifen in der Vorhabe so, daß Aristoteles die *Richtung* der Auslegung, das, woraufhin er auslegt, erneut aus faktischen Dafürnahmen sich vorzeichnen läßt. Seine Auslegungstendenz ist eine mit der der faktischen Dafürnahmen *mitgehende*; ein Verfolgen des aufgenommenen ›mehr‹ und seiner ›mehr auf‹-Richtung auf sein ›am meisten‹. Der eigentlich Verstehende ist ›am meisten‹ hinsehend – nach der Meinung jeder der aufgenommenen Dafürnahmen. Und diese Meinungen von einem ›am meisten‹ werden verständlich daraus, daß gerade das schon betonte ›Worauf‹ für ihn am meisten im Warumcharakter steht, am meisten ist, als was es unausdrücklich in der faktischen Bewegtheit des ›mehr Sehens‹ intendiert ist: am meisten in die Hinsicht des Insofern gestellt: die *ersten* Inwiefern und Woraus. Das reine Hinsehen darauf ist eine eigenständige, sich selbst ihr Weswegen ausbildende und vorsetzende Weise des Lebens.[20]

Die Auslegung des Aristoteles ist nach dem, wie sie das in die Vorhabe Gebrachte (kurz: die Vorhabe) aufnimmt und wie sie aufnehmend weitergeht, also wie sie vorweg die Richtung des

[20] [Randbemerkung zu diesem Absatz:] Auslegung auf das ›am meisten‹. [Hier Pfeilstrich von:] Auslegung [zum darauffolgenden Absatz.]

Zugreifens nimmt (kurz: vorgrifflich), als mitgehende zu charakterisieren, mitgehend in einer Bewegtheit des faktischen Lebens, seiner faktischen Auslegungstendenz, *so* mitgehend, daß diese Bewegtheit an ihr selbst in ihr eigenes Ziel gebracht ist.

Vorhabe und Vorgriff der aristotelischen Auslegung des Phänomens des eigentlichen Verstehens sind so im Zusammenhang der inhaltlichen Charakterisierung seiner Auslegung zu einer ersten Bestimmung gebracht.

Aus der weiter folgenden Auslegung (982 b 11) des Aristoteles läßt sich eine noch schärfere Abhebung von Vorhabe und Vorgriff seiner Auslegung gewinnen, *so*, daß dabei der Bewegtheitscharakter selbst als ganz eigenständiger und damit das eigentliche Verstehen als *ein* bzw. *das* entscheidende Wie des Seins von Leben heraustritt.[21]

Hierfür ist, wie zuvor, zunächst zu fragen: *Was kommt am thematischen Gegenstand in der weiteren Auslegung an neuen Charakteren zur Bestimmung? Wie verhält sich diese zur vorgrifflich eingehaltenen Auslegungstendenz auf ein μάλιστα?* Aristoteles geht in der Tat darauf aus, das Phänomen noch nach anderen seiner Sinnrichtungen als einen eigenständigen Seinssinn des Lebens auslegungsmäßig zu sichern.

β) Auslegung des Bezugssinnes und der faktisch ausgänglichen Lage des Phänomens des eigentlichen Verstehens

Und zwar geht der Blick der Auslegung auf den *Bezugssinn* des Phänomens, *und zwar das* in einer ganz eigenen Weise; Bezugssinn: auf die Weise des Bezogenseins eigentlichen Verstehens auf seinen Gegenstand. Das Bezogensein ist nicht eine zwischen Gegenständen desselben Gegenstands- und Seinscharakters gegenständlich bestehende Beziehung, sondern als Zugangshaltung im

[21] [Vgl. dazu Nachschrift Weiß: Von 982 b 11 sqq. an Blick*wendung* der Auslegung, die aber doch in der prinzipiell eingeschlagenen Richtung und Tendenz der Auslegung verbleibt.

Nur von hier aus auch die ersten Bücher der »Physik« zu verstehen.]

Zugehen auf den Gegenstand, ein Zug der Bewegtheit einer Weise des Lebens. Der Sinn dieses ›Bezugs‹ wird an ihm selbst erst faßbar in seinem Zug – Bewegtheitszug; der Herkunfts- und Absehenssinn.[22, 23] (Zugangs*haltung* hat einen spezifischen *Seinscharakter*, der aber gerade ›Problem‹ ist. Wie soll dieser Seinssinn bestimmt werden, was betrifft er eigentlich, ist er *prinzipiell*! – Es ist zunächst gar nichts gesagt mit der Rede: Erkennen ist ein Seinsverhältnis! bzw. ›Bewußtsein ist auch ein Sein‹ – sogar *das* Sein!)

Mit dieser Sinnbestimmung fällt Licht auf die bisherigen Auslegungen des Hinsehens, nicht zuletzt auf die Bestimmung des ›Worauf‹, ›das Aussehen‹ am Gegenstand, den Warumcharakter. Bislang wurde nur – entsprechend der Auslegungsstufe der faktischen Auslegung der Dafürnahmen – ein bestimmter Schritt der Zeitigung des Hinsehens charakterisiert: das Aufgeben der ausrichtenden Besorgenstendenz. Über den Vollzugs- und Herkunftssinn des Aufgebens selbst wurde nichts ausgemacht; d. h. aber, das im Aufgeben sich zeitigende Hinsehen war nur beachtet im Hinblick auf das Worauf.

Die nunmehrige Auslegung des Bezugssinnes auf seine Herkunft stellt die Weise des Lebens also in die Lage seines Anfanges (ἤρξαντο – ἐξ ἀρχῆς [982 b 12 sq.]), in die Lage des ersten Aufbruchs zum Zugehen; das besagt schon: die ausgängliche Zugehensbewegtheit, d. h. ein Wie des Lebens – dieses selbst – wird in einer seiner faktisch anfänglichen ›Lage‹ aufgefaßt bzw. in dem, was die ›Lage‹ ausmacht. (Ermöglicht es zugleich aufzuklären, was es heißt: faktisches Leben ist, befindet sich in einer Lage!) Die Interpretation bleibt dabei in den prinzipiellen Grenzen der Fragestellung der Philosophie.

Als Bestimmungen dieser für ein Bemühen um eigentliches Verstehen ausgänglichen Lage gibt Aristoteles: θαυμάζων – φιλόμυθος [982 b 17 sq.]; τὰ πρόχειρα τῶν ἀπόρων [b 13]. Die hiermit angezeigten Phänomene sind zu interpretieren als aus-

[22] ›Aufhin‹, Absicht, Wie des Sorgens; welche Darbung!
[23] [Zusatz am Rand zum Absatz insgesamt:] Phänomenologie.

gängliche Lebenscharaktere, und zwar für bestimmten Umgang; und sie betreffen Umgang mit dem zunächst Vorhandenen, nächst Begegnenden. Dabei Unwegsamkeiten: τὰ πρόχειρα τῶν ἀπόρων.

Daß faktisches Leben in faktisch ursprünglicher Ausgangslage durch solche Phänomene *charakterisierbar ist*, bestimmt mit die Weise und den Sinn seines Seins. (Daß Aristoteles *diese* Phänomene in diesem Zusammenhang und in dieser bestimmten Funktion urgiert, ist Ausdruck seiner Vorhabe und seines Vorgriffs.)

γ) Ursprünglichere Charakterisierung des faktischen Umgangs durch Auslegung der faktisch ausgänglichen Phänomene

Für die rechte Vergegenwärtigung dieser eine faktisch ursprüngliche Ausgangslage mitbestimmenden Phänomene ist es geraten, das bislang über Umgang, umgehendes ausrichtendes Besorgen, umgängliche Erhellung Ausgemachte nicht heranzuziehen. Denn die *jetzt* zu beachtenden Phänomene sind faktisch ausgängliche und sollen faktischen Umgang noch ursprünglicher charakterisieren. Die vorherigen Auslegungen haben das Phänomen Verstehen ›mehr‹ in seinem *›Unterwegs‹* aufgenommen!

αα) Das faktisch ausgängliche Phänomen der Umsicht

Mehrfach wurde schon betont: Das Hinsehen auf das Aussehen umweltlich begegnender Gegenstände *ist* durch Aufgeben der spezifisch ausrichtenden Sorgenstendenz nur deshalb, weil es im faktisch besorgenden Umgang lebendig ist als das Wie seiner Erhellung. Das Hinsehen ist das orientierte und orientierende Sehen *der Umsicht.* An dieser umsehenden Erhellung liegt es, daß der begegnende Gegenstandszusammenhang ursprünglich als umweltlich begegnet. Das ›Um‹ charakterisiert eine eigentümlich genügende, je nach faktischer Lage *geschlossene* orientierte Zugänglichkeit der besorgten Welt und die faktisch nächste verfügbare, bestreitbare Ge-legenheit, Lage des Lebens für es selbst

– Dasein. Diese *hat* so eine Vertrautheit und begegnet als ›um‹ in einer eigenen Vertrautheit. Das Umgehen sorgt dabei im Umgang immer für eine es selbst erhellende, Weg, Gelegenheit und Lage bereitende und erhaltende *Umsichtigkeit.* Im konkreten Vollzug des umweltlichen Besorgens wird von diesem selbst das Beistellen einer Umsichtigkeit, eines Umkreises der Vertrautheit, in die Sorge genommen. Das Umsehen ist so als Erhellung unabgehoben selbst in der Bewegtheit besorgenden Umgangs.

Umgang[24] – Umsicht – Umwelt

εἶδος ———— das Worauf für Bewegtheit, *κίνησις*

Gestalt Aussehen – Welt
gestalthaftes Aussehen
entsprechend die Grundartikulation

(Das faktisch unabgehobene Haben und Gang im: ›man‹ hat, ›es wird‹ zeigen (*Passiv* im Lateinischen und Griechischen). Von fa[ktischem] Leben [...]* man sich aus dem Weg!

Umhabe – in faktisch erhelltem Aufenthalt, in Stimmung und dergleichen. In und aus Umhabe die *Vor*habe; nämlich in einem *Zu*gehen auf, wird das ›Um‹ in bestimmtem Ausmaß und Richtung zum ›Vor-‹. Der Zugang erweist sich als bei sich bewegend so etwas wie ›Vorgriff‹.

Umgehen mit – Umgehen in, sich herumbewegen – Sich umtun um: faktisch *einheitliche* Bewegtheitssinne (ruinant) des *Sorgens*; dieses – isoliert – nur formale Anzeige des Phänomens des Umgangs (Welt).)

[24] Vgl. (Übersetzung von Physik A 3, Ms. S. 4 b [im vorliegenden Band § 18, unten S. 144]) bis zu: Form – Inhalt [S. 185]. Diese [Unterscheidung] immer da, wo Abfall im Aussehen oder wo in rohem Aussehen und Aussehen Hantierung gemacht wird. – ›Umsicht‹ – ›Unbeholfenheit‹.

* [Zwei Worte unleserlich.]

ββ) Das Zuhandene als das nächstausgängliche Womit des sorgenden Umgangs. Umwelt und Bedeutsamkeit

Der ausrichtende Umgang ist als: Hantierung an, Zurechtlegen von, Herstellen von, Bereitstellen von, Sicherstellen durch, in Gebrauch Nehmen von, Lage Nehmen in, Verwenden von, in Besitz Nehmen und Besitz Haben von. In all dem ist Umgang auf etwas aus, das besorgt sein will; das in dem ›von‹, ›an‹, ›durch‹, ›in‹ angezeigte nächste ausgängliche Womit des Umgangs steht in einer Vertrautheit des jeweiligen anhebenden Besorgens. Das Womit des Umgangs ist ihm das, was *zu*handen ist; als das Zuhandene des sorgenden Umgangs ist aber gerade das, was in eine Besorgensumsicht gestellt ist. In dieser Umsicht ist das Womit des Umgangs das Aus*gängliche*, *woran* sich der besorgende Gang (Bewegtheit) stößt; an ihm als Womit des umgehenden Sorgens kommt der Gang nicht durch; das Womit des Umgangs begegnet für dessen ›Zugehen auf‹ als unwegsam.

Das sorgende Umsehen im Umgang, das, was das Womit des Umgangs in die Umsicht des zu Besorgenden stellt, gleitet gleichsam über das zuhandene Womit, eine bestimmte Vor(-weg)-Sicht gebend, hinweg. Sofern das Sorgen auf das Zubesorgende *zu*hält, mag dieses ausdrücklich bestimmt sein oder nicht, in jedem Falle und im letzteren noch besonders steht das Zuhandene in einer Umsichtigkeit des spezifisch besorgten ›Um‹. Das als vertraut zugängliche Womit ist für das Sorgen – durch dessen vorausgehendes Umsehen – zugleich das *noch nicht recht* verfügbare, *noch nicht recht* vertraute. Das Umweltliche ist irgendwie *fremd*, das Fremde in einer Vertrautheit; das Womit des Umgangs als in der Umsicht auf das *Worauf* des *besorgenden* Umgangs gestellt. Das *Zu*handene ist (umweltlich) *Vor*handenes im Sinne der vertraut-fremd charakterisierten Umgangsgegenständlichkeit. ([*Vor*handenes:] das bloß ›Da‹-sein auszulegen aus einem der Umsicht bestimmt (ruinant) entspringenden Hinsehen auf. Das Womit und das Worauf – Vertrautheit *und* Fremdheit – erfahren an sich selbst und in ihrer Bezogenheit (Korrelat die Besorgensbewegtheit) eine wesentliche Modifikation. – Das vorformale Etwas – etwas, womit man nichts Rechtes anzufangen weiß! – Es ist ein Verkennen des Sinnes der Fragen und erst recht des Gegenständlichen, das befragt wird, wenn man meint, der Sinn von Wirklichkeit, Dasein, lasse sich einfach so eruieren – phänomenologisch –, daß in einem selbst in seinem Aktcharakter unkontrollierten Hinsehen das vermeinte *Da*-sein glaubt aus dem Nichts bestimmen zu können. Es bleibt nur der Rückzug auf Unverständliches und seine vermeintlichen Mechanismen, die mit ›Genesis‹ nichts mehr zu tun haben.[25] – Diese kategoriale Struktur der Umwelt ist die faktische *sinngenetische* ›Bedingung‹ der faktischen Geschehensmöglichkeit des Begegnens von *›Bedeutsamkeit‹*, sofern die Kategorie noch festzuhalten ist. Bedeutsamkeit steht in der praestruierenden Vorausleistung des umsehenden Besorgens.)

γγ) Der Aufenthalt als ein Charakter der Sorgensbewegtheit des Lebens. Das Verwundertsein als ausgängliche Weise des Aufenthalts

Das Umweltliche als das unwegsame Womit des Umgangs befremdet; es befremdet für das umsehende, in einer Vertrautheit umgängliche[26] Sorgen. Als befremdend für das Umsehen begegnet es als verwunderlich (läßt *Auf*-sehen, Nichtweitergehen, *Halt*, Nachsehen, Auf-enthalt). D.h. das *so* Begegnen des Befremdenden bringt in das Wie des Daseins von faktischem Leben, seinen Umgang, ausgänglich-ursprünglich den Charakter des *Aufenthalts*; d.h. mit diesem Begegnen, das *im* besorgenden Umgang und mit ihm sich zeitigt, ist das faktische Leben in einer Lage, es *›befindet sich‹*[27]. *Das umsehende Haben eines Begegnenden als Be-*

[25] oder ein stummes, d. h. nichtiges, kein prinzipiell erhellendes *philosophisch* verstehendes Hinzeigen. Auch der pure Aufweis ist erhellend und *er* im höchsten Sinne; er bedarf gerade der radikalsten Aufenthaltsbildung.

[26] nächste Vertrautheit – die Lage im nächsten ›Um‹ – die ausgängliche Tendenz des Ledigseins von Dringlichkeiten als das sorgende nicht weiter Gehen!

[27] Aufhalten bei – ›theoretisch‹ und sorgend! – Aufgehen *in*. – *Nicht* sehen den*

fremdenden ist die Weise des Verwundertseins. Dieses Verwundertsein ist als solches die ausgängliche Weise des *Sich-auf-Haltens* bei dem Befremdenden als solchem; als Sich-auf-halten bei ist es das ausgängliche Sich-*ent*-halten von Ausrichtungstendenz. Der *Aufenthalt* ist ein Charakter der Sorgensbewegtheit in der Begegnung mit, und zwar ein solcher, in dem sich die Sorgensbewegtheit in eigener Weise steigert: sie gibt sich im ›Aufhalten bei‹ einen neuen eigenen Stand, so zwar, daß jetzt das Befremdende als solches in die Sorge des an ihm Durchkommens gestellt ist.

In diesem Aufenthalt nimmt das Sorgen des jetzt *hinsehenden (aufsehenden)* Umgangs, das Sorgen der Verwunderung, seinen eigenen Gang, zunächst so, daß es κατὰ μικρὸν οὕτω προϊόντες (982 b 14), um ein Kleines in dieser Richtung des Aussehens *so* – sich verwundernd – vorgeht, in die Umsicht des Hinsehens stellt (vorgeht im Ausgang von den πρόχειρα τῶν ἀπόρων [982 b 13]).

Damit aber versucht es, an ›Größerem‹, über die Ausmaße des nächsten Umkreises der Umwelt hinausliegenden, durchzukommen. Dieses ›Größere‹ ist jetzt das, was begegnet, ist *die* Welt; die nächste Umwelt wandelt in diesem Fortgang je und je ihren Welt- und Seinscharakter.

Die Bewegtheit dieses Lebens im Aussehen der Welt ist ein eigener Aufenthalt bzw. sie ist die eigenständige Ausbildung dieses Aufenthaltes (φιλόμυθος [982 b 18]). Der Aufenthalt selbst ist da als Wie des faktisch ausgänglich besorgenden Umgangs, und zwar zeitigt er sich, indem er herkommt aus und ist in der Sorge der Umsicht. Weil das Sorgen umsichtig ist, begegnet, ist die Welt da als unwegsame. Das Sorgen als Grundsinn der Bewegtheit des Lebens drückt dieses aus als in seinem ursprünglichen Wiesein und Werden auf Umsicht ausgängig.

Woraufcharakter, weltliche Sachlichkeit und doch gesteigerte* Ruinanz. *[Pfeilstrich von:] *Nicht* [zu:] doch gesteigerte.

δδ) Die Ausbildung des Verstehens als Ausbildung einer ursprünglichen Bewegtheit des Lebens

Das mehr und mehr Hinsehen des Verstehens, das am meisten Hinsehen eigentlichen Verstehens ist die Ausbildung einer ursprünglichen Bewegtheit des Lebens; Ausbildung einer Bewegtheit ist: die Bewegtheit in ihre Eigentlichkeit, und zwar in der Weise der Bewegung, bringen.

[Rohe Stufenfolge der Ausbildung des Verstehens:][28]
– das besorgend ausrichtende Umsehen in der Umwelt;
– das Auf- und Hinsehen auf *die* Welt;
– das sehende Erfassen des Seienden;
– das eigentlich verstehend sehende Erfassen des Seins des Seienden.

Τὰ ὄντα – οὐσία – ὄν; *Hausstand, verfügbare nächste Welt des Besorgens!*[29]

Die eigentliche Lage der σχολή und der Sinn des radikalen Sorgens um σοφία. (Verstehensbekümmerung! aber in der konkreten Situation, nicht hinsehend, sondern radikal sie bildend. Zeitigungssinn und -tendenz der φιλοσοφία *in* der Lage verschieden. Vgl. ἀνδρείας μὲν οὖν καὶ καρτερίας [Aushalt, Durchhalt, Enthaltsamkeit] δεῖ πρὸς τὴν *ἀσχολίαν*, *φιλοσοφίας* δὲ πρὸς τὴν *σχολήν*, σωφροσύνης δὲ καὶ δικαιοσύνης ἐν ἀμφοτέροις *τοῖς χρόνοις* (Pol.[30] H 15, 1334 a 22 sqq.).

Das Hinsehen ist eine eigentümlich charakterisierte Bewegtheit, angezeigt durch den Terminus ›Aufenthalt‹ – ein Enthalten von, ein Sichaufhalten bei.[31] (Die Sinnstruktur eines faktisch ersten lagebereitenden Aufenthaltes; Ausbildbarkeit zum Verweilen.) Das Wobei des Aufenthaltes – das Worauf des Hinsehens –

[28] [Ergänzung nach Nachschrift Bröcker: So zeitigt sich die Richtung der Bewegung auf Ausbildung des Verstehens. – Im folgenden wird eine rohe Stufenfolge gegeben:]

[29] [Siehe Anhang II, Nachschrift Bröcker Nr. 5, S. 307 f.]

[30] [Aristotelis Politica. Post Fr. Susemihlium recognovit Otto Immisch. Lipsiae in aedibus B. G. Teubneri 1909.]

[31] [Siehe Anhang II, Nachschrift Bröcker Nr. 6, S. 308.]

ist für diese Bewegtheit eine Gegenständlichkeit solchen *Ziel*sinnes, daß das zielhafte Worauf dieses hinsehenden Umgangs von diesem selbst her gestellt wird, d. h. diese Weise des Umgehens ist *das* Wie des Lebens, in dem dessen Bewegtheit, dessen Sein rein zu sich selbst gebracht ist.

Dieser Aufenthalt bildet für das Leben *die* Lage, in der es sich im strengsten Sinne befindet, so daß es an ihm selbst von dem her, *was* es ist, selbst *da* ist.

Daher muß diesem Aufenthalt alles Umweltliche und ausrichtend zu Besorgende vertraut und verfügbar, d. h. dienstbar sein. Das Sichaufhalten bei ist eine solche Weise der Bewegtheit, daß sie erst rein vollziehbar wird, wo die Möglichkeit eines Verweilens ausgebildet ist; das heißt: im eigentlichen Verstehen kommt die eigentliche Bewegtheit des Lebens ins Freie. Das Verweilen wird reines Verweilen beim Seienden. Die Bewegtheit ist an ihr selbst. Das eigentliche Verstehen ist für das Leben des Menschen nicht eine Nebenaufgabe, eine Weise des Umgehens und der Beschäftigung neben anderen, sondern ist das *Wie* des lebensmäßigen eigentlichen Seins.

f) Das Ansprechen des eigentlichen Verstehens als göttlich und der Begriff des Göttlichen (θεῖον) (Met. A 2, 982 b 28 – 983 a 11)

α) Weitere Bestimmung des Charakters des eigentlichen Verstehens aus der Erörterung des Gegenstands- und Seinssinnes des Göttlichen

Θεωρία ist das Wiesein, in dem Leben Eigenständigkeit hat, in dem es Herr seiner selbst ist, seine Bewegtheit von sich selbst her bestimmt und vollzieht. Sofern aber ἡ τῶν ἀνθρώπων φύσις πολλαχῇ δούλη ἐστίν [vgl. 982 b 29], sofern das Wiesein des Menschen in seinem Wie Werden knechthaft ist – Knecht der Dringlichkeiten, Ansprüche der faktischen Lage –, ist die Aneignung und der Besitz des besagten Wieseins in Eigenständigkeit, das

Leben in der σοφία, nicht in der Möglichkeit und Reichweite des Menschen, vielmehr etwas Göttliches, θεῖον.

Wie löst Aristoteles diese Schwierigkeit, bzw. wie steht seine Lösung im Zusammenhang der Auslegung des eigentlichen Verstehens, wie weit trägt sie zur weiteren Bestimmung des Phänomens bei? Aristoteles zeigt ein Doppeltes: 1. Der Einwand verkennt den Sinn des Göttlichen; 2. das charakterisierte eigentliche Verstehen, das Aristoteles nicht etwa nur erst als künftiges Ideal ansetzt, sondern das er faktisch kennt und worin er selbst lebt, ist ein solches μάλιστα an Verstehen, daß seinem eigenen Sinne nach darüber hinaus kein höheres ansetzbar wird. Es ist in der Tat göttlich. Damit, daß die Lösung eine verkehrte Bestimmung des Sinnes des Göttlichen abweist, das eigentliche Verstehen aber zugleich als göttlich anspricht, ist angezeigt, daß der Erledigung der Schwierigkeit eine bestimmte Auffassung des Gegenstands- und Seinssinnes des Göttlichen zugrunde liegt, aus der sich der Charakter des eigentlichen Verstehens noch weiter bestimmen läßt; vielmehr wird sich die Sinnlage als eine umgekehrt motivierte ergeben. In der Erledigung des Einwandes kommt das fragliche Phänomen nicht so sehr in seiner faktischen Ausgänglichkeit als vielmehr in dem zur Bestimmung, wie es in seiner Vollendung ist. Das μᾶλλον und μάλιστα werden jetzt erst verstehbar als Charaktere einer Bewegtheit, sofern diese nach ihrem Woher und Woraufhin zur Abhebung kommt. Der Sinn der Eigentlichkeit des Verstehens als eines Wie des Lebens wird vom Seinssinn des Göttlichen her in die für Aristoteles überhaupt erreichbare Klarheit gestellt. Aristoteles zeigt also: 1. οὔτε τὸ θεῖον φθονερὸν ἐνδέχεται εἶναι (983 a 2 sq.); 2. ἡ γὰρ θειοτάτη καὶ τιμιωτάτη [ἐπιστήμη] (a 5).

Zunächst muß der Begriff des Göttlichen bestimmt werden, und zwar ist es – um die aristotelische Argumentation in ihrer Neigung zu verstehen – notwendig, alle Verunstaltungen und Fehlauslegungen, die gerade der aristotelische Gottesbegriff erfahren hat, auszuschalten (vgl. Kontroverse Zeller – Brentano![32]).

[32] [Vgl. Eduard Zeller, Die Philosophie der Griechen in ihrer geschichtlichen Entwicklung. II. Teil, 2. Abt.: Aristoteles und die alten Peripatetiker. 4. Aufl. Leip-

Um den Begriff genuin zu verstehen, müssen die Motive und Bestimmungstendenzen prinzipiell erfaßt sein, in denen für Aristoteles überhaupt der Begriff des Göttlichen erwachsen ist. Äußerlich gesehen, erscheint die Überlieferung über den aristotelischen Gottesbegriff und die θεολογικὴ ἐπιστήμη recht spärlich (Phys. Θ (VIII), Met. Λ (XII), Eth. Nic. K (X)). (Vgl. Natorp, Philos. Mon. 24 (1888), S. 56: Theologie (»vorwissenschaftliches Stadium der Reflexion«)?[33])

β) Das Erwachsen des Begriffes des Göttlichen (θεῖον) rein aus dem Problem der φύσις bzw. der Grundbestimmung an dieser, der κίνησις

Und doch ist das Überlieferte genügend, um den gegenständlichen Sinn des θεῖον sicherzustellen; charakteristisch die Exposition im Buch VIII der »Physik«. Der Begriff des θεῖον erwächst für Aristoteles rein aus dem Problem der φύσις bzw. der Grundbestimmung an dieser, der κίνησις. Und zwar ist die Explikation des Gegenstands- und Seinssinnes des θεῖον eine bestimmt ansetzende und bestimmt gerichtete prinzipiell ontologische Auslegung der Grundbewegtheit des Seienden. Diese Grundbewegtheit ist die Kreisbewegung des ersten Himmels. Die griechische und spezifisch aristotelische Naturauffassung muß im Auge behalten werden.

zig: Reisland 1921, S. 368 ff.; Franz Brentano, Die Psychologie des Aristoteles, insbesondere seine Lehre vom νοῦς ποιητικός. Nebst einer Beilage über das Wirken des Aristotelischen Gottes. Mainz am Rhein: Kirchheim 1867, Beilage, S. 234 ff.

Vgl. dazu auch Nachschrift Weiß: Auch Jaeger in einer prinzipiell verkehrten Auffassung des aristotelischen Gottesbegriffes. (Erg. d. Hg.: Werner Wilhelm Jaeger, Studien zur Entstehungsgeschichte der Metaphysik des Aristoteles. Berlin: Weidmann 1912, bes. S. 122 ff.)]

[33] [P. Natorp, Thema und Disposition der aristotelischen Metaphysik I. In: Philosophische Monatshefte. (Hg. Paul Natorp). Bd. 24 (1888), S. 37–65. (Die Textstelle (S. 56) lautet: »Durchgängig bezeichnet hier ›Theologie‹ ein *vorwissenschaftliches* Stadium der Reflexion über die Dinge, noch vorausliegend dem Alter der ›Physiker‹, welches (nach A 10) das ›stammelnde‹ Kindesalter der Wissenschaft repräsentirt.«)]

Darnach wird erst aus dem κίνησις-Phänomen der Begriff des θεῖον voll verständlich; da die Interpretation dieses Phänomens anhand der aristotelischen Philosophie diese Untersuchung eigens beschäftigt, soll hier nur das Nötigste summarisch angedeutet und im übrigen die Betrachtung auf ein anderes Moment des Problems gelenkt werden.

γ) Die Auslegungen und Umdeutungen des aristotelischen Gottesbegriffes in der abendländischen Philosophie und Theologie

In jedem Fall ist es schon schief, von einem Gottesbeweis bei Aristoteles zu sprechen, obzwar gerade die spätere Theologie in mißverständlicher Auslegung des Aristoteles von diesem her sich die Idee eines Gottesbeweises vorgeben ließ. Wie dann überhaupt der aristotelische Gottesbegriff in den mannigfaltigsten Umdeutungen eines der stärksten Fermente der abendländischen Philosophie und Theologie und überhaupt Geistesgeschichte geworden ist. In Hegels Begriff des absoluten Geistes liegt die stärkste Nachwirkung des aristotelischen Begriffes und es zeigt sich gerade an diesem Zusammenhang die innere Verbogenheit der Hegelschen Philosophie. Neben dem spezifisch wissenschaftlichen Charakter der aristotelischen Philosophie war es aber der aristotelische Gottesbegriff und der Begriff des νοῦς, was bei Hegel den Aristoteles in ein besonders hohes Ansehen brachte.

δ) Die christliche Auslegung des religiösen Lebens und des Seins- und Gegenstandssinnes von Gott als Ausdeutung des Natur- und Bewegungszusammenhangs des θεῖον bei Aristoteles

Der aristotelische Gottesbegriff ist in keiner Weise begrifflicher Ausdruck von religiösem Leben, aber seine gegenstands- und seinsmäßige kategoriale Struktur trägt in der Folgezeit vor allem die christlichen dogmatischen Bedeutungszusammenhänge und gibt der Auslegung und konkreten Veranstaltung des religiösen Lebens die seinsmäßige Prägung.[34]

In der Geschichte der christlichen Theologie ist dann mehrfach, vor allem seit Augustinus, immer wieder der Versuch gemacht worden, die begriffliche Explikation des religiösen Lebens und des Seins- und Gegenstandssinnes von Gott in neuplatonischen Kategorien zu denken und die Gottesbeweise zurückzudrängen. Für Augustinus hat ein solcher Versuch seine ganz bestimmten faktischen Motive. Später wurden sie und werden sie nur möglich auf Grund einer weitgehenden Kritiklosigkeit, sofern die hier in Frage kommenden neuplatonischen Kategorien, νοῦς usf., hier gerade rein aristotelisch sind und die Engellehre (Deus, Angelus, homo) nur eine neuplatonische Ausdeutung des Natur- und Bewegungszusammenhangs des θεῖον, der θεοί und ἄνθρωπος bei Aristoteles ist.

ε) Rohe Exposition des Seins- und Gegenstandssinnes des θεῖον bei Aristoteles aus dem Phänomen der Bewegung (κίνησις)

Im folgenden nur eine ganz rohe Exposition, die nicht einmal alle wichtigen Schritte bezeichnet, geschweige denn nur im entferntesten begrifflich bestimmt zufaßt.

Jede κίνησις ist eine βάδισις εἰς τέλος, ein Zugehen auf ein Worauf. Bei der geradlinigen Bewegung ist das Worauf bestimmbar, ohne so da zu sein, daß es schon erzielt ist.[35]

Die Kreisbewegung ist als ewige und gleichmäßige dagegen nur dann, was sie ist, d. h. unveränderlich, wenn ihr Worauf als solches da ist; wäre die Bewegung erst ein ins *Ziel*-bringen, so wäre sie immer unvollendet.

Das τέλος ist für jede Bewegung das Bewegende. Das ›worauf‹

[34] [Vgl. dazu Nachschrift Weiß: Aristoteles' Gottesbegriff ganz *un*theologisch, trotzdem stärkste Wirkung auf Entstehung aller Theologie, über syrische Kirchenväter auf Islam, durch ihn (Averroes) auf christliche Theologie.]

[35] Nicht woher – sondern: eine *solche* Bewegung hat welches *Worauf*. Bewegungsphänomen – immanente Analyse.

der eigentlichen ewigen und unveränderlichen Bewegung muß als deren Worauf das *erste* Bewegende sein, πρῶτον κινοῦν, und zwar entsprechend der Gleichmäßigkeit der Kreisbewegung selbst unveränderlich, ἀκίνητον. πρῶτον κινοῦν ἀκίνητον[36], d. h. aber: δεῖ ἄρα εἶναι ἀρχὴν τοιαύτην ἧς ἡ οὐσία ἐνέργεια (Met. Λ 6, 1071 b 19 sq.) (ἀκίνητον und gerade ἐνέργεια). Das Woher für die ewige Bewegung, die unveränderlich *ist*, muß seiner Seinshaftigkeit nach ἐνέργεια im *Sein* seines Wieseins als Bewegtheit sein. (Τὸ θεῖον – θεός!)

ζ) Exkurs: Übersetzung von »Metaphysik« Λ 6, 1071 b 6–20[37] (Der Seinssinn von Bewegungsein als reine Zeitigung (ἐνέργεια))

1071 b 6–7: ἀλλ' ἀδύνατον κίνησιν ἢ γενέσθαι ἢ φθαρῆναι· αἰεὶ γὰρ ἦν. »Die Seinshaftigkeit von Bewegung ist so, daß Bewegungsein nicht selbst entstehen und vergehen kann. Bewegung war nämlich immer.« Bewegung ist ihrem Seinssinne nach so, daß sie immer war. (Eigentlicher Seinssinn von Bewegung: der der ersten kreisenden ständigen Bewegung des ersten Himmels.)

1071 b 7–9: οὐδὲ χρόνον· οὐ γὰρ οἷόν τε τὸ πρότερον καὶ ὕστερον εἶναι μὴ ὄντος χρόνου. »So ist es auch mit der Zeit; es gibt kein Vorher und Nachher, ohne daß die Zeit nicht schon war.«

1071 b 9–10: καὶ ἡ κίνησις ἄρα οὕτω συνεχὴς ὥσπερ καὶ ὁ χρόνος· ἢ γὰρ τὸ αὐτὸ ἢ κινήσεώς τι πάθος. »Auch ist die Bewegung – ebenso wie die Zeit – sich in sich selbst nach ihrem Seinssinn zusammenhaltend. Demnach ist die Zeit entweder dasselbe wie Bewegung oder ein Wie in der Weise des Seins der Bewegung.«

[36] [Met. Λ 8, 1073 a 27, 1074 a 37; ferner Met. Γ 8, 1012 b 31; Phys. Θ 6–10, 258 b 12, 259 b 23 sq., 266 a 9, 267 b 18 sq.]

[37] Alles andere als eine formalistische Argumentation! Schwierigkeit: Vorhabe – Vorgriff und daraus entspringender Sinn des Genügens der Begründung. Hieraus aber das Wie der explikativen Mittel!

1071 b 10–11: κίνησις δ' οὐκ ἔστι συνεχὴς ἀλλ' ἢ ἡ κατὰ τόπον, καὶ ταύτης ἡ κύκλῳ. »Sich in sich selbst – nach ihrem Seinssinn – zusammenhaltend ist nur die Bewegung als Fortgang von-zu, und zwar ein solcher Fortgang von-zu in der Weise des ›Kreisens‹.«[38]

1071 b 12–13: ἀλλὰ μὴν εἰ ἔσται κινητικὸν ἢ ποιητικόν, μὴ ἐνεργοῦν δέ τι, οὐκ ἔσται κίνησις. »Aber Bewegung *ist* nicht, wenn es zwar ein Bewegendes und etwas Ausrichtendes gäbe, das aber nicht so wäre, daß es *ist* in der Weise des Bewegtheitseins.«

1071 b 13–14: ἐνδέχεται γὰρ τὸ δύναμιν ἔχον μὴ ἐνεργεῖν. »Denn was so ist, daß es bewegen, ausrichtend auf etwas zugehen *kann*, braucht ja nicht seinen Seinssinn in der Bewegtheit zu haben.«

1071 b 14–15: οὐδὲν ἄρα ὄφελος οὐδ' ἐὰν οὐσίας ποιήσωμεν ἀϊδίους, ὥσπερ οἱ τὰ εἴδη. »Es trägt aber auch nichts bei zur *Erhellung* des Notwendig-immer-seins von Bewegung, d. h. überhaupt des Seins von Bewegung, wenn wir die Weisen der Seinshaftigkeit als immer bestehend ansetzen – wie jene, die die ›worauf‹ der bewegten Dinge als so etwas ansetzen.«

1071 b 15–16: εἰ μή τις δυναμένη ἐνέσται ἀρχὴ μεταβάλλειν. »Das hilft nichts, wenn in diesem Sein nicht selbst ist, an ihm selbst, so etwas wie das Kann, *Woraus*, Ausgang von Umschlagen zu sein.«[39]

1071 b 16–17: οὐ τοίνυν οὐδ' αὕτη ἱκανή, οὐδ' ἄλλη οὐσία παρὰ τὰ εἴδη. »Aber auch so etwas ist fürwahr nicht genügend [dem Sinn des Seins von Bewegung nicht entsprechendes Woher], noch leistet das eine andere, neben die besagten Worauf gesetzte Weise *solchen* Seins.«

1071 b 17: εἰ γὰρ μὴ ἐνεργήσει, οὐκ ἔσται κίνησις. »Wenn das ›woraus‹ nicht ist in der Weise der reinen Zeitigung, wird nie ver-

[38] [Vgl. dazu Nachschriften: (Bröcker:) Von jetzt ab ist immer die Kreisbewegung gemeint. Aristoteles stellt nun die Frage: (Weiß:) Unter welchen Bedingungen ist die Bewegung, wie kann sie verständlich gemacht werden? Welches sind die Warum, unter denen ihr Sein steht, welches ist ihre ἀρχή?]

[39] [Siehe Anhang II, Nachschrift Weiß Nr. 11, S. 320 f.]

ständlich sein, was es heißt: Bewegung ist [*und zwar ewige reine Kreisbewegung*].«[40]

1071 b 17–18: ἔτι οὐδ' εἰ ἐνεργήσει, ἡ δ' οὐσία αὐτῆς δύναμις. »Weiter. – Aber auch wenn das Woraus so wäre, die reine Zeitigung machte aber nicht gerade den Seinssinn der ἀρχή selbst aus, bliebe alles unverständlich.« Es *wäre* nicht – gegenständlich gesprochen –, das Seiende ist nur gehabt und da nach seinem Aussehen (Was es ist), sofern es in seiner echten ›sachlich‹ genügenden Warumbeziehung steht.

1071 b 18–19: οὐ γὰρ ἔσται κίνησις ἀΐδιος· ἐνδέχεται γὰρ τὸ δυνάμει ὂν μὴ εἶναι. »Auch so wäre noch keine ewige, ständig seiende und ständig *gleich* seiende Bewegung. Es kann das, was nur ist, so, daß es etwas ausrichten *kann*, in diesem Kann-*sein* auch *nicht* sein.«

1071 b 19–20: δεῖ ἄρα εἶναι ἀρχὴν τοιαύτην ἧς ἡ οὐσία ἐνέργεια. »Also muß es mit dem Sein der ewigen Bewegung für diese einen solchen Ausgang geben, dessen Seinshaftigkeit, Sinn des Seins, reine Zeitigung ist, ἐνέργεια.«

η) Die sich aus der letzten sinnmäßigen Aufklärung des Seins von Bewegung ergebende Bestimmung des Seinssinnes des ersten Bewegers als reine ἐνέργεια und der Bewegtheit desselben als θεωρία

Es ist wichtig zu verstehen, wie Aristoteles den Sinn von *ἐνέργεια* bestimmt, wie aus dem reinen Bewegungsproblem nicht nur *das notwendige Dasein* des ersten Bewegers erwächst, sondern auch die inhaltliche Bestimmung der Bewegtheit desselben als νόησις νοήσεως [Met. Λ 9, 1074 b 34] – *θεωρία!*

Umgekehrt fällt von da Licht auf die Art, wie Aristoteles die Weisen des Sehens, Erkennens und überhaupt des Lebens prinzipiell sieht und bestimmt.

40 [Andere, eingeklammerte Übersetzung:] »Wenn der Seinssinn nicht als solcher angesetzt wird, daß er sich explizieren läßt als z[u]* v[erstehen]* von der Zeitigung, wird es nie verständlich sein, was es heißt: es ist Bewegung.« *[Erg. d. Hg.]

Die umfassend und ganz konkret angelegten Untersuchungen des Aristoteles über κίνησις in den acht Büchern der »Physik«, in Περὶ γενέσεως καὶ φθορᾶς [De generatione et corruptione] sind in der Richtung der ontologisch-kategorialen Explikation am weitesten geführt in *den* Abhandlungen, die bekannt sind als Met. Z, H, Θ.

αα) Exkurs: Übersetzung von »Metaphysik« Θ 6, 1048 b 18–35 (Der Zusammenhang von Bewegtheit und ihrem ›am Ende sein‹ im Ausgang von zwei verschiedenen Weisen des Tuns)

Das Buch Θ im besonderen handelt von δύναμις und ἐνέργεια (vgl. Phys. Γ 1–3 und E). Aus Buch Θ soll nur ein wichtiges Stück kurz besprochen werden: Θ 6, 1048 b 18–35 (vgl. Bonitz, Co.[41], S. 396–398; Lasson[42], S. 150, Abschnitt).

Der Abschnitt fehlt in E, T[43] und bei Alexander. Aus dem kritischen Apparat bei Christ[44] ersichtlich eine Reihe merkwürdiger Konjekturen (Bonitz). Bonitz hat auch den Abschnitt als echt aristotelisch aufgewiesen; was sachlich zur Sprache kommt, ist genuin aristotelisch und die begriffliche und ausdrucksmäßige Prägung erst recht.

1048 b 18–19: ἐπεὶ δὲ τῶν πράξεων ὧν ἐστὶ πέρας οὐδεμία τέλος ἀλλὰ τῶν περὶ τὸ τέλος. »Von *den* Weisen des Tuns, die Erledigungscharakter haben [wo also das Womit der Umgangsbewegtheit so ist, daß das an ihm zu Besorgende dem Umgangs- und Besorgensssinn nach selbst ausgerichtet wird, die Bewegtheit an ihrem Worauf ›zu Ende‹ ist], ist keine selbst vom Charakter des ›Worauf‹ der Bewegtheit [keine selbst ›am Ende‹, οὐδεμία τέλος, d. h. die Bewegtheit eigentliche!], sondern als ausrichtende sind

[41] [Hermannus Bonitz, Commentarius in Metaphysica Aristotelis (Aristotelis Metaphysica, ed. Bonitz, op. cit., pars posterior).]

[42] [Aristoteles, Metaphysik, übertr. von A. Lasson, a.a.O.]

[43] [Codices E (Parisinus graecus 1853, saeculi X) und T (Vaticanus graecus 256, anni 1321).]

[44] [Aristotelis Metaphysica, ed. Christ, op. cit.]

sie gerade selbst besorgt um etwas [sie sind – im Aufzu – *unterwegs*, *περὶ* τὸ τέλος (weltliche Ruinanz – nicht in der Bewegtheit selbst historisch!)].«

1048 b 19–21: οἷον τοῦ ἰσχναίνειν ἡ ἰσχνασία [αὐτό], αὐτὰ δὲ ὅταν ἰσχναίνῃ οὕτως ἐστὶν ἐν κινήσει, μὴ ὑπάρχοντα ὧν ἕνεκα ἡ κίνησις. »So beim ›Abnehmen‹ die Hagerkeit, das Hagersein; das, was abnimmt, ist so in dieser Bewegung, daß das, worauf es in dieser ankommt, in der Bewegung selbst gerade ›noch‹ nicht ist [und wo es da ist, ist die Bewegung zu Ende, ›am Ziel‹ – zu Ende!].« – Hagerkeit, das im *um* des Worauf-zu ›am Ende‹, ›im Ende‹ ist nicht das Abnehmen.

1048 b 21–24: οὐκ ἔστι ταῦτα πρᾶξις ἢ οὐ τελεία γε· οὐ γὰρ τέλος. ἀλλ' ἐκείνῃ[45] ἐνυπάρχει τὸ τέλος καὶ ἡ πρᾶξις. οἷον ὁρᾷ ἅμα καὶ ἑώρακε, φρονεῖ καὶ πεφρόνηκε, νοεῖ καὶ νενόηκεν. »Hier liegt also keine eigentliche Handlung vor, oder zum mindesten nicht eine Bewegung, die als solche in ihrem eigenen Ziel steht [die selbst in ihrem Ende steht, am Ende gerade ist! – die noch oder gerade dann Bewegung ist, wenn sie an ihrem Ende ist! Am ›Ende‹ sein und gerade dann Bewegung sein.][46] Denn sie ist an ihr selbst nicht das Worauf (mögliches Ende), sondern erst jene, in der an ihr selbst in ihrer Bewegtheit ›schon‹ mit da ist das ›am Ende‹, darf als die eigentliche ›Handlung‹ angesprochen werden.[47] So z. B.: jemand bewegt sich *noch* im Sehen, obzwar er doch gesehen *hat*; jemand hat im Sinn, ist noch besinnlich, obzwar er sich doch besonnen *hat*; jemand bewegt sich noch im Denken,

[45] [Heidegger bezieht sich hier in der Übersetzung auf die im kritischen Apparat seines Handexemplars (Aristotelis Metaphysica, ed. Christ, op. cit.) angegebene Konjektur von Bonitz (s. oben Anm. 41): 22 ἐκείνη, ᾗ coni. Bonitz.

Vgl. auch Nachschrift Weiß: 1048 b 22: ἀλλ' ἐκείνῃ, ergänze ᾗ (Erg. d. Hg.: ἐκείνη nun ohne Iota subscriptum). Bonitz (bei Konjekturen *immer* ausgezeichnetes Urteil) hat hier Konjekturen angebracht, die man der Akademieausgabe einfügen muß.]

[46] τέλος worauf der Bewegung:
– als solches am, *in* ihrem Ende steht;
– das, an dem sie zu Ende ist.

[47] Bewegung, die in der Bewegtheit an ihrem Ende, da zu Ende *ist*.

obzwar er doch gedacht *hat.*« Das Gesehenhaben, das ›am Ende sein‹ der Bewegtheit Sehen, ist selbst Sehen, das Wie des Gedachthabens ist gerade ›denken‹.[48]

1048 b 24–26: ἀλλ᾽ οὐ μανθάνει καὶ μεμάθηκεν, οὐδ᾽ ὑγιάζεται καὶ ὑγίασται. εὖ ζῇ καὶ εὖ ἔζηκεν ἅμα καὶ εὐδαιμονεῖ καὶ εὐδαιμόνηκεν. »Nicht dagegen: er lernt noch im Wie des Gelernthabens; und nicht: er wird noch gesund im Wie des Gesund*seins*. (Dagegen wieder:) Im Wie des gut (echt) gelebt Habens lebt er gut; das Wie des Gut-gelebt-habens ist gerade das gut Leben; so auch mit dem ›glückselig sein‹.[49]« ›Glückseligkeit‹ ist ein ›unglückseliger‹ Ausdruck; eine angemessene Übersetzung und die Verständigung darüber müßte die Interpretation der »Nikomachischen Ethik« mit den anderen bzw. der ganzen platonisch-sokratischen ›Ethik‹ zur Grundlage nehmen.

1048 b 26–27: εἰ δὲ μή, ἔδει ἄν ποτε παύεσθαι, ὥσπερ ὅταν ἰσχναίνῃ. »Wenn es nicht so sich verhielte bezüglich des Zusammenhangs von Bewegtheit und ihrem am Ende, dann müßte die Bewegtheit bei sich (am Ende) aufhören; etwas in Sicht haben, müßte dann eine Weise des Verhaltens sein, das jedenfalls ›nicht mehr‹ ›sehen‹ ist.« Das Womit des Umgangs, das *Was* des Besorgens, müßte, hätte die Bewegtheit Erledigungscharakter, durch diese Bewegtheit des Besorgens – gerade an deren Ende – in eine andere Weise des ›Habens‹ gestellt werden. Das Was des Besorgens wird aber nicht ledig – der Bewegtheit, aus ihr entlassen, sondern erst recht ist gerade das Verfügbarhaben vom Charakter des besorgenden Verfügbarmachens.

1048 b 27–28: νῦν δ᾽ οὔ, ἀλλὰ ζῇ καὶ ἔζηκεν. τούτων δὴ δεῖ τὰς μὲν κινήσεις λέγειν, τὰς δ᾽ ἐνεργείας. »Es ist also jetzt so: jemand lebt (nur) im ›gelebt haben‹; sofern er *ist*, *war* er [und er war (nur), indem er ist!] Von diesen Weisen des Tuns sind die einen als Bewegungen im besonderen Sinne angesprochen worden [Umgang darin charakterisiert, daß er zugehend ist auf etwas – das

[48] [Randbemerkung:] = ἐνέργεια.
[49] [Randbemerkung:] ›εὖ‹.

›Unterwegssein zu‹], die anderen als Bewegtheit, die als solche *das* ist, was für sie am Ende ist.[50]«

1048 b 29–33: πᾶσα γὰρ κίνησις ἀτελής, ἰσχνασία, μάθησις, βάδισις, οἰκοδόμησις· αὗται δὲ[51] κινήσεις, καὶ ἀτελεῖς γε. οὐ γὰρ ἅμα βαδίζει καὶ βεβάδικεν, οὐδ' οἰκοδομεῖ καὶ ᾠκοδόμηκεν, οὐδὲ γίγνεται καὶ γέγονεν, ἢ κινεῖται καὶ κεκίνηται[52], ἀλλ' ἕτερον καὶ κινεῖ καὶ κεκίνηκεν. »Jede Bewegung – als umgänglich Unterwegssein zu – ist ihrem Sinne nach *ohne* ihr Worauf [ἀτελής – nicht ziellos! vgl. ἀκίνητον!]. Sie *hat* es nicht, sondern ist, was sie ist, im Zugehen darauf: Abnehmen, Lernen, Gehen, Häuserbauen. Nicht nämlich ist es ein Zugleich – im obigen Sinne [daß das Vollzogenhaben gerade ist im Wie des Vollzugs, daß mit dem eigentlichen Haben des Worauf der Bewegtheit diese gerade nicht aufhört]. Dieses Zugleich ist nicht bei der Bewegung des Gehens und dem Gegangensein, Bauen und mit dem Bauen fertig sein, werden und geworden sein, bewegen und bewegt haben, sondern es ist ein anderes Wie des Seins in dem ›er bewegt‹ und ›er *hat* bewegt‹.«

1048 b 33–35: ἑώρακε δὲ καὶ ὁρᾷ ἅμα τὸ αὐτό, καὶ νοεῖ καὶ νενόηκεν. τὴν μὲν οὖν τοιαύτην ἐνέργειαν λέγω. »Dagegen ist das Gesehenhaben ein zugleich und selbst Sehen; er hat nur gesehen, hat in Sicht, sofern er gerade sieht; er hat gedacht, in der Bewegtheit des Bestimmens kommt er zum Bestimm*thaben*, das Bestimmte Haben – nur im bestimmend sich Verhalten. Eine solche Bewegtheit spreche ich an als Wiesein in der verwahrenden Zeitigung als zeitigender Verwahrung [ἅμα τὸ αὐτό].«

ββ) Die ἐνέργεια der θεωρία als der Seinssinn des Göttlichen

Der Seinssinn des ersten Bewegers ist reine ἐνέργεια. Dem Seinssinn solcher Bewegtheit genügt nur die Bewegtheit des Sehens,

[50] [Vgl. dazu Nachschrift Bröcker: Die andere ist eine Bewegtheit, die als solche das ist, was für sie selbst als Bewegtheit an ihrem Ende ist. Hierauf bezieht sich der Terminus ἀκίνητον.]

[51] [Kritischer Apparat (ed. Christ): 30 δὲ] δὴ coni. Bonitz.]

[52] [Wie oben (s. Anm. 45) bezieht sich Heideggers Übersetzung hier auf die im kritischen Apparat (ed. Christ) angegebene Konjektur von Bonitz: 32 κινεῖ τε καὶ κεκίνηκε coni. Bonitz.]

θεωρία. Aus der letzten sinnmäßigen Aufklärung des Seins von Bewegung ergibt sich das Sein des θεῖον als θεωρία. (Hier ganz andere Zusammenhänge des Ausgangs und der Begründung der Explikation als die sind, die sich in den späteren Gottesbeweisen zeigen. Schon der prinzipielle Unterschied: Aristoteles setzt die Bewegung als ewig seiend an und gerade aus diesem Ansatz und der Klärung seines Sinnes entspringt sein Begriff des θεῖον.)

Das θεωρεῖν und νοεῖν hat als solches selbst sein Worauf, seinen Gegenstand; alles und jedes Bedeutsame und Unbedeutsame, ἄριστον und χείριστον kann Gegenstand sein.[53] Um also den vollen Sinn der ἐνέργεια im θεωρεῖν zu wahren, kann dieses sich nicht auf beliebige veränderliche Gegenstände richten und nicht in der Weise, daß sie diese wiederum in Hinsicht auf weniger veränderliche dächte; so käme selbst eine Abhängigkeit und Veränderung in das θεωρεῖν. Nichts kann das *Worauf* der Bewegtheit der θεωρία sein, was seinerseits auf ein *anderes* verweist, weswegen es ist. Der Gegenständlichkeit des θεωρεῖν genügt nur das Seiende (Bewegung), was an ihm selbst rein auf sich selbst gestellt ist. Das ist aber die θεωρία, νόησις selbst. Demnach ist die ἐνέργεια der θεωρία der Seinssinn des Göttlichen, νόησις νοήσεως νόησις [Met. Λ 9, 1074 b 34 sq.].[54]

θ) Die im Verweilen als dem reinen Wie des Hinsehens liegende Möglichkeit der Teilhabe des Menschen am Göttlichen. Das θεωρεῖν (der eigentlichste Sinn reinster Bewegtheit) als die Seinsweise des Lebens, in der es in einer vollendeten Lage ist

Weil das der prinzipiell letzte Sinn von Sein von Bewegtheit ist und θεωρία ihm genügt, gibt es prinzipiell keine höhere und andere θεωρία, d.h. die besagte σοφία ist θειοτάτη und τιμιωτάτη [vgl. 983 a 5]. Und der Mensch hat, sofern er in seiner eigenen φύσις trägt die Möglichkeit des Aufenthaltes, Verweilens, reines Wie des Hinsehens, in sich etwas Göttliches. Zwar ist dem Men-

[53] Lücke – wie das νοεῖν näher zu explizieren ist.
[54] [Siehe Anhang II, Nachschrift Weiß Nr. 12, S. 321 f.]

schen immer nur für kurze Zeit vergönnt, das reine Verweilen, was der Gott ewig hat und ist.

Damit ist aber auch der erste Satz erwiesen: das Göttliche kann nicht neidisch sein [vgl. 983 a 2 sq.], d.h. im Seinssinn des Göttlichen als reiner Bewegtheit und solcher, die reines Hinsehen ist auf das, was selbst dieses Charakters ist, liegt keine Möglichkeit eines emotionalen Verhaltens überhaupt. Aristoteles will nicht sagen: Gott ist die absolute sittliche Güte und *deshalb* widerstreitet ihm das sittlich Mangelhafte des Neides, sondern: Gott ist reine θεωρία und sonst nichts. Es gibt im Wie der Bewegtheit ebensowenig Liebe wie Neid. (Thomas v. Aquin[55]: fons omnis bonitatis.[56] – Duns Scotus: das primum in Deo – primum dans esse divinum: [...] intelligere non est primum in Deo, nec primum dans esse divinum, sed primum dans esse divinum est ipsum esse (Repor. Parisi. I, d. 8, q. 1[57]).[58])

In Met. Θ 6 ist bei der Explikation des Sinnes der ἐνέργεια begegnet: νοεῖν, θεωρεῖν und εὐδαιμονεῖν und ζῆν. Das besagt: das θεωρεῖν als der eigentlichste Sinn reinster Bewegtheit ist damit die Weise des Lebens, das Sein des Lebens, in dem es in seiner vollendeten Lage ist.

ἐφ' ὅσον δὴ διατείνει ἡ θεωρία, καὶ ἡ εὐδαιμονία (Eth. Nic. K 8, 1178 b 28 sq.). τοῖς μὲν γὰρ θεοῖς ἅπας ὁ βίος μακάριος, τοῖς δ' ἀνθρώποις, ἐφ' ὅσον ὁμοίωμά τι τῆς τοιαύτης ἐνεργείας ὑπάρχει· τῶν δ' ἄλλων ζῴων οὐδὲν εὐδαιμονεῖ, ἐπειδὴ οὐδαμῇ κοινωνεῖ

[55] [Vgl. Thom. in Met. liber I, lect. III (n. 63 nach der Marietti-Ausgabe: Sancti Thomae Aquinatis in Metaphysicam Aristotelis commentaria. Cura et studio M.-R. Cathala. Taurini (Italia) sumptibus et typis Petri Marietti 1915. Neuausgabe: S. Thomae Aquinatis in duodecim libros Metaphysicorum Aristotelis expositio. Editio iam a M.-R. Cathala exarata retractatur cura et studio Raymundi M. Spiazzi. Taurini/Romae: Marietti 1950).]

[56] [Vgl. dazu Nachschrift Weiß: Also nicht etwa, weil Gott höchste Sittlichkeit ist, Neid ausgeschlossen. Thomas von Aquin liest an dieser Stelle der »Metaphysik«: »Gott ist die Quelle aller Güte«. Das steht gar nicht bei Aristoteles.]

[57] [Reportata Parisiensia, liber I, dist. VIII, qu. I. In: Joannis Duns Scoti Opera omnia. Editio nova. Juxta editionem Waddingi XII tomos continentem a patribus Franciscanis de observantia accurate recognita. Tom. XXII. Parisiis apud Ludovicum Vivès 1894 (Handexemplar Heideggers), 153 a.]

[58] [Siehe Anhang II, Nachschrift Weiß Nr. 13, S. 322 f.]

θεωρίας. (ib. b 25 sqq.) (Die höchste Praxis (Bewegtheitssinn! entscheidend!); vgl. Pol. 1325 b 16, 1338 b 2.)

g) Der Besitz (κτῆσις) des eigentlichen Verstehens (σοφία) auch als ein ›gegenteiliger‹ gegenüber der ausgänglichen Lage (Met. A 2, 983 a 11 sqq.)

Die κτῆσις der σοφία setzt ja auch gegenüber der ausgänglichen Lage in eine ›gegenteilige‹, so zwar, daß man im Verfügen über reine Erkenntnis der letzten Warumzusammenhänge des Seienden eher [sich] wundern möchte, wenn das durchsichtig gewordene, ausgänglich Verwunderliche anders wäre, als es in der Erhellung von seinem Warum her sich gibt, d. h. *ist*.

§ 12. Abschließende Betrachtung zur Interpretation von »Metaphysik« A 1 und A 2 und Ausblick auf die nächsten Aufgaben der Untersuchung

Jetzt ist erst auf den Anfang des cap. 1 bis 981 a 3 einzugehen. Hier wird eingangs die theoretisch explizierte Basis angezeigt, φύσις ἀνθρώπου, in der die Betrachtung steht.

Eine prinzipielle Charakterisierung wird erst möglich vom Sinn der φύσις her, bzw. von einer prinzipiellen Exposition der entscheidenden Vorhabe und des leitenden Vorgriffs. Aus welchen Grunderfahrungen und Vorhaben und aus welchen vorgrifflichen kategorialen Artikulationen erwächst für Aristoteles – und die Griechen – der Gegenstands- und Seinssinn des Menschen und menschlichen Lebens? (Welche Gestalt hat hier das Existenzproblem und *innerhalb* der allgemeinen Ontologie? Das *›innerhalb‹* schon entscheidend.)[1]

[1] Prinzipiell herausstellen: Sinn von Erkennen, Forschen, ausgelegt aus Umgang, Bewegtheit des Lebens, Seinssinn des Menschen und von allen entscheidenden Artikulationen. Den Anthropologismus überwindet man nur halb und schief im Logismus der Geltung und der Werte. Es muß positiv dem nachgegangen werden, was er nur ganz verdeckt und ›naturalistisch‹ (φύσει!) meint. Dazu ist Apriorismus und dergleichen prinzipiell ungenügend und schief orientiert.

Die Mannigfaltigkeit der Sinncharaktere des Verstehens (Forschung) als: *faktisch ausgänglicher Herkunftssinn, ausgängliches Wie der Zeitigung, Ausbildung eines faktischen ersten Aufenthalts, Ausbildung als Hinsehen, Eigentlichkeit in der reinen Lage des Verweilens, Weise der Aneignung, Leistungssinn des Behaltens* (εὐδαιμονία), *Struktur des gegenständlichen Worauf*[2] (warum – woher) – sind jetzt zu einer ersten Klärung gebracht.[3]

Es wurde zugleich gezeigt: wie Aristoteles das Phänomen (σοφία) in die Vorhabe bringt, wo er in dieser und wie er vorgrifflich bestimmend ansetzt.

Damit ist die konkrete Möglichkeit eines erhellten Mitvollziehens *des* Zugangs zu und der Haltung an den Gegenstandszusammenhängen beigestellt, die in den verschiedenen Forschungsbezirken in die Untersuchung gestellt werden: die Art und Weise, wie Aristoteles es auf das Gegenständliche absieht, wie dieses selbst dabei nach seinem ›Aussehen‹ dasteht.

Nächstgestellte Aufgabe ist die Gewinnung eines Verständnisses der aristotelischen Ontologie, *der Bestimmungen*, in denen Seiendes als Sein (Seinssinn) gefaßt ist. Welches bestimmte gegenständliche Worauf? In welchen bestimmten Weisen der Sinncharakter der Forschung Quelle der kategorialen Artikulationen des Seienden ist? Woraus und wie und in welchem Bestimmungs-

[2] [Zusatz zu den aufgezählten Sinncharakteren des Verstehens:] schärfer und geordneter.

[3]

εἰδέναι	zur Sicht bringen;	|Erhellung|
γνωρίζειν	vertrautmachen mit;	
ἀλήθεια	das, was nicht mehr verborgen ist, das ans Licht Gebrachte;	
λόγος	Gehör, Vernehmbarkeit, Aussehen verschaffen! im Umgang mit.	

Streng diesen ursprünglichen Sinn festhalten! von *da* her interpretieren! ὂν ὡς ἀληθές! besonders das ὅτι und διότι!

Gar nichts von Übereinstimmung im Sinne des Herüber und Hinüber zwischen Subjekt und Objekt! Ganz verschiefte modernisierte rationalistische Eindeutungen!

Das Verstehen hat faktisch ursprünglich einen vollen Bewegtheitssinn – σχολάζειν. Ein Wie des Sorgens – als Nichtsorgen! Das macht die Auslegung auf Sorgen notwendig, weil prinzipiell das Absehen der Problematik ist, die Lebensbewegtheit prinzipiell *faktisch*, d. h. in einer Entscheidung! zu bestimmen.

ursprung *für* welches Gegenstandsfeld die ontologischen Grundbegriffe entspringen?

Ins Auge zu fassen ist eine bestimmte konkrete Forschung (nicht Gegensatz von Einzelwissenschaft und Philosophie!).

(Das radikale Problem des ›Daß‹-Seinssinnes – Faktizität (das Historische) – war noch nie für die Philosophie ausdrücklich als Problem, als eigenlaufendes kategoriales Problem da. Die Übermacht eines ganz bestimmten *Was*. (Warum das Problem nicht bekannt ist vgl. Überleitung Ms. β[4].)

Die Griechen: kennen nur ein bestimmtes ὅτι und nur ein kurzes Verweilen dabei (kein mögliches Aussehen, kein Aufenthalt dieser Art!), lediglich nur Abstoß für und zu διότι (und dann rückläufig von diesem her bestimmt). Das διότι selbst ein ganz bestimmtes Umgangswarum bestimmter Herkunft. (Daß-Kategorie, z.B. das Kairologische!)

Aber (vgl. *Ethik;* Situation!) nur als πρᾶξις (aber nicht den hier faßbaren radikalen Seinssinn des Lebens; Leben als Handlung – aber im griechischen Vorgriff!); *darauf*hin gesehen und wie – von den festen Bahnen der Ontologie aus.)

[4] [Im vorliegenden Band: Zweites Kapitel, unten S. 119 f.]

ZWEITES KAPITEL
ÜBERLEITUNG VON »METAPHYSIK« A 1 UND A 2 ZU »PHYSIK«[1, 2]

Der Forschungszusammenhang der Physik als Boden für die ontologische Forschung

§ 13. Die Weisen der Erhellung wie auch die höchste Weise des eigentlichen Verstehens als Umgangsweisen des Lebens und damit gesehen im Grundcharakter der Bewegung (κίνησις)

Mit der Interpretation von Met. A 1 und 2 stand das Phänomen des ›Erkennens‹ in der Betrachtung. Es ergab sich die folgende formal fixierbare Ordnung: ursprüngliche *Haltung* (ohne sicher ausgeformtes Worauf, lediglich bestimmt von der Lebensbewegtheit, Sorgen), Erhellung, Aufhellung (›Erhellung‹ sensus formalis), Umsehen, Umsicht, Aufsehen, Hinsehen, hinsehendes Bestimmen, (Verstehen) eigentliches Verstehen.

Diese Weisen der Erhellung sind aufgenommen *aus* faktischem Umgang, sie sind *darin* belassen und sind *dafür* belassen. Verstehen ist prinzipiell ausgelegt als ein Wie des Umgangs (der Umgangs(er)hellung – *Umsicht*), das die Möglichkeit der Ausbildung zu eigenständigem Umgang bei sich trägt. Die Eigenstän-

[1] [Dieser Teil der Überschrift von Heidegger.]

[2] Vgl. Schluß von (Interpretation) [»Metaphysik«] A 1, 2 [im vorliegenden Band § 12, oben S. 111 ff.]

Für Überleitung von Met. A entscheidend: aufnehmen Hinsehen *auf ἀρχή*, was das heißt. Das klärt sich weiter konkret in Phys. A 1 (dazu Met. Δ 1). Vgl. Blatt ἀρχή [vermutlich im vorliegenden Band: Anhang I, Beilage 10, S. 272 f.] – und im folgenden *›Zugangsforschung‹*.

Met. A 1 und 2 von Z her schärfer nehmen; auf *ἕξις* bzw. den *genetischen* Möglichkeiten, Weisen des *Daseins*. Das ›Theoretische‹ als eine Weise *des Daseins (Sorglosigkeit)* taucht nur wo auf, wo sie nicht mehr da ist, *die Sorge*. D. h. dem Griechen liegt an ihr nichts für das eigentliche Sein; so kommt sie nicht kategorial, logisch, ontologisch zur Sprache.

digkeit des verstehenden Umgangs zeitigt ein eigenes *Wie des Lebens*, und zwar als θεωρία das höchste und eigentliche Wie menschlichen Daseins.[3]

Das Womit des Umgangs faktisch besorgend ausrichtenden (ausrichten und verrichten) Lebens ist die ›Welt‹ (das, worin, womit, wofür, woraus Leben lebt[4]). Mit dem Umgangssinn wird der des Womit ein anderer. (Nicht ohne weiteres Parallelismus membrorum, weil ein reicherer Sinnzusammenhang anzusetzen ist als Noesis – Noema; umgekehrt, mit dem *begegnenden Womit*. – Das Begegnen[5] eines anderen in *einem geläufigen* Womit, der sorglos sichere Umgang kommt in *seinem* Um- für sein Ab-sehen nicht durch; *erkünstelte* und *erfahrene Aporien*. – Konkret: Interpretation von »Physik«.)

Im Zusammenhang der Ausbildung der Erhellung aus Umsehen zu eigentlichem Verstehen zeitigt sich der Sinn des Umgangswomit des hinsehenden Bestimmens eines bestimmten Aufenthalts: das Seiende (nicht zufällig und selbstverständlich, daß *dieses* Kategorial gerade den Gegenstandssinn alles umgänglichen Womit umgreifend bestimmt bei den Griechen und später: τὰ ὄντα).[6]

Auch die höchste Zeitigung des Umsehens, das Hinsehen, die θεωρία, ist als Umgangsphänomen verstanden und gerade sie, d. h. aber das Verstehen (Erkennen), ist als Bewegtheit des Lebens selbst genommen. Alle besagten Phänomene sind gesehen im Grundcharakter der Bewegung. Die sie fassenden kategorialen Ausdrücke und Begriffe erwachsen hieraus und hier*für*.

[3] Wie weit und wie begrifflich gefaßt vgl. Anfang von Met. A 1, vgl. Ms. S. 1, 2, 3 [im vorliegenden Band § 7, oben S. 16 ff.].

[4] Vgl. Sommersemester 23 [Martin Heidegger, Ontologie (Hermeneutik der Faktizität). Hg. von Käte Bröcker-Oltmanns. Gesamtausgabe Bd. 63. Frankfurt a. M.: Klostermann 1988 (2. Aufl. 1995)].

[5] [Verbindungsstrich zur Randbemerkung:] *Aporie!*

[6] Vgl. Met. A 1 und 2, Interpretation, Ms S. 18 c [im vorliegenden Band oben S. 112, Anm. 3]: ἀλήθεια – λόγος!

§ 14. Gewinnung eines prinzipiellen Verständnisses der aristotelischen Ontologie als Aufgabe. Der konkrete Forschungszusammenhang der Physik als der Boden, auf dem die weiteren ontologischen Forschungen erwachsen, und die κίνησις als Grundgegenstand. Die ursprüngliche Traditionsbildung der ontologischen Grundbegriffe

Als nächste Aufgabe ist gestellt: Gewinnung eines *prinzipiellen Verständnisses der aristotelischen Ontologie* (Sein – Sinn). Bezüglich des Seienden ist schon eine Charakterisierung gewonnen: ein Womit des Umgangs; zwar ist vom Seienden an ihm selbst noch nicht die Rede, und doch steht es mit der Aufweisung seines ihm entsprechenden Umgangs (Umsehen – eigentliches Verstehen) in einer Flucht von entscheidenden kategorialen Bestimmungszusammenhängen. Zugleich ist mit der besagten ersten Charakterisierung eine sachentsprungene Anweisung für das weitere Vorgehen der Betrachtung zu gewinnen.

Aus »Metaphysik« A 1, 2 gewannen wir:[1]

1. Seiendes: Womit von *Umgang*, faktisches *›Sein‹*.

2. Seiendes: Worauf hinsehend bestimmten Verstehens.

3. Seiendes: Worauf eines bestimmten konkreten Forschungszusammenhangs; in diesem wird sichtbar das Seiende bei *passender Vergegenwärtigung*, d.h. im Mitvollzug der *theoretischen Bewegtheit*, das *Worauf* dieser als solcher ins Auge fassen, nicht *im* Worauf aufgehen (konkret: Interpretation von »Physik«). Also etwas sehen, was in der Forschung selbst nicht thematisch da ist, was vielmehr ihr eigenstes Wie des Umgangs, der Bewegtheit ist. (Vgl. ›Aufenthalt‹: Aufgehen *in* – das ›Worauf‹ nicht als solches im Woraufcharakter verstehen. Daß solche Unterscheidung notwendig ist, zeigt das Vorhabe-Vorgriffliche: die ›Um‹-bewegtheit.)

4. Wie faßt Aristoteles selbst die Problematik des ὂν – ᾗ[2] ὄν? Was heißt das *›als‹*? Zu welchem Charakter (das ὅλον – καθόλου, aber nicht γένος) führt es und wie ist der Führungszusammen-

[1] [Dieser Satz nach der Nachschrift Weiß ergänzt.]

[2] [ᾗ] nur bestimmbar aus dem interpretierten Sinn von *ὄν*.

hang selbst? Erst zuletzt von 3. her und von Explikation des λόγος aus zu entscheiden.

Seiendes – Womit eines bestimmten Umgangs – jeweils einer bestimmten ἐπιστήμη; im durchlaufenden und mitvollziehenden Verfolg eines bestimmten Forschungszusammenhangs wird demnach Seiendes in seinen entsprechenden Bestimmungscharakteren begegnen. Genauer: in einer auf die Sinnstrukturen eines so begegnenden Umgangswomit (Gegenstandsfeld) gerichteten Auslegung muß eine Sinncharakteristik des Seienden als *dieses* Seienden *dieses* Umgangs erwachsen; im weiteren eine Auslegung des Sinnes der ›Begriffe‹, die dieses Seiende in eine bestimmende Hinsicht nehmen, diese Hinsichtigkeit *an* sich behalten und so eine bestimmte Begrifflichkeit zeitigen. Diese das Seiende in seinem Seinssinn ausdrückenden Begriffe *(ontologische Grundbegriffe)* haben durch ihre sinnhafte Herkunft *eine ganz bestimmte Sinntradition bei sich* – nicht als Annex –, sondern gerade als das, was sie das sein läßt, was sie in der Folge sind.

In ihrer, ihnen selbst eigensten Hinsehens- und Bestimmenstendenz halten sie sich an mögliche Gegenstandsbestimmungen. Diese Begriffe leben auf Kosten ihrer Sinntradition, diese selbst wird mehr und mehr verdeckt (von den Erben selbst). Ihre Wirksamkeit dagegen ist nicht nur ungeschwächt, sondern steigert sich; die ontologischen Begriffe werden zu ganz bestimmten Zeitigungstendenzen im Erkennen[3]. Sie lassen, ihrer Sinntradition entsprechend, Gegenständliches (Leben – Welt) in ganz bestimmten Blickbahnen begegnen, und pflegen Gegenstände in einer bestimmten Richtung anzugehen.

Die ursprüngliche *Traditionsbildung* der ontologischen Grundbegriffe, des bestimmten Seinssinnes selbst, läßt sich nur *verfolgen* in der Auslegung bestimmter ursprünglicher und konkreter Forschungszusammenhänge, deren Dokumente in hinreichendem Ausmaße noch zur Verfügung sind.[4]

[3] Verweisungen für Vorhabegewinnung, Ansprüche des Fragens, Ausmaß der Explikation, Ursprünglichkeit der Begrifflichkeit bzw. von all dem das Versagende.

[4] [Siehe Anhang II, Nachschrift Weiß Nr. 14, S. 323.]

Als ein solcher wird im folgenden die »Physik« des Aristoteles in die Betrachtung gestellt. Das ist eine bestimmte Wahl, die sich selbst rechtfertigen muß.

In der »Physik« des Aristoteles begegnet nicht nur ein bestimmt gesehenes Seinsgebiet, sondern die Bestimmung desselben durch Aristoteles ist eine prinzipielle, und zwar so, daß in der Ausbildung der ontologischen Grundkategorien die dabei zu bewältigende und zu sichernde Fragestellung und Methode aus den *Sachen selbst* (›im Da-sein‹, damaligen Da-gewesensein) her zur Sprache kommt (*Kritik* als *die* Forschungsbewegtheit, in der eine konkrete Forschung ihr Selbstbewußtsein (›Ausgelegtheit‹) zeitigt. Wieweit Fähigkeit zur Kritik? Soweit ausdrückliche Vorhabeaneignung und Verstehen (konkret) der Vorgriffsproblematik[5]).

Physik ist der Boden, auf dem die weiteren ontologischen Forschungen erwachsen; μετὰ τὰ φυσικά nicht zufällig; gibt Kunde von einem bestimmten Eindruck des Unterschieds.

In der »Physik«[6] Grundgegenstand: κίνησις; mit der Auslegung dieses Phänomens läßt sich eine kategoriale Charakteristik des Zusammenhangs gewinnen, in dem die vorgenannten Weisen des Umgangs, die Lebensbewegtheit, das Sein von Leben steht.

Warum es nicht zu einer eigenen Auslegung der Lebensbewegtheit und ihres vollen Sinnes kommt, warum nur und auch heute noch βίος θεωρητικός – πρακτικός – ποιητικός – theoretisch – nicht theoretisch? Die Frage ist so verkehrt und blind gestellt. Es ist dazu gekommen – θεωρία, σχολάζειν –, und zwar zu einer solchen, daß sie gerade die bekannten Scheidungen zur Folge hatte, aber auch zur Folge hatte, daß sich der Umgangs- und Seinssinn von θεωρία verlor.

In der Neuzeit wurde Erkennen in ein ganz anderes Feld des Interesses verschlagen: Grenzen, Gültigkeit, Möglichkeiten und Kriterien der Sicherung; von da nahm es einen neuen Sinn im

[5] *Vorhabe* – Tradition, wissenschaftlich – vorwissenschaftlich; die erste schwieriger ins Reine zu bringen, weil schon *vorgrifflich durchsetzt*!

[6] [Zu ›Physik‹ vgl. Nachschrift Weiß: (heutige Vorstellungen völlig auszuschalten).]

Leben, die frühere Tradition ungeschwächt in der Problemstruktur usf. mitschleppend. (Vor allem ›Erkennen und Glauben‹, und zwar als *Autoritäts*glaube. Dann *Luther* – fides! – Existenz. – ›Andere Wissenschaften‹ – *allgemeingültig*, Neues, *›Entdeckungen‹* als solche, Neugier großen Stils; Mensch und Welt (in der alten Prägung – enttheologisiert). – *Theorie und Kritik!* – Keine entschiedene Grundproblematik; jeweilig etwas aufgegriffen, das andere nicht Schritt gehalten; dem Mangel abgeholfen durch *›Systeme‹*.)

Widersinnigkeit des Unternehmens: theoretisch – praktisch zusammenzubringen als Weisen des Bewußtseins, oder das eine auf Kosten des anderen. Man treibt nur ein Wechselgeschäft mit Worten.[7]

[7] [Siehe Anhang II, Nachschrift Bröcker Nr. 7, S. 309.]

DRITTES KAPITEL
ÜBERSETZUNG (KAP. 1–4) UND INTERPRETATION (KAP. 2 UND 3) VON »PHYSIK« A

Bestimmung der Prinzipien der Naturgegenstände und der ontologischen Grundbegriffe durch Verständnis ihrer Genesis und des ihrem Sachfeld entspringenden Herkunftssinnes

§ 15. Hinweise und kritische Anmerkungen zu den Quellen, den Textausgaben, der Textgeschichte und der Textüberlieferung[1]

Zum Text: vgl. Bonitz, Aristotelische Studien I (Sitzungsberichte der Kaiserlichen Akademie der Wissenschaften [Philosophisch-historische Klasse], Wien, Bd. 39 (1862), S. 183–243)[2].

Edition Bekker: Grundlage;[3] die glaubwürdigste Handschrift E, Parisinus [graecus] 1853 [saeculi X]. Nicht gebührend gegenüber der vorherigen Vulgata herangezogen. Edition der Kommentatoren Themistius, Simplicius, Philoponus getrennt von der Edition des Textes, also nicht nutzbar gemacht;[4] ferner noch schärfere Behandlung des ›Gedankengangs‹, ferner des Sprachgebrauchs möglich und notwendig.

H. Diels, Zur Textgeschichte der Aristotelischen Physik. Abhandlungen der [Königlich] Preußischen Akademie der Wissenschaften [zu Berlin. Philosophisch-historische Klasse. Abh. I]

[1] Vgl. Anmerkung zur Übersetzung von Met. A 1 und 2 [im vorliegenden Band § 7, oben S. 16].

[2] [Nachdruck in: Hermann Bonitz, Aristotelische Studien. Fünf Teile in einem Band. Hildesheim: Olms 1969, S. 1–61.]

[3] [Die Nachschriften von Brecht und Weiß verweisen noch auf die Tauchnitz-Ausgabe (Weißsche Buchhandlung, Heidelberg; Nachdruck: Aristotelis Physicorum libri VIII. Ad optimorum librorum fidem accurate edita. Ed. stereotypae C. Tauchnitianae nova impressio. Lipsiae Holtze 1881; 1901).]

[4] [Vgl. dazu Nachschrift Weiß: Das ist ein Nachteil. Erst auf Grund von Bonitz' Index ist besserer Text zu gewinnen, dementsprechende Edition steht noch aus.]

(1882), S. 1–42.[5] »Ich für meinen Teil verzichte nach Einsicht in die hier dargelegte Textüberlieferung darauf, durch einseitigen Anschluß an *eine* Hds. den sogenannten Archetypus der Physik und damit Aristoteles' Hand herzustellen. Vielmehr bleibt mir des Schriftstellers Autograph der einzig wahre Archetypus. Mag daher auch ein Abwägen der einzelnen Lesarten nach äußeren Gründen in vielen Fällen nicht zu verwerfen sein (wie denn der Unterschied antiker und byzantinischer Tradition augenfällig hervortritt), so wird doch thunlichst die scharfe Erwägung des Zusammenhangs die Entscheidung zu treffen haben unter steter Vergleichung des Aristotelischen Sprachgebrauchs, quem penes arbitriumst et ius et norma loquendi.« (Ebd., S. 42.)

E. Hoffmann, Zu Aristoteles Phys. H. Diss. Berlin 1905; Programm Charlott. 1908.[6]

[A.] Torstrik, Die Authentica der Berliner Ausgabe des Aristoteles, Philologus [Zeitschrift für das klassische Alterthum (Hg. Ernst von Leutsch)] XII (1857), S. 494–530.

[5] [Nachdruck in: Hermann Diels, Kleine Schriften zur Geschichte der antiken Philosophie. Hg. von Walter Burkert. Darmstadt: Wiss. Buchges. 1969, S. 199–238.]

[6] [Ernestus (Ernst) Hoffmann, De Aristotelis Physicorum libri septimi origine et auctoritate pars prior. Diss. phil. Univ. Friderica Guilelma Berolinensis 1905; ders., De Aristotelis Physicorum libri septimi duplici forma. Pars I. Friedenau: Brücker 1908 (Wissenschaftliche Beilage zum 7. Jahresbericht (Ostern 1908) über das Mommsen-Gymnasium der Stadt Charlottenburg (Berlin W 62). Deutsche Schulprogramme 1908. Progr. No. 81). Pars II, ebd. 1909 (1909. Progr. No. 80).]

A. Übersetzung von »Physik« A 1 – A 4

§ 16. Übersetzung von »Physik« A 1[1]
(Die ersten Woraus (ἀρχαί) als thematisches Untersuchungsfeld und die methodische Vorgehens- und Zugangsweise der Naturforschung)

a) »Physik« A 1, 184 a 10–16
(Das zur Bestimmtheit Bringen der ersten Woraus (ἀρχαί) als primäre Aufgabe für das Verstehen erzielende Forschen im Umkreis der ›Natur‹)

184 a 10–16: Ἐπειδὴ τὸ εἰδέναι καὶ τὸ ἐπίστασθαι συμβαίνει περὶ πάσας τὰς μεθόδους, ὧν εἰσὶν ἀρχαὶ ἢ αἴτια ἢ στοιχεῖα, ἐκ τοῦ ταῦτα γνωρίζειν (τότε γὰρ οἰόμεθα γινώσκειν ἕκαστον, ὅταν τὰ αἴτια γνωρίσωμεν τὰ πρῶτα καὶ τὰς ἀρχὰς τὰς πρώτας καὶ μέχρι τῶν στοιχείων), δῆλον ὅτι καὶ τῆς περὶ φύσεως ἐπιστήμης πειρατέον διορίσασθαι πρῶτον τὰ περὶ τὰς ἀρχάς. »Bei jeglichem [verstehenden und] gerichteten mitten Hineingehen [Untersuchung] in einen Sachzusammenhang, das [je] als [bewegungshafter] Umgang so etwas wie Woraus oder Warum oder Womit hat, erwächst das Sehen [im Blick, in ausdrücklicher Vorhabe Haben] und das Verstehen mit aus dem zur Vertrautheitbringen dieser. Wir sind nämlich der faktischen Meinung, *dann* etwas zu kennen, wenn wir uns jeweilen vertraut gemacht haben mit den Warum, und zwar den ersten, und mit den ersten Woraus und das auch bis zum letzten *vermutlichen* Was [der betreffenden Gegenstände]. Offenbar muß daher das Verstehen erzielende Forschen im Umkreis [des Seienden im Wie der Bewegung] der ›Natur‹ sich an den Versuch machen, *das* zuerst für sich zur Durch-

[1] [Zur Einteilung vgl. Nachschrift Weiß (ebenso nach Nachschrift Brecht): *Physik A:* Zunächst Einteilung der ersten zwei Kapitel:
1. Kap.: 184 a 10–16; a 16 – a 21; a 21 – b 14.
2. Kap.: 184 b 15–25; 184 b 25 – 185 a 20; a 20 – b 5; b 5 – b 25; b 25 – 186 a 3.]

grenzung zu bringen [ins Reine der Bestimmtheit], *was die Woraus angeht.*«[2, 3]

b) »Physik« A 1, 184 a 16–21
(Übergang von dem *für uns* zunächst Vertrauteren zu dem *an sich* Durchsichtigeren in der Erforschung der ἀρχαί)

184 a 16–18: πέφυκε δὲ ἐκ τῶν γνωριμωτέρων ἡμῖν ἡ ὁδὸς καὶ σαφεστέρων ἐπὶ τὰ σαφέστερα τῇ φύσει καὶ γνωριμώτερα. »Seinem Bewegungscharakter nach aber ist der Zugang [dazu] so, daß er den *Aus*gang nimmt von (ἐκ) dem in unserem faktischen Leben umgänglich uns Vertrauteren und in *dieser* Weise[4] für uns mehr Erhellten (Beleuchteten) und von da *zu*geht auf (ἐπὶ) *das*[5], was *nach seinem eigenen Wiesein* [Wie-Werden und Erkennen] das Vertrautere und Durchleuchtetere[6] ist [was Gegenstand des eigentlichen, zu seiner φύσις gekommenen Verstehens ist, was gesehen wird als das ›worauf‹ der reinen Verstehensbewegtheit der ἐπιστήμη – σοφία].«

184 a 18–21: οὐ γὰρ ταὐτὰ ἡμῖν τε γνώριμα καὶ ἁπλῶς. διόπερ ἀνάγκη τὸν τρόπον τοῦτον προάγειν ἐκ τῶν ἀσαφεστέρων μὲν τῇ φύσει ἡμῖν δὲ σαφεστέρων ἐπὶ τὰ σαφέστερα τῇ φύσει καὶ γνωριμώτερα. »Nicht also ist, was in unserer Umgangswelt zunächst vertraut ist und das, was schlechthin an ihm selbst es

[2] Nicht einfach *die* Woraus, sondern die ganze *Problematik*; wie sich im folgenden zeigt, keine einfache. *Wirkliche Forschung – Sachen gezeigt.*

Also 1. Es gibt bislang keine echte ἐπιστήμη, 2. ἀρχαί usf. werden nicht gesehen, keine ausgebildeten Zugänge, liegen nicht offen zutage. Das Auslegen macht Umwege und Sprünge. Aber Aristoteles und die Griechen haben gerade diese Radikalität des Fragens – und zwar *aus* den sachlichen Aufgaben und in klarer Orientierung des Sinnes von Erkennen, und zwar aus der Bewegtheit und Seinssinn von Leben (nicht erkenntnistheoretische Spekulationen).

[3] [Vgl. dazu Nachschrift Weiß: Aus diesem Satz wird deutlich, daß Aristoteles eine prinzipielle Untersuchung über die φύσις vornehmen will. Τὰ περὶ τὰς ἀρχάς ist Thema des ganzen I. Buches der »Physik«. II. Buch handelt über die αἰτία im besonderen. III. Buch über κίνησις, also Grundcharakter der φύσις.]

[4] Sein der Sichtfrage!

[5] Wobei des ruhenden (besorgten) Verweilens, das Da-seiende selbst.

[6] Sichtiger, eigentlich *Dasein – unverdeckter.*

ist[7] [ohne ›uns‹ im *nächsten* Umgang damit] dasselbe.[8] Deshalb muß man diese Weise [der ἀρχή-Erforschung] fortführen[9] aus dem an sich[10] Unerhellteren, für uns aber zunächst Zugänglicheren, und hintreiben zu dem, was an sich durchsichtiger ist und vertrauter.«

c) »Physik« A 1, 184 a 21 – b 14
(Übergang bezüglich der umweltlichen Gegenstände vom nächsten Überschlag über das Ganze zu dem, was im Einzelnen ausdrücklich abhebbar wird)

184 a 21–26: ἔστι δ' ἡμῖν πρῶτον δῆλα καὶ σαφῆ τὰ συγκεχυμένα μᾶλλον· ὕστερον δ' ἐκ τούτων γίνεται γνώριμα τὰ στοιχεῖα καὶ αἱ ἀρχαὶ διαιροῦσι ταῦτα. διὸ ἐκ τῶν καθόλου εἰς τὰ καθ' ἕκαστα δεῖ προιέναι. τὸ γὰρ ὅλον κατὰ τὴν αἴσθησιν γνωριμώτερον, τὸ δὲ καθόλου ὅλον τί ἐστιν· πολλὰ γὰρ περιλαμβάνει ὥσπερ μέρη τὸ καθόλου. »Für uns aber begegnet zunächst als offenkundig und erhellt [›sichtig‹ – ›da‹ – vertraut[11]], was mehr zusammengeschüttet [verschwommen] ist; später aber werden von hier aus uns die womitlichen Was und Woraus der Gegenstände vertrauter, und zwar auf dem Wege, daß wir an diesem bestimmten Umweltlichen durchgreifen und es zur Abhebung (Auseinander) bringen [›διά‹-λόγος![12]]. Deshalb ist es angezeigt, auszugehen von dem, was im nächstersten Überschlag (über das Ganze[13]) da ist

[7] als für *bloße Sicht* frei daseiendes, nicht mehr *wir* im *besorgenden herstellenden Besorgen*! – ›wir‹ ζωὴ πρακτική.

[8] Vgl. dazu Nachschrift Weiß: (Aber hier *nicht* zwei verschiedenen *Seins*gebiete anzusetzen. Es ist dasselbe und doch nicht dasselbe.)

[9] oder: auf diese Weise die Untersuchung führen! Vgl. Ζμ α1.642 b 2; 5.646 a 2 (Bonitz Index 772 b 41 sq.): ὁ τρόπος ὁ τῆς μεθόδου! [Abkürzung hier nach Index Aristotelicus, ed. Bonitz, op. cit.: Ζμ α1 = περὶ Ζῴων μορίον (De partibus animalium) A 1.]

[10] wo es rein auf das κατά-Sehen auf es [ankommt] – ohne ›Um‹-sehen!

[11] den nächsten Umgangsansprüchen genügend.

[12] [Vgl. dazu Nachschrift Weiß: (Wichtig, weil später begegnet, das ἀδιαίρετον = das Unabgehobene. – Die διαίρεσις hat Beziehung zu Urteilslehre und Logik.)]

[13] καθόλου vgl. Met. A 1 u. 2, Interpretation, Ms. S. 11 [im vorliegenden Band § 11 c β, oben S. 79 ff.].

und von da vorzudringen zu dem, was im Einzelnen (in Einzelheiten[14]) ausdrücklich abhebbar wird. Das Ganze[15] ist nämlich im umgänglichen Hinsehen [in dessen Zugangs- und Habensweise] vertrauter. Das Über-weg [hinsichtlich einer Mannigfaltigkeit] ist so etwas wie Ganzes. Eine Mannigfaltigkeit nämlich umgreift das Überhinüber [sein ›über hinüber‹ ein bestimmter Gegenstandssinn, im nächsten Aufsehen darauf] wie ›Teile‹.[16]« (›Teil‹ für die entsprechenden kategorialen Sinnstrukturen wie ὅλον und καθόλου; formale Anzeige = das Nicht-Ganze im nächstersten Überschlag = *eine* bestimmte Artikulation des ›als‹.)

(Das darüber hin im Umsehen, soweit ›man‹ es braucht, *die Kenntnis* der *Umsicht*, wenn *sie* über das Was gefragt wird; sie hat ja ›theoretisch‹ nur erst so darüber hingesehen.

Tò καθ' – was hinunter auf –] möglich macht.
über etwas *weg* und hin –]
↑
Das Über – bezüglich unabgehobener Mannigfaltigkeit von Jeweiligem – ἔσχατα;
das Über – bezüglich eines *Umfangs* (numerisch – πᾶν!) von *Jeglichkeiten*.

Zunächst noch: beide ein καθ'; beide auf ein ὅλον und in einem bestimmten möglichen Zusammenhang! Warum bei den Griechen gerade das letztere ausdrücklich ontologisch *ausgeformt*? Vgl. γένος! τὸ καθ' – ausgeformt; das, was das Über hinunter auf Ganzes möglich macht, was ἀρχή-haft *vor* dem ὅλον liegt; *die* ausgeformte Weise, die bestimmt artikuliert auf das Ganze hin-

[Vgl. dazu Nachschrift Bröcker: (καθόλου, hier nicht Allgemeines im Sinne der Gattung, sondern der Sinn ist hier erwachsen aus der Auslegung des gegenständlichen Charakters der zunächst gegebenen Gegenstände).]

14 [Vgl. dazu Nachschrift Bröcker: [...] in Einzelheiten (nämlich an diesem Ganzen, nicht etwa: im Einzelfall des Allgemeinen).]

15 das nächstbegegnende *Aussehen*; das Ganze = in seinen Einzelheiten unabgehoben begegnende Aussehen.

16 [Vgl. auch Nachschrift Weiß (zu 184 a 25 sq.): (τὸ δὲ καθόλου: hier *formalen* Sinn gegenüber dem Vorherigen) [...] (μέρος entsprechend wie das ›Ganze‹ zu nehmen, ganz weit formal; μέρος = das Nicht-Ganze, ›Teil‹ schon zu massiv).]

sehen läßt. Die erste ist: das bloße Hinsehen *an* Ganzes, nicht ›hinunter auf‹ – von her.)

184 a 26 – 184 b 12: πέπονθε δὲ ταὐτὸ τοῦτο τρόπον τινὰ καὶ τὰ ὀνόματα πρὸς τὸν λόγον· ὅλον γάρ τι καὶ ἀδιορίστως σημαίνει, οἷον ὁ κύκλος· ὁ δὲ ὁρισμὸς αὐτοῦ διαιρεῖ εἰς τὰ καθ' ἕκαστα. »Ebenso liegt in gewisser Weise das Verhältnis zwischen dem etwas schlicht [auf sein Aussehen, seine Bekanntheit einheitlich hin] Ansprechen[17] und dem ausdrücklichen *Be*sprechen. So etwas wie ein Ganzes nämlich, und das in der Weise des Nichtdurchgrenzens [*davor* bewenden lassen], vermeint das besagte Ansprechen, z. B. in dem Wort ›der Kreis‹ [das nivellierte Auffassen]. Die Ausgrenzung aber [Abhebung im bestimmenden, *an* der Sache *bleibenden*[18] *Be*-sprechen], die an dem so vermeinten Gegenstand ansetzt, legt ihn auseinander in das, was in Hinsicht auf die Einzelheiten [?][19] aussagbar wird.«[20]

184 b 12–14: καὶ τὰ παιδία τὸ μὲν πρῶτον προσαγορεύει πάντας τοὺς ἄνδρας πατέρας καὶ μητέρας τὰς γυναῖκας, ὕστερον δὲ διορίζει τούτων ἑκάτερον. »So reden auch zunächst die Kinder alle ihnen begegnenden Männer als Vater an und als Mutter alle Frauen [?][21]; später aber unterscheiden sie jeglichen dieser so begegnenden Gegenstände.«[22]

[17] Nennen – ›heißen‹ – ist ein die Sache selbst meinen!

[18] *Sichtführend!* ἕκαστον undifferenziert; wo jeweilig (als *Aufgabe*) und jeglich (›fertig‹ als *geordnet*!) numerisch verschieden.

[19] [In eckige Klammern gesetztes Fragezeichen von Heidegger.]

[20] Vgl. Met. A 1, 2, Interpretation, Ms. S. 8, 3 [im vorliegenden Band oben S. 61 f.].

[21] [In eckige Klammern gesetztes Fragezeichen von Heidegger.]

[22] [Zur Erläuterung vgl. Nachschrift Weiß: (Das Ansprechen geschieht also immer in der Weise der nächsten Umwelt.)]

§ 17. Übersetzung von »Physik« A 2[1] *(Auseinandersetzung mit den Lehren der Vorgänger und Übergang zur Eleaten-Kritik im Ausgang von der These ἓν τὰ πάντα)*

a) »Physik« A 2, 184 b 15–25 (Die Lehren der Vorgänger zur Frage nach der ›Wiemannigfaltigkeit‹ des ersten ›Woraus‹ (ἀρχή))

184 b 15–22: Ἀνάγκη δ' ἤτοι μίαν εἶναι τὴν ἀρχὴν ἢ πλείους, καὶ εἰ μίαν, ἤτοι ἀκίνητον, ὥς φησι Παρμενίδης καὶ Μέλισσος, ἢ κινουμένην, ὥσπερ οἱ φυσικοί, οἱ μὲν ἀέρα φάσκοντες εἶναι οἱ δ' ὕδωρ τὴν πρώτην ἀρχήν· εἰ δὲ πλείους, ἢ πεπερασμένας ἢ ἀπείρους, καὶ εἰ πεπερασμένας πλείους δὲ μιᾶς, ἢ δύο ἢ τρεῖς ἢ τέτταρας ἢ ἄλλον τινὰ ἀριθμόν, καὶ εἰ ἀπείρους, ἢ οὕτως ὥσπερ Δημόκριτος, τὸ γένος ἕν, σχήματι δὲ ⟨καὶ τάξει καὶ θέσει διαφερούσας⟩[2], ἢ εἴδει διαφερούσας ἢ καὶ ἐναντίας. »Notwendig muß nun doch das ›Woraus‹ [als *πρῶτον*! vgl. oben![3]] *eines* (alleiniges) sein oder es muß eine Mannigfaltigkeit solcher geben. Im ersten Falle – wenn eines, dann doch nicht im Seinscharakter des Bewegtseins –, das ist die Auffassung des Parmenides und des Melissos, – oder aber in Bewegung –, so lehren die ›Naturforscher‹; und zwar sprechen die einen Luft [Anaximines], die anderen Wasser [Thales] als das erste ›Woraus‹ an. Falls aber eine Mannigfaltigkeit von ›woraus‹ [gleichursprünglich] angesetzt wird, sind diese vermeint entweder als fest ausgegrenzt *[an ihnen selbst und damit für alle: begrenzte Mannigfaltigkeit von ihrem eigenen Wascharakter her]* oder ohne *[im sachhaltigen Was gelegene, von da geforderte]* Begrenzung; wenn in fester Ausgrenzung – damit also als mehr denn ein Alleiniges, entweder zwei oder drei

[1] [Siehe Anhang II, Nachschrift Bröcker Nr. 8, S. 310.]

[2] [Konjektur nach Bonitz (s. unten Anm. 5), der sich Heideggers Übersetzung anschließt. In Heideggers Handexemplar (Aristotelis Physica, ed. Prantl, op. cit.) wird Bonitz' Einfügung nur im kritischen Apparat genannt.]

[3] [Im vorliegenden Band § 16 c (184 a 21–26), S. 125.]

oder vier oder in einer anderen *Mannigfaltigkeitsbegrenzung*[4]; wenn aber die Mannigfaltigkeit der Woraus als solcher Begrenztheit bar vermeint ist [Demokrit und Anaxagoras], dann entweder dem stammhaften Was nach einhaft [nicht mannigfaltig], sondern nur nach Rahmen, Ordnung und Gliederung verschieden[5,6], oder nach eigentlichem Aussehen sich je unterscheidend [nicht vertragend] oder gar entgegen.«

(Aristoteles geht mit einem formal ordnenden Frage›schema‹ an die Durchmusterung. Das ist ihm aber aus der konkreten Überschau gewachsen. In welcher Hinsicht diese unternommen: von seinem prinzipiellen ἀρχή-Verständnis und κίνησις-Vorhabe her.)

184 b 22–25: ὁμοίως δὲ ζητοῦσι καὶ οἱ τὰ ὄντα ζητοῦντες πόσα· ἐξ ὧν γὰρ τὰ ὄντα ἐστὶ πρώτων, ζητοῦσι, ταῦτα πότερον ἓν ἢ πολλά, καὶ εἰ πολλά, πεπερασμένα ἢ ἄπειρα, ὥστε τὴν ἀρχὴν καὶ τὸ στοιχεῖον ζητοῦσι πότερον ἓν ἢ πολλά. »Der gleiche Sinn der Fragestellung [nach ἀρχή] liegt vor bei denen[7], die das Seiende nach seinem [eigentlichen] Wieviel befragen; denn sie fragen doch nach den Ersten als den Woraus [ἐξ – ἀρχή], und damit befragen sie diese *Woraus* darnach, ob sie ein Einziges oder mehrfältig sind, und wenn mehrfältig, ob in Begrenztheit oder ohne solche; d. h. aber: mit ihrer Frage nach dem ›Wieviel‹, ob alleinig oder mannigfaltig, stellen sie die Untersuchung ab auf das *›Woraus‹* und das *womitliche Was.*«[8]

[4] [Vgl. dazu Nachschrift Bröcker: »[...] oder in einer anderen Mannigfaltigkeits-Begrenzung« (so vorsichtig muß übersetzt werden, denn ἀριθμός entspricht keinem heutigen Zahlbegriff).]

[5] Vgl. H. Bonitz, Aristotelische Studien IV [Sitzungsberichte der Kaiserlichen Akademie der Wissenschaften, Wien. Philosophisch-historische Klasse] (1866), Bd. 52, [S. 347–423; hier S.] 388: Aristoteles über Demokrit: Phys. A 5, 188 a 23; De gen. et corr. A 1, 314 a 24; 2, 315 b 35; Met. A 4, 985 b 16. [Nachdruck in: Hermann Bonitz, Aristotelische Studien. Fünf Teile in einem Band. Hildesheim: Olms 1969, S. 240–316; hier S. 281.] – Vgl. Hermann Diels, Elementum [Eine Vorarbeit zum griechischen und lateinischen Thesaurus. Leipzig: Teubner 1899], S. 13.

[6] [Siehe Anhang II, Nachschrift Weiß Nr. 15, S. 323.]

[7] die Eleaten im Ganzen – etwa Folge des Satzes des Parmenides.

[8] [Siehe Anhang II, Nachschrift Weiß Nr. 16, S. 324.]

b) »Physik« A 2, 184 b 25 – 185 a 20 (Übergang zur Kritik der Eleaten: Vorwurf des Verfehlens einer sachangemessenen Besprechung des Gegenstandsfeldes ›Natur‹. Die gegenstandsangemessene Vorgabe der φύσει ὄντα im Grundcharakter des in Bewegung Seins)

184 b 25 – 185 a 3: τὸ μὲν οὖν εἰ ἓν καὶ ἀκίνητον τὸ ὂν σκοπεῖν οὐ περὶ φύσεώς ἐστι σκοπεῖν· ὥσπερ γὰρ καὶ τῷ γεωμέτρῃ οὐκέτι λόγος ἐστὶ πρὸς τὸν ἀνελόντα τὰς ἀρχάς, ἀλλ᾽ ἤτοι ἑτέρας ἐπιστήμης ἢ πασῶν κοινῆς, οὕτως οὐδὲ τῷ περὶ ἀρχῶν. »Die Fragestellung jedoch, die das Seiende [das Sein] in der Hinsicht [auch nur] befragt, ob es einzig sei und nicht im Wiesein des Bewegtseins, ist überhaupt [von vornherein] keine solche, die das Gegenstandsfeld ›Natur‹ [Seiendes in diesem Wie] im Blick hat. Wie nämlich für den Geometer auch keine Möglichkeit mehr da ist, einen seinem Gegenstandsgebiet zugehörigen Gegenstand sachangemessen zu besprechen gegenüber jemandem, der die ›woraus‹ der Sachen selbst [und damit diese erst recht] unter den Füßen weggezogen hat, wie vielmehr *jetzt* die Besprechung mögliche Aufgabe einer anderen ›Wissenschaft‹ oder einer allen gemeinsamen wird, so wird auch im vorliegenden Falle [den Eleaten gegenüber] für den, der es auf eine Herausstellung des Woraus der φύσει ὄντα absieht, eine sachgebietsgegründete Besprechung unmöglich.«[9]

185 a 3–5: οὐ γὰρ ἔτι ἀρχή ἐστιν, εἰ ἓν μόνον καὶ οὕτως ἕν ἐστιν. ἡ γὰρ ἀρχὴ τινὸς ἢ τινῶν. »Es kann überhaupt noch gar nicht (bzw. nicht mehr) von einem ›woraus‹ die Rede sein, wenn das eine Sein das einzige ist und wenn es *so* [ohne jeden Bewegtheitssinn] eines ist. Denn das ›Woraus‹ ist seinem Sinne nach ein *daraus für etwas* bzw. eine *Mannigfaltigkeit solcher*.«[10] (Im Sinne

[9] Aristoteles unterschiebt den Eleaten nichts, als wollten *sie etwas anderes*, sondern Aristoteles zeigt, daß sie wissenschaftlich überhaupt nichts wollen, nicht einmal wollen *können*, weil ihnen die erste prinzipielle Klärung dazu fehlt; und die Kritik hat die positive Aufgabe, diese prinzipielle Klärung im Hinblick auf echte, d. h. immer konkrete ἀρχή-Problematik beizustellen.

[10] [Vgl. dazu Nachschrift Weiß: (Diskussion mit Eleaten unmöglich. – Nun Grund, warum die Eleaten die Frage überhaupt nicht richtig stellen *konnten*.)]

der ἀρχή-Frage, dieses Vorgriffs: Seinssinnmannigfaltigkeit mitgemeint; und wo diese ἀρχή-Hinsicht fehlt (vgl. A 1 und Met. A 1 u. 2), ἀρχή nicht abgehoben ist, kein Hinsehen in einer Hinsicht, ist überhaupt prinzipiell kein mögliches Verstehen.)

185 a 5–8[11]: ὅμοιον δὴ τὸ σκοπεῖν εἰ οὕτως ἓν καὶ πρὸς ἄλλην θέσιν ὁποιανοῦν διαλέγεσθαι τῶν λόγου ἕνεκα λεγομένων, οἷον τὴν Ἡρακλείτειον, ἢ εἴ τις φαίη ἄνθρωπον ἕνα τὸ ὂν εἶναι, ἢ λύειν λόγον ἐριστικόν. »Das prüfende Nachsehen also *der* Fragestellung, ob das Seiende in der besagten Weise alleiniges ist, taugt ebensoviel, wie wenn man sich einläßt auf ein Durchsprechen einer irgendbeliebigen These, die nur aufgestellt ist, um etwas bereden zu können, so den Heraklitischen Satz[12], oder wenn jemand sagen wollte, das Seiende ist ›*ein* Mensch‹[13] – oder es wäre so, wie wenn man irgendeinen Streitsatz erledigen wollte [in bloßem sachungebundenen, willkürlichen Hin-und-her-argumentieren[14]].«

185 a 12–14: ἡμῖν δ' ὑποκείσθω τὰ φύσει ἢ πάντα ἢ ἔνια κινούμενα εἶναι· δῆλον δ' ἐκ τῆς ἐπαγωγῆς. »Für unsere ganze Untersuchung dagegen sollen ihre Gegenstände [τὰ φύσει ὄντα] vorgegeben sein im Grundcharakter des in Bewegung Seins, und das entweder *alle* durchgängig oder manche.[15] Dieser Grundcharakter aber weist sich als der gegenstandsangemessene aus in der Weise des schlichten nächsten Zugehens auf die Gegenstände [ἐπαγωγή].« (ἐπαγωγή – ἡ δὲ ὑπόθεσις οὐκ ἔστι θέσις οὐδὲ παράδοξόν τι ἢ ἀπεμφαῖνον [das, was ohne mögliche Ausweisbarkeit] εἰσάγει οὐδὲ διὰ τὸ λῦσαι τοὺς ἐναντίους λόγους βεβαιοῦται, ἀλλ'

[11] [Die Übersetzung des – in Heideggers Handexemplar (Aristotelis Physica, ed. Prantl, op. cit.) eingeklammerten – Textabschnittes 185 a 8 ὅπερ ἀμφότεροι – 12 χαλεπόν fehlt hier, findet sich aber an der späteren Parallelstelle Phys. A 3, 186 a 6 ἀμφότεροι –10 χαλεπόν (§ 18 a, unten S. 142).]

[12] Vgl. οἷον ἀγαθὸν καὶ κακὸν εἶναι ταὐτόν, καθάπερ Ἡράκλειτός φησιν (Topik Θ (VIII) 5, 159 b 30 sq.).

[13] aus der Luft gegriffen, willkürlich!

[14] ohne klare Vorsicht auf das, wovon eigentlich die Rede sein soll, ohne irgendwelche vorgebende Sicherung des Bodens, auf dem die zu besprechenden Sachen liegen sollen; ›Einfälle‹.

[15] Vgl. 259 b, überhaupt VIII [Phys. Θ] und insbesondere 6, 7.

ἔστιν ἐκ τῆς ἐπαγωγῆς γνώριμος· καὶ γὰρ ὁρῶμεν πολλὰ κινούμενα τῶν φύσει (Simpl.[16] 53, 12–14).[17] – ›Induction‹ nimmt ihren Sinn von bestimmter logischer Form der Begründung. – Das Beibringen zur direkten Vergegenwärtigung, das Ermöglichen eines die Sache selbst Sehens. – τίνα ἐστὶ *τὰ φύσει* λοιπὸν ἐφεξῆς ἐπάγει [...] τά τε ζῷα καὶ τὰ φυτὰ καὶ τὰ τούτων μέρη καὶ τὰ ἁπλᾶ τῶν σωμάτων (Simpl. Phys. 261, 18 sqq.).)[18]

185 a 14–17:[19] ἅμα δ' οὐδὲ λύειν ἅπαντα προσήκει, ἀλλ' ἢ ὅσα ἐκ τῶν ἀρχῶν τις ἐπιδεικνὺς ψεύδεται, ὅσα δὲ μή, οὔ, οἷον τὸν τετραγωνισμὸν τὸν μὲν διὰ τῶν τμημάτων γεωμετρικοῦ διαλῦσαι, τὸν δ' Ἀντιφῶντος οὐ γεωμετρικοῦ. »Zugleich aber ist es auch nicht angebracht, alles, was zu einer Sache geredet wird, ins Reine zu bringen, sondern nur die ›Reden‹, die in sich Beziehung nehmen und haben auf die Woraus [des betreffenden Gegenstandsfeldes] und dabei aber die Sache verfehlen, solche, die diese ἀρχή-Beziehung in ihrem Redegehalt und Begründung nicht haben [Herumreden um die Sache, wobei man ganz anderes, und auch das unklar, im Auge hat und von ganz anderen Hinsichten und Woraus geführt ist], fallen aus; z. B. ist die kritische Auseinanderlegung der Lösung der Kreisquadratur aus den Segmenten (Menisken) eine geometrische Aufgabe, nicht aber ist es noch Sache des Geometers, mit dem Beweis des Antiphon sich abzugeben.« (Vgl. Prantl[20], S. 471; Aristoteles, Soph. el. 11, 171 b 3 sqq.,

[16] [Simplicii in Aristotelis Physicorum libros quattuor priores commentaria. Edidit Hermannus Diels. (Commentaria in Aristotelem Graeca. Edita consilio et auctoritate Academiae Litterarum Regiae Borussicae. Vol. IX). Berolini typis et impensis G. Reimeri 1882.]

[17] [Siehe Anhang II, Nachschrift Weiß Nr. 17, S. 324.]

[18] Durch ἐπαγωγή erste *unexplizite*, aber *echte*, bleibende und führende *Vorhabe*, *Vornahme*, *Grundlage*, Ansetzung des Wascharakters eines Gegenstandsfeldes; vgl. Eth. Nic. Z 3.

[19] [Vgl. dazu Nachschrift Bröcker: Das folgende meint noch immer die Eleaten.]

[20] [Aristoteles' acht Bücher Physik. Griechisch und deutsch und mit sacherklärenden Anmerkungen hg. von Carl Prantl (Aristoteles' Werke. Griechisch und deutsch. Bd. 1). Leipzig: Engelmann 1854 (Unveränderter Neudruck: Aalen: Scientia-Verlag 1978).]

Anal. pr. II 25, 69 a 20 sqq., Anal. post. I 9, 75 b 37 sqq. Βρύσων.[21] Segmentenbeweis identisch nach Prantl mit dem Meniskenbeweis des Pythagoreers Hippokrates (vgl. Soph. el.). – *Antiphon*, regelmäßiges Vieleck mit sehr vielen Seiten in einem Kreis konstruiert, dann in Dreieck, Rechteck, Quadrat verwandelt; dabei Annahme: Kreisperipherie mit Vieleckseiten zusammenfallend; ungeometrisch! Vgl. Simplicius [in Phys.] 54, 12 – 69, 34. Τὸν γὰρ τετραγωνισμὸν τοῦ κύκλου πολλῶν ζητούντων (τοῦτο δὲ ἦν τὸ κύκλῳ ἴσον τετράγωνον θέσθαι) (54, 12 sq.).)

185 a 17–20: οὐ μὴν ἀλλ' ἐπειδὴ περὶ φύσεως μὲν οὔ, φυσικὰς δὲ ἀπορίας συμβαίνει λέγειν αὐτοῖς, ἴσως ἔχει καλῶς ἐπὶ μικρὸν διαλεχθῆναι περὶ αὐτῶν· ἔχει γὰρ φιλοσοφίαν ἡ σκέψις. »[Nicht in allem also sollen die Eleaten zur Sprache kommen.[22]] Aber da ihre Weise des Beredens des gegenständlichen Zusammenhangs so ist, daß dabei solche Unwegsamkeiten mit begegnen, die das Bestimmen der φύσει ὄντα betreffen, ob sie auch gerade nicht das Seiende im Wie der φύσις im Blick haben, macht es sich vielleicht doch ganz schön [ergiebig], diesen Unwegsamkeiten ein wenig nachgegangen zu sein in der Weise des [eigentlichen] Durchverfolgens dieser *Reden (διαλεχθῆναι)* [auf ihren Redesinn]. Das Nachsehen [in den λόγοι] hat den Charakter [als Wie der echten σχολή] von Bemühung um eigentliches Verstehen.«

[21] [Brysons Verfahren der Kreisquadratur, das an den angeführten Textstellen genannt wird, ist nach Prantl (ebd.) zwar vergleichbar, aber nicht identisch mit dem im folgenden beschriebenen des Antiphon.]

[22] [Siehe Anhang II, Nachschrift Weiß Nr. 18, S. 324 f.]

c) »Physik« A 2, 185 a 20 – b 5 (Einsetzen der Kritik mit der Nachforschung nach dem vermeinten Sinn von Sein (ὄν) in der eleatischen These (ἓν τὰ πάντα))

[Die innere Gliederung der Abschnitte 185 a 20 – b 5 und b 5 – 186 a 3:][23]

ἕν	τὰ πάντα	a 20 – b 5:	τὸ ὄν.
|	(ὄν)	b 5 – a 3:	τὸ ἕν.

185 a 20–29: ἀρχὴ δὲ οἰκειοτάτη πασῶν, ἐπεὶ πολλαχῶς λέγεται τὸ ὄν, ἰδεῖν πῶς λέγουσιν οἱ λέγοντες εἶναι ἓν τὰ πάντα, πότερον οὐσίαν ἅπαντα ἢ ποσὰ ἢ ποιά, καὶ πάλιν πότερον οὐσίαν μίαν τὰ πάντα, οἷον ἄνθρωπον ἕνα ἢ ἵππον ἕνα ἢ ψυχὴν μίαν, ἢ ποιὸν ἓν δὲ τοῦτο, οἷον λευκὸν ἢ θερμὸν ἢ τῶν ἄλλων τι τῶν τοιούτων. ταῦτα γὰρ πάντα διαφέρει τε πολὺ καὶ ἀδύνατα λέγειν. εἰ μὲν γὰρ ἔσται καὶ οὐσία καὶ ποιὸν καὶ ποσόν, καὶ ταῦτα εἴτ᾽ ἀπολελυμένα ἀπ᾽ ἀλλήλων εἴτε μή, πολλὰ τὰ ὄντα. »Der angemessenste Ausgang der ganzen Betrachtung ist, da das Sein in der bestimmenden Rede in vielfacher Hinsicht[24] vermeint wird, nachzusehen, in welchem Sinne *die* das Sein [Seinssinn] meinen (in der Rede ›verwenden‹), die das Alles an Seiendem als einzig-eines besprechen; ob das Alles vermeint ist im Wie der eigentlichen Etwas-haltigen Seinshaftigkeit schlechthin, oder im Seinssinn des Wieviel (Wie-mannigfaltig[24]), oder in dem des Wiegeeigenschaftet, und dann wiederum, ob die Seinshaftigkeit washaft *eine* einzig bestimmte ist, z. B. *ein* Mensch, *ein* Pferd, *eine* Seele, ob ein Wiegeeigenschaftet als ein einziges (aber) als solches vermeint ist,[25] z. B. weiß oder warm sein, oder irgendeine andere solcher Bestimmtheiten. Alle diese [Weisen des Vermeintseins von ›Sein‹] *unterscheiden* einmal sich weitgehend, und dann sind *diese* Seinssinnhinsichten hier *außerstande, etwas zu sagen* [zum kategorialen Ansprechen zu kom-

[23] [Diese Zeile Erg. d. Hg.; vgl. dazu Nachschrift Weiß Nr. 19, S. 325.]

[24] ? Vielheitlich – ein bestimmtes Mannigfaltig! vgl. 187 b 7 sq.

[25] οὐ τὸ γένος (πολλὰ γὰρ ἂν πάλιν εὐθύς) (Simplicius [in Phys.] 72, 12 sq.).

men, als Seinssinne in ansprechender und besprechender Rede zu fungieren;[26] absoluter Gebrauch von λέγειν![27]] Dann: wenn einmal [gesetzt den Fall] das Sein vermeint sein soll im Wie der Seinshaftigkeit *und* des Wiemannigfaltig *und* des Wiegeeigenschaftet, diese Seinssinne mögen dabei je von sich abgelöst sein, für sich fungierend oder nicht, – das Seiende ist damit vielfältig.«

185 a 29–32: εἰ δὲ πάντα ποιὸν ἢ ποσόν, εἴτ' οὔσης οὐσίας εἴτε μὴ οὔσης, ἄτοπον, εἰ δεῖ ἄτοπον λέγειν τὸ ἀδύνατον. οὐθὲν γὰρ τῶν ἄλλων χωριστόν ἐστι παρὰ τὴν οὐσίαν· πάντα γὰρ καθ' ὑποκειμένου τῆς οὐσίας λέγεται. »Wenn aber alles als solches im Wie des Geeigenschaftetseins oder des Mannigfaltigseins vermeint sein soll – mag es etwas im Wie eigenständiger Seinshaftigkeit geben oder nicht – es ist ortlos [es ist nicht anzubringen! so etwas gehört nirgends hin, es stellt sich aus jedem Sinnbezug heraus], wenn man ortlos ansprechen soll das, *was nicht zum Besprechen kommen kann* [so als Hinsicht nicht möglich ist, vgl. a 27]. Keine nämlich von den anderen Hinsichten, in denen Sein vermeint ist, ist eigenständig *(freiständig)* neben dem Seinssinn von Seinshaftigkeit als solcher: *Alle diese anderen* ›neben‹ sind *die* in Hinsicht auf Worüber – in Bezug auf οὐσία (*der* οὐσία).[28, 29]«

185 a 32 – b 3: Μέλισσος δὲ τὸ ὂν ἄπειρόν φησιν εἶναι. ποσὸν ἄρα τι τὸ ὄν· τὸ γὰρ ἄπειρον ἐν τῷ ποσῷ, οὐσίαν δὲ ἄπειρον εἶναι ἢ ποιότητα ἢ πάθος οὐκ ἐνδέχεται εἰ μὴ κατὰ συμβεβηκός, εἰ ἅμα καὶ ποσὰ ἄττα εἶεν· ὁ γὰρ τοῦ ἀπείρου λόγος τῷ ποσῷ προσχρῆται, ἀλλ' οὐκ οὐσίᾳ οὐδὲ τῷ ποιῷ. »Melissos aber sagt, das Sein sei einer Mannigfaltigkeits*begrenztheit bar*. Demnach ist es doch so etwas wie ein Wie von Mannigfaltig. Denn was als Mannigfaltiges bar ist einer *es* betreffenden Begrenztheit, steht damit doch

[26] [Vgl. dazu Nachschrift Weiß: (nämlich in der eleatischenThese, wo gesagt ist: das Sein ist Eins, wo als die Mannigfaltigkeit der Seinsweisen noch nicht gesehen ist).]

[27] [Vgl. dazu Nachschrift Weiß: (λέγειν in *absolutem* Sinne gebraucht, wie in diesem ganzen Zusammenhang).]

[28] Vgl. Interpretation, Beilage zu Ms. S. 7 [im vorliegenden Band § 24 d, unten S. 201 ff.]

[29] zwar aristotelisch, aber überschärft, mindestens zweifelhaft πάντα.

im ›Wiemannigfaltig‹; es geht aber nicht an, daß Seinshaftigkeit oder das Wiegeeigenschaftet oder ›im Zustand sein‹ als solche so etwas wären wie ein der Begrenztheit bares Mannigfaltiges, es sei denn in der Weise des Mitvermeintseins von so etwas, wenn also irgendwelche Gegenstände *zugleich auch* im Wie des Mannigfaltig stünden. Denn das Besprechen von etwas im ›als‹ der Mannigfaltigkeitsbegrenzung entbehrend, braucht in seinem Anspruchssinn mit den Sinn von mannigfaltig, nicht aber [für den Sinn des ἄπειρον an ihm selbst!] den der Seinshaftigkeit und nicht den des Wiegeeigenschaftet.« (Das Vorkommen von ἄπειρον in der Rede! braucht für den Sinn das ἄπειρον selbst.)

185 b 3–5: εἰ μὲν τοίνυν καὶ οὐσία ἐστὶ καὶ ποσόν, δύο καὶ οὐχ ἓν τὸ ὄν· εἰ δ' οὐσία μόνον, οὐκ ἄπειρον, οὐδὲ μέγεθος ἕξει οὐδέν· ποσὸν γάρ τι ἔσται. »Wenn es [ἄπειρον] nun *zwar doch* im Wie der eigenständigen Seinshaftigkeit und dem Wie des Mannigfaltig vermeint ist, dann ist das Sein zwiefältig und nicht ›einfach‹ einzig. Wenn es aber ist im Wie der eigenständigen Seinshaftigkeit und *nur* in diesem, ist es nicht [der][30] Mannigfaltigkeitsbegrenztheit *bar*. Auch wird es in keiner Weise so etwas wie Ausmaß haben können. Denn dann wird es so etwas wie ein Mannigfaltiges sein.« (In jeder Hinsicht verkannt, sieht überhaupt nicht M[annigfaltigkeit] – die kategoriale Struktur.)[31]

d) »Physik« A 2, 185 b 5 – 186 a 3
(Fortsetzung der Kritik mit der Nachforschung, in welchem Sinne der Gegenstand in der eleatischen These als einhaft (ἕν) angesprochen wird)

α) »Physik« A 2, 185 b 5–25
(Der mehrdeutige Sinn von ›einhaft‹)

185 b 5–7: ἔτι ἐπεὶ καὶ αὐτὸ τὸ ἓν πολλαχῶς λέγεται ὥσπερ καὶ τὸ ὄν, σκεπτέον τίνα τρόπον λέγουσιν εἶναι ἓν τὸ πᾶν. »Ferner, da

[30] [Erg. d. Hg.]

[31] [Siehe Anhang II, Nachschrift Bröcker Nr. 9, S. 310.]

nun das Einhafte seinerseits (selbst) vielfältig im Besprechen der Gegenstände vermeint ist, imgleichen wie auch das Sein, ist nachzuforschen, in welchem Sinne der Gegenstand von ihnen [den Eleaten] als einhaft angesprochen wird im Satze: ›Das Alles (das Seiende) ist einhaft.‹«

185 b 7–9: λέγεται δ᾽ ἓν ἢ τὸ συνεχὲς ἢ τὸ ἀδιαίρετον ἢ ὧν ὁ λόγος ὁ αὐτὸς καὶ εἷς ὁ τοῦ τί ἦν εἶναι, ὥσπερ μέθυ καὶ οἶνος. »Mit ›einhaft‹ ist einmal vermeint ›das Mithaben‹ oder ›das Unabgehobene‹[32] [*ein*›förmige‹] oder das, was in einer- und derselben Vermeintheit besprochen, in seinem vor(ἦν)-gehabten eigentlichen Was gefaßt wird: z. B. ›berauschendes Getränk‹ und ›Rebensaft‹.«

185 b 9–11: εἰ μὲν τοίνυν συνεχές, πολλὰ τὸ ἕν· εἰς ἄπειρον γὰρ διαιρετὸν τὸ συνεχές. »Wenn nun doch etwas vermeint ist im Sinne ›des seinsmäßigen Mithabens‹, ist das *so* vermeinte Einhafte [an ihm selbst] ein mannigfaltiges. Was so einhaft ist, ist – solange es ist – an ihm selbst nach Mannigfaltigem abhebbar; es gibt dafür an *ihm* selbst keine Begrenzung [Halt!].« (Das *Mithaben*[33] als im gegenständlichen Waswiesein gegründetes Gegebenes![34] Vgl. ὅλον μὴ συνεχές (vgl. 185 b 14 sq.). Abhebbarkeit.)

185 b 11–16: ἔχει δ᾽ ἀπορίαν περὶ τοῦ μέρους καὶ ὅλου, ἴσως δὲ οὐ πρὸς τὸν λόγον ἀλλ᾽ αὐτὴν καθ᾽ αὑτήν, πότερον ἓν ἢ πλείω τὸ μέρος καὶ τὸ ὅλον, καὶ πῶς ἓν ἢ πλείω, καὶ εἰ πλείω, πῶς πλείω, καὶ περὶ τῶν μερῶν τῶν μὴ συνεχῶν· καὶ εἰ τῷ ὅλῳ ἓν ἑκάτερον ὡς ἀδιαίρετον, ὅτι καὶ αὐτὰ αὑτοῖς. »Es besteht da aber eine Schwierigkeit im Felde der Frage nach der Teilheit [dem Teilsein] und der Ganzheit, vielleicht nicht gerade in Beziehung auf die vorliegende Besprechung als vielmehr an ihr selbst, prinzipiell: sind der Teil *und* das Ganze im Wie des Einhaften oder Mannigfaltigeren und wie sind sie einhaft, wenn mannigfaltig, und wenn sie einhaft sind, wie mannigfaltig; ferner über die Teile [das Teilsein] von Gegenständen, die einhaft (ganz) sind, aber

[32] (was jeglicher Abhebbarkeit bar ist)
[33] als ursprüngliches Wie der und Boden möglicher Einheit*vor*stiftung.
[34] [Siehe Anhang II, Nachschrift Weiß Nr. 20, S. 325.]

nicht in der Weise des Mithabens; und *ob* jegliches Teilhafte sein Einhaftes hat in seinem Ganzen [formal] [ὡς] gleichsam als das [ganze] Unabhebbare [als es mithabend (Natorp[35])], weil die Teile selbst für sich selbst so etwas sind [und also auch das Ganze!].«[36] (Die Änderung Natorps nach dem Zusammenhang naheliegend; es ist vom συνεχές zunächst die Rede und dann erst vom ἀδιαίρετον. Bei ἀδιαίρετον gibt es ja kein Teilsein – es ist gerade *das* Einhafte, wo es so etwas nicht gibt!)

185 b 16–19: ἀλλὰ μὴν εἰ ὡς ἀδιαίρετον, οὐθὲν ἔσται ποσὸν οὐδὲ ποιόν, οὐδὲ δὴ ἄπειρον τὸ ὄν, ὥσπερ Μέλισσός φησιν, οὐδὲ πεπερασμένον, ὥσπερ Παρμενίδης· τὸ γὰρ πέρας ἀδιαίρετον, οὐ τὸ πεπερασμένον. »Dagegen aber [umgekehrt] wenn nun das Einhafte [mithabend!] genommen wird im Sinne des Unabgehobenen[37], wird das Sein *auch* nicht im Wie des Mannigfaltig und auch nicht in dem des Geeigenschaftet und also auch nicht als [mögliches] *bar* der Begrenztheit vermeint sein, wie Melissos sagt, auch nicht begrenzt, wie Parmenides will; denn das Grenze-sein (Grenzhaftigkeit) ist [zwar] etwas, was an ihm selbst weiterer Abhebbarkeit bar ist [Ursprünglichkeit der Negation!], nicht so aber das in Begrenzung Stehende [das ist es gerade schon damit!].«

185 b 19–22: ἀλλὰ μὴν εἰ τῷ λόγῳ ἓν τὰ ὄντα πάντα ὡς λώπιον καὶ ἱμάτιον, τὸν Ἡρακλείτου λόγον συμβαίνει λέγειν αὐτοῖς· ταὐτὸν γὰρ ἔσται ἀγαθῷ καὶ κακῷ εἶναι καὶ ἀγαθῷ καὶ μὴ ἀγαθῷ εἶναι. »Aber wenn nun das Seiende alles in *dem* Sinne des Einhaft vermeint sein soll, nämlich als Selbigkeit des vermeinten vor-gehabten Was, z. B. wie Kleid und Anzug [in Bezug auf identisches Was], dann sind sie dabei, die Heraklitische Weise des Besprechens der Gegenstände mitzumachen; denn dann ist es dasselbe, das *›gut sein‹* und das *›schlecht sein‹* [hinsichtlich des

[35] [P. Natorp, Aristoteles und die Eleaten I. In: Philosophische Monatshefte. (Hg. Paul Natorp). Bd. 26 (1890), S. 1–16; hier S. 10, Anm. 1. – Nach Natorp ist ὡς ἀδιαίρετον (185 b 15) (als das Unabhebbare) entweder zu streichen oder »durch ὡς συνεχές zu ersetzen«.]

[36] [Siehe Anhang II, Nachschrift Bröcker Nr. 10, S. 310 f.]

[37] (was jeglicher Abhebbarkeit bar ist)

eigentlichen Was, d. i. des Seins[38]] und das ›nicht gut sein‹ und das ›gut sein‹.«

185 b 22–25: ὥστε ταὐτὸν ἔσται ἀγαθὸν καὶ οὐκ ἀγαθὸν καὶ ἄνθρωπος καὶ ἵππος, καὶ οὐ περὶ τοῦ ἓν εἶναι τὰ ὄντα ὁ λόγος ἔσται αὐτοῖς ἀλλὰ περὶ τοῦ μηδέν, καὶ τὸ τοιῳδὶ εἶναι καὶ τοσῳδὶ ταὐτόν. »Daher wird [letztlich] gut und nicht gut und Mensch und Pferd dasselbe *sein*, und der eigentliche Sinn des Beredens geht [dann dabei] nicht auf Einhaftsein des Seienden, sondern darauf, daß es nach seiner washaften (ge[eigenschafteten][39]) Mannigfaltigkeit nichts ist[40] [weil eigentlich nur ›Sein‹]. Ebenso ist dann auch das ›etwa so geeigenschaftet-‹ und das ›etwa so mannigfaltig-sein‹ dasselbe.«

β) »Physik« A 2, 185 b 25 – 186 a 3 (Die sich aus der Mannigfaltigkeit der Seinssinne des Einhaften (ἕν) ergebenden Unwegsamkeiten (ἀπορία))

185 b 25–32: ἐθορυβοῦντο δὲ καὶ οἱ ὕστεροι τῶν ἀρχαίων ὅπως μὴ ἅμα γένηται αὐτοῖς τὸ αὐτὸ ἓν καὶ πολλά. διὸ οἱ μὲν τὸ ἔστιν ἀφεῖλον, ὥσπερ Λυκόφρων, οἱ δὲ τὴν λέξιν μετερρύθμιζον, ὅτι ὁ ἄνθρωπος οὐ λευκός ἐστιν ἀλλὰ λελεύκωται, οὐδὲ βαδίζων ἐστὶν

[38] Hier liegt zugrunde: ein ursprüngliches Zusammen-denken bzw. vortrennliches Vermeinen des ›Seins‹ und Wasseins. ›Was ist‹: οὐσία, Seinshaftigkeit und Eigenständigkeit und *Eigentlichkeit* des Was.
Daßsein – auf *alles* überhaupt hin – im ›ist da‹ und dieses als
Wassein – das Worüber.
Das ›daß‹ ›gründet‹ im Was, das Was das eigentliche ›daß‹. Das Wassein, das letzte usiativ bestimmte *Womit*, ist das echte διότι und demnach das entscheidende eigentliche ὅτι. *Der Seinssinn!* οὐσία – aus deren ganz bestimmten herkünftigen Umgangssinn des λέγειν bzw. εἰδέναι.* – Wie ist der Zusammenhang zwischen Diskussion von ὄν und λόγῳ ἕν? Nein! Denn dadurch, daß das *ein* Seinssinn ist, ist das *Was*, das Geeigenschaftetsein, immer wieder noch als mannigfaltig freigegeben; das will Aristoteles gerade prinzipiell zeigen. Das Seiende *ist* nicht λόγῳ ἕν. (Dieser Besprechenssinn kann nicht übergreifen über den Anspruchssinn! – überhaupt grundsätzlich kein möglicher Sinn des Besprechens.) *[Siehe unten Anm. 46.]

[39] [Erg. d. Hg.]

[40] leer, nicht *etwas*, nichtig.

ἀλλὰ βαδίζει, ἵνα μή ποτε τὸ ἔστι προσάπτοντες πολλὰ εἶναι ποιῶσι τὸ ἕν, ὡς μοναχῶς λεγομένου τοῦ ἑνὸς ἢ τοῦ ὄντος. »Es waren aber auch die Späteren der Alten in der Unruhe der Unsicherheit, damit ihnen ja nicht das Einhafte und Mannigfaltige zum Selbigen wurde. Deshalb nahmen die einen wie Lykophron das ›ist‹ im Satze (weg) heraus,[41] andere dagegen gaben der Ausdrucksweise eine andere Prägung (›Lauf‹), so: ›Der Mensch da‹ – nicht – ›ist weiß‹, sondern hat sich geweißt (gebleicht), auch nicht: ›Der Mensch da ist im Gehen‹, beim Spaziergang, sondern ›geht spazieren‹. Das also, um ja nicht einmal mit der Beifügung des ›ist‹ das einhaft Vermeinte in eine Vermeintheit als ›mannigfaltig‹ zu bringen, gerade als wenn das Einhafte oder das Seinshafte in einziger, einfältiger Weise vermeinbar wäre.«

185 b 32–34: πολλὰ δὲ τὰ ὄντα ἢ λόγῳ (οἷον ἄλλα τὸ λευκῷ εἶναι καὶ μουσικῷ, τὸ δὲ αὐτὸ ἄμφω· πολλὰ ἄρα τὸ ἕν) ἢ διαιρέσει, ὥσπερ τὸ ὅλον καὶ τὰ μέρη. »Mannigfaltig[42] ist der Seinssinn des Seienden, sei es hinsichtlich der Vermeintheit *im Bereden*[43] (so ist es ein anderes: das ›weiß-sein‹ und das ›gebildet-sein‹, beide aber – in dem ›so-etwas(ge[eigenschaftet][44])-sein‹ – dasselbe, *eines*; *ein* Seinssinn: das ›weißes sein‹ bzw. ›gebildet sein‹).[45] Beide aber [unter sich gleichen Seinssinnes] drücken aus das *Selbigsein* von etwas [in einem Mannigfaltig von Geeigenschaftet]. Das Einhafte [hier Selbige] ist ein Mannigfaltiges [oder τὸ ὄν!?] (mannigfaltig, sei es durch Abhebung, wie [Sein] das Ganze und die Teile).«

(Der eine Seinssinn: ›das Geeigenschaftetsein‹ (und *das* schon ein mannigfaltiges Was!), der andere Seinssinn: ›das Selbig-sein‹;

[41] [Vgl dazu Nachschrift Weiß: (d. h. sie sprachen das ›ist‹ nicht aus, was natürlich mehr besagt als heute; bei dem engen Zusammenhang zwischen Bedeutung und Wort, den die Griechen immer hatten).]

[42] [Verbindungsstrich von:] Mannigfaltig (... sei es hinsichtlich der Vermeintheit *im Bereden*) [zu:] mannigfaltig (sei es durch Abhebung) [am Ende dieses Absatzes (185 b 32–34)].

[43] kategoriales Ansprechen und sachhaltig schöpfendes Bereden – Artikulation.

[44] [Erg. d. Hg.]

[45] [Siehe Anhang II, Nachschrift Weiß Nr. 21, S. 325 f.]

beide sind beides! (vgl. 186 a 28). Die Interpretation: ›weiß sein ist etwas anderes als gebildetsein‹ muß λέγειν im weiteren Sinne – des ›als was‹ Ansprechens nehmen, nicht kategorial. Vgl. aber 185 a 29: πολλὰ τὰ ὄντα! – und die Problematik geht doch *auf das Kategoriale. Beide Interpretationen sind zu verkoppeln. Es soll gerade gezeigt werden, daß sie sich nicht ausschließen*, andererseits wäre damit gerade behauptet, was Aristoteles zurückweist: die Selbigkeit von *gut sein und schlecht sein.* Also Aristoteles sieht das *Was*sein mit, so zwar, daß er gerade von da aus die γένη des Was als ›Kategorien‹ ansprechen kann und als Weisen des Seins[46].)

185 b 34 – 186 a 3: ἐνταῦθα δὲ ἤδη ἠπόρουν, καὶ ὡμολόγουν τὸ ἓν πολλὰ εἶναι, ὥσπερ οὐκ ἐνδεχόμενον ταὐτὸν ἕν τε καὶ πολλὰ εἶναι, μὴ τἀντικείμενα δέ· ἔστι γὰρ τὸ ἓν καὶ δυνάμει καὶ ἐντελεχείᾳ. »Hier aber schon [d. h. bei der These, sofern sie *diese* Mannigfaltigkeit leugnete] kamen sie in Unwegsamkeiten und sie kamen [schließlich] mit den Sachen selbst (den Gegebenheiten) überein: das Eine sei [eben] Mannigfaltiges, als ob es ja doch nicht [von vornherein] möglich wäre, daß *dasselbe* eines und mannigfaltiges sei, obzwar nicht als ›gegen‹ [derselben Hinsicht]. Das Einhafte ist sowohl im Wie des ›Kann‹ [der Bewegtheit] wie in dem des sich Habens *am* Ende der Bewegtheit.[47]«

[46] [Pfeilstrich von:] als Weisen des Seins [zu:] *Der Seinssinn!* ... εἰδέναι [s. oben Anm. 38.]

[47] [Vgl. dazu Nachschrift Weiß: (Mit diesem Satz vorgedeutet auf zentrales Problem: Phänomen der Bewegung muß als Grundproblem angesetzt werden; nur dann sind die Unwegsamkeiten zu beseitigen.)]

§ 18. Übersetzung von »Physik« A 3 (Die doppelte Verfehlung bei Melissos und Parmenides. Die mehrfältige Bedeutung von Sein und Widerlegung der eleatischen These, daß das Sein einhaft sei.)

a) »Physik« A 3, 186 a 4–11 (Die doppelte Verfehlung bei Melissos und Parmenides: das Verfehlen der Grundnahme bezüglich des gegenständlichen Was und das Verfehlen einer echten Herleitung im explizierenden Besprechen)

186 a 4–11: Τόν τε δὴ τρόπον τοῦτον ἐπιοῦσιν ἀδύνατον φαίνεται τὰ ὄντα ἓν εἶναι, καὶ ἐξ ὧν ἐπιδεικνύουσι, λύειν οὐ χαλεπόν. ἀμφότεροι γὰρ ἐριστικῶς συλλογίζονται, καὶ Μέλισσος καὶ Παρμενίδης· καὶ γὰρ ψευδῆ λαμβάνουσι καὶ ἀσυλλόγιστοί εἰσιν αὐτῶν οἱ λόγοι· μᾶλλον δ' ὁ Μελίσσου φορτικὸς καὶ οὐκ ἔχων ἀπορίαν, ἀλλ' ἑνὸς ἀτόπου δοθέντος τἆλλα συμβαίνει· τοῦτο δ' οὐθὲν χαλεπόν. ὅτι μὲν οὖν παραλογίζεται Μέλισσος, δῆλον. »Wer also in dieser Weise vorgeht, dem zeigt sich das Seiende in seiner [eigensten] Unvermögendheit, einhaft zu sein; auch fällt es [jetzt] nicht schwer, *das* freizulegen, von wo aus sie [die Verfechter der These] ihre Sätze ausweisen wollen. Beide nämlich geben ihren ›Reden‹ eine Herleitung leerlaufenderweise, Melissos sowohl wie Parmenides.[1] Sie haben nämlich sowohl eine das gegenständliche Was verfehlende Grundnahme [bezüglich des Gegenstandes], als auch ist das explizierende Besprechen kein solches; es verfehlt echte Herleitung. Plumper aber verfährt dabei Melissos und er hat nicht einmal [echte] Schwierigkeiten, vielmehr ist schon alles mitgegeben, wenn das *Einhafte* in seiner sachfremden [›deplazierten‹!] Ansetzung vorgegeben ist. Das aber aufzuzeigen, ist nicht schwer. Daß Melissos nun auch in der Folge [seiner Explikation] an den Sachen vorbeiredet[2], ist klar.«

[1] [Siehe Anhang II, Nachschrift Bröcker Nr. 11, S. 311.]

[2] [Vgl. dazu Nachschrift Weiß: »an den Sachen vorbeiredet (παραλογίζεται)« (Es kommt Aristoteles nicht darauf an, nachzuweisen, daß *Schluß*fehler sind, sondern daß die *Sache verfehlt* ist.)]

b) »Physik« A 3, 186 a 11–22 (Die sachunangemessene Grundnahme bei Melissos)

186 a 11–16: οἴεται γὰρ εἰληφέναι, εἰ τὸ γενόμενον ἔχει ἀρχὴν ἅπαν, ὅτι καὶ τὸ μὴ γενόμενον οὐκ ἔχει. εἶτα καὶ τοῦτο ἄτοπον, τὸ παντὸς οἴεσθαι εἶναι ἀρχὴν τοῦ πράγματος καὶ μὴ τοῦ χρόνου, καὶ γενέσεως μὴ τῆς ἁπλῆς ἀλλὰ καὶ ἀλλοιώσεως, ὥσπερ οὐκ ἀθρόας γενομένης μεταβολῆς. »So glaubt er nämlich folgende Grundnahme[3] [Grund = Boden!] mit Recht gewonnen zu haben: Wenn jegliches Gewordene ein Woraus hat, dann hat das Nichtgewordene [sondern immer und nur Seiende] kein Woraus. Dann aber ist auch [an dem Gegebenen gemessen] *das* unangebracht: zu meinen, jegliche Tatsache [umgängliche Womit, im strengen Sinne Tuns-sache] habe ihr Woraus und nicht auch die Zeit und [nicht zu sehen] daß auch, was nicht in und aus schlechthinnigem Werden *ist*, sondern auch [nur] Veränderung, sein Woraus hat, gleich als ob es nicht ein plötzliches [scheinbar schlechthinniges] Umschlagen[4] gäbe.«

186 a 16–18: ἔπειτα διὰ τί ἀκίνητον, εἰ ἕν; ὥσπερ γὰρ καὶ τὸ μέρος ἓν ὄν, τοδὶ τὸ ὕδωρ, κινεῖται ἐν ἑαυτῷ, διὰ τί οὐ καὶ πᾶν; ἔπειτα ἀλλοίωσις διὰ τί οὐκ ἂν εἴη. »Dann weiter: weshalb soll das Seiende nicht Bewegungscharakter haben, wenn es [irgendwie] als einhaft angesprochen werden muß; denn wie auch ein Teil, der als solcher *einer* ist – dieses Wasser da[5] – in sich für sich in Bewegung ist, weshalb soll das auch nicht vom *einem* Ganzen gelten. Denn warum soll es nicht Änderung geben [warum soll nicht *sein*, was *so* ist!]?«

186 a 19–22: ἀλλὰ μὴν οὐδὲ τῷ εἴδει οἷόν τε ἓν εἶναι, πλὴν τῷ ἐξ οὗ. οὕτως δὲ ἓν καὶ τῶν φυσικῶν τινὲς λέγουσιν, ἐκείνως δ' οὔ· ἄνθρωπος γὰρ ἵππου ἕτερον τῷ εἴδει καὶ τἀναντία ἀλλήλων. »Aber fürwahr das Seiende [jegliches φύσει ὄν] kann auch nicht

[3] vorgriffliche, nicht *Vorhabe* betreffende.

[4] [Vgl. dazu Nachschrift Weiß: (Cf. Phys. V zur μεταβολή; dort ausführliche Behandlung.)]

[5] das als Teil bestimmt ist.

seinem Aussehen nach [in dem, als was es schlicht primär in einem ›bloßen‹ Hinsehen auf sein Aussehen sich gibt] einhaft sein, es sei denn, es wird [etwa] genommen in seinem [ersten] ›Woraus‹ des ›Bestehens aus‹[6]. Und in diesem Sinne sprechen auch einige von den Naturforschern das Seiende als einhaft an, nicht aber hinsichtlich des [washaften] Aussehens; Mensch ist dem washaften Aussehen nach ein anderes als Pferd, und so auch was untereinander in einem ›Gegen‹ steht.«

(Das *Umgangswomit* hat ursprünglich nächsten *Daseins*sinn; eine ›spezifische‹ Widerständigkeit des Umgänglichen bleibt im nur aussehend Daseienden erhalten und gesteigert ist gerade irgendwie ein eigener neuer Sinn von *›da‹* – die Brutalität für *bloßes* Hinsehen. Im Umgang – in diesem Besorgen – hängt das Umgehen und Leben gar nicht am Gegenstand als solchem, sondern an der Besorgung, an dem vor-sorgend in die Vorhabe Gestellten, einem Erwarteten, einer Erleichterung![7] Jetzt aber im ›Da‹ – für Hinsehen – staut sich die Brutalität und es gibt für das Sorgen kein Wegsehen, sondern gerade Hinsehen, gerade *nicht weg* von. – Die Relucenz und Praestruktion dieses ›da‹; und Hinsehens.)

c) »Physik« A 3, 186 a 22–32
(Die sachunangemessene Grundnahme und das nicht echt zu einem Ende durchdringende Bereden bei Parmenides)

186 a 22–32: καὶ πρὸς Παρμενίδην δὲ ὁ αὐτὸς τρόπος τῶν λόγων, καὶ εἴ τινες ἄλλοι εἰσὶν ἴδιοι· καὶ ἡ λύσις τῇ μὲν ὅτι ψευδὴς τῇ δὲ ὅτι οὐ συμπεραίνεται, ψευδὴς μὲν ᾗ ἁπλῶς λαμβάνει τὸ ὂν λέγεσθαι, λεγομένου πολλαχῶς, ἀσυμπέραντος δὲ ὅτι, εἰ μόνα τὰ λευκὰ ληφθείη, σημαίνοντος ἓν τοῦ λευκοῦ, οὐθὲν ἧττον πολλὰ τὰ λευκὰ καὶ οὐχ ἕν· οὔτε γὰρ τῇ συνεχείᾳ ἓν ἔσται τὸ λευκὸν οὔτε τῷ λόγῳ. ἄλλο γὰρ ἔσται τὸ εἶναι λευκῷ καὶ τὸ δεδεγμένῳ,

[6] [Siehe Anhang II, Nachschrift Bröcker Nr. 12, S. 311.]

[7] Das ausdrückliche ›Da‹ ursprünglicher Sorgens- und Bekümmerungszusammenhänge (das Religiöse!).

καὶ οὐκ ἔσται παρὰ τὸ λευκὸν οὐθὲν χωριστόν· οὐ γὰρ ᾗ χωριστόν, ἀλλὰ τῷ εἶναι ἕτερον τὸ λευκὸν καὶ ᾧ ὑπάρχει. ἀλλὰ τοῦτο Παρμενίδης οὔπω ἑώρα. »Auch bei Parmenides ist dieselbe Weise des Besprechens des Gegenstandes, mögen dabei auch einige andere [noch] eigenes [für ihn charakteristisches] Gepräge haben; [dementsprechend] ist die Auflösung auch hier so [in dem Nachweis zu bewerkstelligen: sachunangemessen, d. h. zugleich: eigene Fragestellung verkennend!]: einmal vollzieht sich das Bereden[8] auf dem Boden einer sachunangemessenen Grundnahme, zum anderen kommt er überhaupt nicht echt zu einem ›Ende‹ (Schluß) [das λέγειν dringt für sich nicht in jedem seiner Schritte sachlich durch]. Die Untersuchung[8] hat keinen aus der Sache selbst genommenen Boden, sofern er dafürhält, der Sinn von Sein komme schlechthin nur einsinnig im Gegenstandsansprechen und -besprechen vor, wo es doch vielfältigen Sinnes im Reden fungiert; die Untersuchung bringt aber den vermeintlichen *Boden* auch nicht einmal zum Durchtrag [sie verliert ihn; *er* ist *am Ende* gar *nicht da*, nicht sachbestimmend wirksam!]. – Dann: wenn die weißen Etwas als die einzig-seienden in der Dafürnahme wären [das Weißsein, der einzige Seinssinn[9]; alles ist *›ist weiß‹*[10]], wobei das Weißsein einhaft in seiner Bedeutung wäre, wären die weißen Gegenstände um nichts *weniger* mannigfaltig und demnach nicht einhaft.[11] Denn damit ist weder gesagt, daß das Weiße [-sein] einzig eines ist in der Weise des Sichmithabens, noch auch in der der Selbigkeit des vermeinten Was [unabhängig

[8] [Zweifache Zuordnung zur Randbemerkung:] συμ[περαίνεται] [186 a 24] mit dem Ansatz zu *seinem* Ende.

[9] Vgl. ὑποθέμενος οὖν πρότερον διὰ τοῦ λευκοῦ τὴν τοῦ συμβεβηκότος φύσιν εἶναι τὸ ὄν (Simpl. [in Phys.] 122, 7 sqq.).

Aristoteles muß eine Artikulation anbringen. Er bringt beide an und zeigt, daß Eleaten keine kannten; wenn sie die des συμβεβηκός kannten, machten sie nicht den Unsinn!

[10] [Vgl. dazu Nachschrift Bröcker: Aristoteles macht die vereinfachende Annahme: daß Weiß-sein identisch sei mit Seiend-sein.]

[11] Der Sinn von Gegenständlichkeit, Seinshaftigkeit als solcher als einer einziger verunmöglicht nicht die Mannigfaltigkeit von Seinssinnen *und* seienden Etwas. (Inwiefern und weshalb geht für Aristoteles letzteres zusammen?)

von und *vor* beiden ›*ist*‹ schon eine Mannigfaltigkeit des Sein-Seins]. Denn ein anderes wird sein das Weiß-sein und das an ihm für es den Zuspruch behaltende Sein; und nicht braucht noch neben dem Weißsein ein Freiständiges zu sein.[12] Denn nicht sofern das ›Weiße‹ freiständig ist, sondern durch das Sein [Wie des Seinssinnes] ist ›das Weiße‹ ein anderes[13] als sein Eigenstand, dem es zueigen ist. Aber *das* sah Parmenides noch nicht [solche gegenständlichen Sinnzusammenhänge (des Kategorialen) hatte er überhaupt noch nicht im Blick].«[14]

d) »Physik« A 3, 186 a 32 – b 12[15, 16]
(Das Sein in den Weisen der Mithaftigkeit (τὸ συμβεβηκός) und des ›je immer irgendwie das Etwas Sein‹ (τὸ ὅπερ ὄν). Widerlegung der eleatischen These, daß das Sein einhaft sei)

186 a 32 – b 4: ἀνάγκη δὴ λαβεῖν μὴ μόνον ἓν σημαίνειν τὸ ὄν, καθ' οὗ ἂν κατηγορηθῇ, ἀλλὰ καὶ ὅπερ ὂν καὶ ὅπερ ἕν· τὸ γὰρ συμβεβηκὸς καθ' ὑποκειμένου τινὸς λέγεται, ὥστε ᾧ συμβέβηκε τὸ ὄν, οὐκ ἔσται (ἕτερον γὰρ τοῦ ὄντος)· ἔσται τι ἄρα οὐκ ὄν· οὐ δὴ ἔσται ἄλλῳ ὑπάρχον τὸ ὅπερ ὄν. οὐ γὰρ ἔσται ὄν τι αὐτῷ εἶναι, εἰ μὴ πολλὰ τὸ ὂν σημαίνει οὕτως ὥστε εἶναί τι ἕκαστον· ἀλλ' ὑπόκειται τὸ ὂν σημαίνειν ἕν. »Es ist also notwendig, von vornherein den Sinn des Seins so zu nehmen, daß es nicht nur in einer einzigen Weise bedeutet, es mag in Aussagefunktion [das Besprochene als solches] stehen worüber auch immer[17] [als was Charakter im aufhin sein], sondern ein Seinssinn liegt auch [schon] in

[12] a 29 [sq.] nimmt bezug auf bestimmte Parmenideische *These*: ›τὸ παρὰ τὸ ὂν οὐκ ὄν‹ (Simpl. [in Phys.] 118, 28 sq.).

[13] also in der obigen Annahme selbst schon die Mannigfaltigkeit der Seinssinne.

[14] [Siehe Anhang II, Nachschrift Weiß Nr. 22, S. 326 ff.]

[15] Vgl. [Categ. 5] 4 a sqq.

[16] [Siehe Anhang II, Nachschrift Weiß Nr. 22, S. 326 ff.]

[17] Der einzige Seinssinn ist nicht der ›Prädikatseinssinn‹, und dann haben die Eleaten dazu noch ganz mißverstanden; sondern das ὅπερ ὄν ist ursprünglicher und eigener. Schwierigkeit in der Abhebung des eigentlichen Was!

dem, was je immer irgendwie das etwas ist[18], was je immer einfach ist. Das Mithafte nämlich ist als solches immer gesagt als das Mit eines Womit [d.h. dem ›worüber‹ der Rede]. Daher müßte [wenn der Seinssinn solcher Mithaftigkeit der einzige wäre] das *Womit*hafte nicht sein [nicht als Seinssinn kategorial ansprechbar sein]; es ist ja [als worüber] gerade etwas anderes als ›Sein‹ [hier ist das ›ist‹ (Sein) der *Prädikation* entscheidend!]. Es ist also [im worüber] etwas vermeint, was nicht *›ist‹* [sofern Sein = Mithaftsein ist]. Nicht also wird das Etwas – das Worüber wie immer – den Seinssinn des *Zu-ständig-seins zu... haben*, denn es wird das ›dem [worüber]sein‹ überhaupt nicht im Seinscharakter stehen können, wenn nicht das Sein mehrfältig ist, *so* daß jegliches Etwas als solches *›ist‹*. Aber es liegt ja zuvor [für die Eleaten] fest: das Sein ist einzig eines.«

186 b 4–8: εἰ οὖν τὸ ὅπερ ὂν μηδενὶ συμβέβηκεν ἀλλ' ἐκείνῳ, τί μᾶλλον τὸ ὅπερ ὂν σημαίνει τὸ ὂν ἢ μὴ ὄν; εἰ γὰρ ἔσται τὸ ὅπερ ὂν ταὐτὸ καὶ λευκόν, τὸ λευκῷ δ' εἶναι μή ἐστιν ὅπερ ὄν (οὐδὲ γὰρ συμβεβηκέναι αὐτῷ οἷόν τε τὸ ὄν, οὐθὲν γὰρ ὂν ὃ οὐχ ὅπερ ὄν). »Wenn nun das, was je immer das etwas [als worüber lediglich] ist, ein solches Wie des Seins ist, das besagt: nicht das Mithafte [Wasmitsein] zu einem Womit, sondern an ihm selbst das *Wo*mit, was bedeutet dann das *›was je immer das etwas‹* [das ›je immer das etwas worüber-Sein‹] mehr: das Sein oder *Nicht*sein? Wenn auch das ›was je immer das etwas ist‹ [numerisch] dasselbe ist wie das weiße Etwas (etwas Weißes), so ist doch nicht das Weißsein das ›je immer irgendwie das etwas sein‹; es ist nämlich auch nicht einmal möglich, daß das Sein für das, was je immer *etwas* ist, mitgegeben (mithaft) wäre; es gibt kein Sein, das nicht ist ein ›was je immer das etwas ist‹.«

186 b 8–12: οὐκ ἄρα ὂν τὸ λευκόν (οὐχ οὕτω δὲ ὥσπερ μὴ ὄν

[18] τὸ γὰρ αὐτοόν, ὅπερ αὐτοὶ ὑποτίθενται, οὐδεὶς ἂν ἄλλο τι λεγόμενον ἀκούοι ἢ *τὸ ὅπερ ὄν*, τουτέστι τὸ κυρίως ὄν, τουτέστι τὴν οὐσίαν. (Simpl. [in Phys.] 137, 29 sq.) – [Vgl.] 122, 25 sqq.

ἐπιστῆσαι δὲ ἄξιον, ὅτι τὸ ὅπερ ὂν καὶ αὐτοὸν κέκληκε κατὰ τὴν Πλατωνικὴν συνήθειαν. (ib. 138, 1 sq.)

τι, ἀλλ' ὅλως μὴ ὄν)· τὸ ἄρα ὅπερ ὂν οὐκ ὄν· ἀληθὲς γὰρ εἰπεῖν ὅτι λευκόν, τοῦτο δὲ οὐκ ὂν ἐσήμαινεν· ὥστ' εἰ καὶ τὸ λευκὸν σημαίνει ὅπερ ὄν, πλείω ἄρα σημαίνει τὸ ὄν. »Das Weiße ist also [nach Voraussetzung: dem einen Sein, jetzt = ὅπερ ὄν[19]] nicht im Wie des Seins. Das aber nicht[20] in *der* Weise, wie etwas ein Nichtseiendes ist [wie etwas, das sein könnte, aber gerade nicht ist], sondern überhaupt schlechthin (das) Nichts [kein möglicher Seinssinn!]. Demnach ist also auch das, was je immer das etwas ist, nicht im Wie des Seins. Gegenstandsangemessen ist es ja zu sagen: das etwas ist weiß[21], und weiß-sein besagt ja *nichtsein*. Daher: wenn [auch] das Weiße bei sich hat den Sinn von etwas sein, dann muß das ›Sein‹ ein mehrfältiges bedeuten.«[22]

e) »Physik« A 3, 186 b 12–14 (Das ›nicht Ausmaß Haben Können‹ des Seins)

186 b 12–14: οὐ τοίνυν οὐδὲ μέγεθος ἕξει τὸ ὄν, εἴπερ ὅπερ ὄν· ἑκατέρῳ γὰρ ἕτερον τὸ εἶναι τῶν μορίων. »Und dann wird fürwahr das Sein auch nicht Ausmaß haben können, wenn anders Sein [ursprünglich] besagt das ›je immer irgendwie das etwas sein‹. Für jegliches etwas ist das Sein von Abgehobenheiten – Artikulaten – an ihm ein anderes.«

[19] [Vgl. dazu Nachschrift Weiß: (bei der Voraussetzung, daß das Sein ein Einziges, nämlich nur das ὅπερ ὄν ist).]

[20] Auf welchen Unterschied stößt hier Aristoteles?

[21] Welche Art von Teilnahme des Prädikates?

In welcher *Grundanschauung* wird die Mannigfaltigkeit als notwendig expliziert? └ ὅπερ ὄν – (welche Vorhabe, Vorgriff? – λόγος, *etwas* als solches Ansprechen!)

Alternierung und Stellvertretung des Kategorialen (?) und Nichtkategorialen (?).

[22] [Siehe Anhang II, Nachschrift Bröcker Nr. 13, S. 311 f.]

f) »Physik« A 3, 186 b 14–35 (Weitere Explikation der Mithaftigkeit (τὸ συμβεβηκός). Die drei verschiedenen Funktionen der Mithaftigkeit in der Rede)

186 b 14–18: ὅτι δὲ διαιρεῖται τὸ ὅπερ ὂν εἰς ὅπερ ὄν τι ἄλλο, καὶ τῷ λόγῳ φανερόν, οἷον ὁ ἄνθρωπος εἰ ἔστιν ὅπερ ὄν τι, ἀνάγκη καὶ τὸ ζῷον ὅπερ ὄν τι εἶναι καὶ τὸ δίπουν. εἰ γὰρ μὴ ὅπερ ὄν τι, συμβεβηκότα ἔσται. ἢ οὖν τῷ ἀνθρώπῳ ἢ ἄλλῳ τινὶ ὑποκειμένῳ. ἀλλ' ἀδύνατον. »Daß nun, was je immer das etwas ist, an ihm selbst [seinerseits noch] abhebbar ist auf ein anderes (solches etwas sein), das wird ersichtlich aus dem Sinn des Ansprechens [solcher Gegenstände], z. B. wenn der Gegenstand ›der Mensch‹ so etwas ist, so muß notwendig ›das Lebewesen‹ und das ›zweifüßig‹ solches etwas sein. Wenn sie nicht solches etwas ›das‹ wären [ihrem kategorialen Seinssinne nach], dann müßten sie den Seinscharakter des Mithaften haben, entweder in Hinsicht auf das ›Womit‹ ›Mensch‹ oder ein anderes Zugrundeliegendes, aber das ist unmöglich.« (Was steht in diesem Nichtkönnen?)[23, 24]

186 b 18–23: συμβεβηκός τε γὰρ λέγεται τοῦτο, ἢ ὃ ἐνδέχεται ὑπάρχειν καὶ μὴ ὑπάρχειν, ἢ οὗ ἐν τῷ λόγῳ ἐνυπάρχει τὸ ᾧ συμβέβηκεν, ἢ ἐν ᾧ ὁ λόγος ὑπάρχει ᾧ συμβέβηκεν, οἷον τὸ μὲν καθῆσθαι ὡς χωριζόμενον, ἐν δὲ τῷ σιμῷ ὑπάρχει ὁ λόγος ὁ τῆς ῥινὸς ᾗ φαμὲν συμβεβηκέναι τὸ σιμόν. »Mithaftigkeit fungiert in der ›Rede‹ folgendermaßen: 1. mithaft ist, was die Eignung hat, zu-ständig zu sein zu und nicht zu-ständig zu sein;[25] 2. das, in dessen Angesprochensein mit dabeisteht (zusteht) das, *womit* es [so] mithaft ist; 3. das, in dem mit dasteht das Ansprechen dessen, in dem es, *mit* dem [als Anspruch] es angesprochen ansprechbar ist, so z. B. ist ›Sichsetzen‹, für sich im Sitzen sein ansprechbar als freiständig [nicht womitlich], dagegen im ›Hinknien‹ (›Schielen‹) steht mit dabei das Vermeinen von ›Bein‹ (›Auge‹), das wir

[23] *συμβεβηκός – das Mithafte* (Met. Δ 30, 1025 a 14 sqq.).
[24] [Siehe Anhang II, Nachschrift Weiß Nr. 23, S. 328.]
[25] [Siehe Anhang II, Nachschrift Weiß Nr. 24, S. 328 f.]

ansprechen als das, womit das Hinknien (Schielen) mitgegeben ist.[26]«

186 b 23–26: ἔτι ὅσα ἐν τῷ ὁριστικῷ λόγῳ ἔνεστιν ἢ ἐξ ὧν ἐστίν, ἐν τῷ λόγῳ τῷ τούτων οὐκ ἐνυπάρχει ὁ λόγος ὁ τοῦ ὅλου, οἷον ἐν τῷ δίποδι ὁ τοῦ ἀνθρώπου ἢ ἐν τῷ λευκῷ ὁ τοῦ λευκοῦ ἀνθρώπου. »Dazu ist aber noch zu beachten: in dem entsprechenden Vermeinen *der* Gegenstände, die ihrerseits alle in einem einen Gegenstand nach seinem vollen Was ausgrenzenden Ansprechen oder gar als die *›woraus‹* seines Bestehens vermeint sind – *im [eigenen] Vermeinen dieser etwas* geht nicht mit das Ansprechen des Ganzen [dessen, woraus sie sind]; z. B. in dem ›zweifüßig‹-sein ist nicht mitvermeint ›Mensch-sein‹ (in dem Wassein ›zweifüßig‹ nicht das ›Mensch‹), in dem etwas ›weiß‹ nicht ›weißer Mensch‹.«

(Ἀρχή als woraus; formal als ›als‹ – Artikulat, Anspruchwie, Anspruchwas; [ἀρχή] mithaft? oder ὅπερ ὄν?[27] Also Sicherung des ursprünglichen Sinnes von ὅπερ ὄν und seiner kategorialen seinshaften Bestimmungsmöglichkeit!)

186 b 26–31: εἰ τοίνυν ταῦτα τοῦτον ἔχει τὸν τρόπον καὶ τῷ ἀνθρώπῳ συμβέβηκε τὸ δίπουν, ἀνάγκη χωριστὸν εἶναι αὐτό, ὥστε ἐνδέχοιτο ἂν μὴ δίπουν εἶναι τὸν ἄνθρωπον, ἢ ἐν τῷ λόγῳ τῷ τοῦ δίποδος ἐνέσται ὁ τοῦ ἀνθρώπου λόγος. ἀλλ᾽ ἀδύνατον· ἐκεῖνο γὰρ ἐν τῷ ἐκείνου λόγῳ ἔνεστιν. »*Wenn in der Tat doch diese Gegenstände [als definierend und selbst definibel] sich in dieser Weise*[28] *verhalten [nach ihrem eigensten Gegenstands- und Seinssinn],*[29] dann ist auch beim Vermeinen von Mensch das Zweifüßigsein

[26] [Das – entsprechend den Nachschriften – genannte Beispiel »Schielen« – »Auge« wurde von Heidegger später durchgestrichen und ersetzt durch das Beispiel »Hinknien« – »Bein«, in Abwandlung des im Griechischen stehenden Beispiels »Stupsnäsigkeit« (τὸ σιμόν) – »Nase« (ἡ ῥίς).]

[27] [Siehe auch Anhang II, Nachschrift Bröcker Nr. 13, S. 311 f.]

[28] [Pfeilstrich von:] *in dieser Weise* [zum vorangehenden Absatz der Übersetzung (186 b 23–26).]

[29] Das steht fest und charakterisiert die λόγος-Grundauffassung. (Welche Gegenständlichkeit steht in welcher Vorhabe, Vorgriff?) – Für λόγος-Problematik auf *ὁρισμός* eingehen!

In welcher Vorhabe und Vorgriff die Explikation? Vgl. Exemplifikation des

mithaft da; oder aber in dem eigentlichen Ansprechen des ›Zweifüßigsein‹ ist mitvollzogen das Vermeinen von ›Mensch‹. [Das Zweifüßigsein selbst muß notwendig freiständig vermeinbar sein, so zwar, daß der Mensch nicht zweifüßig sein könnte.] Aber das ist unmöglich, denn jenes Zweifüßigsein ist mit darin [ἔνεστι – im ὅπερ ὄν *als* ὅπερ ὄν] im Vermeinen von Menschsein [aber nicht mithaft!].«

(186 b 26–31:[30] »Wenn in der Tat doch die Gegenstände nun in dieser Weise sich verhalten und für das Menschsein mithaft ist das Zweifüßigsein, dann muß notwendig dieses selbst freiständig sein, so daß der Mensch auch sein könnte, ohne zweifüßig zu sein, oder aber in dem eigentlichen Ansprechen des Zweifüßigsein ist mit drin das Vermeinen von Menschsein. Aber das ist unmöglich; denn jenes [das Zweifüßigsein] ist mitvermeint vielmehr im vermeinenden Ansprechen von jenem Menschsein [aber nicht mithaft, so daß die erste Alternative notwendig wäre].«)

186 b 31–33: εἰ δ' ἄλλῳ συμβέβηκε τὸ δίπουν καὶ τὸ ζῷον, καὶ μή ἐστιν ἑκάτερον ὅπερ ὄν τι, καὶ ὁ ἄνθρωπος ἂν εἴη τῶν συμβεβηκότων ἑτέρῳ. »Wenn aber das Zweifüßigsein und das Lebewesensein so ist, daß es *mithaft ist* [ist im Wie der Mithaftigkeit] in bezug auf ein anderes als [sein] Womit, und wenn keines von ihnen den Seinscharakter hat des ›je immer *das* etwas [worüber] seins‹, dann müßte auch das Menschsein seinem Seinscharakter nach [als Was für eigenen ὁρισμός] zu dem Seienden gehören, was ist im Wie der Mithaftigkeit hinsichtlich eines Womit.«

186 b 33–35: ἀλλὰ τὸ ὅπερ ὄν τι ἔστω μηδενὶ συμβεβηκός, καὶ καθ' οὗ ἄμφω, καὶ τὸ ἐκ τούτων λεγέσθω· ἐξ ἀδιαιρέτων ἄρα τὸ πᾶν. »Aber das ›je immer das etwas worüber-Sein‹ soll ja seinem

ὁρισμός. Das Exempel nicht pressen, auf den vermeinten Seinssinn als solchen kommt es an; Sein der formalen Ansprechbarkeit, aber nicht als *formale*, sondern *ursprüngliche* Grundbewegtheit des λέγειν! Was besagt das: das so den λόγος Sehen und *so* in ihm Leben? Wie muß das Leben selbst sein, um dergestalt prinzipiell seinen λόγος zu nehmen?

Wir stehen selbst in dieser faktischen λόγος-Möglichkeit und Faktizität, sehen aber andere und dabei das Leben selbst.

[30] [Andere Übersetzung aus einer Beilage.]

Seinssinn nach schlechthin bar sein jeglicher Mithaftigkeit und gerade als das *Worüber* vermeint sein, in *bezug auf* das [(formal) mit dem] die beiden besagten Etwas im Ansprechen die Zugesprochenen sind, und zugleich soll es [angesprochen werden als das] anspruchsweise gerade in seinem Was bestimmbar sein mit diesen *Woraus*. Das Seiende also – im Ganzen, als Alles – hat zu seinem Woraus Gegenständliches, das seinem Seinssinn nach keine weitere Abhebbarkeit zuläßt.«

(Das definitorische Was – als eigentlich schlechthinniges ὅπερ ὄν – bestimmt im *Woraus* (also *›mithaft‹*); also der Seinssinn dieses ›etwas‹ ›Mithaftigkeit‹ und Woraus (ἀρχή) also nichts Ursprüngliches?)[31]

g) »Physik« A 3, 187 a 1–11[32, 33]

(Widerlegung der eleatischen These, daß das Sein einzig-eines sei, im Ausgang von einer Explikation des ›Nicht‹)

187 a 1–3: ἔνιοι δ' ἐνέδοσαν τοῖς λόγοις ἀμφοτέροις, τῷ μὲν ὅτι πάντα ἕν, εἰ τὸ ὂν ἓν σημαίνει, ὅτι ἔστι τὸ μὴ ὄν, τῷ δὲ ἐκ τῆς διχοτομίας, ἄτομα ποιήσαντες μεγέθη. »Einige aber haben den beiden Sinnexplikationen [des Seienden auf sein Sein bzw. ἀρχή] stattgegeben bezüglich der einen: ›Alles ist einhaft‹ in *der* Weise: Wenn das Sein *einzig* eines bedeutet, dann hat auch das Nichtseiende Sein [Plato[34]]; bezüglich der anderen aus der Zweiteilung [Zenon[35]] her, insofern sie in Ansatz nehmen unzerstückbare Größen [Xenokrates[36]].«

[31] [Siehe Anhang II, Nachschrift Bröcker Nr. 14, S. 312 f.]

[32] Vgl. [Heinrich] Maier, [Die] Syllogistik [des Aristoteles. Tübingen: Laupp 1896–1900.] Teil II/2, S. 289, Anm. 1.

[33] [Siehe Anhang II, Nachschrift Bröcker Nr. 15, S. 313.]

[34] [Vgl. Parmenides, bes. 137 c sqq.; Sophistes, bes. 244 b sqq.]

[35] [Vgl. dazu Nachschrift Weiß: (Zenon zeigte, daß es ebenso lächerlich sei, das Sein als Anzahl anzusetzen, wie als Eins.)]

[36] [Vgl. Simpl. in Phys. 140, 13 sqq.; vgl. dazu Nachschrift Bröcker: (Die nähere Betrachtung hat Simplicius referiert; nach seinem Bericht ist Xenokrates gemeint. Aristoteles gibt nur eine kurze Kritik.)]

(Das Seiende ist seinem Seinssinn nach mannigfaltiges, nicht einhaft (nicht ἕν); Möglichkeit von ἀρχή überhaupt! Die Woraus sind ihrem Seinssinn nach *einfach* (aber nicht einhaft!). – Das Sein nicht einhaft und in seinen Woraus doch ursprünglich seiend; mannigfaltig und einfach!)

187 a 3–6: φανερὸν δὲ καὶ ὅτι οὐκ ἀληθές, ὡς εἰ ἓν σημαίνει τὸ ὂν καὶ μὴ οἷόν τε ἅμα τὴν ἀντίφασιν, οὐκ ἔσται οὐθὲν μὴ ὄν· οὐθὲν γὰρ κωλύει μὴ ἁπλῶς εἶναι ἀλλὰ μὴ ὄν τι εἶναι τὸ μὴ ὄν. »Aber es ist doch offensichtlich nicht triftig, daß das Nichtseiende in keiner Weise nicht sein soll, wenn das Sein einen einzigen Sinn hat und nicht zugleich das Gegensagen möglich ist: daß es mannigfaltiges ist. Denn nichts hindert, daß das Nichtseiende *nicht* ist, wenn auch nicht schlechthin; aber doch nicht ist [ist im ›Nicht‹] als nicht *so* etwas Sein.[37]«

(Das mögliche ›Nicht‹[38] (στέρησις) gründet eigenständig ›worin‹! ἐνδοῦναι δέ ἐστι λόγῳ[39] τὸ συγχωρῆσαι ταῖς προτάσεσι ταῖς κατασκευαζούσαις αὐτὸν[39] ἢ τῇ συμπλοκῇ. ([Simpl. in Phys.] 134, 12 sqq.) – mitgehen.)

187 a 6–11: τὸ δὲ δὴ φάναι παρ' αὐτὸ τὸ ὄν, ὡς εἰ μή τι ἔσται ἄλλο, ἓν πάντα ἔσεσθαι, ἄτοπον. τίς γὰρ μανθάνει αὐτὸ τὸ ὂν εἰ μὴ τὸ ὅπερ ὄν τι εἶναι; εἰ δὲ τοῦτο, οὐδὲν ὅμως κωλύει πολλὰ εἶναι τὰ ὄντα, ὥσπερ εἴρηται. ὅτι μὲν οὖν οὕτως ἓν εἶναι τὸ ὂν ἀδύνατον, δῆλον. »Zu sagen aber vom Sein selbst, es sei einzig alles, gleich als ob es nichts anderes [Seinssinn] gäbe, das ist nicht am Platze. Denn wer bringt das Sein an ihm selbst anders zur [selbstgebenden] Erfahrung denn im Vermeinen des je immer das Etwas-Seins; wenn aber dieses, dann hindert nichts, daß die seienden Gegenstände in einer Mannigfaltigkeit des Seinssinnes sind, wie dargelegt wurde. So ist klar: in dem besagten [eleatischen] Sinne kann das Sein nicht einzig eines sein.«

[37] [Siehe Anhang II, Nachschrift Bröcker Nr. 16, S. 313.]

[38] gehört nicht in die bekannte *Kategorie* Mannigfaltigkeit! – das ebenso primäre *nicht* solches ὅπερ (das eine und *nicht* das andere!).

[39] [Verbindungsstrich von:] λόγῳ [zu:] αὐτὸν.

§ 19. Übersetzung von »Physik« A 4[1] *(Kritische Auseinandersetzung mit den Lehren der alten Naturforscher hinsichtlich des Bestehensworaus (ἀρχή) und der Entstehensexplikation an gegenständlichem Mannigfaltigen)*

a) »Physik« A 4, 187 a 12–20 (Das Ansprechen des Seienden hinsichtlich seiner *einen* ἀρχή und die Entstehensexplikation (des ›Anderen‹ an gegenständlichem Mannigfaltigen) nach den Lehren der Naturforscher. Das Entstehen (Werden) als vom Charakter des ›Gegenhaften‹)

187 a 12–20: Ὡς δ᾽ οἱ φυσικοὶ λέγουσι, δύο τρόποι εἰσίν. οἱ μὲν γὰρ ἓν ποιήσαντες τὸ ὂν σῶμα τὸ ὑποκείμενον, ἢ τῶν τριῶν τι ἢ ἄλλο, ὅ ἐστι πυρὸς μὲν πυκνότερον ἀέρος δὲ λεπτότερον, τἆλλα γεννῶσι πυκνότητι καὶ μανότητι πολλὰ ποιοῦντες. ταῦτα δ᾽ ἐστὶν ἐναντία, καθόλου δ᾽ ὑπεροχὴ καὶ ἔλλειψις, ὥσπερ τὸ μέγα φησὶ Πλάτων καὶ τὸ μικρόν, πλὴν ὅτι ὁ μὲν ταῦτα ποιεῖ ὕλην τὸ δὲ ἓν τὸ εἶδος, οἱ δὲ τὸ μὲν ἓν τὸ ὑποκείμενον ὕλην, τὰ δ᾽ ἐναντία διαφορὰς καὶ εἴδη. »Die Weise des Ansprechens des Seienden[2] [hinsichtlich seiner *einen* ἀρχή; vgl. cap. 2 Anfang: μία ἀρχὴ κινουμένη] ist bei den Naturforschern eine doppelte: die einen sprechen das Seiende – das sie vorbestimmt haben als einzig eines – im Wie (hinsichtlich) seines [eigentlich] Vorausliegenden (Worüber) [formal ἀρχή] an als Körper, entweder *einen* von den dreien [Feuer, Luft, Wasser][3] oder *einen* anderen, der dichter ist als Feuer, lockerer als Luft. Das andere aber [an gegenständlichem Mannigfaltigen], das sie damit ja als ein Vielerlei [vor-

[1] Vgl. erste Ausarbeitung der Übersetzung und die Anmerkungen. [Diese gehört zu den mit »Φ...« (für »Phys.«) überschriebenen Entwürfen für das geplante, aber nicht zur Veröffentlichung gelangte Aristoteles-Buch (vgl. das Nachwort des Herausgebers, S. 440 f.).]

[2] von einem einzigen ›von wo aus‹.

[3] Also hier schon drei ἀρχαί, wenn auch nur ausdrücklich *eine*. τά [...] ἐναντία καὶ ἄλλο τι ἕν [Simpl. in Phys. (ed. Diels) 150, 11 sq.], eine μεταβολὴ τῆς ὕλης, ἀλλοίωσις καθ᾽ ὑποκειμένου [vgl. ib. 150, 20 sq.].

grifflich mit der Entstehensexplikation] bestimmen,[4] lassen sie in der Geschehensweise der Verdichtung und Verdünnung entstehen [zum Sein kommen]. Diese Weisen aber sind vom Charakter des ›Gegenhaften‹[5]. Das Gegenhafte aber hat *eigentlich* den Charakter von Hinausgehen über und Zurückbleiben hinter; *so* nimmt Plato das Großsein und Kleinsein, nur mit *dem* Unterschied, daß er [das Vielerlei in solchem Gegen] anspricht im ›als‹ des Woraus des Bestehens[6] (Stoff), das Einhafte aber als das eigentliche Aussehen [das Was] des Seienden nimmt; die besagten Naturforscher dagegen sprechen das vorgrifflich vermeinte Einhafte[6] als das Bestehensworaus an, das im Wie der Gegen Seiende [Vielerlei] als seine unterschiedenen Bestimmtheiten und Aussehensweisen.«

(Wie man es und was man als εἶδος nimmt Anzeige dafür, wo man beim Seinsmeinen, Seinssinnbestimmen hinsieht. Εἶδος das Aussehen, wie es aussieht für das Hinsehen – nach und im Gewordensein (Aussehen zugleich das motivierende Woraufhin der Werdensbewegtheit).)

b) »Physik« A 4, 187 a 20 – b 1
(Die Annahmen der Naturforscher hinsichtlich des Werdens im Wie des ›Gegenhaften‹ (Anaximander, Empedokles, Anaxagoras))

187 a 20–26: οἱ δ' ἐκ τοῦ ἑνὸς ἐνούσας τὰς ἐναντιότητας ἐκκρίνεσθαι, ὥσπερ Ἀναξίμανδρός φησι καὶ ὅσοι δ' ἓν καὶ πολλά φασιν εἶναι τὰ ὄντα, ὥσπερ Ἐμπεδοκλῆς καὶ Ἀναξαγόρας· ἐκ τοῦ μίγματος γὰρ καὶ οὗτοι ἐκκρίνουσι τἆλλα. διαφέρουσι δ' ἀλλήλων τῷ τὸν μὲν περίοδον ποιεῖν τούτων, τὸν δ' ἅπαξ, καὶ τὸν μὲν ἄπειρα ποιεῖν τά τε ὁμοιομερῆ καὶ τἀναντία, τὸν δὲ τὰ καλούμενα στοιχεῖα μόνον. »Die anderen sagen: die Gegenhaftigkeiten [das,

[4] Τὸ ὄν – τἆλλα – vorgriffliche Artikulation.
[Siehe dazu Anhang II, Nachschrift Weiß Nr. 25, S. 329.]
[5] [Vgl. dazu Nachschrift Weiß: (nicht = Gegensatz, sondern ganz formal).]
[6] [Verbindungsstrich von:] Bestehens [zu:] Einhafte.

was im Wie des Gegenhaften] liegen im Einhaften schon mit drin und treten von da – sich unterschiedlich zeigend – heraus, so Anaximander[7] und diejenigen, die das Seiende[8] als einhaft *und* mannigfaltig ansprechen wie Empedokles und Anaxagoras. Denn auch diese lassen das Andere [an gegenständlichem Mannigfaltigen] aus der Gemischtheit sich heraussondern. Sie gehen aber darin auseinander, daß jener [Anaxagoras] den [wiederbringenden] Umlauf dieser [anderen und ihrer Aussonderung] setzt, dieser aber [das Geschehen] in Einmaligkeit; ferner auch darin, daß der eine sowohl die gleichteiligen als die gegenteiligen Wie der sondernden Seinsbestimmung als einer Mannigfaltigkeitsbegrenzung bar ansetzt, jener lediglich die sogenannten Bestehensworaus (›Elemente‹).«

187 a 26–32: ἔοικε δὲ Ἀναξαγόρας ἄπειρα οὕτως οἰηθῆναι διὰ τὸ ὑπολαμβάνειν τὴν κοινὴν δόξαν τῶν φυσικῶν εἶναι ἀληθῆ, ὡς οὐ γινομένου οὐδενὸς ἐκ τοῦ μὴ ὄντος· διὰ τοῦτο γὰρ οὕτω λέγουσιν, ἦν ὁμοῦ τὰ πάντα, καὶ τὸ γίνεσθαι τοιόνδε καθέστηκεν ἀλλοιοῦσθαι. οἱ δὲ σύγκρισιν καὶ διάκρισιν. ἔτι δ᾽ ἐκ τοῦ γίνεσθαι ἐξ ἀλλήλων τἀναντία· ἐνυπῆρχεν ἄρα. »Vermutlich nahm Anaxagoras dergestalt ansatzweise das Seiende als der Mannigfaltigkeitsbegrenzung bar deshalb an, weil er eine durchgängige [landläufige] Dafürnahme der Naturforscher[9] für gegenstandstriftig und sie sich zueignete, daß nämlich nichts im Werden und Gewordensein sei aus dem Nichtseienden [als dem Woraus].« – Das μὴ ὄν noch nicht gesehen als phänomenologisch kategoriale Artikulation des Bewegungsphänomens[10]; wie ὄν Parmenideisch – so das μὴ ὄν; es ist gesehen, aber gedeutet als *ὄν*; dieses selbst in ganz bestimmtem Sinne. (›Naive‹ Deutung setzt ein Gesehen und in Sicht Haben voraus.) – »Die besagten Dafürnahmen der Naturforscher drückten sich in dergestalten Weisen des Seinsansprechens aus: ›es war *zugleich* das Seiende alles‹ und das ›zu so etwas

[7] πρῶτος αὐτὸς ἀρχὴν ὀνομάσας τὸ ὑποκείμενον, Simplicius [in Phys.] 150, 23 sq.
[8] τὴν ἀρχήν, Simplicius 153, 23; 154, 4.
[9] die eigenläufige auf Seinsaussehen hinsehende Ausgestaltung des Seinssinnes.
[10] Vgl. Übersetzung Ms. S. 7 [im vorliegenden Band unten S. 158 f.].

Werden‹ ist damit fest*gestellt* in seinem Geschehenssinn als sich ändern, andere sprechen es an als Zusammen- und Auseinandersichtung [Prantl[11]]. Ferner scheint noch für die Ansatzweise des Anaxagoras bestimmend gewesen zu sein, daß die ›Gegen‹ [die Gegenstände im Wie des Gegenhaften] als auseinander hervorgehend ansätzlich vermeint wurden. Sie waren also jedes in jedem in dem anderen selbst – zu ihm selbst schon ursprünglich – mit zu-ständig.«[12]

187 a 32 – b 1: εἰ γὰρ πᾶν μὲν τὸ γινόμενον ἀνάγκη γίνεσθαι ἢ ἐξ ὄντων ἢ ἐκ μὴ ὄντων, τούτων δὲ τὸ μὲν ἐκ μὴ ὄντων γίνεσθαι ἀδύνατον (περὶ γὰρ ταύτης ὁμογνωμονοῦσι τῆς δόξης ἅπαντες οἱ περὶ φύσεως), τὸ λοιπὸν ἤδη συμβαίνειν ἐξ ἀνάγκης ἐνόμισαν ἐξ ὄντων μὲν καὶ ἐνυπαρχόντων γίνεσθαι, διὰ μικρότητα δὲ τῶν ὄγκων ἐξ ἀναισθήτων ἡμῖν. »Wenn notwendig das, was *ist* im Wie des Werdens, sein Sein hat aus dem Seienden oder Nichtseienden [als dem Woraus], dabei aber das Werden aus dem Nichtseienden unmöglich ist nach der übereinstimmenden Dafürnahme aller derer, die bei ihren bestimmten Reden so etwas wie Natur im Blick haben, so hielten sie dafür, daß nunmehr als ein Übriges notwendig mit sich ergebe das eine [in *solcher* Weise von Vorhabe, Vorgriff]: das Werdende habe sein Sein aus Seiendem und einem Woraus, zu dem es an ihm selbst schon [von vornherein] Zu-ständigkeit hat – wegen der Kleinheit der Massen sei aber das Woraus ein solches, das dem nächst umgänglichen Hinsehen der

[11] [Aristoteles' acht Bücher Physik. Griechisch und deutsch. Hg. von Carl Prantl. (Aristoteles' Werke. Bd. 1). Leipzig: Engelmann 1854, S. 25. (Prantl übersetzt σύγκρισιν καὶ διάκρισιν (187 a 31) mit »Zusammensichtung und Auseinandersichtung«.)]

[12] Der Seinssinn bei den alten Naturforschern – der bei Parmenides, der bei Plato, der bei Aristoteles – und zwar nach seiner Vorhabe-Vorgiffs-Struktur gefaßt und ausgelegt. In wie weit Durchhalten der Vorhabe, in wie weit eigentliche Aneignung, wie weit neue und radikale Sicherung des Vorgriffs?

Das Seiende – der Seinssinn: *da*sein dessen, was schon *war*, das ›war‹ vor der Begegnung; das Begegnende *begegnet* als ›warend‹, als *zuvor*, was vor der Begegnung (Umgang) hätte begegnen können. Das *›da‹* wird im Umgangshorizont ausgelegt als ›war schon‹. Warum diese Auslegungstendenz? Warum welcher Umgang!

nächsten Vernehmensorientierung in der Welt nicht zugänglich sei [sein könne].«

c) »Physik« A 4, 187 b 1–7 (Das Ansprechen von allem als seiend nach seinem Was als Gemischtsein)

187 b 1–4: διό φασι πᾶν ἐν παντὶ μεμῖχθαι, διότι πᾶν ἐκ παντὸς ἑώρων γινόμενον· φαίνεσθαι δὲ διαφέροντα καὶ προσαγορεύεσθαι ἕτερα ἀλλήλων ἐκ τοῦ μάλισθ' ὑπερέχοντος διὰ πλῆθος ἐν τῇ μίξει τῶν ἀπείρων. »Deshalb sprechen sie alles an als seiend nach seinem Was in Gemischtheit aus allem. Die Grundweise des Weltansehens war für sie so, daß sie jegliches vor[weg][13] ansahen im ›als‹ des Gewordenseins aus jeglichem. Tὸ πᾶν aber (die Seienden)[14] [Gegenstände] bringen sich als unterschiedene [Werdendes] zum Vorschein [Ansehbarkeit] und machen sich ansprechbar als je andere gegenüber anderen von dem her, was [an ihnen] bezüglich der einer Mannigfaltigkeitsbegrenzung baren [Woraus] am meisten mengenmäßig im Zu-Was ihres Gemischtseins überwiegt [überwiegend sich vordrängt].«

187 b 4–7: εἰλικρινῶς μὲν γὰρ ὅλον λευκὸν ἢ μέλαν ἢ γλυκὺ ἢ σάρκα ἢ ὀστοῦν οὐκ εἶναι, ὅτου δὲ πλεῖστον ἔχει, τοῦτο δοκεῖν εἶναι τὴν φύσιν τοῦ πράγματος. »Bei Licht besehen, besagt das Sein von etwas *nicht* als Ganzes nur weiß oder schwarz oder süß oder Fleisch oder Knochen sein, sondern wovon *am meisten* jegliches etwas hat, das scheint das Wiewerdenssein jeglicher Tunssache [Umgangsgegenstand] auszumachen.«[15]

Das Nichtseiende ist nicht verstanden, irgendwie aber doch im Blick, aber durch *Unkenntnis* und Unexplikation des κίνησις-Phänomens notwendig mißdeutet. Also Mangel des eigentlichen gegenstandsangemessenen explizierenden Vernehmens der echten

[13] [Erg. d. Hg.]

[14] [»Die Seienden« – so auch in den Nachschriften – wurde später durchgestrichen und ersetzt durch »Tὸ πᾶν aber«.]

[15] Konsequenz für das λέγειν – Ansprechen des Was!

Vorhabe. Charakter dieser Kritik? Vgl. die vorangehende Gruppe: die Scheidung zwischen ἕν und τἆλλα; ein (Parmenideischer Grundaspekt auf Sein) und daneben roh (wie) das Vernehmen des Mannigfaltigen; eine *bestimmte* Geschehensweise als erklärend und verbindend angesetzt. Keine Explikation der Vorhabe.[16]

Aristoteles untersucht die Vorhabe bzw. wie die Alten *ohne sie* (irgendwie vor-gesehen – erstes Vernehmen und Tradition) in ihren begrifflichen Bestimmungen der ἀρχή vorwärtskommen.

d) »Physik« A 4, 187 b 7–13
(Das Ausbleiben eines kenntnismäßigen Vertrautseins für das einer Mannigfaltigkeitsbegrenzung Bare (ἄπειρον))

187 b 7–13: εἰ δὴ τὸ μὲν ἄπειρον ᾗ ἄπειρον ἄγνωστον, τὸ μὲν κατὰ πλῆθος ἢ κατὰ μέγεθος ἄπειρον ἄγνωστον πόσον τι, τὸ δὲ κατ' εἶδος ἄπειρον ἄγνωστον ποῖόν τι. τῶν δ' ἀρχῶν ἀπείρων οὐσῶν καὶ κατὰ πλῆθος καὶ κατ' εἶδος, ἀδύνατον εἰδέναι τὰ ἐκ τούτων· οὕτω γὰρ ἅπαν εἰδέναι τὸ σύνθετον ὑπολαμβάνομεν, ὅταν εἰδῶμεν ἐκ τίνων καὶ πόσων ἐστίν. »Wenn also nun das einer Mannigfaltigkeitsbegrenzung Bare eben auf Grund dieses Ledigseins so ist, daß ein kenntnismäßiges Vertrautsein ihm gegenüber ausbleiben muß, dann wird das Gegenständliche, was hinsichtlich Anzahl und Ausmaß [einer][17] Mannigfaltigkeitsbegrenzung bar ist, kenntnismäßiger Vertrautheit zwar unzugänglich, aber als solches doch im Wie des Vielheitlich, was nach seinem Aussehen so ist, im Wie des Geeigenschaftet.[18]« – Also im bestimmten Woraus. Anaxagoras vermeint das ἄπειρον in bestimmten *ἀρχή-haften Hinsichten*, und zwar *solchen*, die gerade bestimmt sein müssen, soll hinsehendes Bestimmen möglich sein, *was eigentlich das Gegenständliche zugänglich werden läßt*. Ἀρχαί stehen selbst unter

[16] Vgl. [Phys. A] 5: αἴσθησις – λόγος [vgl. 188 b 32 sq., 189 a 6 sq.]; nur erstes Vernehmen, im gegensätzlichen Hinsehen αἰσθητά aufnehmen. Auch in der αἴσθησις schon *eine* die Hinsicht führend.

[17] [Erg. d. Hg.]

[18] [Später geändert zu:] aber als solches steht es doch im Wie des Vielheitlich nach seinem Aussehen im Wie des Geeigenschaftet.

bestimmten Erfassungsforderungen *(vorhältlich!)*; sie müssen in ihrem als was und wie mannigfaltig in sich sein. – »Sofern nun aber die Woraus hinsichtlich des anzahlhaften Wie des Aussehens bar sind einer Begrenzung, ist es unmöglich, ein bestimmendes Hinsehen auf sie zu vollziehen auf den gegenständlichen Zusammenhang, der in seinem Was ist *aus* diesem Woraus. Denn wir halten dafür, daß, was ist, als ›zusammengesetzt‹[19] in *der* Weise in bestimmende Hinsicht gestellt wird[20], daß wir dabei [dafür] ein Wissen haben um die Woraus der Gegenstände in ihrem Aussehen, in ihrem Wieviel.«

(Vorhabe, Vorgriff prinzipiell ins Haltlose gestellt durch dieses Wie des ἄπειρον. Die formale kategoriale Grundmöglichkeit der Bestimmung einer ἀρχή-Beziehung und ἀρχή-haftig unmöglich. Vergleiche oben[21] die kategoriale Aneignung des ἕν.)

e) »Physik« A 4, 187 b 13–21
(Die Nichtbeliebigkeit von Naturgegenständen und ihrer Teile nach Größe und Kleinheit (Ausmaß))

187 b 13–21: ἔτι δ' εἰ ἀνάγκη, οὗ τὸ μόριον ἐνδέχεται ὁπηλικονοῦν εἶναι κατὰ μέγεθος καὶ μικρότητα, καὶ αὐτὸ ἐνδέχεσθαι (λέγω δὲ τῶν τοιούτων τι μορίων, εἰς ὃ ἐνυπάρχον διαιρεῖται τὸ ὅλον), εἰ δὴ ἀδύνατον ζῷον ἢ φυτὸν ὁπηλικονοῦν εἶναι κατὰ μέγεθος καὶ μικρότητα, φανερὸν ὅτι οὐδὲ τῶν μορίων ὁτιοῦν· ἔσται γὰρ καὶ τὸ ὅλον ὁμοίως. σὰρξ δὲ καὶ ὀστοῦν καὶ τὰ τοιαῦτα μόρια ζῴου, καὶ οἱ καρποὶ τῶν φυτῶν. δῆλον τοίνυν ὅτι ἀδύνατον σάρκα ἢ ὀστοῦν ἢ ἄλλο τι ὁπηλικονοῦν εἶναι τὸ μέγεθος, ἐπὶ τὸ μεῖζον ἢ ἐπὶ τὸ ἔλαττον. »Ferner aber, wenn es ein notwendiges Verhältnis ist, daß der Gegenstand, dessen ein Teil nach seiner Mannigfaltigkeitsbegrenzung beliebig sein kann, an ihm selbst in der Möglichkeit solcher Beliebigkeit steht – ich meine aber *so* etwas an

[19] Das Nicht-Schlichte – einzig eine! ein-fach.

[20] Vordeutung auf die Bestimmung der ἀρχή und ihre Mannigfaltigkeit. Hier 187 b 7 sqq. auf ἀρχή-Problematik als solche abgehoben; *wie* und wie weit sie bezüglich *welchen* Seienden zur Explikation kommen müssen.

[21] [Im vorliegenden Band S. 136 (185 b 3–5).]

Teilheitlichem, *zu* dem als einem *an* dem Ganzen selbst für dieses selbst [ἐν] mit zuständigen *dieses abhebbar ist* –, wenn andererseits ein Tier oder eine Pflanze nicht *sein* kann im Wie der Beliebigkeit nach Größe und Kleinheit, dann offenbar auch kein Teilheitliches dieser Gegenstände.[22] Denn das Ganze des Gegenstandes müßte ja dann sich ebenso verhalten. Fleisch aber und Knochen und derlei sind Teilheitliches am Tier und [entsprechend] die Früchte an den Pflanzen. Offenbar also kann doch unmöglich Fleisch oder Knochen oder anderes dergleichen beliebig sein nach Ausmaß weder in der Richtung des Größer- noch der des Kleinerseins.«

f) »Physik« A 4, 187 b 22 – 188 a 2 (Die Unmöglichkeit, daß jedes beliebige Beschaffene jedes andere zu seinem Woraus hat)

187 b 22 – 188 a 2: ἔτι εἰ πάντα μὲν ἐνυπάρχει τὰ τοιαῦτα ἐν ἀλλήλοις, καὶ μὴ γίνεται ἀλλ᾽ ἐκκρίνεται ἐνόντα, λέγεται δὲ ἀπὸ τοῦ πλείονος, γίνεται δὲ ἐξ ὁτουοῦν ὁτιοῦν, οἷον ἐκ σαρκὸς ὕδωρ ἐκκρινόμενον καὶ σὰρξ ἐξ ὕδατος, ἅπαν δὲ σῶμα πεπερασμένον ἀναιρεῖται ὑπὸ σώματος πεπερασμένου, φανερὸν ὅτι οὐκ ἐνδέχεται ἐν ἑκάστῳ ἕκαστον ὑπάρχειν. ἀφαιρεθείσης γὰρ ἐκ τοῦ ὕδατος σαρκός, καὶ πάλιν ἄλλης γενομένης ἐκ τοῦ λοιποῦ ἀποκρίσει, εἰ καὶ ἀεὶ ἐλάττων ἔσται ἡ ἐκκρινομένη, ἀλλ᾽ ὅμως οὐχ ὑπερβαλεῖ μέγεθός τι τῇ σμικρότητι. ὥστ᾽ εἰ μὲν στήσεται ἡ ἔκκρισις, οὐχ ἅπαν ἐν παντὶ ἐνέσται (ἐν γὰρ τῷ λοιπῷ ὕδατι οὐκ ἐνυπάρξει σάρξ), εἰ δὲ μὴ στήσεται ἀλλ᾽ ἀεὶ ἕξει ἀφαίρεσιν, ἐν πεπερασμένῳ μεγέθει ἴσα πεπερασμένα ἐνέσται ἄπειρα τὸ πλῆθος· τοῦτο δ᾽ ἀδύνατον. πρὸς δὲ τούτοις, εἰ ἅπαν μὲν σῶμα ἀφαιρεθέντος τινὸς ἔλαττον ἀνάγκη γίνεσθαι, τῆς δὲ σαρκὸς ὥρισται τὸ ποσὸν καὶ μεγέθει καὶ μικρότητι, φανερὸν ὅτι ἐκ τῆς ἐλαχίστης σαρκὸς οὐθὲν ἐκκριθήσεται σῶμα· ἔσται γὰρ ἔλαττον τῆς ἐλαχίστης. »Ferner, wenn alles dieses so Beschaffene jegliches an ihm

[22] Argument aus der Vorhabe – *Nichtbeliebigkeit* von Naturgegenständen; *bestimmte Gestalthaftigkeit* motiviert hier ἀρχή-Setzung.

selbst für es selbst zu jeglichem anderen zuständig ist und es sonach ein Werden nicht gibt, vielmehr nur, was an jeglichem für es selbst schon da ist, zur [vernehmlichen] Ausrichtung kommt, wenn aber jegliches angesprochen wird von dem her, was [vorhaltlich an ihm] im Wie des Mehr sich gibt [in Anmessung an dieses], wenn jedes Beliebige jedes andere [d.h. auf das hin] zu seinem Woraus hat, so z.B. das Wasser ausgesichtet aus Fleisch und Fleisch aus Wasser, wenn jeglicher Körper als so bestimmter von jeglichem bestimmten [durch die Heraussetzung] aufgehoben wird, dann kann offensichtlich nicht jeder für jeden an ihm selbst zu ihm zuständig sein.« – Λέγειν ἀπό – ἀπόφανσις als κατάφασις, etwas von etwas weg-sprechen, im Ansprechen von ihm her holen, hernehmen. Der Vorweg-Herholenscharakter des λόγος! Der Name wird genommen! Das Nennen – ein Nehmen! Scharf festhalten – andere *ganze* Belegzusammenhänge; wie weit wichtig für die prinzipielle λόγος-Problematik. – »[Begründung:] Wenn nämlich aus Wasser Fleisch weggehoben wird und wenn hinfort anderes zum Sein gekommen ist durch Wegsichtung aus dem übrigen, wenn dabei auch immer geringer wird das je Ausgesonderte, so wird es gleichwohl bei seiner Kleinheit ein gewisses Ausmaß nicht überschreiten. Daher: wenn die Aussichtung zum Stehen kommt, dann wird nicht mehr alles in allem [für es selbst] da-sein; in dem noch übrigen Wasser wird nicht mehr mitständig sein Fleisch – wenn sie nicht zum Stehen kommt, es vielmehr immer noch Weghebbares geben wird, dann müßten in begrenztem Ausmaße gleiche begrenzte Aussichtbare sein unausgegrenzt nach Anzahl. Das aber ist unmöglich. Zudem, wenn es eine notwendige Beziehung ist, daß jeder Körper bei Wegnahme eines etwas von ihm kleiner wird, das Wieviel des Fleisches aber nach Größe und Kleinheit festbestimmt ist, dann kann offensichtlich aus dem kleinsten etwas, was noch als Fleisch, nichts mehr ausgesichtet werden. Es müßte sonst kleiner werden als das [an ihm selbst] mögliche Kleinste.«

g) »Physik« A 4, 188 a 2–18 (Die Unmöglichkeit von ›einer Mannigfaltigkeitsbegrenzung baren‹ (ἄπειρος) letzteinfachsten Körpern)

188 a 2–5: ἔτι δ' ἐν τοῖς ἀπείροις σώμασιν ἐνυπάρχοι ἂν ἤδη σὰρξ ἄπειρος καὶ αἷμα καὶ ἐγκέφαλος, κεχωρισμένα μέντοι ἀπ' ἀλλήλων, οὐθὲν δ' ἧττον ὄντα, καὶ ἄπειρον ἕκαστον· τοῦτο δ' ἄλογον. »Ferner aber in den nach ihrer Mannigfaltigkeit einer Begrenzung baren [letzteinhaften] Körpern wäre auch schon in eben solcher Mannigfaltigkeitsbegrenzung barer Weise Fleisch und Blut und Gehirn mit an ihnen selbst zuständig da, zu einander freiständig zwar, aber doch so, daß das ihre Menge nicht berührt und jegliches wäre so bar einer Mannigfaltigkeitsbegrenzung[23]; für so einen Gegenstand aber versagt sich das Ansprechen.«

188 a 5–6:[24] τὸ δὲ μηδέποτε διακριθήσεσθαι οὐκ εἰδότως μὲν λέγεται, ὀρθῶς δὲ λέγεται· τὰ γὰρ πάθη ἀχώριστα. »Zu sagen aber, sie werden doch nie [ganz] auseinandergesichtet sein, ist zwar richtig[25] [trifft einen Tatbestand[26]], es ist aber doch ein Ansprechen ohne Hinsehen auf die eigentlichen Warumbeziehungen[27, 28] [das Kategoriale, das hier zur Besprechung steht]. Denn die Zuständlichkeiten sind nicht *freiständig* [ihrem kategorialen Sinne nach].«

188 a 7–9: εἰ οὖν ἐμέμικτο τὰ χρώματα καὶ αἱ ἕξεις, ἐὰν διακριθῶσιν, ἔσται τι λευκὸν καὶ ὑγιαῖνον οὐχ ἕτερόν τι ὂν οὐδὲ καθ' ὑποκειμένου. »Wenn also nun die Farben und Befindlichkeiten [eines Gegenstandes] sind im Wie des *Gemischtseins*, dann

[23] Ein ἄπειρον, das größer sein kann?

[24] [Vgl.] Simplicius [in Phys.] 171, 29 [sqq.]

[25] in der nächsten Richtung auf, nicht leer!

[26] [Vgl. dazu Nachschrift Weiß: (ὀρθῶς vor allem in der »Nikomachischen Ethik«; hier besagt es: diese Rede nimmt die Richtung auf einen Tatbestand, ist nicht leer).]

[27] das eigentliche Aussehen.

[28] Mischung als mögliche Weise des Seinssinnes! zurückgewiesen; entsprechend kein mögliches echtes ›Quale‹.

wird es, sobald sie auseinandergesichtet sind, so etwas geben wie ›weißes‹ und ›gesundes‹, nicht aber etwas in anderem Seinscharakter, [also] auch nicht dem des ›Worüber‹.«

188 a 9–13: ὥστε ἄτοπος τὰ ἀδύνατα ζητῶν ὁ νοῦς, εἴπερ βούλεται μὲν αὐτὰ διακρῖναι, τοῦτο δὲ ποιῆσαι ἀδύνατον καὶ κατὰ ποσὸν καὶ κατὰ ποιόν, κατὰ μὲν τὸ ποσὸν ὅτι οὐκ ἔστιν ἐλάχιστον μέγεθος, κατὰ δὲ τὸ ποιὸν ὅτι ἀχώριστα τὰ πάθη. »So ist das Denken [der νοῦς des Anaxagoras][29], sofern es auf Unmöglichkeiten ausgeht, nicht an seinem Platze [sein echtes Worauf und damit seine eigene Stelle im Zusammenhang der φύσις-Explikation ist verfehlt][30]; wenn anders es in sich selbst vorhat durchzusichten, so ist das doch unmöglich auszuführen [mit diesem τόπος!] weder in Hinsicht auf das Wieviel – weil es keine kleinste Größe gibt – noch hinsichtlich des Wiegeeigenschaftet, weil Zuständigkeiten überhaupt nicht [kategorial] freiständig sind.«

188 a 13–18: οὐκ ὀρθῶς δὲ οὐδὲ τὴν γένεσιν λαμβάνει τῶν ὁμοειδῶν. ἔστι μὲν γὰρ ὡς ὁ πηλὸς εἰς πηλοὺς διαιρεῖται, ἔστι δ' ὡς οὔ. καὶ οὐχ ὁ αὐτὸς τρόπος, ὡς πλίνθος ἐξ οἰκίας καὶ οἰκία ἐκ πλίνθων, οὕτω δὲ καὶ ὕδωρ καὶ ἀὴρ ἐξ ἀλλήλων καὶ εἰσὶ καὶ γίνονται· βέλτιόν τε ἐλάττω καὶ πεπερασμένα λαβεῖν, ὅπερ ποιεῖ Ἐμπεδοκλῆς. »Aber auch das Werdenssein der eigentlich gleichaussehenden Gegenstände nimmt er [Anaxagoras] nicht in den echt sachgerichteten *An*-griff [Grundnahme]. Das Wie ist einmal gleichsam so wie das Auseinanderheben des Lehms in Lehmstükke, dann gleichsam wieder nicht so. Auch ist es nicht dieselbe Weise [kategorial], wie Ziegel *aus* einem Hause herausgenommen und ein Haus aus Ziegel aufgebaut wird.[31] So ist auch nicht der Seins- und Werdenssinn von Wasser und Luft bzw. das Woraus, das sie sich untereinander bieten, [so einfach gleichmäßig indifferent] ansetzbar. So ist es besser, [kategorial] weniger Wor-

[29] Simplicius [in Phys.] 176, 17 [sqq.]

[30] Grundsätzlich das λέγειν im Hintergrund – eine Theorie des Seienden, die ein echtes Ansprechen (wie es auch *natürlich* vermeint ist) unmöglich macht.

[31] *(betone das Wie des ins Werdensbringens aus wie gefaßtem Woraus)*

aus und diese in Begrenztheit in den Ansatz zu nehmen, wie es das Verfahren des Empedokles kennzeichnet.« – Dadurch vermag er den kategorialen Grundstrukturvorzeichnungen von vornherein eher zu genügen; festere Blickmöglichkeiten für das Relationale!

B. INTERPRETATION VON »PHYSIK« A 2 UND A 3

§ 20. Vorbemerkung zur Interpretation:[1] *Gewinnung eines prinzipiellen Verständnisses der aristotelischen Ontologie als Aufgabe. Wissenschaftliche Forschung als Zugangsfeld*

Die Aufgabe ist: Gewinnung eines prinzipiellen Verständnisses der aristotelischen Ontologie. Als das Zugangsfeld dazu wurde (zunächst mehr nur behauptend) angesetzt: wissenschaftliche Forschung als in ihrer Weise auf Seiendes gerichtet.

Dieser Ansatz erforderte als erstes eine Herausstellung des Sinnes wissenschaftlicher Forschung: hinsehendes, Gegenständliches nach seinem Aussehen in Hinsicht auf seine ersten Woraus bestimmendes Verstehen vom Charakter des Umgangs.

Seiendes ist damit bestimmt als Womit solchen Umgangs (nicht als Gegebenheitsweise oder gar Sein in solchem aufgesucht, sondern diese *Seinsmöglichkeit* ist das eigentliche *Dasein* der Welt!). Sofern wissenschaftliche Forschung das Zugangsfeld zur Gewinnung des Verständnisses der Ontologie ausmacht, ist die Möglichkeit einer Herausstellung von Grundcharakteren des Seienden nach seinem Seinssinn gewährleistet in der Untersuchung einer bestimmten konkreten wissenschaftlichen Forschung.

Die genauere Frage ist dabei: woraufhin wird Forschung interpretiert? Zunächst ist entscheidend ihre Vorhabe

[1] schärfer und konkreter nehmen mit Bezug auf Met. A 1 und 2 und Phys. A.

– angezeigt in der
ἀρχή-Problematik
zur Abhebung zu bringen
 — in verschiedener Weise.
und zugleich ihren Vorgriff
– angezeigt in der
ἀρχή-Problematik

Von beiden wissen wir noch nicht den phänomenalen Sinn. Wir lassen sie herausspringen aus dem konkreten Forschungszusammenhang. In diesem eine Ansatzphase (Kritik), die eigens ausdrücklich macht, worauf es in der Forschung selbst grundsätzlich ankommt, was in ihrer Bewegtheit anspricht und in Begegnungsmöglichkeit gehalten ist.

(Zeigt zugleich, da solcherlei nicht ohne weiteres da ist, daß vielmehr gerade in der vorgrifflichen Anspruchs›sphäre‹, in der es zum *Bestimmen* kommt, eigentümliche Möglichkeiten grundsätzlichen Überspringens liegen. Die Neigung des Zuweitspringens (Neugier und Seinsbegegnung; vorschnelle Fixierung der (uneigentlich) leermeinenden Vorhabe) des explizierenden ›Denkens‹ in seinen ursprünglichsten ›Leistungen‹, Ansprüchen!)

Seiendes kommt in dem, was es ist, zur Bestimmung durch das hinsehende Abheben der Warumbeziehungen am Aussehen der Gegenstände. Das Hinsehen bewegt sich in einer es führenden Grundhinsicht, deren Worauf bestimmt ist in den Woraus des betreffenden Gegenstandsfeldes. In dem Hinsehen auf seine Woraus steht das Seiende nach seinem eigentlichen Aussehen als Seiendes da.

Ein Forschungszusammenhang also, der die Aufgabe hat, allererst für ein mögliches bestimmtes Sachfeld wissenschaftlicher Forschung die Woraus zu bestimmen, d. h. die führenden Hinsichten für die Forschung verfügbar zu machen, d. h. das Sachfeld als solches erst zu sichern; ein solcher Forschungszusammenhang ist das angemessenste Zugangsfeld der angesetzten Untersuchung. (Denn in der bestimmtgeführten Analyse dieses Forschungszusammenhangs wird Gegenstand das ›Woraus‹; als *›es‹* ist das Seiende vermeint. Es spricht aus dem Seienden heraus, das Seiende begegnet als solches. Das Woraus also bestimmt zum mindesten mit, was das Seiende als solches ist, sein Sein.)

Dieser Forschungszusammenhang ist in Betracht zu nehmen entsprechend den Sinnanzeigen, die an Hand von Met. A 1, 2 gewonnen wurden als hinsehend bestimmend verstehender Umgang.

Ein solcher Forschungszusammenhang, in dem die für die Seinssinnbestimmung entscheidenden Charaktere, die Woraus des Aussehens der Gegenstände, selbst Thema der hinsehenden Bestimmung sind, liegt bei Aristoteles vor in den ersten Büchern seiner »Physik«.

Das so Vorgegebene muß also für die Interpretation, die das Verständnis der aristotelischen Ontologie gewinnen will, von vornherein *verstanden werden als Phänomen vom Charakter hinsehend bestimmenden Umgangs.* Das Phänomen steht für die Interpretation in der Vorhabe als bestimmt nach seinem Umgangscharakter, d. h. *als Bewegtheit*, Bewegtheitszusammenhang. Darin liegt für die Interpretation die Anweisung zur grundsätzlichen Aufgabe: diesen *Bewegtheitszusammenhang* des besagten Umgangs *ausdrücklich zu machen*; negativ schließt das in sich: die Vorsorge treffen, daß der Text nicht als Fundstelle für Meinungen, Theoreme und Beweisgründe und Standpunkte genommen wird. Die Interpretation hat vielmehr die in ihm (dem Text) wirkende und ihn als ausdrücklich durchwirkende Bewegtheit bestimmten forschenden Umgangs in das verstehende Sehen zu bringen.

Das Festhalten dieses Grundcharakters des Interpretationsgegenstandes ist grundsätzlich in der Aufgabe der Untersuchung und der bereits gewonnenen Grundbestimmung ihres Gegenstandes motiviert. Es muß aber um so mehr betont werden, als die Aufgabe der Untersuchung von dieser eine ganz konkrete bis scharf ›ins Einzelne‹ vordringende Interpretation fordert, so daß sich die Untersuchung stark verzweigt, was leicht ein Verlieren des führenden Phänomencharakters mit sich bringt. Das gilt gerade von dem ersten folgenden Stück der Interpretation.

Die Interpretation mit der Aufgabe, die Bewegtheit ausdrücklich ins sehende Verstehen zu bringen, wird dem vorgegebenen Text nach Ansatz und Fortgang folgen (den Zusammenhang des Ganzen, die Umgangsbewegtheit verfolgen). Es wäre aber ein Verkennen des Eigentümlichen des betreffenden Bewegtheitsphänomens, wenn man glauben wollte, es ließe sich durch stetig satzweise, mit dem ersten beginnende Interpretation in den Griff bringen.

Das Absehen ist vielmehr darauf zu richten, *als was sich die Forschung hinsichtlich ihrer Bewegtheit und das bei ihrer Einsatzphase kundgibt.*

Die auf die Woraus (ἀρχαί) abzielende Forschung vollzieht sich in der Ansatzphase als *Kritik* (vgl. Überleitung, Ms. α, 2 unten[2]). Der Aufgabe der Untersuchung entsprechend besagt das: die vorgegebene Forschung als Kritik ist auf ihre Umgangsbewegtheit zu interpretieren; *die* Phänomenzusammenhänge sind zur Abhebung zu bringen, in denen diese Kritik als solche lebt, die sie in ihrem Vollzuge ausdrücklich macht. Was so die Bewegtheit der Kritik bestimmt, erweist sich als ein in der Forschung als solcher führenderweise die Bewegtheit durchherrschender Phänomenzusammenhang. (Vorhabe – Vorgriff; Diskussion.) (Kritik selbst in eigener Weise hinsehend-bestimmend. Woran liegt das Kritische? Ein schon *dasselbe* [...][*] Prätendierendes vorgegeben an diesen – das Inwieweit; vgl. unten ad 1.[3])

Die volle Charakteristik der ›Kritik‹ ist zurückzustellen bis zur vollendeten Interpretation der fünf ersten Bücher der »Physik«. Daß aus den kritischen Betrachtungen des ersten Buches *zunächst*[4] die in cap. 2 und 3 besprochen werden, ist darin begründet, daß die Kritik der Eleaten für den Umgangscharakter des

[2] [Im vorliegenden Band: Zweites Kapitel, oben S. 119.]

[*] [Ein Wort unleserlich.]

[3] [Im vorliegenden Band § 22 b, unten S. 183 ff.]

[4] ist ja klar aus der angesetzten Problematik – *vornehmend!*

kritischen Verfahrens des Aristoteles von grundsätzlicher Bedeutung ist, und daß zugleich das, was dabei zur Sprache kommt, in ebenso grundsätzlicher Weise die nachkommenden kritischen wie rein thematischen Untersuchungen bestimmt.

Das ist das Kategoriale als solches. Zumeist handelt man davon bei der Betrachtung des Aristoteles im Zusammenhang der Frage, was die Kategorien bedeuten, in welcher Zahl sie endgültig von ihm aufgestellt seien, wie das Prinzip der Ableitung zu fassen sei, ob am Ende überhaupt keines vorliege. Man hat dabei eine ganz unkontrollierte Vorstellung von Deduktion der Kategorien und von diesen selbst. Diese ganze Fragestellung, sofern man sie überhaupt so nennen darf, ist aufzugeben. Nicht ausgehen von Kategorien und sie wie ein Lehrstück behandeln. Am allerwenigsten sich durch die Schriften über die zehn Kategorien verführen lassen. Selbst wenn sie in allen Teilen unmittelbar von Aristoteles stammte, ist ein solches Verfahren grundsätzlich unmöglich, sobald man sich den Darstellungs-charakter der Schriften ansieht (katalogisch!), vergleiche mit Met. Δ; geradeso sinnlos, wenn man daraus ein ontologisches System konstruieren wollte (obzwar es mit ἀρχή beginnt).

Vielmehr hat man gerade die aristotelische Kategorienlehre im Stand ihrer Ungeklärtheit oder einer allzu billigen Interpretation zum Stützpunkt genommen, die besagte Kritik der Eleaten einem sachlichen Problemverständnis zu entziehen (Natorp[5]).

Das nächste und einzige Interesse bei der Interpretation der Kritik der Eleaten geht auf die Gewinnung des Verständnisses der aristotelischen Forschung als eines konkreten Bewegungszusammenhangs im βίος θεωρητικός der philosophischen Wissenschaft, nicht auf die Bestimmung des ›Verhältnisses‹ zwischen Aristoteles und Parmenides. (Zahl nicht gleichgültig, die unrichtige Zahl Kriterium, Zeichen der Verfehlung des Gegenstandes und der genuinen Fragebestimmung. Anzahl der ἀρχαί (wie viele und welche, was das besagt!) im Referat *des Aristoteles.*)

[5] [Siehe Anhang I, Beilage Nr. 27, S. 293 ff. und Beilage Nr. 28, S. 296 f.]

Allerdings wird gerade die Untersuchung des Forschungszusammenhangs, von dem dessen thematisches gegenständliches Was nicht ablösbar ist, das also mit und gerade zur Auslegung kommt, die *hermeneutische* Situation schaffen für eine Interpretation der vorangegangenen Philosophie, vor allem Platos. (Von wo aus wie im Verstehen entscheidend angesetzt wird (Vor- und Rückgriff).)

Gerade wenn man die Voraussetzung macht, daß die platonische Philosophie wissenschaftliche Philosophie sei, aus wissenschaftlicher Forschung erwachsen, muß man es als einen prinzipiell methodisch verkehrten Weg der Auslegung bezeichnen, aus den Dialogen diese Philosophie zum eigentlichen Verständnis zu bringen.

Das wäre nur dann möglich, wenn man die Ausdrucksbewegung, die in der literarischen Form des Dialogs liegt, mit all den von ihm auf seinen Gehalt und das ganze besprochene Leben und die betreffende Welt ausgehenden Ausdrucksmodifikationen für sich abheben und so die Bewegtheit der philosophischen Forschung selbst freilegen könnte.

Der Versuch, so etwas von den späten Dialogen her zu unternehmen, dürfte nicht unmöglich zwar, aber doch unausführbar sein ohne den klaren und konkreten Rückgang von der breiten Basis der aristotelischen Forschung.

Der Seinscharakter menschlichen Lebens als historischer macht es, daß, wo *eigentliche* Verstehenstendenzen in ihm bezüglich seiner lebendig sind, es selbst innerhalb seiner Vergangenheitsgeschichte nur im Zurück von einem Später zu seinem Früher zugänglich gemacht und zur Aneignung gebracht werden kann.

Das Dunkle ins Helle stellen, also um dessen reine Sicherung sich bemühen, nicht am Dunklen konstruieren und ohne Leitfaden nach Einfällen und Kombinationen vermuten und damit gar nicht Erhelltes oder Erhellbares ins Dunkel schieben. (Vgl. biblische Exegese, Altes und Neues Testament; Paulus, anti[ochenische], alex[andrinische Schule], Origenes, Luther; Theodor von

Mopsuestia[6]; Junilius Africanus, Instituta regularia divinae legis[7] [um 542].)[8]

§ 21. Exkurs: Ontologie und Geschichte (nach der Nachschrift von Walter Bröcker)

a) Ontologie und Erkenntnistheorie

Was heute mit Ontologie gemeint wird, ist eine philosophische Grunddisziplin oder eine Gegen- und Ergänzungsdisziplin zur Erkenntnistheorie. Erkenntnistheorie als Lehre vom Erkennen als dem Erfassen des Gegenständlichen als Seienden ist ihrerseits in der heutigen Gestalt neueren Datums. Für die erkenntnistheoretische Untersuchung ist es wichtig, den gegenständlichen Zusammenhang, auf den sie sich bezieht, in geordneter Weise als Grundlage der Untersuchung verfügbar zu haben. Hier wird nun meistens eine bestimmte Weise des Seienden von der Erkenntnis vorbestimmt oder eine Seinseinteilung aus der Geschichte aufgenommen und modifiziert und kombiniert. Den einzelnen Seinsgebieten pflegt die Philosophie die einzelnen Wissenschaften zuzuteilen. Meist kombinieren sich folgende Einteilungen: Sinnliches – unsinnliches – übersinnliches Sein; reales – irreales – ideales Sein; körperliches – seelisches – geistiges Sein; relatives – absolutes Sein; zufälliges – notwendiges Sein; veränderliches – unveränderliches Sein; zeitliches – zeitloses – überzeitliches Sein; formal-gegenständliche und material-gegenständliche Seinsregionen (Phänomenologie).

[6] [Theodor(os) (Bischof) von Mopsuestia (um 350 – 428), wie Junilius Africanus (gest. nach 551) in der Tradition der antiochenischen Theologenschule stehend, verfaßte ein Werk (»Liber de allegoria et historia contra Origenem«) gegen den Alexandriner Origenes (um 185/186 – um 253/254) und die alexandrinische Allegorese (allegorische Schriftauslegung).]

[7] [In: Patrologiae cursus completus. Series Latina. Accurante J.-P. Migne. Tomus 68. Parisiis, venit apud editorem 1847, 15–42; Heinrich Kihn, Theodor von Mopsuestia und Junilius Africanus als Exegeten, nebst einer kritischen Textausgabe von des letzteren Instituta regularia divinae legis. Freiburg (i. Br.)/Basel/Wien: Herder 1880.]

[8] [Siehe Anhang II, Nachschrift Weiß Nr. 26, S. 329 f.]

Einen relativ bestimmten und in der konkreten Forschung brauchbaren Begriff von Ontologic hat dic Phänomenologie ausgebildet: Ontologien sind die Leitfäden der Untersuchung der Konstitution des Erkennens, das sich auf die jeweiligen Seinsgebiete bezieht. Dieser Begriff wird formal erweitert: Ontologie ist der Leitfaden der Untersuchung jeglicher Bewußtseinsgestaltung, die Bezug hat auf Gegenständliches. Die Stellung der Ontologie in der Phänomenologie ist je nach der erkenntnistheoretischen Position verschieden. Die Realisten geben ihr Eigenständigkeit, nehmen sie als Grundlage für jede weitere Forschung.[1] Bei Husserl dagegen hat sie keine selbständige Stellung, sondern ist auf Grund der Korrelation von Erkennen und erkanntem Gegenstand nur soweit wissenschaftlicher Leitfaden, als das vorgegebene Sein durch die Kritik dieses Erkennens seinerseits in der Kontrolle steht.

Die heute stark gewordene Opposition gegen die Erkenntnistheorie ist in der Gestalt, nach den geistesgeschichtlichen Motivationszusammenhängen, in denen sie auftritt, mehr eine zwangsläufige Reaktion als der Wille zu einer radikalen Problemstellung. Man ist einfach müde, man hat die Dinge satt. Die letzten entscheidenden Motive der Erkenntnistheorie werden nicht gesehen; man ist nicht gesonnen, einer echten Gestalt der erkenntnistheoretischen Untersuchung nachzugehen, man springt mit einem Sprung mitten in die Metaphysik. Man spürt nicht die Lebendigkeit der Erkenntnistheorie und nicht die Verworrenheit, die auch bezüglich der Problematik der Metaphysik besteht. Der kantischen Frage stellt man in kopierender Art die entgegengesetzte gegenüber: Wie muß das Erkennen beschaffen sein, um das Seiende erfassen zu können, wie es ist? Man beruft sich dabei auf die griechische Philosophie.

Die Schwierigkeiten des Problems der Ontologie verdecken sich dadurch, daß man als ihren Sachzusammenhang einzig das ansetzt, was man ›Natur‹ nennt. Bezüglich dieser Gegenstands-

[1] [Vgl. dazu Nachschrift Weiß: (Münchener, auf Lipps fußend).]

region ist nicht nur durch die Geschichte eine übersehbare Anzahl ausgeformter ontologischer Grundbegriffe zur Verfügung gestellt, sondern es ist zudem die Eigentümlichkeit der Ontologie der Natur, daß bei ihr aus dem Sachgehalt kein Widerstand gegen leichte apriorische Ansetzung von Wesensgehalten entgegenspringt. Aber beim Versuch der Übertragung ins Seelische und Geistige klafft dann sofort alles auseinander. So z. B. Schelers Phänomenologie der Religion[2], genauer der christlichen Religion, noch genauer der katholischen Religion, oder noch genauer der englisch-französischen katholischen Religion, oder um ganz genau zu sein: der englisch-französischen katholischen Religion, bereichert um wertvolle Bestandteile aus der protestantischen Theologie. Dies als Phänomenologie *der* Religion zu bezeichnen, ist ein skrupelloser Dogmatismus. Was hier sachlich haltbar ist, ist schon in der protestantischen Theologie geleistet. Der Grundmangel ist ein vollständiges Verkennen des Problems der Geschichte. Es herrscht die Meinung, eine Mannigfaltigkeit von Religionen sei so etwas wie eine Mannigfaltigkeit von Hüten.

Die Aufgabe der Ontologie ist die Gewinnung des Seinssinns und damit der Mannigfaltigkeit der Seinsstrukturen. Findet sie ihre Motivierung von erkenntnistheoretischer Problematik? Die Frage, die damit angeschnitten ist, hat bestimmte Voraussetzungen, die bewältigt werden müssen. Diese Fragestellung kennt keinen anderen Seinssinn als den des Seins als Korrelat des theoretischen Erkennens. In der griechischen Philosophie liegen die Dinge anders.

b) Das faktisch-historische menschliche Leben als Gegenstandssphäre der Seinsforschung

Die Frage ist nun: in welcher Weise überhaupt eine Seinsforschung zu motivieren ist. Welches ist die Gegenstandssphäre,

[2] [Vgl. Max Scheler, Vom Ewigen im Menschen. Leipzig: Verlag Der Neue Geist (Peter Reinhold) 1921 (Wiederabdruck in: Max Scheler, Gesammelte Werke. Bd. 5. 6., durchges. und verb. Aufl. Hg. von Manfred S. Frings. Bonn: Bouvier 2000).]

welches ist die Zugangsweise, aus der der prinzipielle, für die philosophische Forschung entscheidende Grundsinn des Seins entspringt? Ist überhaupt von solcher Sphäre des Erfassens auszugehen, oder ist vor und außer dieser Sphäre eine ganz andere Sphäre des Seins aufzudecken, wo der Grundsinn des Seins zur Bestimmung gelangen kann? Die Bestimmung des Seinssinnes, die den Grundsinn des Seins aus der Gegenstandssphäre schöpft, die für die Philosophie im Interesse steht, sieht sich geführt auf die Analyse des *Lebens*, menschlichen Lebens in seiner spezifisch-faktischen Weise und seinem historischen Sein.

Für die eigentümliche Verklammerung der Ontologie mit der theoretischen Problematik des Seins als Korrelat des Erkennens ist der Ansatz und Ausgang der Descartesschen Philosophie ein Beispiel. In seinem Grundansatz spielt der Seinssinn eine Rolle. Cogito ergo sum. Alles was zur Bestimmung des Ego beigebracht wird, ist Bestimmung post festum. Der Sinn des ›sum‹ ist das Korrelat des vorher angesetzten cogito.

Die Frage ist: wie überhaupt eine Erforschung des Seins- und Gegenstandssinnes des Lebens in Angriff zu nehmen ist. Durch Programme ist das nicht zu bestimmen. Es handelt sich für den konkreten Ansatz darum, den Besitzstand, der für solche Forschung durch Kritik der Philosophie möglich ist, sich anzueignen. Der Ansatz muß aus der Geschichte entspringen, weil es das Prinzip dieser Forschung selbst ist, daß philosophische Forschung und ihre Gegenständlichkeit nicht freischwebend sind, sondern in der Geschichte stehen, daß der Ansatz aus dem Leeren ein Widersinn ist. Ein echter Ansatz ist nur möglich durch Zurückgehen in die entscheidenden Ansätze der Philosophie, in deren verschütteter Tradition wir stehen.

Von hierher ist jeder Schritt der Auslegung und Übersetzung des Aristoteles bestimmt.

c) Die Frage nach dem Sinn des Geschichtlichen

Das Problem der *Ontologie* kann die heutige Philosophie nicht einmal wissenschaftlich formulieren. *Eine* Schwierigkeit ergibt sich dadurch, daß man allzuleicht von dem Gegenstandszusammenhang der *Natur* zu einer prinzipiellen Ontologie verleitet wird. Mit der Bemerkung, daß bezüglich der *Geschichte* das ontologische Problem ein ganz anderes ist, ist nichts geleistet. Die Stellung, die eine Ontologie einnimmt, die eine solche der *Geschichte* sein will *gegenüber* der der *Natur*, steht auf falscher Basis. Man trifft das Geschichtliche nicht, wenn man es als *eine* Seinsregion neben anderen nimmt und dann versucht, auf dem Grunde der einmal vollzogenen Scheidung die positiven ›Beziehungen‹ der beiden Seinsgebiete nachzuzeichnen und im Hintergrund die Frage hat, ob Natur und Geschichte in den Gebieten, in denen sie sich überschneiden, einen anderen Seinscharakter haben oder ob der Seinssinn von Natur oder Geschichte der herrschende bleibt. Es hilft wenig, wenn man beide Seinsgebiete in Eines als das des *Lebens* oder ähnlich einschiebt (wie z. B. Simmel, bei Dilthey liegt eine radikalere Verwurzelung vor).

Selbst wenn man es möglich macht, die Geschichte für sich zum Thema einer ontologischen Untersuchung zu machen, begegnen prinzipielle Schwierigkeiten. Kann man einen allgemeinen Begriff des Geschichtlichen so gewinnen, daß die verschiedenen Geschichten der Literatur, des Staates, der Kunst … ihm als allgemeinsten Genos unterzustellen sind, wobei diese Geschichten nur nach inhaltlichen Was geordnet sind? Diese Auffassung wurde von Hegel propagiert. – Oder ist der Sinn des Geschichtlichen jeweils ursprünglich aus den konkreten Lebensbewegtheiten zu schöpfen, so daß diese nicht einfach zusammenzuwerfen sind als nach ihrem Was sich differenzierende Arten der allgemeinen Idee des Geschichtlichen, sondern daß gerade das Wie ihres Zusammenhangs selbst, z. B. der Zusammenhang einer Geschichte der Literatur mit einer Geschichte der Religiosität, daß dieser Zusammenhang selbst einen eigenen Sinn von geschichtlicher Bewegtheit vorzeigt? Wie steht es dann mit dem formal-allgemeinen Begriff des Geschichtlichen, mit dem hier doch offenbar überall gearbeitet wird, wenn er ebensowenig als formal-ontologisch deduzierter wie als material-genereller gefaßt werden darf?

Der Sinn des Formal-Geschichtlichen muß sicher gestellt werden und in seinen formalen Charakteren verständlich werden. Es muß verständlich gemacht werden, wie sich im auslegenden Umgang verschiedener Geschichten eine durchgängige Nivellierung ausbildet. Bezüglich der Phänomenstruktur der Geschichte ist die Weise der Traditionsbildung, -aneignung, -verwahrung, -verlustes auf ihre kategorialen Zusammenhänge zu befragen, um das darin gründende historische Bewußtsein auf seinen vollen Sinn zu bestimmen. Es ist der Sinn zu bestimmen, der die Faktizität einer Religion einmal als einzig bestimmt, andererseits aber durch Fremdes bestimmt werden läßt. Alle solche Betrachtungen sind ihrer Natur nach dauernd revisionsbedürftig – das liegt in ihrer Natur und ist kein Zeichen menschlicher Unzulänglichkeit.

Die stärksten Tendenzen in dieser Richtung liegen bei Dilthey, dessen stärkste Auswirkung in der praktischen Forschung der Geisteswissenschaften vorliegt. Und das ist entscheidend, nicht die Zahl der erlebten Auflagen. Die Aneignung seiner Arbeit ist durch bestimmte kursierende Urteile verdorben. Man bezeichnet seine Position als Historismus. Das ist charakteristisch für die heutige Zeit, wo man die Apriorismen schon in der Wiege mitbekommt.

d) Die ungeklärte Lage der heutigen ontologischen Untersuchung

Die heutige ontologische Untersuchung hat ihren Aufenthalt meist in einer weiter nicht geklärten Lage, in einer Lage – das ist bezeichnend –, die einer Klärung nicht einmal für bedürftig gehalten wird. Es wird als Vorzug der ontologischen Betrachtung angesehen, daß sie ohne Voraussetzung einfach anfangen kann; man gibt sich so den Schein einer Sachlichkeit. Das Gegenstandsfeld nimmt man als gegeben einfach hin: die seienden Dinge, das natürlich Gegebene in mehr oder minderer Klarheit, wo man sich sofort in allgemeinen Zusammenhängen bewegt, indem man zumeist an Gegenständen vom Charakter der Naturobjekte exemplifiziert. Der Terminus ›natürlich Gegebenes‹ beschließt in sich eine Mannigfaltigkeit verschiedener Bedeutungssinne: er besagt in der nächsten Zugrichtung des Erfahrens: das in der üblichen nächsten gewöhnten Bezugsrichtung des Erfahrens Zugängliche, das was nicht reflektiv oder auf dem Wege eines Begründungszusammenhangs zugänglich wird, was in schlichter Evidenz da ist und eine Frage der Sicherung nicht weiter fordert. Schlichte Evidenz in der Tendenz des Umgangs, meint man, sei genügend für eine ontologische Auslegung. Bei der Weise des Gegebenseins ist unausdrücklich meist gemeint das Ding-Erfahren, und zwar so, wie traditionell das Paradigma einer einfachen Erkenntnisweise in der Erkenntnistheorie dargestellt wird. Entsprechend liegen die Dinge, wenn in der Logik ein Satz wie ›die Rose ist rot‹ als Urteilsparadigma zugrundegelegt wird.

Die ontologischen Charaktere und Beziehungen müssen so zur Abhebung kommen, daß sich dabei das Gegenständliche klärt und in den Besitzstand der Forschung gebracht wird. Mindestens der Seinssinn der betreffenden Gegenstandssphäre muß erfaßt werden. Man glaubt aber, man brauche sich nur an die Sachen hinzugeben und dann auszusagen. Aber solche Hingabe ist höchstens etwas für schwärmerische Backfische.

e) Die prinzipielle Frage nach unserer Vorhabe mit der ontologischen Forschung. Der Stand der Phänomenologie

Die prinzipielle Frage ist: Was hat man mit der ganzen ontologischen Forschung vor? Man glaubt gewöhnlich diese Frage nebenbei erledigen zu können. Sofern ihr Sinn nicht festgelegt ist, bleibt aber jede Untersuchung richtungslos und genau genommen wertlos. Man hilft sich aus der Verlegenheit mit Systematik und Ordnung.

Die Fragen, die hier auftauchen, sind: Soll der Seinssinn primär bestimmt werden aus dem Gegenstands- und Seinscharakter des Gegenständlichen als erfahren und bestimmt im *Erkennen*, als Korrelat des Erkennens? Und wenn ja, darf man sich die Frage erlauben: warum? Läßt sich Erkennen philosophisch-prinzipiell als ursprünglich ansetzen? Kann es als Grundphänomen genommen werden? Oder ist es nicht etwa so, daß *vor* dem Erkennen eine Grundbewegtheit steht vom Seinssinn des *Lebens*? Man ist außerstande, das auch nur als Möglichkeit zu erwägen. Mit dieser vorschnellen Entscheidung über den Sinn des Seins geht zusammen die übereilte Meinung, das natürlich Gegebene sei lediglich in *einem* Seinssinn, nämlich dem des Sach-Daseins, und in diesem als dem primären seien alle anderen gegründet. Deckt sich Leben mit natürlichem Dasein, Realität, usw.? Man hält das Feld der ontologischen Explikationen für genügend gesichert, wenn man sich von einigen erkenntnistheoretischen Vormeinungen freigemacht hat, die einen stören. Man ist dabei gewiß relativ frei von Vorurteilen, man bleibt aber in dem verhängnisvollsten Vorurteil, wenn man der rührend naiven Meinung ist, das nunmehr Erfahrene sei der Gegenstands- und Seinssinn an ihm selbst, freischwebend, und nicht vielmehr in einem bestimmten Aufenthalt des Sich-umsehens, in einer bestimmten Lebenslage und Weise des Zugangs. Man übersieht, daß das Hinhören auf die Gegenstände und das Ansprechen ihrer nicht etwa nichts ist, sondern in der Aufnahmetendenz vielmehr eine ganz bestimmte Richtung liegt. Mit der bloßen Hingegebenheit steht man noch eine Stufe unter der erkenntnistheoretisch geleiteten Ontologie, sofern diese das Phänomen-Beachten mit zum Ansatz bringt. Man sieht nicht, daß kein Gegenstandsfeld so verwickelt ist wie gerade das natürlich Gegebene, in der Umwelt Vorliegende. Daß man es für so leicht bestimmbar hält, kommt daher, daß man sich in einer Bahn hält, die nicht vom Leben gegeben ist, sondern ein Statistendasein als theoretisches Exempel führt. Man philosophiert in einem Felde überlieferter Fragen, ohne sich über den Seins- und Gegenstandssinn der Phänomene zu kümmern.

Die Phänomenologie setzt erstmalig (auch die griechische Philosophie einbegriffen) in Stand, die Frage nach dem Gegenstands- und Seinssinn des Forschungsfeldes einer Wissenschaft präzis und ausdrücklich zu stellen. Jetzt kann man nicht mehr naiv Sach-Dasein als Feld ontologischer Forschung ansetzen. Wenn man das tut, mutet man sich zu, auf der Grundlage dieses Seinssinnes jede weitere Explikation in der Weise bestimmter Modifikationen durchzuführen. Man hält den gewonnenen Begriffsapparat fest, und was noch begegnet, wird als Bereicherung der angesetzten Grundstruktur angesehen.

Die ontologische Forschung ist so zu leiten, daß dabei eine erkenntnistheoretische Fragestellung nicht nur grundsätzlich aus dem Spiele bleibt, sondern daß von vornherein der Versuch, solche Gesichtspunkte beizubringen, als gegenstands- und problemverfehlend erkannt wird. Des weiteren ist festzustellen: Ontologien dürfen nicht nach ihrem Systemcharakter beurteilt werden. Gewöhnlich ist heute bei einer neuen Ontologie nur der Rahmen neu. Wo die Absicht leitend ist, ein System auszubilden, ist die ursprüngliche Tendenz schon unwirksam. Man meint dabei, im Schutz eines großen Vorbildes zu stehen, und sieht nicht, daß die ontologischen Begriffe bei Aristoteles ursprünglich geschöpft sind aus einer Umgangsweise mit den Gegenständen und einer Art des Ansprechens, die heute ihre Motivkraft verloren hat. Nur soweit die Ontologie neue Möglichkeiten der Lebensausbildung erschließt, ist sie philosophisch produktiv und wissenschaftlich relevant.

Die Forderung, nach den Sachen selbst und nicht nach Schulen und Meinungen zu philosophieren, ist viel schwieriger als es scheint. Die Hauptaufgabe der ontologischen Forschung ist: sich radikal über den Grundsinn des anzusetzenden Seins klar zu werden, und wenn man dann in seinem Leben nicht mehr zur Ontologie selbst kommt, so läßt sich das nicht ändern! Die Welt muß warten, bis diese Aufgabe geleistet ist. Kann sie das nicht, so ist sie nicht reif. Nur sofern die ontologische Forschung unmittelbar die wissenschaftliche Forschung im ganzen auf einen neuen Lebensgrund stellt, hat sie Relevanz. Die Philosophie muß aus ihrem Literaturdasein herausgerissen werden.

f) Der Grundsinn von Sein als Sein des faktischen Lebens (Faktizität) in der Grundstruktur des Daß-Charakters. Der Vorrang des Daß-Seins vor dem Was-Sein. Der konkreteste Zugang des Daß-Charakters aus seinem spezifischen Nicht, dem Tod

Die Problematik der Bestimmung des Grundsinnes von Sein ist anzudeuten durch eine Anzeige der Phänomenrichtung, in der ein Grundsinn des Seins zugänglich wird. Als Grundsinn des Seins ist anzusetzen *das* Sein, auf das es geschichtlich-historisch im faktischen Leben für dessen Faktizität ausdrücklich oder nicht ankommt. Formal besagt das also: ein Sein, das so ist, daß es darauf ankommt, das also selbst in einer Grundbewegtheit des Lebens steht als das Worauf dieser Bewegtheit. Dieses Sein des faktischen Lebens, das wir zusammenfassend bezeichnen als *Faktizität*, hat seine entscheidende Grundstruktur in dem *Daß*-Charakter. Der Seinssinn des Faktischen ist ein Daß-Sein. Der Umstand, daß dieser Daß-Charakter durch die Weise, wie faktisches Leben sich selbst erfährt, verdeckt ist, widerstreitet dem nicht. Er ist aus bestimmten Motiven von ihm selbst her verdeckt. Im Sein des Lebens schiebt sich vor das *Daß* das *Was*. Es kommt ihm vorwiegend an auf das, was gelebt wird. Diese eigentümliche Weise, daß sich im Seinscharakter des faktischen Lebens das Was-Sein vor das Daß-Sein schiebt, hat in der Philosophie ihre geistesgeschichtlichen Motive darin, daß hier seit Aristoteles die Problematik des Was-Seins den prinzipiellen Vorrang hat vor dem Daß; wo vom Daß die Rede ist, wird es nur gesehen innerhalb des Horizontes des Was. Für das faktische Leben in seinem gewohnten Umgang mit dem, was es lebt und was es selbst ist, ist entscheidend, daß es sich für es selbst von dem Daß-Charakter abriegelt, jede Auseinandersetzung damit vermeidet und in der Sicherung gegen dieses

Begegnen eine eigene Lage und einen eigenen Aufenthalt ausbildet, wo es in seinem Was leben und sich in seinem Was auslegen kann. Das ist eine spezifisch unausdrückliche Auslegung davon, daß die Bewegtheit des Daß-Seins im faktischen Leben entscheidend ist. Der Seinssinn des Daß-Charakters kann ganz verschwinden und nur ab und zu in rohen Anklängen in die Lebensauslegung hineinklingen.

Der eigentümliche Daß-Charakter ist für die Forschung am konkretesten zugänglich aus seinem spezifischen *Nicht*, das wir ansprechen als *Tod*. Es ist nicht zufällig, daß dieser Ausdruck für die entscheidende Negation der Faktizität nicht privativen, sondern positiven Charakter hat. Mit der Anzeige dieser eigentümlichen Negativität des Daß-Charakters ist allerdings noch nichts gewonnnen, sondern vielmehr die Gefahr, das ganze Problem zu verfehlen, verstärkt. Die entscheidende Frage ist die nach der Art und Weise, wie in der Faktizität selbst der Tod da ist, wie von ihr selbst der Tod entscheidend gehabt und gelebt wird. Diese Frage ist vollständig fernzuhalten und hat zunächst nichts zu tun mit der Frage der dinglichen Unsterblichkeit. Darin liegt die Verfehlung Simmels[3]. Jaspers hat als einziger diese Frage gesehen (Psychologie der Weltanschauungen [Berlin: Springer 1919], S. 202[4]; über die Grenzsituation S. 229–239). Er stand allerdings nicht in der Möglichkeit, die Dinge, die er sah, in den prinzipiellen Horizont zu rücken.

Diese Anzeige der Richtung, in der der Seinssinn der Faktizität prinzipiell bestimmbar ist und innerhalb deren allererst jede weitere Seinsproblematik auszubilden ist, muß jetzt genügen.

[3] [Vgl. Georg Simmel, Lebensanschauung. Vier metaphysische Kapitel. Kap. III: Tod und Unsterblichkeit. München/Leipzig: Duncker & Humblot 1918, S. 99–153; ders., Zur Metaphysik des Todes. In: Logos. Internationale Zeitschrift für Philosophie der Kultur (Hg. von Georg Mehlis). Bd. I (1910/11), S. 57–70 (Wiederabdruck in: Georg Simmel, Gesamtausgabe. Hg. von Otthein Rammstedt. Bd. 16. Frankfurt a. M.: Suhrkamp 1999, S. 297–345; Bd 12. Frankfurt a. M.: Suhrkamp 2001, S. 81–96).]

[4] [Die in den Nachschriften angegebene Seitenzahl ist falsch. Zur Grenzsituation des Todes s. S. 259–270.]

§ 22. Die aus der Aufgabe der Untersuchung entspringenden Fragen und die Phasen im Gang der Kritik in »Physik« A 2 und A 3

a) Die sieben leitenden Fragen für das Durchlaufen der ersten Stufe der Interpretation des in »Physik« A 2 und A 3 vorgegebenen Gegenstandes[1]

Für das Durchlaufen der ersten Stufe der Interpretation des in Phys. A 2 und 3 vorgegebenen Gegenstandes sind folgende aus der Aufgabe der Untersuchung entspringende Fragen leitend:[2]

1. Welches ist die für die Erstreckung der folgenden Auslegung genügende formale Anzeige des Phänomens ›Kritik‹?

2. Was kommt in der vorgegebenen Kritik zur Sprache und welches ist der *zunächst*[3] *faßbare Gang* der Kritik (das Ganze der Kritik)?

3. Worauf geht das in der Kritik als verstehend bestimmender Umgang lebendige Hinsehen (auf λόγος; κινούμενον – Wie?) und was kommt dabei zur Abhebung (Kategorien)?

4. Was besagt das *Hinsehen auf den λόγος* (in welchem Umgang; wie λόγος selbst gesehen?) und seine Artikulation für den Umgangscharakter der Kritik? (Phys. A 5 zeigt gerade, daß λόγος-Problem nicht abtrennbar ist; zugreifendes Bestimmen ist immer vorhabe-vorgrifflich. *Grenzübergang* immer da – eines bewegt das andere!)

5. Welche Grundbewegtheit der philosophischen Forschung

[1] [Siehe Anhang II, Nachschrift Bröcker Nr. 17, S. 313 f.]

[2] Die ganze Betrachtung auf Phys. A ausdehnen und daraufhin die ›Gesichtspunkte‹ ausformen. Vgl. Grenzübergang (Ms. S. 10 x [im vorliegenden Band § 25 g α, unten S. 225 f.]) grundsätzlicher für die Interpretation von Phys. A verwerten. – Die ›Gesichtspunkte‹ erwachsen lassen 1. aus der hermeneutischen Situation, 2. aus dem textlichen Worauf!

Nicht endgültig! Vor allem die Interpretation zuspitzen auf die Charakteristik des vollen Sinnes der ἀρχαί aus dem Wie ihrer Abhebung und Fixierung und überhaupt Diskussion.

[3] im Referat des Aristoteles.

drückt sich in diesem Umgangscharakter der Kritik aus (Vorgriff)?

6. In welcher Weise spricht diese charakterisierend für den Sinn des Umgangswomit der Forschung (woraus)?

7. Welche Möglichkeit ist mit dem so charakterisierten Woraus gegeben für die auslegende Bestimmung des Sinnes des Seienden, das in dem Woraus sein eigentliches Aussehen hat?

b) Zur ersten aus der Aufgabe der Untersuchung entspringenden Frage: Welches ist die für die Erstreckung der folgenden Auslegung genügende formale Anzeige des Phänomens ›Kritik‹?

Ad 1. Das Phänomen Kritik ist angesetzt im Charakter des Umgangs; als solcher hat sie ihr Womit. Das Umgangswomit forschender Kritik ist vorgegebene bzw. von ihr selbst in bestimmter Weise zur Vorlage zu bringende Forschung oder Ansätze und Vorstufen solcher, und zwar in der Gestalt überlieferter Erkenntnisse, Theoreme und Sätze. (Von woher, wie und als was aufgenommen die Erkenntnissätze? Wissenschaftstradition, geistesgeschichtliche Tradition, Tradition des Weltaussehens, Lebensauslegung. Verschiebung der Lage; neue Ursprünge und Ansprüche der Tendenzen der Aufenthaltsbildung.) Als solche bringen sie einen von ihnen vermeinten gegenständlichen Zusammenhang in gewissen Bestimmtheiten seines Aussehens zu nachvollziehbarer Anschauung.

Die Kritik als Phase einer Forschung hat zu ihrem Womit des näheren das Worauf der vorgegebenen Erkenntnissätze in *der* Bestimmtheit seines Aussehens, die aus der sorgenden Bewegtheit fragend bestimmenden Forschens als dessen Erledigung bzw. vorbereitende Auszeichnung sich ergibt.

(Im vorgegebenen Sachzusammenhang verfestigt, von Aristoteles gerade nach Vorhabe und Vorgriff aufgedeckt – ›warum darnach‹? Weil er radikal die wissenschaftliche Forschung in ihren Grundbewegtheiten sieht. – Aristoteles bei den nestorianischen Schulen in Edessa und Nisibis.)

Mit der Sorgenstendenz auf vorläufige, in bestimmter Weise vorbereitende Erledigung der hinsehenden Bestimmungsaufgabe, die in der Kritik als Phase einer bestimmten Forschung lebendig ist, ist im Vollzugszusammenhang der Kritik eine Erwartung motivierend, die das Womit ihres Umgangs betrifft. An dem, was in sachlich forschendem Interesse in die Kritik gestellt wird, erwartete diese die Begegnung *des* Aussehens des gegenständlichen Zusammenhangs, das diesen so gibt, daß er als Womit des Umgangs der Forschung überhaupt vermeint sein kann. Diese in der Kritik lebendige *Erwartungstendenz*[4] ist es, die den möglichen Boden ihres Geschäftes bereit und für den zu besprechenden gegenständlichen Zusammenhang die Möglichkeit verfügbar hält, ihn einer bestimmt gerichteten prüfenden Anmessung und Ausweisung zu unterwerfen.

Diese Erwartungstendenz ist phänomenal da als das im faktischen Sorgensvollzug der Forschung lebendige Hinsehen auf den Gegenstand der Forschung in einer eigentümlichen Vorwegbestimmtheit, und zwar derart, daß es – als Hinsehen auf – das als zu kritisierend Vorgegebene in seine *Hinsicht* stellt in der Bereitschaft, an diesem etwas von seinem eigenen Worauf zu finden bzw. an ihm bleibend das Worauf der Forschung als nicht antreffbar zu erfahren.

Sofern eine Kritik dann ihre Zugangsbereitung auszumitteln hat, inwieweit und inwiefern eine vorgegebene Gegenstandsbestimmung dem thematischen Worauf der Forschung angemessen ist, wie weit nicht und warum nicht, bringt sie in der Weise einer eigentümlichen Umgangsbewegtheit das in ihrer Erwartungstendenz vorgehaltene Worauf, das Ziel der Forschung, zur *Sichtbarkeit.* (Vgl. für hermeneutische Situation.)

Da für die jetzige Untersuchung eine Kritik als Phase einer (bestimmten) ἀρχή-Forschung vorgegeben ist, muß mit der Auslegung ihres vollen Umgangssinnes das gegenständliche Was der

[4] erwächst aus der ursprünglich ansetzenden Vorhabeverwahrung, Vorhabeaneignungstendenz; Bewußtsein davon, daß diese Aufgabe, und zwar allererst durch Kritik; was in Kritik genommen wird, steht also in der *Erwartung* (roh).

ἀρχή-Forschung *besonders* heraustreten. Weiter ist fürs erste die formale Anzeige des Sinnes von Kritik nicht zu bringen, da jede weitere Charakterisierung vor allem *der* Momente, die eine Kritik zur wahren bzw. falschen machen, ferner derjenigen, die eine spezifisch produktive Kritik bestimmen, gebunden ist an auslegende Anhebung derjenigen Strukturen ihrer Bewegtheit, die gerade mit der Analyse der konkret vorgegebenen gewonnen werden soll. Es sind zugleich die Bewegtheiten, die in das Phänomen der Forschung selbst, davon die Kritik eine Phase ist, zurückreichen und die bezeichnet sind als *Vorhabe* und *Vorgriff*. Als Bewegtheiten stehen sie in der Anzeige als Phänomene, von denen jede formalistisch apriorische Schematisierung ihrer selbst und vor allem ihrer Beziehungen, die selbst Bewegtheiten sind, fernzuhalten ist. (Form – Inhalt: *(formal)* für alles und jedes anwendbar! Täuschung, als wäre das eine formal-logische Beziehung. Heute nun da angewandt, wo die anderen die Sachen machen und man selbst das System daran[baut].[5])

(Je als volle Phänomene, als Bewegtheiten der Forschung, die als solche ihre besondere Zeitigung aus dem unabgehobenen faktischen Umgang nehmen, eine ganz eigene Weise des Seins in der Forschung selbst. Und gerade in dieser Herkunft jeweilen die wissenschaftliche Forschung und ihre Faktizität bestimmen, vor allem die Zugangsrichtung, Antrifftsmöglichkeit und Aneignungsstufe innerhalb bestimmter Lebenswelten bestimmen. Der Zusammenhang selbst ein solcher der Bewegtheit.)

c) Zur zweiten aus der Aufgabe der Untersuchung entspringenden Frage nach dem Gang und faßbaren Inhalt der Kritik

Ad 2. Gang und berichtweise faßbarer Inhalt der Kritik. Im Ziel des Ganges der Kritik steht das Worauf *der* Forschung, deren Einsatzphase sie ausmacht: hinsehend verstehende Bestimmung der

[5] [Siehe Anhang II, Nachschrift Weiß Nr. 27, S. 330 f.]

ersten Woraus des Gegenstandsfeldes vom Seinscharakter der φύσις. Als nächster Gegenstand der Kritik ist vorfindlich die Lehrmeinung der Eleaten. Damit also, daß sie überhaupt in das thematische Feld der Kritik rückt, ist sie in eine ganz bestimmte vorweg erhellende Grundauslegung gestellt, die besagt: die *Lehrmeinung* muß irgendwie erheblicherweise das besagte Gegenstandsfeld der Forschung bei ihrer Ansprechens- und Bestimmungstendenz *im Auge haben* und vor dem Auge behalten, bzw. es muß im Vollzugssinn des Ansprechens und Bestimmens sinn- und bewegtheitsmäßig mit im Spiel sein. (Vgl. Beilage.[6] *Naturphilosophen* überhaupt – schief φύσει – νόμῳ.)[7]

d) Exkurs: Übersetzung von De coelo Γ 1, 298 b 12–24[8] (Aristoteles' Kritik an den Seinsbestimmungen der Eleaten)

298 b 12–14: οἱ μὲν οὖν πρότερον φιλοσοφήσαντες περὶ τῆς ἀληθείας καὶ πρὸς οὓς νῦν λέγομεν ἡμεῖς λόγους καὶ πρὸς ἀλλήλους διηνέχθησαν. »Diejenigen, die früher sich bemühten um hinsehend bestimmendes eigentliches Verstehen im Felde dessen, was jeglicher Verborgenheit (Unerhelltheit) bar ist [vgl. Met. A 3, 983 b – das gegenständliche Korrelat reiner Erhellung, von ihm selbst her gesehen],[9] stimmten weder überein mit den Bestimmungen, die wir jetzt geben, noch unter sich.«

298 b 14–18: οἱ μὲν γὰρ αὐτῶν ὅλως ἀνεῖλον γένεσιν καὶ φθοράν· οὐθὲν γὰρ οὔτε γίγνεσθαί φασιν οὔτε φθείρεσθαι τῶν ὄντων, ἀλλὰ μόνον δοκεῖν ἡμῖν, οἷον οἱ περὶ Μέλισσόν τε καὶ Παρμενίδην, οὕς, εἰ καὶ τἆλλα λέγουσι χαλῶς, ἀλλ' οὐ φυσικῶς γε δεῖ νομίσαι λέγειν. »Die einen von ihnen nehmen überhaupt für Entstehen und Vergehen den seinsmäßigen Boden weg. Sie sagten: weder entsteht etwas noch vergeht etwas von dem, was *ist*

[6] [Gemeint ist die im folgenden als Exkurs aufgenommene Übersetzung von De coelo (§ 22 d).]

[7] [Siehe Anhang II, Nachschrift Weiß Nr. 28, S. 331.]

[8] [Griechischer Text nach: Aristotelis De coelo et De generatione et corruptione. Recensuit Carolus Prantl. Lipsiae in aedibus B. G. Teubneri 1881.]

[9] [Siehe Anhang II, Nachschrift Weiß Nr. 29, S. 332.]

(eben sofern es ist); das sieht für *uns* nur so aus [eine zunächst aufgenommene nächste Dafürnahme]. So die um Parmenides und Melissos. Man darf nicht glauben, daß diese, wenn sie auch anderes ganz angemessen bestimmen, in diesem Falle solche Bestimmungen geben, die im Hinsehen auf das Was der φύσις erwachsen.«

298 b 19–20: τὸ γὰρ εἶναι ἄττα τῶν ὄντων ἀγένητα καὶ ὅλως ἀκίνητα μᾶλλόν ἐστιν ἑτέρας καὶ προτέρας ἢ τῆς φυσικῆς σκέψεως. »Das Was- und Wiesein von irgendwelchem, das *ist* frei von Entstehen und überhaupt Bewegtheit, das betrachtend zu untersuchen, gehört mehr in andere und ursprünglichere Forschung als in die, die auf φύσις absieht.« Parmenides hatte also unexplizit noch ein anderes Problemfeld im Auge, das die Griechen, Plato, Aristoteles, von ihm aufnahmen. – Daseiendes: φύσις, im weiteren Sinne dessen Seinscharakter.

298 b 21–24: ἐκεῖνοι δὲ διὰ τὸ μηθὲν μὲν ἄλλο παρὰ τὴν τῶν αἰσθητῶν οὐσίαν ὑπολαμβάνειν εἶναι, τοιαύτας δέ τινας νοῆσαι πρῶτοι φύσεις, εἴπερ ἔσται τις γνῶσις ἢ φρόνησις, οὕτω μετήνεγκαν ἐπὶ ταῦτα τοὺς ἐκεῖθεν λόγους. »Jene jedoch haben dadurch, daß sie einmal ihre Forschungen auf die Grundmeinung stellten, neben Gegenständen vom Seinscharakter derjenigen, die in nächster umgänglicher Vernehmbarkeit stehen, gebe es nichts anderes, zugleich aber als erste auf Gegenständliches den Blick richteten, das irgendwie so gearteten [unentstandenen] Seinscharakter haben müsse, wenn anders es so etwas wie bestimmtes Vertrautsein mit und Überlegen geben soll, die haben Weisen und Charaktere des An- und Besprechens in diesem Gegenstandsfeld übernommen und in das übertragen, was ihnen eigentlich thematisch vorschwebte.«

(Wie steht es hier mit Vorhabe – Vorgriff? Unexplizit – durcheinander!
Zwiespältigkeit des An- und Besprechens.[10]

[10] [Vgl. dazu auch Nachschrift Weiß: Aristoteles sieht aber die Zwiespältigkeit bei den Eleaten.]

Grundnahme – Vorhabe – φύσει ὄντα!
Entspringen in bestimmtem λόγος; das *so* λεγόμενον, vermeinte Seinscharakter = das Seiende, 1. das, was ist, 2. das Sein des *so* Seienden. – In welcher Explikationstendenz kann und *muß* beides unabgehoben da sein? – bzw. ein unexplizites Vorgängiges.
Vgl. Met. A 5, 986 b 27.

1. *sich zwingend dazu*, dem zu folgen und an das sich halten, was sich zeigt (τὰ φαινόμενα = τὰ πράγματα?). Vgl. τὴν ἀλήθειαν ἐσκόπουν (Γ 5, 1010 a 2).
2. dafür haltend (vgl. De gen. et corr. A 8, 325 a 13)
   a) das Eine (einheitlich-identische Selbige) auf dem Wege des *Ansprechens* da (zeigt sich),
   b) das Mehrere auf dem Wege des Vernehmens.)

§ 23. Die von Aristoteles angesetzte Lehrmeinung der Eleaten und der Gang der Kritik in »Physik« A 2 und A 3. Das im Hinsehen stehende Gegenstandsfeld der Kritik und der Forschung

a) Die in der These ἓν τὰ πάντα thematisch angesetzte Lehrmeinung der Eleaten und die sechs Phasen der Kritik (Phys. A 2, 184 b 22 – A 3, 187 a 11)

Die Lehrmeinung der Eleaten wird von Aristoteles in folgender Formulierung thematisch angesetzt: οἱ λέγοντες εἶναι ἓν τὰ πάντα (185 a 22). Diese These, d. h. charakteristischerweise *ausdrücklich* immer der in ihr vermeinte gegenständliche Zusammenhang im Wie der Vermeintheit durch die besagte Lehrmeinung, ist das Womit des Umgangs der Kritik. Lediglich aus ihr und ihrem Setzungssinn ist geschöpft, was in der Kritik zur Sprache kommt. Darin liegt aber: der Gehalt der These ist vorverstanden im Zusammenhang der ἀρχή-Problematik stehend, genommen als abzielend auf bestimmendes Beistellen von Woraus eines Gegenstandsfeldes. D. h. aber: sofern dieser Zusammenhang nicht unmittelbar ersichtlich ist, bedarf es für einen überhaupt möglichen Einsatz der Kritik einer Rechtfertigung der Einreihbarkeit des Theseninhaltes in die ἀρχή-Problematik.[1]

Phasen der Kritik:
1. Sicherung der Einreihbarkeit (184 b 22–25).
2. Feststellung der eigentlichen Verfehlung (– 185 a 20).
3. Grundsätzliche Analyse des An- und Besprechenssinnes (– 186 a 3).
4. Anwendung auf die einzelne Kritik der Hauptzüge der Theoreme bei den einzelnen Vertretern (186 a 4–22, Melissos; – a 33, Parmenides).
5. Explikation des ursprünglichsten Seinssinnes (– b 14) und des An- und Besprechens in Hinsicht auf eigentliches Gegenstandsansprechen, ὁρισμός (– *b 35*).
6. Kritischer Hinweis auf die geschichtliche Auswirkung und Fortbildung zweier Hauptthesen (187 a 1–11).[2]

α) Zur ersten Phase der Kritik: Sicherung der Einreihbarkeit der eleatischen These (ἓν τὰ πάντα) in die leitende ἀρχή-Problematik (Phys. A 2, 184 b 22–25)

Sonach setzt die Kritik (184 b 22) damit ein, zu zeigen, daß in der Weise des Anprechens des Gegenstandsfeldes, wie es sich resultatmäßig in der These ausdrückt, das Gegenständliche (Seiende) in seinem seinsmäßigen Woraus intendiert ist: das ansatzmäßig Angesprochene und in der Tendenz explizierender Besprechung Gehaltene ist hineingesehen in einen bestimmten ›als das und das Charakter‹. Das Gegenständliche ist angesprochen *als* τὰ πάντα (τὸ ὄν) und primär besprochen *als* ἕν (einzig einig). (Τὰ πάντα – ein vernehmendes Vermeinen – die jeglichen Seienden *alle* (*Plural!* nur so die gegensätzliche Formulierung) sind einzig eines (so-

[1] [Siehe Anhang II, Nachschrift Weiß Nr. 30, S. 332 f.]

[2] [Vgl. dazu Nachschrift Weiß (und ebenso Bröcker): Das eigentliche Kernstück ist 5. bzw. 3. […] Die Einteilung in sechs Phasen hat lediglich propädeutischen Zweck hinsichtlich der Interpretation.]

fern sie *sind!* das Sein *einzig eines – also!* ist *das* ›Viele‹ nicht). – ›Zugleich‹ – alle – *einzig einig* – ›Da‹-Bestimmtheiten im *λόγος*, und *zwar auf ihn selbst gestellten*, d. h. im νοεῖν, διανοεῖν.)

Was besagen diese ›als‹-Charaktere in Hinsicht auf die leitende ἀρχή-Problematik? Bringen sie die möglichen Woraus des vermeinten Sachfeldes (φύσει ὄντα) zur ausweisenden Anschaubarkeit und begrifflich-kategorialen Bestimmbarkeit?

Das ausnehmend Eigentümliche der im Ansprechensgehalt der besagten These vermeinten ›als‹-Charaktere ist es, das vermeinte Gegenständliche als ein solches anzusprechen, bezüglich dessen jede Ansprechbarkeit und hinsichtliche Artikulation auf ein ›Woraus‹ überhaupt grundsätzlich unmöglich ist, d. h. das Ansprechen ist kein auf den gegenständlichen Gehalt hinsehendes, es ist aussehensmäßig ungebunden. Die Rede hat keinen echten Gehalt, ihre artikulierenden Schritte sind nicht je gehalten von einem ursprünglich begegnenden Was des Gegenstandes selbst; und zwar können sie so nicht gehalten sein, weil das Ansprechen selbst durch die Weise, wie es spricht (kategorial), sich den Zugang zu dem eigentlich intendierten Gehalt verlegt.

Sie (die These) ist nicht geführt vom (praestruierenden) Umgangssinn ihrer eigenen Bewegtheit, [nicht geführt von einer] sachgebunden vorbauenden Vorhabe, aus Begegnendem schöpfenden Grunderfahrung.

β) Zur zweiten Phase der Kritik: Feststellung der eigentlichen Verfehlung als Verfehlung des intendierten Gegensstandsfeldes und der für die ἀρχή-Problematik grundlegenden Gegenstandsbestimmtheiten (Phys. A 2, 184 b 25 – 185 a 20)

Käme es Aristoteles an auf ein Kritisieren und Zurückweisen fremder Standpunkte und die Gegenbehauptung eines eigenen, dann könnte es mit dem Aufweis des besagten Ansprechenssinnes der These, der gleichsam taub ist gegen den eigenen Spruchcharakter, sein Bewenden haben. Dabei wäre allerdings zu beachten, daß schon allein dieser Aufweis nur möglich ist in einer schon prinzipiell fixierten und in den Hauptorientierungen gesicherten Situation sachentsprungener Problembildung.

Die Kritik geht trotzdem nicht zu einer nächsten Lehrmeinung über, sondern macht gerade einen breiten Aufenthalt. Aristoteles entwickelt sogar bei dieser Gelegenheit die ausführlichste Kritik des ganzen Buches; nicht im hemmungslosen Drang einer wildgewordenen Kritisiersucht, sondern geführt von der Einsicht, daß in den ›Unwegsamkeiten‹ der These Zugangs- und Bestimmensbewegtheiten im Spiel sind, die irgendwie das vermeinte Gegenstandsfeld im Ziel haben und für die philosophische Erfassung relevant sind (*Ontologie* und Logik). Obzwar in der These von Grund aus das intendierte Gegenstandsfeld verfehlt ist, gibt das bestimmt geführte Durchbetrachten der Verfehlung die Gelegenheit, für die ἀρχή-Problematik grundlegende Gegenstandsbestimmtheiten zur Aufweisung zu bringen; d.h. aber: ausdrücklich das in der Forschung grundsätzlich ins Ziel genommene Gegenstandsfeld so begegnen, auf den Forschenden zukommen lassen, daß dessen Aussehen dem Ansprechen und Besprechen den Gehalt verleiht (?) (Er-fahrungsstand, Begegnismöglichkeit ausbildend). (Die kritische Grundhaltung von Anfang an positiv aufweisend; Aufweisungsaufgabe führt sie! Bestimmt – nach welchen Momenten? – die Bewegtheit (?) des Umgangs.)

Das Absehen der Kritik geht darauf, grundsätzlich gegenüber jeder Weise des Ansprechens und Besprechens gegenüber den λέγοντες das eigentliche Womit des Umgangs der Forschung zu bestimmen und als das Bereden leitend zu sichern, d.h. aber für die einzelnen Schritte der Kritik selbst deren Umgangswomit in die Richtung seiner am Gegenstand gemessenen kritischen Vernehmbarkeit zu bringen.

Daher unterbricht Aristoteles vor Eintritt in die konkrete Kritik gleichsam den Gang derselben, um, *scharf zugespitzt (?)* gegenüber allen λέγοντες, die Situation des forschenden Sehens anzuzeigen: ἡμῖν δ' ὑποκείσθω τὰ φύσει ἢ πάντα ἢ ἔνια κινούμενα εἶναι· δῆλον δ' ἐκ τῆς ἐπαγωγῆς. (185 a 12 sqq.) (Die Einfachheit dieser Festlegung aushalten; *Aushalten*, d.h. sehend Anschauung immer neu präsent haben.)

Für unsere ganze aufweisende (auch kritische) Untersuchung soll das Gegenstandsfeld vorgegeben sein im Aussehenscharakter des in Bewegung Seins. Und zwar ist dieser nicht angenommen auf Grund einer Übereinkunft, Abstimmung; er ist nicht ohne mögliche Ausweisbarkeit. Er soll nicht deshalb leitend sein, weil mit dieser Annahme etwa der Erklärungszusammenhang harmonisch und widerspruchs- und lückenlos wird, sondern dieser entscheidende Aussehenscharakter hat seine eigene ursprüngliche Weise des Begegnens: ἐπαγωγή, das schlichte Zugehen auf die Umwelt, wie sie da ist im faktischen Umgang vor einer ausdrücklichen Aufgabe hinsehenden Bestimmens des Gegenständlichen. (Vgl. Phys. A 7.)[3]

Das Ansprechen und Besprechen also ist – wenn überhaupt – erhellende Auslegung in einer so gerichteten Umgangsbewegtheit, in einer Lage, für deren Umsicht die Umwelt im Charakter des Bewegtseins begegnet. (Das *auslegende durchsprechende* aus dem Verdeckten Nehmen ist als solches in einem da-habenden Gestelltsein zu; *Da-habe* des *Begegnenden* ist bestimmt durch *Bewegtseiend.*)

Grundsätzlich hat Aristoteles kritisch schon herausgestellt: die Weise, wie das An- und Be-sprechen spricht, ist das Verfehlte, und zwar die Möglichkeit eines Begegnens von Bewegtheit verschließend (Grunderfahrung abdrängend). Die konkrete Kritik wird also die These nach ihrem Ansprechens- und Besprechenssinn zu befragen und die Verfehlung aufzuweisen haben.

γ) Zur dritten Phase der Kritik: Grundsätzliche Analyse der eleatischen These (ἓν τὰ πάντα) auf ihren An- und Besprechenssinn (Phys. A 2, 185 a 20 – 186 a 3)

Das in die Vorhabe gestellte Gegenständliche ist in der eleatischen These angesprochen als ›das Seiende‹ (die ›jeglichen alle‹)

[3] [Siehe Anhang II, Nachschrift Weiß Nr. 31, S. 333.]

und besprochen als ›einzig einiges‹. Damit ist der nächste Gang der Kritik vorgezeichnet und zugleich das, was zur Sprache kommt und in welchem Absehen. Die in der Umgangsbewegtheit der Kritik lebendige Erwartungstendenz geht dem Forschungsziel entsprechend auf das Antreffen von bestimmten abgehobenen Woraus, und zwar solchen des besagten Gegenstandsfeldes. Sofern die Erwartung enttäuscht wird, die Kritik selbst aber diese Enttäuschung nicht nur ausdrücklich zu machen, sondern die Verfehlung der These aufzuweisen hat, d. h. den Motivzusammenhang der Enttäuschung, muß dabei das Erwartete (die Woraus) in irgendeiner Weise so zur Sprache kommen, daß die Fehltendenz *vom Hinblick* auf das Forschungsziel her in ihre angemessene Sinnrichtung gestellt wird. D. h. aber: die Kritik als forschende muß für die schwebende Aufgabe der Herausarbeitung der entscheidenden Woraus etwas ›Positives‹ beistellen. Schon ein rohes berichtweises Verfolgen des Ganges der Kritik macht die vorgenannte Leistung sichtbar.

Das Nächste ist also, die These auf ihre Weise des Ansprechens und Besprechens zu untersuchen; d. h. aber: es ist zu bestimmen die Bedeutung des ›(als (?)) was‹[4] im Ansprechen (τὸ ὄν), imgleichen die des ›als was‹ im Besprechen (τὸ ἕν). Und zwar geschieht das vor einem eigenen Durchbetrachten der eleatischen Theoreme in der jeweiligen Gestalt des Ansetzens und Begründens bei den einzelnen Vertretern.

Die Diskussion des Ansprechens und seines ›(als) was‹ ergibt: das als ›Seiend‹ vermeinte Worauf der Forschung ist seinem eigensten Ansprechenssinne nach in einer vielfältigen Weise im Ansprechen gesagt. Die Diskussion des ›als was‹ des anschaulich vermeinenden Artikulierens (explizierenden Ansprechens) des so Angesprochenen (des ἕν) führt von sich selbst her zu dem gleichen Ergebnis. (Das Seiende – *Vielfältigkeit* von Seinscharakteren (Kategorien). Das thematische Was des Ansprechens für dieses selbst mannigfaltig; was dem Seienden angesprochen wird,

[4] es selbst *an ihm* selbst, lediglich *von ihm vernehmen es selbst*, d. h. *An*-sprechen.

das ist es als solches gerade nicht.) Bezüglich der These selbst – als dem Ausdruck des erhellend verstehenden Bestimmens eines Gegenstandsfeldes – besagt das: sie ist als solche in jeder Hinsicht gegenstandsunangemessen. Das Angesprochene ist im Anspruch spruchmäßig *so* zur Vorgabe einer Besprechbarkeit gestellt (als ὄν), daß diese selbst im Angesprochenen nicht die ausweisende Erfüllung finden kann. Die Weise des Besprechens dagegen ist so, daß sie notwendig die Vielfältigkeit im Angesprochenen verlangt oder aber sie macht das Ansprechen selbst und seine Mannigfaltigkeit unmöglich. Die möglichen Ansprechens- und Besprechenssinne bestimmen zufolge ihrem eigenen Auslegungscharakter das in die Vorhabe gestellte Gegenständliche (φύσει ὄντα) in einer Weise, daß die besagte These sich als sinnmäßig unerfüllbare ausweist. So kam es, daß, wo die These doch verfochten wurde, unter dem Zwang des vorgehabten Gegenstandsaussehens und seiner sich nahegebenden Hinsichten und dem Zwang des Ansprechens- und Besprechenssinnes, doch zu einer sachangemessenen Gegenstandsbestimmung weiter gegangen wurde, wenn auch die betreffenden Forscher über die eigentlichen Motive im Unklaren verblieben.

δ) Zur vierten Phase der Kritik: Anwendung der zuvor grundsätzlich herausgestellten Verfehlungen auf die einzelne Kritik der Hauptzüge der Theoreme bei den Hauptvertretern Melisssos und Parmenides (Phys. A 3, 186 a 4–22 und a 22–33). Ausdrücklich positive Explikation in Beziehung zur Aufgabe der ἀρχή-Forschung

Wenn einmal die grundsätzlichen Verfehlungen im Vollzug des An- und Besprechens innerhalb der eleatischen These herausgestellt sind, dann wird es leicht, im Einzelnen ihre Explikation nach ihrem Ansatz und den expliziten Hauptschritten als unhaltbar darzutun. Das nach seinem Sinne in keiner Weise erhellte Ansprechen schafft ihnen eine selbst anspruchsunmögliche, den Gegenstand der Vorhabe in seinem Was verdeckende Grundnahme. Für das explizierende Besprechen besagt das aber: dieses bleibt von vornherein ohne Direktion von dem zu besprechenden gegenständlichen Was her.

Aristoteles vermerkt ausdrücklich, daß dem Blick des Parmenides *das* Feld verschlossen blieb, innerhalb dessen die Anprechens- und Besprechenssinne ursprünglich zu sichern und die Sachforschung grundsätzlich ins Werk zu setzen ist.

Gemäß dem Zug und Ziel der Kritik bleibt es nicht bei der Aufweisung des Verfehlens und der damit gegebenen Abhebung des verfehlten gegenständlichen Zusammenhangs, sondern in der Kontinuität der Betrachtung erwächst eine ausdrücklich positive Explikation, die in einer eigentümlich grund-legenden Beziehung zur Aufgabe der ἀρχή-Forschung steht. Zugleich ist auch dabei noch entfernt auf bestimmte Thesen Bezug genommen, die in der weiteren Ausbildung der eleatischen Position zur Aufstellung kamen.

ε) Zur fünften Phase der Kritik: Explikation des ursprünglichsten Seinssinnes (Phys. A 3, 186 a 33 – b 14) und des eigentlichen An- und Besprechens von Gegenständen im ὁρισμός (Abhebungsstruktur der Woraus als solcher) (Phys. A 3, 186 b 14–35)

In Orientierung an der These ist darüber kurz so zu berichten: das Seiende ist nicht nur nicht einzig eines, sondern auch schon das ›etwas worüber‹ schlechthin und als solches ermöglicht von ihm selbst her bezüglich seiner selbst Abhebbarkeiten. Und zwar ist dabei das Abhebbare vom selben Gegenstands- und Seinscharakter wie das *›wovon‹* der Abhebung.

Diese Abhebbaren sind selbst sogeartete Bestimmtheiten des Etwas, daß sie sein Aussehen in Hinsicht auf die eigentlichen Woraus bestimmen. So ergibt sich hinsichtlich der besagten Ansprechens- und Besprechenscharaktere ὄν und ἕν folgendes: das seiende Etwas als solches ist als etwas eines; unbeschadet dieser Einhaftigkeit des Gegenstandes als seienden, ja gerade auf Grund ihrer, ist der Seinssinn im (An-) und Besprechen von Seiendem mannigfaltig (nicht einhaft), sowohl in Hinsicht der Besprechbarkeit – Sogeeigenschaftet-, Soviel-, Sobezogen-Sein – als auch in Hinsicht auf die ursprüngliche Ansprechbarkeit, sofern im angesprochenen Worüber als solchen eine Mannigfaltigkeit von bestimmenden Woraus desselben Seinscharakters abhebbar ist. Dabei ist die ἀρχή-Forschung in die ursprünglichsten Vorweisungen der Bestimmbarkeiten von Gegenständlichem – Seiendem gestellt.

Die Explikationen über Einheit und Mannigfaltigkeit sind keine spielerisch dialektischen und kombinatorischen Erörterungen, sondern erwachsen aus der Analyse eines nachher zu fixierenden Gegenstandsfeldes; und sie sind gleichzeitig nicht formalistisch beziehungslos, allgemein gegeben und freigestellt, sondern im sachlichen Zusammenhang der konkreten Aufgabe der Bestimmung der Woraus eines bestimmten Sachgebietes. Die Explikationen sind derart, daß sie Bewegtheitsstrukturen aufweisen *des* Zugangs, der eine Begegenbarkeit von Gegenständen der Seinsweise des in Bewegungseins gewährleistet und sichert. (Die Antrifftsbedingungen und die jeweilige Fundweite eines Zugangsphänomens und seiner Situation.)

ζ) Zur sechsten Phase der Kritik: Kritischer Hinweis auf die geschichtliche Auswirkung und Fortbildung zweier eleatischer Hauptthesen in der nachfolgenden Philosophie (Phys. A 3, 187 a 1–11)

Die Kritik schließt mit einem Hinweis auf die Auswirkung der eleatischen Thesen in der nachfolgenden Philosophie. Hinweis wie daran geknüpfte Kritik sind zwar sicher und bestimmt, aber so lapidar gehalten, daß sie auf eine konkrete Besprechung innerhalb der Vorlesung selbst hinweisen, bzw. bei dem Hörerkreis innerhalb der Forschungsgemeinschaft die Vertrautheit mit den Theoremen und den entsprechenden kritischen Diskussionen voraussetzen.

η) Zusammenfassung der erörterten sechs Phasen der Eleaten-Kritik (Phys. A 2, 184 b 22 – A 3, 187 a 11)

Die Kritik setzt ein mit der Einreihung der charakteristischen These in den Zusammenhang der Forschungsaufgabe, fixiert ihre eigentliche Verfehlung im Hinblick auf das Forschungsziel, geht über zu einer grundsätzlichen Analyse des ›Spruch‹-sinnes. Von den so herausgestellten Verfehlungen her werden sodann die bestimmten Theoreme der Hauptvertreter Melissos und Parmenides nach den Hauptzügen ihrer Forschung (Ansatz und Explikation) auf ihre bestimmten Verfehlungen hin besprochen. Daran schließt sich der Aufweis des ursprünglichsten, die ganze Problematik leitenden Seinssinnes und die Explikation des eigentlichen An- und Besprechens von Gegenständen im ὁρισμός an (Abhebungsstruktur der Woraus als solcher). Kritik schließt mit einem kritischen Hinweis auf die Geschichte der Auswirkung und Fortbildung zweier Hauptthesen.

b) Zur dritten aus der Aufgabe der Untersuchung entspringenden Frage: Worauf geht das in der Kritik als verstehend bestimmender Umgang lebendige Hinsehen und was kommt dabei zur Abhebung?

Ad 3.[5] (Worauf geht das in der Kritik als verstehend bestimmender Umgang lebendige Hinsehen und was kommt dabei zur Abhebung?) Der Gehalt der These ist zwar im Rohen bestimmt durch Angabe des ›(als) was‹ des Ansprechens und des ›als was‹ des Besprechens. Ebenso ist der Gang der kritischen Betrachtung in den einzelnen Schritten abgegrenzt. Und doch bleibt ganz ungenügend bestimmt, wovon die Rede ist, worauf das Hinsehen des kritischen Umgangs abzielt. Es gilt nunmehr das Gegenstandsfeld zu bestimmen, das im Hinsehen steht und *so* für die kritischen Entscheidungen begründende Ausweisung gibt, inner-

[5] [Siehe oben § 22 a, S. 182.]

halb dessen das, was zur Sprache kommt, ›angebracht‹ ist, seinen Ort findet. Für die Auslegung (im Sinne ihres Zieles) ist es ebensosehr von Wichtigkeit, das besagte Hinsehensfeld der Kritik und der Forschung eindeutig zu bestimmen, als es doch wiederum in *dem* Charakter der thematischen Unbestimmtheit zu belassen, der für aristotelische Forschung charakteristisch ist. Diese eigentümliche Unbestimmtheit wird aber nur von einer ihr angemessenen Überbestimmtheit (Überhellung, vgl. früher Met. A[6]) her faßbar.

§ 24. Verstehender Mit- und Nachvollzug der Umgangsbewegtheit in der Anmessung an ausdrückliche Schritte und Bestimmungen der Eleaten-Kritik in »Physik« A 2 und A 3

a) Beginn an dem Teil der Eleaten-Kritik, der grundsätzlich und doch konkret die als-was-Charaktere des An- und Besprechens diskutiert (Phys. A 2, 185 a 20 sqq.)

Für die Auslegung ist es geraten, jetzt nicht mehr schematisch dem Gang der Kritik zu folgen, sondern an einem konkreten Stück kritischer Betrachtung einzusetzen, d. h. da, wo in Anmessung an ausdrückliche Schritte und Bestimmungen die Umgangsbewegtheit nachvollziehbar wird. Im verstehenden Mitgang mit dem Umgang muß dessen Womit und die umgangerhellende und führende Hinsicht auf dieses (phänomenologisch) anschaulich erreichbar sein. Sonach ist an dem Teil der Kritik zu beginnen, der grundsätzlich und doch konkret die als-was-Charaktere des An- und Besprechens diskutiert. Von da ist auf das weitere konkrete Stück einzugehen (Nr. 5[1]). Erst von den so gewonnenen Horizonten her wird dann die Auslegung der übrigen Schritte zu bewerkstelligen sein.

[6] [Im vorliegenden Band nur noch thematisiert in § 25 c β, unten S. 213 f., und Anhang III A: Anzeige der hermeneutischen Situation, S. 372.]

[1] [Siehe § 23 a, oben S. 189 und S. 195 f.]

b) Die Mannigfaltigkeit der ontologischen Grundbegriffe und die möglichen Bedeutungen von ›Sein‹

Aristoteles bezeichnet als den angemessensten Ausgang: ἰδεῖν πῶς λέγουσιν [vgl. 185 a 22], nachsehen, wie sie reden, im An- und Besprechen das angesprochene und besprochene Etwas vermeinen (was an Seinscharakteren am Seienden getroffen, abgehoben ist). Mit dieser Fixierung des Hinsehens auf die Weise des Redens ist eine sichere zwar, aber doch rohe Anzeige *der* Blickrichtung gegeben, in der sich der kritische Umgang halten soll. Er zielt ab auf das Wie des Gesagtseins der bei der besagten These ›in Rede stehenden‹ als-was-Charaktere: die Bedeutung des ὄν und des ἕν (185 a 22 – 185 b 7). Zugleich ist die Begründung der Angemessenheit dieses Ausgangs mitgegeben – die Vielfachheit der Wortbedeutungen. (Das betrifft nicht nur die beiden genannten, sondern alle ontologischen Grundbegriffe. Aristoteles hat davon ein ausdrückliches methodisches Bewußtsein, so zwar, daß daraus ein Grundzug seiner ontologischen Forschungen sich bestimmt. Es ist nicht zufällig, daß die phänomenologische Forschung mit Bedeutungsanalysen einsetzte, dem Aufweis von Äquivokationen.[2])

Simplicius[3] beschreibt das Verfahren des Aristoteles also: τὸν Παρμενίδου καὶ Μελίσσου λόγον [...] ἐκ διαιρέσεως ἀνασκευάζων (71, 26 sqq.); διαλεκτικὴ [...] ἐπιχείρησις (ibid. 71, 31); τῇ γὰρ διαλεκτικῇ χρωμένους ἔστι τὰς τῶν ἐπιστημῶν ἀρχὰς κατασκευάζειν. (ibid. 72, 1 sq.)[4]

[2] [Siehe Anhang II, Nachschrift Weiß Nr. 32, S. 333.]
[3] [Simplicii in Phys., ed. Diels, op. cit.]
[4] [Siehe Anhang II, Nachschrift Bröcker Nr. 18, S. 314.]

c) Die Mannigfaltigkeit möglicher Bedeutungen von ›Sein‹ und die prinzipielle Charakterisierung ihrer Weise des Fungierens im An- und Besprechen (Phys. A 2, 185 a 22 sqq.)

Aristoteles legt zunächst eine Mannigfaltigkeit möglicher Bedeutungen von ›Sein‹ vor; charakterisiert diese prinzipiell in ihrer Weise des Fungierens im An- und Besprechen, und das im Hinblick auf den Redesinn der besagten These, bzw. das in ihr vermeinte Gegenstandsfeld.

Aristoteles zählt zuerst *die* Reihe möglicher Bedeutungen von Sein auf, in denen überhaupt das Gegenständliche ansprechbar ist: als οὐσία, d. i. im Wie der washaltigen Seinshaftigkeit als solcher, als ποσά, d. i. im ›als‹ des Wiemannigfaltig, als ποιά im ›als‹ des Wiegeeigenschaftet. Bezüglich jeder dieser Bedeutungsweisen besteht ferner die Möglichkeit, das Gegenständliche in der[5] Einzigkeit einer entsprechend bestimmten Hinsicht zu vermeinen – also z. B. in der Weise einer einzig bestimmten Washaltigkeit; alles ist nach seinem Was einzig das und das: Mensch, Pferd, Seele, bzw. einzig in einer bestimmten Hinsicht des Beschaffenseins: ›weiß‹, ›warm‹ oder dergleichen.[6]

Alle diese genannten Weisen möglichen Vermeintseins von Sein im Ansprechen sind unter sich weitgehend verschieden; sie haben ferner nicht die Eignung, im Ansprechen zu fungieren, sofern die These zu Recht besteht.

Wird nämlich Gegenständliches angesprochen im Als der washaltigen Seinshaftigkeit und im Als des Wiemannigfaltig und dazu im Als des Wiegeeigenschaftet, dann können diese Seinssinne je für sich in eigenen Ansprechensvollzügen vermeint sein oder nicht; in jedem Falle ist in solchem Ansprechen grundsätzlich das angesprochene Gegenständliche als seinsmäßig Vielfaches angesprochen.

Wird das Gegenständliche vermeint einzig im ›als‹ des Wiege-

[5] [Einfügung mit (stumpfem) Bleistift:] konkret?
[6] [Randbemerkung zu diesem Absatz:] schärfer nehmen von Met. Z her.

eigenschaftet oder einzig in dem des Wiemannigfaltig, dann ist so etwas ›unangebracht‹, mag das Gegenständliche selbst im Wie der eigentlichen Seinshaftigkeit stehen oder nicht. Diese Weisen des Vermeintseins von Sein sind nicht freiständig neben der eigentlichen Seinshaftigkeit. (Jegliches, was überhaupt als Wie des Ansprechens fungiert, wird vermeint im Ansprechen in *der* Grundhinsicht auf ein Worüber, und zwar das der washaltigen Seinshaftigkeit. – Alle diese anderen sind die in Hinsicht auf Worüber – der οὐσία.)

Daß man eine Ansprechbarkeit für möglich halten mochte, in der einzig das Gegenständliche im Als des Wiemannigfaltig bestimmt sein sollte, bestätigt der Satz des Melissos [185 a 32 sq.]: das Sein ist bar einer Mannigfaltigkeitsbegrenzung. Der einzige und bestimmende Seinscharakter ist für sich das Wiemannigfaltig, denn was bar ist einer Mannigfaltigkeitsbegrenzung, das ist im Wie des Wiemannigfaltig. (Vgl. Simplicius [in Phys.] 75, 30 – 76, 27 als charakteristisch, wie weit die begriffliche Aufklärung der kategorialen Bestimmungsfunktion in der griechischen Logik gebracht wurde.)[7]

d) Exkurs: Übersetzung von Simpl. in Phys. 75, 30 – 76, 15 und 76, 19–25 (Das καθ' ὑποκειμένου als das, was zu seinem Sein bedarf ein ›Worüber‹. Die Bestimmungen der Grenzenlosigkeit (ἀπερία) und des Wiemannigfaltig (ποσόν))

Simpl. in Phys. (ed. Diels) 75, 30 – 76, 3: τῷ δὲ *καθ' ὑποκειμένου* χρῆται νῦν οὐ ⟨τῷ⟩ τὸ καθόλου σημαίνοντι, ἀλλ' ἀντὶ τοῦ ἐν ὑποκειμένῳ· εἴωθε γὰρ τὰ μὴ καθ' αὑτὰ ὄντα ἀλλ' ἑτέρου πρὸς τὸ εἶναι δεόμενα καθ' ὑποκειμένου λέγειν, ὡς λεγόμενα κατὰ τῶν ὑποκειμένων. »Das καθ' ὑποκειμένου gebraucht er [Aristoteles] jetzt nicht in der Bedeutung des im Ganzen [hingeltend auf einzelnes], sondern in Stellvertretung von ἐν ὑποκειμένῳ [vgl. Met. A 2, 982 a 23, b 4: τὰ ὑποκείμενα]. Er pflegt nämlich das, was

[7] [Siehe Anhang II, Nachschrift Weiß Nr. 33, S. 334.]

nicht sich selbst, von ihm selbst her [freiständig] einen Seinssinn ausmacht [bzw. in ihm vermeint ist] und was eines anderen bedarf, um zu sein, als καθ' ὑποκειμένου anzusprechen, als sei das gleichsam angesprochen in Hinsicht auf die Zugrundeliegenden. [Das formal ist im Grundwie des Hinsichtlichen eines Worüber.]«[8]

Simpl. in Phys. 76, 4–7:[9] λέγεται οὖν, φησὶν ὁ Ἀλέξανδρος, καθ' ὑποκειμένου πάντα οἷς πρὸς τὸ εἶναι ὑποκειμένου τινὸς δεῖ. τοιαῦτα γὰρ καὶ τὰ κυρίως καθ' ὑποκειμένου φησίν, ἐπειδὴ οὐδὲν οἶδε καθόλου χωριστόν. »Alexander bemerkt: Als καθ' ὑποκειμένου wird all das bezeichnet, das zu seinem Sein bedarf [nach seinem Seinssinn fordert] ein Worüber. Als solche καθ' ὑποκειμένου spricht er also auch das an, was im eigentlichen Sinne ist (τὰ κυρίως), da er nichts kennt, was schlechthin freiständig ist [immer noch ›worüber‹ des λέγειν].«

(Zu καθ' ὑποκειμένου (›τὰ [...] καθ' ὑποκείμενου‹ [Simpl. in Phys. 76, 6]): νῦν μὲν οὖν τύπῳ εἴρηται τί ποτ' ἐστὶν ἡ οὐσία, ὅτι τὸ μὴ καθ' ὑποκειμένου ἀλλὰ καθ' οὗ τὰ ἄλλα. (Met. Z 3, 1029 a 7 sqq.)[10])

Simpl. in Phys. 76, 7–10: ἀλλὰ πῶς τὸ ἄπειρον ἐν τῷ ποσῷ φησιν εἶναι; ἢ ὡς ἐν γένει τῷ ποσῷ· τοῦ γὰρ ποσοῦ τὸ μὲν ἄπειρον, τὸ δὲ πεπερασμένον· ἢ ὅτι τὸ ἄπειρον μόνου τοῦ ποσοῦ καθ' αὑτὸ κατηγορεῖται, τῶν δὲ ἄλλων γενῶν ουδενός. »Aber wie ist es nun zu verstehen, wenn er sagt, das der Mannigfaltigkeits*begrenzung* Bare sei *›im‹* Wiemannigfaltig. Versteht er das ›in‹ wie: fällt unter die ›Gattung‹ des Wiemannigfaltig? Vom möglichen Mannigfaltigen ist nämlich das eine bar einer Begrenzung, das andere ist begrenzt. *Oder besagt das ›ἐν‹, daß das ἄπειρον einzig in bezug auf das Wiemannigfaltig hinsichtlich seiner selbst, schlechtweg, ausgesagt wird*, bezüglich der anderen kategorialen Seinssinnabkünfte aber nicht.«

[8] [Siehe Anhang II, Nachschrift Weiß Nr. 34, S. 334.]

[9] [Ein Satz (76, 3–4) ist in der Übersetzung ausgelassen.]

[10] [Vgl. dazu Nachschrift Weiß (und ebenso Bröcker): So ist auch die οὐσία καθ' ὑποκειμένου. (Also hat Alexander »Metaphysik«, VII. Buch, gründlich studiert.)]

Simpl. in Phys. 76, 10–15: καθ' αὑτὰ γὰρ κατηγορεῖται ὅσα τε ἐν τῷ ὁριστικῷ λόγῳ τινὸς παραλαμβάνεται, ὡς ἀνθρώπου καθ' αὑτὸ κατηγορεῖται τὸ ζῷον, καὶ τὰ ἐν τῷ ὁριστικῷ λόγῳ τῶν ὑπαρχόντων αὐτοῖς παραλαμβανόμενα, ὡς τὸ ἄρτιον τῷ ἀριθμῷ καθ' αὑτὸ ὑπάρχει, ἐπεὶ ἐν τῷ τοῦ ἀρτίου λόγῳ ὁ ἀριθμὸς παραλαμβάνεται. ὁριζόμενοι γὰρ τὸ ἄρτιον λέγομεν ἀριθμὸς εἰς ἴσα διαιρούμενος. »Hinsichtlich seiner selbst, schlechtweg, wird ausgesagt alles, was im eigentlich bestimmenden Sachansprechen und -besprechen von etwas mit dabei gemeint, mit daneben begriffen ist, so beim Gegenstand ›Mensch‹ das ›Lebewesensein‹; und ebenso das, was in einer Definition als Mitgemeintes da ist bezüglich dessen, was dem betreffenden definierten Gegenstand zuständig ist; so ist das Geradesein *der Zahl* zuständig. Im Vermeinen des ›Gerade‹ ist mitvermeint das ›Zahlsein‹; wenn wir das Gerade bestimmen, sagen wir: eine in Gleiche (Teile) teilbare Zahl.«

Simpl. in Phys. 76, 19–23: καὶ τὸ ἄπειρον δὲ τοῦ ποσοῦ κατηγορεῖται καθ' αὑτό, διότι ἐν τῷ τοῦ ἀπείρου λόγῳ τὸ ποσὸν παραλαμβάνεται. διττὸν δὲ τὸ ἄπειρον ὥσπερ καὶ τὸ λευκόν· καὶ τὸ μὲν ἄπειρον τὸ σημαῖνον τὴν ἀπειρίαν πάθος ἐστὶ ποσότητος, τὸ δὲ ἄπειρον τὸ πεπονθὸς τὴν ἀπειρίαν ποσόν ἐστιν ἀδιεξίτητον. »So wird auch das ἄπειρον von ihm selbst her vom ποσόν ausgesagt als *dem* Wiemannigfaltig zu-ständig. Daher wird auch im Vermeinen des ἄπειρον mit dazu begriffen das ποσόν. Das ἄπειρον hat aber eine zwiefache Bedeutung – wie das Weiß-sein; das ἄπειρον, das bedeutet ›Grenzenlosigkeit‹ (ἀπειρία), ist [kategorial] eine Modifikation des Wiegeeigenschaftet. Das ἄπειρον, das bedeutet: etwas, was in solcher Grenzenlosigkeit steht, gehört in die kategoriale Bestimmung des Wiemannigfaltig, und zwar ist ein solches (ποσόν) ἀδιεξίτητον, nicht durch-aus-laufbar [im Durchlaufen auszulaufen].«

Simpl. in Phys. 76, 23–25: πανταχόθεν οὖν προσχρῆται τῷ ὁρισμῷ τοῦ ποσοῦ τὸ ἄπειρον. καθ' αὑτὸ ἄρα αὐτῷ ὑπάρχει, ὥστε καὶ μόνῳ· οὐ γὰρ οἷόν τε τὸ αὐτὸ πλείοσιν ἀνομογενέσι καθ' αὑτὸ ὑπάρχειν. »Von allen Seien her [ist klar] braucht das ἄπειρον das

Ansprechen im ›als‹ des Wiemannigfaltig für sich dazu; es ist diesem also hinsichtlich seiner selbst, schlechtweg, zuständig, also auch ihm einzig und allein, denn es ist unmöglich, das *dasselbe mehreren* nichtgleichen Seinssinnabkünften hinsichtlich seiner selbst, schlechtweg, zuständig sein könnte.«

e) Der Seinssinn der οὐσία. Die erste vorbereitende Frage nach der Mannigfaltigkeit der Seinssinne und die zweite vorbereitende Frage nach den kritischen Entscheidungen über ihre Möglichkeiten. Die Grundfrage nach dem in der kritischen Diskussion im Blick stehenden einheitlichen Gegenstandsfeld

Der Seinssinn der οὐσία ist frei von dem Wie des Wiemannigfaltig, und imgleichen ist es das ποιόν. Wird aber etwas angesprochen im Wie der οὐσία und besprochen im Wie des ποσόν, dann ist das vermeinte Gegenständliche seinem Seinssinn nach nicht einzig eines; wenn aber *einzig* im Wie der οὐσία – also ›ἕν‹, dann nicht ἄπειρον; anders wäre es ja ein Charakter des Wiemannigfaltig.

Die erste Frage ist: Wie ist die Mannigfaltigkeit der vorgegebenen Seinssinne gefaßt, in welcher Hinsicht und als was sind sie je andere und verschieden (weitgehend)? Was besagt diese Hinsicht, woraufhin sie verschieden sind für die einzelnen Seinssinne und für das Gegenstandsfeld, aus dem sie als solche geschöpft sind?[11]

Die zweite Frage muß sein: Was besagen die kritischen Entscheidungen, die über die Seinssinne und ihre Möglichkeiten gegeben werden? Was sind diese Seinssinne, daß sie in solchen Möglichkeiten stehen? Woraufhin sind sie angesehen, daß kritische Entscheidungen vollziehbar werden wie: ›unmöglich‹ im Ansprechen; ›eignungslos‹, ›unangebracht‹ im Sprechen; ›nicht freiständig‹, ›immer in Beziehung auf ein mögliches Worüber‹, ›mitbrauchend [?] den und den Seinssinn‹. (Auf dem Vorkommen

[11] 1. *Die Antwort des Aristoteles in Met. Z;* 2. unsere eigentliche Interpretation derselben.

welcher Gegenstandszusammenhänge ruht die eleatische These?)

Diese beiden Fragegruppen sind vorbereitende Vorläufer der Grundfrage, ob in der kritischen Diskussion ein einheitliches Gegenstandsfeld im Blick ist und welches es ist, das vom kritischen Hinsehen ins Ziel genommen ist.[12]

Da die Beantwortung dieser Grundfrage lediglich[13] gewonnen werden soll in strenger Anmessung an den vorgegebenen Textzusammenhang und da sie nur so weit geführt werden soll, als das mit dem möglich ist, was da und wie es gesagt ist, bedarf es zunächst einer Orientierung über den Problemzusammenhang, in dem die eleatische These steht und über deren quellenmäßig zugängliche Gestalt selbst.

Diese ist um so unentbehrlicher für das Verständnis der Interpretation, als auf das Anschleppen von herausgerissenen ›Parallel‹stellen aus den disparatesten Schriften des Aristoteles zu Belegzwecken grundsätzlich verzichtet wird. Wenn früher und im Folgenden Hinweise auf andere Untersuchungen gegeben werden, dann immer im Zusammenhang und gerade mit der Betonung der jeweilig verschiedenen Ansatz-Frage und Hinsehenshaltung. (Es gehört zu den ersten Erfordernissen der Auslegung, daß man sich von jeder nivellierenden Zusammenschiebung[14] der Untersuchungen frei hält, was konkret nur möglich ist dadurch, daß man bei sich selbst eine konkrete Vorstellung davon ausbildet, daß unbeschadet einer zentralen Grundproblematik philosophischer Forschung – vielmehr gerade von dieser gefordert –, eine Mannigfaltigkeit konkreter Ansatzmöglichkeiten und Forschungswege allein wissenschaftliche Untersuchung und deren Fruchtbarkeit gewährleistet.)

Aristoteles zählt eine Mannigfaltigkeit von Seinssinnen auf, und zwar im Zusammenhang der Frage, in welchem Sinne von ›Sein‹ – ›seiend‹ das vorgegebene Gegenständliche angesprochen

[12] Vgl. Interpretation von Met. Z und ποίησις-*Problem.* Hier in »Physik« noch nicht so weit gehen.

[13] für die Zwecke dieser Vorlesung!

[14] von textlichen Belegen (freischwebenden Wortbelegen!)

ist. Zunächst möchte man sehen, woher diese Mannigfaltigkeit von Seinssinnen genommen ist und mit welchem Recht sie gerade in diesem Fragezusammenhang – gleichsam ohne Diskussion – wie selbstverständlich als ›maß-gebend‹ angesetzt sind. Denn von ihnen her soll doch gerade über den Charakter des in der eleatischen These vorkommenden Seinssinnes und die Berechtigung dieses so gearteten Vermeinens von ›Sein‹ entschieden werden. (*Daß* Aristoteles *so* schon das kritische Problem stellt, bekundet was? 1. bestimmte grunderfahrungsmäßige Vorhabe, 2. Einsicht in das Umgangene der überlieferten [Vorhabe], 3. Verständnis der Notwendigkeit einer echten gesicherten Vorhabe, 4. zugleich aber bestimmte Fortführung der Tradition.)

Soll *die* Voraussetzung, unter die sich die Interpretation stellt und die konkret ausweisbar ist (bezüglich οὐσία vgl. Met. Z), zu Recht bestehen, daß Aristoteles mit dem Ansetzen der besagten, die kritische Beurteilung leitenden Seinssinne nicht einfach ein Dogma gegen ein anderes, das eleatische, stellen will[15], dann muß ihm nicht nur eine Ausweisungsmöglichkeit der Seinssinne und ihrer Unterschiede und ihrer Eignung als ›Leitfaden‹ *ungefähr* vorschweben, sondern als konkret durchgeführt und wirksam antreffbar sein. Sofern nun die Seinssinne selbst ausdrücklich kein bestimmtes Gegenstandsfeld direkt von sich her ansprechen, in ihrem Sinn keine Zugehensdirektion in ein bestimmtes Sachgebiet vorliegt, ist von vornherein fraglich, ob sie überhaupt aus einem solchem in irgendeiner Weise prinzipiell überhaupt zu schöpfen sind.[16]

Diese eben angestellte Überlegung kann lediglich dazu dienen, die Eigentümlichkeit der Seinssinne und ihre eigenartige Funktion anzuzeigen, nicht aber kann sie den konkreten Nachweis ersetzen, daß Aristoteles sie in einem sicher gefaßten Zusammenhang sieht und in bestimmter Weise zur unterscheidenden Abhebung bringt. (Vgl. πο[ίησις].)

[15] [In der Nachschrift Bröcker hier eingefügt: (Natorp).]

[16] Vgl. Eth. Nic. A 4, πρακτά – πράγματα – ἀγαθά; *Umwelt* – dasein, in ihr sich befinden.

f) Seinscharaktere als etwas in ausnehmender Weise am Seienden selbst Vorfindliches und das Begegnen dieser ›als was‹ umweltlicher Gegenstands- und Geschehenszusammenhänge im einheitlichen Zuge faktisch sich orientierenden Umgangs (Categ. 4). Die Frage nach einer ebensolchen Abhebbarkeit der aussehensmäßig bestimmten Seinscharaktere bei Aristoteles. Abwehr überlieferter Vormeinungen

Zufolge einer naheliegenden Vermutung müssen gerade Seinscharaktere etwas sein, das in ausnehmender Weise *am Seienden selbst* vorfindlich ist (vgl. Eth. Nic. A ›Kategorien‹!). Was wird im Hinsehen auf das *Nächstbegegnende* der Umwelt vorfindlich? Dem schlichten Hinsehen auf das *Aussehen der Umweltgegenstände* begegnen Bestimmungen solchen Charakters: das und das ist ein Pferd, ein Mensch. (Dabei ist es nicht ausschlaggebend, ob die Aussehensbestimmung ausdrücklich in der Weise einer *Feststellung* erfahren ist und nicht vielmehr im Zusammenhang *anders* (vgl. Feststellen) begegnenden, aber doch erhellten Umgehens.) Das ist ›zweiellig‹, ›dreiellig‹; ›weiß‹; doppelt, halb, größer; (ist) ›im Lykeion‹, ›auf dem Markt‹; (war) ›gestern‹, ›vorgestern‹; das ›liegt‹, sitzt; ist beschuht, bewaffnet; das brennt, das wird geschnitten. (Vgl. Aristoteles, Categ. 4.)

(*Welches* Seiende? Was von Welt als seiend? Das Sichausnehmen und so verfügbar zu Gebrauch- und Gebot*stehen*[17]. Schon eine Direktion und Fügung in der Tradition von den Eleaten her. *Tradition* nicht schwebend, sondern gehalten und gepflegt und als entgegenkommend unterhalten im faktischen Leben der Griechen, *in ihrer Existenz*. Demnach 1. ein Zunächst des Umgangs, Worauf des Besorgens des ›Da‹, 2. ein Durchnittliches der Ausgelegtheits- und Sprachüberlieferung.

Daß solche Feststellensweise als die entscheidende Zugangsweise sich verschiebt in der Untersuchung des Aristoteles – als bestimmte Erhellungsauslegungsausformung eines bestimmten sacherfassen-

[17] [Pfeilstrich von (S. 208):] Stehenden [zu:] Gebot*stehen*.

den Umgangs mit bestimmter κίνησις-, εἶδος-hafter Vorhabecharakteristik des Umgangswomit – ist für die Ausbildung der griechischen Logik gerade entscheidend.

Fest-stellen des Stehenden[17]; *stellen* im Spruch für Umgang, *stellen* – als *Aufgedecktes* – ›fest‹, damit nicht in die Verdeckung zurückfällt. Fest-stellen ein Sorgen, gerade für Umgang als solchen und seine faktische Möglichkeit sorgen! Die verschiedenen Weisen solchen sorgenden, besorgten, erfreuten, bestürzten usf. Fest-stellens. Das *bloße* Feststellen, durchschnittliche, zunächst umgangsunverpflichtete Sagen im Müßiggang, σχολή.)

Alle diese ›als was‹ des *Begegnens* (›da‹) umweltlicher Gegenstands- und Geschehenszusammenhänge sind vorfindlich im einheitlichen Zuge faktisch sich orientierenden Umgangs. (Vgl. Eth. Nic. A 4, πρακτά – πράγματα – ἀγαθά; *Umwelt* – dasein, in ihr sich befinden.)

Sind nun die von Aristoteles aufgezählten Seinscharaktere bzw. überhaupt die Bestimmung ›Seiend‹, Sein in gleicher Weise vorfindlich und als Aussehenscharaktere des Gegenständlichen ebenso abhebbar? Man wird gut tun, von bestimmten, durch stärkste Autoritäten gestützten Vormeinungen abzusehen, z. B. von der besonders durch Kant nahegelegten und landläufig gewordenen: »Sein« sei »kein reales Prädikat«.[18] Aber ebenso von der gegenteiligen, die z. B. im ontologischen Gottesbeweis, aber nicht nur da, eine Rolle spielt.

Angesichts der wenig förderlichen Diskussionen, die sich im Verlauf der Philosophiegeschichte in Beantwortung (oder nicht) der so gestellten Frage ergeben haben, ist es geraten, schon gegen die Fragestellung skeptisch zu sein, und statt sich in den Rahmen einer traditionellen, in ihren Motiven verwickelten und dunklen Fragestellung spannen zu lassen, ein positives Verständnis ursprünglicher das Problem betreffender Bestimmungen zu gewinnen. (Vgl. Beilage I sq.[19])

[17] [Pfeilstrich von:] Stehenden [zu (S. 207):] Gebot*stehen*.
[18] [Immanuel Kant, Kritik der reinen Vernunft, A 598/B 626.]
[19] [Die genannte Beilage konnte nicht identifiziert werden.]

§ 25. Exkurs: Auszugsweise Auslegung und Übersetzung des Parmenideischen Lehrgedichtes[1]

a) Die eleatische These (ἓν τὰ πάντα) als Ausdruck einer ursprünglichen Seinsbegegnung und Anfang der Philosophie- und Lebensauslegungsgeschichte, die wir selbst sind. Verständnis der Kritik des Aristoteles als Aufgabe der Interpretation

Die eleatische These, ihr Ansprechen der begegnenden Welt als τὸ ὄν, das Seiende, Daseiende, ist nichts anderes als die auslegende Erhellung eines ursprünglichen Vorfindens des Seinscharakters an der begegnenden Umwelt. Das Gegenständliche – Begegnende – ›ist‹. *›Dasein‹ ist der Grundzug seines Aussehens* (Aussehen = faktische *Vernommenheit*, νοεῖν!). Sein eigentliches sich aussehensmäßig aufdrängendes ›Was es ist‹ ist das ›es ist‹. Daher: das Seiende ist – als so aussehend – einzig-eines. Die These ist der Ausdruck einer ursprünglichen *Seinsbegegnung* (T[erminus]). (Eine unbefangene *Auslegung* des Parmenideischen Lehrgedichts περὶ φύσεως vermag das unschwer zu belegen. Diese Auslegung ist um so sicherer zu führen, je weiter die entscheidenden Phänomene hermeneutisch verfügbar sind.)

Der Unabweisbarkeit, Schlichtheit, und dem Nachdrücklichen des nur für sich und von sich selbst her Begegnens des Seinscharakters entsprechen aber die im Erfahren desselben latenten Schwierigkeiten (vgl. Aristoteles, Met. Z 7) einer auslegenden Erhellung desselben, und die ebenso im Erfahren mitbereiteten ständigen Gefahren des völligen Verfehlens der Möglichkeiten solcher erhellender Abhebung.

Als geistesgeschichtliches (mehr: schicksalentscheidendes) *Paradigma* für die Fragwürdigkeit und Unmittelbarkeit der ursprünglichen Seinsbegegnung steht die eleatische These am Anfang *der* Philosophie- und Lebensauslegungsgeschichte, die wir selbst sind. (Vgl. Beilage I sq.[2])

[1] [Siehe Anhang I, Beilagen Nr. 18, 19 und 22, S. 286 f. und 289 f.]

[2] [Die genannte Beilage konnte nicht identifiziert werden.]

Vor einer weiteren Explikation dessen, was die These meint und wie sie es meint, ist es geraten, sie in ihrem ursprünglichen Zusammenhang selbst aufzusuchen. Allerdings bedarf es schon hierfür und für die Aneignung dessen, was quellenmäßig vorliegt, einer bestimmten Führung der Interpretation. Gerade die vorsokratische Philosophie und hier die Eleaten und dabei besonders das fragmentarisch überlieferte Lehrgedicht des Parmenides περὶ φύσεως unterliegt den verschiedensten Deutungen innerhalb einer fast schon sakrosankt gewordenen philosophiegeschichtlichen Grundauffassung und Reihung der Zusammenhänge.

Früher wurde schon vermerkt: der geistesgeschichtliche Wirkungszusammenhang zwischen Parmenides und Aristoteles und dessen Herausstellung ist nicht Aufgabe der Interpretation, sondern Verständnis der Kritik des Aristoteles. Innerhalb und unter der Leitung der aristotelischen Fragestellung ist Parmenides und die eleatische Philosophie in den Blick zu nehmen.

b) Die aristotelische Problematik als leitend für die Interpretation. Zusammentreffen mit der neuesten Parmenides-Forschung (Karl Reinhardt)

Auf die Gefahr hin, daß die leitende aristotelische Problematik Parmenides gegenüber viel zu bestimmt und zugespitzt und hinsichtlich des Themas des Lehrgedichtes zu stark verengt sein mag, soll sie doch als die Interpretation führend festgehalten werden. Sie ist immer noch sicherer als eine andere erkenntnistheoretische Fragestellung einer bestimmten Schule. Sie ist aber nicht lediglich sicherer, sondern führt bei genügend scharfer phänomenologischer Fassung zu einem überraschenden Ergebnis. Die folgende Interpretation trifft grundsätzlich mit Resultaten der neuesten Parmenides-Forschung zusammen (*Reinhardt*, Karl, Parmenides und die Geschichte der griechischen Philosophie. [Bonn: Cohen] 1916). Dabei ist nicht etwa die Übereinstimmung mit dem Modernsten das Kriterium der Haltbarkeit der Interpretation. Die Frage ist vielmehr, wodurch sich diese jüngste Parmenides-Forschung selbst auszeichnet.

c) Würdigung und Kritik von Reinhardts Untersuchung zum Parmenideischen Lehrgedicht

α) Die erstmalige Betrachtung der beiden Teile des Lehrgedichtes in ihrem echten ursprünglichen Zusammenhang und in eins damit die Herausnahme aus modernisierenden Mißinterpretationen als eine der Hauptleistungen der Reinhardtschen Untersuchung

Die Untersuchung stellt sich von vornherein entschlossen aus der Tradition der üblichen philosophiegeschichtlichen Betrachtung der vorsokratischen Philosophie heraus und will Parmenides selbst reden lassen. Eine der Hauptleistungen liegt darin, daß es Reinhardt zum ersten Mal und überraschend einfach gelingt, die beiden ›Teile‹ des Lehrgedichtes in ihrem echten ursprünglichen Zusammenhang zu sehen und in eins damit Hauptstücke der Parmenideischen Lehre aus modernisierender Mißinterpretation herauszunehmen und in ihre archaische Einfachheit zurückzustellen. Die δόξα[3], das Thema des ›zweiten Teils‹, ist der positive Ausdruck für die Welt in der ›Vorstellung‹ des Menschen; die Welt, so wie sie aussieht und von den Menschen in ihrem Aussehen bestimmt wird, ist eine Konvention (νόμῳ) (Durchschnittlichkeit, Öffentlichkeit, die Üblichkeit des *›Man‹* (das, woran man sich – ohne eigenes Zusehen – hält)).

Parmenides stellt sich als eigentliche Aufgabe, von der Situation des Wahrheitsbesitzes, der *πίστις ἀληθής* (*vertrauendem Vertrautsein mit dem Unverborgenen*[4] (haltend Gestelltsein in echtes

[3] *δόξα*, was sich (zunächst, d. h. was selbst nicht ausdrücklich betont wird), *zeigt* einem ›sich‹ loslassenden Hinsehen, sichausgebenden Vernehmen.

[4] entscheidend erhellter Vorhabe: was eigentlich *ist* und welches die Weise des Habens; für uns: welche Vorstellung ich vom menschlichen Leben und seiner Faktizität habe! – Welcher Seinsbereich? Ob überhaupt ein solcher als dieser abgehoben?

Gegenüber von Welt)) aus verständlich zu machen, in welcher Weise und warum die Welt für den Menschen als *δόξα* da ist und so bestimmt wird. Der ›zweite Teil‹ des Lehrgedichtes ist nicht nur nicht eine Beigabe, ein nachträgliches Zugeständnis an die unphilosophische Weltauffassung oder gar eine rein hypothetische Überlegung dergestalt: wie müßte die Welt aussehen, *wenn* alles ›Schein‹ wäre, sondern die δόξα ist das Faktische und *ihre Aufklärung* (hermeneutische De-duktion!), nicht *Beseitigung* oder Widerlegung, ist das eigentliche Thema des Lehrgedichtes. (*Δοκίμως*, *so* sein, d. h. alles Begegnende notwendig als in solchem Zunächst sich zeigend und *so da*-seiend. Zusammenhang von δοκοῦντα, δοκίμως, δόξα (allgemein) und ἀλήθεια. Πίστις ἀληθής, das vertrauende Sichhalten an, das als solches an das Unverdeckte sich hält, als Wie des Daseins.)

Auf den sonstigen reichen Inhalt der Reinhardtschen Untersuchung kann hier nur in Auswahl verwiesen werden: wichtig die Betrachtung zur Begriffsgeschichte von φύσις – νόμος[5] (*theoretisch-wissenschaftlicher Ursprung*, nicht politisch-soziologisch: Naturrecht – Gesellschaftsvertrag; φύσει, was dem Seienden an ihm selbst (d. h. in seinem zu ihm selbst gekommen sein) eignet – ἀληθές); κόσμος (nicht Gefüge, Ordnung, sondern *Phase, Zustand*). Reinhardt räumt vor allem mit dem gar nicht ausweisbaren Dogma der Entstehung der Philosophie aus der Mystik auf (Philosophie – eine verweltlichte Theologie); es fehlen ihm allerdings für seine eigene Auffassung die hierzu nötigen sicheren und klaren phänomenalen begrifflichen Perspektiven.

Für die Interpretation der geistesgeschichtlichen Wirkungszusammenhänge innerhalb der vorsokratischen Philosophie ist wichtig die Umschichtung der Beziehungen zu Xenophanes und Heraklit, die Zurückweisung des übertriebenen Rekurrierens auf die Pythagoreer, wo die Quellen versagen und die Hypothesen das Wort haben. Wo es auf den Zugang zu dem eigentlichen Lehrgehalt und die Ausdrucksgestalt der Philosophie ankommt,

[5] [Vgl. dazu Nachschrift Weiß: (das [Begriffspaar] in der griechischen Philosophie von Wichtigkeit ist, so auch in Platos »Kratylos«).]

zeichnet sich die Untersuchung aus durch eine ursprüngliche Kraft der Aneignung des eigentümlichen archaischen Denkens, zugleich aber durch eine hieraus motivierte – nicht vorschnelle – Respektlosigkeit vor den üblichen Schubfächern und alteingesessenen Werturteilen der Philosophiegeschichte. Sätze wie folgende beleuchten das Niveau der Auslegung: »Zu Parmenides Zeit war die Kritik der reinen Vernunft noch nicht geschrieben; das vorstellende Subjekt war für das Denken ebenso unfaßbar wie die Spiegelfläche für das Auge.« (S. 29.)

β) Abgrenzung der eigenen Interpretation von derjenigen Reinhardts

Für die Auswertung der folgenden im Zusammenhang der Aristoteles-Forschung stehenden Parmenides-Interpretation ist ein *Doppeltes* zu beachten: 1. sie ist zwar vor Kenntnis der Reinhardtschen Untersuchung lediglich aus der Interpretation des Aristoteles gewonnen; 2. ihrer Fragestellung nach aber ist sie nicht zu vergleichen mit der Reinhardts, die ausdrücklich und im Ganzen auf Parmenides zielt und mit einer souveränen Beherrschung der geistesgeschichtlichen Zusammenhänge arbeitet. Allerdings dürfte sich die Möglichkeit eröffnen, die Reinhardtsche Untersuchung auf ihre fehlende bzw. unklare eigentliche philosophische Problembasis zu stellen. Reinhardt arbeitet, trotz der oben genannten Ablehnung moderner Erkenntnistheorie als hermeneutischen Leitfadens, mit Durchschnittsbegriffen: ›Logik‹, ›erkenntnistheoretisch‹, ›Metaphysik‹, ›Denken‹, ›Begriff‹. Im Zusammenhang damit steht, daß Reinhardt aber seine eigene hermeneutische Situation (Von wo aus der Hinsichtnahme, Wege der auslegenden Erhellung, Weisen des begrifflichen Ansprechens) hier wie in seiner nächsten großen Untersuchung »Poseidonios«[6] im Unklaren bleibt und er die grundsätzliche hermeneutische Bedeutung einer lebendigen philosophischen Problematik und der damit gewähr-

[6] [Karl Reinhardt, Poseidonios. München: Beck 1921.]

leisteten Überhellungsmöglichkeit der Interpretation nicht sieht, von wo aus ›archaisches Denken‹ und überhaupt Vergangenes, Überliefertes mehr als nur ›gefühlsmäßig‹ faßbar und bestimmbar wird. Hier aber von Methode der Rekonstruktion sprechen hieße die denkbar verkehrteste Vorstellung von der Methode solcher Interpretation haben.

d) Beschränkung der Interpretation auf die Sicherung des Sinnes der für Parmenides entscheidenden πίστις ἀληθής (Wahrheitsbesitz als das vertrauende Vertrautsein mit dem Unverborgenen). Quelle und Reihenfolge der Fragmente

Die folgende Interpretation des Parmenides beschränkt sich auf die Sicherung des Sinnes der für Parmenides entscheidenden *πίστις ἀληθής (ἀλήθεια)*. Auf die von da unternommene *Aufklärung der Genesis der δόξα* kann hier nicht eingegangen werden.

Mit der Interpretation der ἀλήθεια des Parmenides kommen Phänomene zur Aufweisung, die einen entscheidenden Vorblick ermöglichen in die Problematik der griechischen Logik: Plato (Sophistes, Philebos, Parmenides) und vor allem die Leistung des Aristoteles erst ins rechte Licht stellen auch gegenüber Plato; zugleich ist es ein Vortasten zu dem eigentlich nicht zufälligen, aber faktischen Verhängnis, das die Ontologie seit der Frühzeit bis zur jüngsten Gegenwart verfolgt.

In welcher Weise die Sicherung des Sinnes der ἀλήθεια des Parmenides mit der uns beschäftigenden Aristoteles-Interpretation zusammenhängt bzw. wie jene aus dieser als Aufgabe entspringt, wird sofort nach Kenntnisnahme der ἀλήθεια (›das Seiende ist‹) ersichtlich.

Parmenides, ἀλήθεια – εἶναι – νοεῖν.

Quelle: Sammlung Diels, Fragmente der Vorsokratiker.[7] Über-

[7] [Hermann Diels, Die Fragmente der Vorsokratiker. Griechisch und deutsch. 3. Aufl. Bd. I. Berlin: Weidmann 1912 (4. Aufl. Berlin 1922 = Abdruck der 3. Aufl. mit Nachträgen), S. 147 ff. (Abweichungen der Fragmentordnung nach der von

setzung eine bestimmte Interpretation, bestimmte Stufe philosophischer Begrifflichkeit. Auch wenn zurückzuweisen, doch wertvolle Hilfe; vor allem beeinträchtigt sie nicht die unvergängliche wissenschaftliche Leistung, die hier vorliegt. – Text immer wieder neu anzueignen.

Keine vollständige Interpretation des Lehrgedichtes. Nicht in der Reihenfolge der Fragmentordnung bei Diels; [diese ist] fraglich. Jetzt im Anschluß an Kranz[8] die Reihenfolge: Frgm. 1, 1–32; 4; 5; 2; 3 (kleine Lücke); 6; 7; 1, 33–38; 8, 2–61. Einzelne Stücke aus den Fragmenten als jeweils konkreter Zusammenhang, und zwar am Leitfaden eines aus Parmenides selbst geschöpften Problemzusammenhanges.

Einleitung – Frgm. 1, 28–32[9] und vorher.

Frgm. 4[10], 1–4	Das Seiende ist;
Frgm. 6, 1–2	das Nichtseiende ist nicht.[11]
Frgm. 5[12]	Das bestimmende Hinsehen auf ist auch Sein.
Frgm. 8, 34–36	Beides, das Hinsehen auf und sein Worauf, *sind* dasselbe; auffindbar nur am Seienden, in dem es ausgesprochen (nicht perfectum) da ist. Der Anspruch am Seienden.

Heidegger benutzten 3. bzw. 4. Auflage von der 6. Auflage (Hg. von Walther Kranz. Bd. I. Berlin: Weidmann 1951, S. 227 ff.) (seitdem unverändert) werden in den Anmerkungen angegeben.]

[8] [Walther Kranz, Über Aufbau und Bedeutung des Parmenideischen Gedichtes. In: Sitzungsberichte der Königlich Preußischen Akademie der Wissenschaften (Stück XLVII, Gesamtsitzung vom 16. November 1916), Jg. 1916, 2. Halbband, Berlin: Verlag der Königlichen Akademie der Wissenschaften (in Kommission bei Georg Reimer) 1916, S. 1157–1176, bes. S. 1174 f.]

[9] [Vgl. dazu Nachschrift Bröcker (und ebenso Weiß): 1, 28–32 stellt die Verklammerung der beiden Teile dar. Reinhardt nimmt sie auch zum Ausgang seiner Interpretation. [...] (Es soll aufgeklärt werden, wie diese δόξα aus der ἀλήθεια sich entwickelte.)]

[Die nur in den Nachschriften vorliegende Übersetzung von Frgm. 1, 28–32 ist nicht verläßlich.]

[10] [Frgm. 2 nach der 6. Aufl.]

[11] [Vgl. dazu Nachschrift Weiß: Also scheinbar eine Identität, und doch Wurzel der gesamten Logik des Plato und unser aller.]

[12] [Frgm. 3 nach der 6. Aufl.]

Frgm. 2[13]; 3[14]	Festergreifen und halten das Hinsehen; es ist dasselbe wie das Worauf; gewährleistet dieses zu haben, hält *es* beisammen.
Frgm. 8, 1–9	
8, 22–28	Auf diesem Wege das zu bestimmen, als was es sich echt zeigt, σήματα.
8, 34–41	

e) Übersetzung ausgewählter Fragmente aus dem ersten Teil des Parmenideischen Lehrgedichtes (Der Weg der πίστις ἀληθής)

Frgm. 4[15]*, 1–4:*

1 εἰ δ' ἄγ' ἐγὼν ἐρέω, κόμισαι δὲ σὺ μῦθον ἀκούσας,
αἵπερ ὁδοὶ μοῦναι διζήσιός εἰσι νοῆσαι·
3 ἡ μὲν ὅπως ἔστιν τε καὶ ὡς οὐκ ἔστι μὴ εἶναι,
Πειθοῦς ἐστι κέλευθος (Ἀληθείῃ γὰρ ὀπηδεῖ).

»So will ich Dir also sagen. Du aber besorge, daß Du die Rede vernimmst [aneignest], welche Wege es sind, die Forschung als einzige ins Auge zu fassen hat: der eine ist: das Seiende ist und es kann nicht nicht sein. Das ist der Pfad der Überzeugung (sie geht mit und hält sich an des Unverborgene, Erhellte).« (Sinn von ›Weg‹, Pfad: entlang gehen, folgen; sichtig[16] vor sich gehen, Vorhabe nachgehen; im Blick behalten, nicht abgehen von, nicht übersehen. – Richtung nehmen, *Blickhabe* eines *Wohin*![16])

Frgm. 6, 1–2:

1 χρὴ τὸ λέγειν τε νοεῖν τ' ἐὸν ἔμμεναι· ἔστι γὰρ εἶναι,
μηδὲν δ' οὐκ ἔστιν· τά σ' ἐγὼ φράζεσθαι ἄνωγα.

»Man muß das Seiende gewahren und ansprechen als seiend; es ist das Sein, das Nichts ist nicht. Das heiß' ich Dich bei Dir zu beraten [und zu behalten][17].«

[13] [Frgm. 4 nach der 6. Aufl.]
[14] [Frgm. 5 nach der 6. Aufl.]
[15] [Frgm. 2 nach der 6. Aufl.]
[16] [Pfeilstrich von:] *Wohin*! [zu:] sichtig.
[17] [Vgl. dazu Nachschrift Weiß: (φράζεσθαι = auf dem Weg bleiben; dieses, daß das Sein ist, ist ständig im Blick zu behalten).]

Frgm. 5[18]:

...τὸ γὰρ αὐτὸ νοεῖν ἐστίν τε καὶ εἶναι.

»Denn das hinsehende Gewahren ist es *selbst*, d.h. auch Sein.«[19]

Frgm. 8, 34–36:[20]

ταὐτὸν δ' ἐστὶ νοεῖν τε καὶ οὕνεκέν ἐστι νόημα.
35 οὐ γὰρ ἄνευ τοῦ ἐόντος, ἐν ᾧ πεφατισμένον ἐστίν,
εὑρήσεις τὸ νοεῖν·

»Dasselbe ist das hinsehende Gewahren und das Worauf der Hinsicht. Denn nicht ohne das Seiende, in dem es ausgesprochen [als Anspruch] da ist, wirst Du auffinden das Hinsehen.«

Frgm. 2[21]*:*

1 λεῦσσε δ' ὅμως ἀπεόντα νόῳ παρεόντα βεβαίως·
οὐ γὰρ ἀποτμήξει τὸ ἐὸν τοῦ ἐόντος ἔχεσθαι
3 οὔτε σκιδνάμενον πάντῃ πάντως κατὰ κόσμον
οὔτε συνιστάμενον.

»Sieh hin – im Hinsehen des Vermeinens [nicht mit den Augen][22] – und Du gewahrst das gleichwohl weg-Seiende [aus der δόξα] als *sicher da*-seiend; denn nicht wird das hinsehend [bestimmende] Vermeinen das Seiende wegschneiden aus dem Sichhaben und Halten des Seienden – und abheben weder als Zustand gänzlicher Auflockerung noch Zusammenständigkeit.«

Frgm. 3[23]:

1 ξυνὸν δέ μοί ἐστιν,
ὁππόθεν ἄρξωμαι· τόθι γὰρ πάλιν ἵξομαι αὖθις.

»Ein Zusammen-eines ist mir das Seiende, von woher ich auch

[18] [Frgm. 3 nach der 6. Aufl.]

[19] [Vgl. dazu Nachschrift Weiß: Nachdruck auf εἶναι; νοεῖν *nicht* = Denken; entspricht nicht dem archaischen Gebrauch. Bei Homer auch νοεῖν = geistiges gewahren; innewerden, mit dem Auge gewahren (= animadvertere). Ebenso hier: Gewahrwerden.]

[20] [Vgl. dazu Nachschrift Weiß: Der Gedanke von 5 [Frgm. 3 nach der 6. Aufl.] hier schärfer expliziert.]

[21] [Frgm. 4 nach der 6. Aufl.]

[22] [Vgl. dazu Nachschrift Weiß: (Reinhardt [Parmenides..., a.a.O., S. 49] übersetzt daher richtig gegenüber Diels: »gebrauche den Verstand statt deiner Augen«. Aber Verstand als Korrelat des denkenden Bestimmens ist hier *nicht* gemeint.)]

[23] [Frgm. 5 nach der 6. Aufl.]

den [untersuchenden] Ausgang nehme. Denn dahin werde ich wieder zurückkommen.«

Frgm. 8, 1–9:

1 μοῦνος δ᾽ ἔτι μῦθος ὁδοῖο
λείπεται ὡς ἔστιν· ταύτῃ δ᾽ ἐπὶ σηματ᾽ ἔασι
3 πολλὰ μάλ᾽, ὡς ἀγένητον ἐὸν καὶ ἀνώλεθρόν ἐστιν
οὖλον μουνογενές τε καὶ ἀτρεμὲς ἠδ᾽ ἀτέλεστον·
5 οὐδέ ποτ᾽ ἦν οὐδ᾽ ἔσται, ἐπεὶ νῦν ἔστιν ὁμοῦ πᾶν,
ἕν, συνεχές· τίνα γὰρ γέννναν διζήσεαι αὐτοῦ;
7 πῃ̃ πόθεν αὐξηθέν; οὔτ᾽ ἐκ μὴ ἐόντος ἐάσσω
φάσθαι σ᾽ οὐδὲ νοεῖν· οὐ γὰρ φατὸν οὐδὲ νοητόν
9 ἔστιν ὅπως οὐκ ἔστι.

»Einzig bleibt noch die Kunde von dem Wege: das Seiende ist; *auf diesem begegnet es in sehr mannigfaltigen ›Zeichen‹* [Weisen des Sich-selbst-eigentlich-zeigens], *Aussehensausweisen.* Das Seiende als ungeworden ist auch unvergänglich; ganz, eingeboren, unerschütterlich und nicht an ein Ende zu bringen; auch *war* es nie und wird nie sein, weil es ist im Zugleich *alles*, was es ist [es ist], *einzigeines*, sich in sich zusammenhabend; denn welches Werden möchtest Du für das Seiende ausforschen; wie und woher soll es ein zu etwas Gewordenes sein; nicht kann ich zugeben, daß das Seiende angesprochen und vermeint wird als geworden aus dem Nichtseienden. Denn unansprechbar und nicht vermeinbar ist es in einem Charakter des Nichtseins.«

Frgm. 8, 22–28:

οὐδὲ διαιρετόν ἐστιν, ἐπεὶ πᾶν ἐστιν ὁμοῖον.
23 οὐδέ τι τῇ μᾶλλον, τό κεν εἴργοι μιν συνέχεσθαι,
οὐδέ τι χειρότερον, πᾶν δ᾽ ἔμπλεόν ἐστιν ἐόντος.
25 τῷ ξυνεχὲς πᾶν ἐστιν· ἐὸν γὰρ ἐόντι πελάζει.
αὐτὰρ ἀκίνητον μεγάλων ἐν πείρασι δεσμῶν
27 ἔστιν ἄναρχον ἄπαυστον, ἐπεὶ γένεσις καὶ ὄλεθρος
τῆλε μάλ᾽ ἐπλάχθησαν, ἀπῶσε δὲ πίστις ἀληθής.

»Auch ist an ihm nichts Abhebbares, da es ganz durchgängig im Gleichen ist; auch gibt es nirgend etwas, das mehr ist und das so es davon abhalten könnte, sich in einem zusammenzuhaben[24]; noch etwas, das in geringerer Weise ist[25]; es ist ganz, durchgängig erfüllt von Seiendem; so ist es zusammenhaltend [stetig] ein Ganzes; Seiendes ist nahe Seiendem.

Aber frei von Bewegung liegt es in den Schranken großer Bande – ohne Ausgang ist es und ohne Aufhören, denn Werden und Verderben wurden gar fern [von ihm weg] verschlagen; verstoßen aber hat sie [so] das zutrauende Vertrauen zum Unverborgenen [d. h. dieses selbst].«

Frgm. 8, 36–41:

οὐδὲν γὰρ ⟨ἢ⟩ ἔστιν ἢ ἔσται
ἄλλο πάρεξ τοῦ ἐόντος, ἐπεὶ τό γε Μοῖρ᾽ ἐπέδησεν
οὖλον ἀκίνητόν τ᾽ ἔμεναι· τῷ πάντ᾽ ὄνομ(α) ἔσται,
ὅσσα βροτοὶ κατέθεντο πεποιθότες εἶναι ἀληθῆ,
γίγνεσθαί τε καὶ ὄλλυσθαι, εἶναί τε καὶ οὐχί,
καὶ τόπον ἀλλάσσειν διά τε χρόα φανὸν ἀμείβειν.

»Denn nicht *ist* und wird sein ein anderes [das ist] außer und neben dem, was *ist*, da ja das Schicksal es daran gebunden hat, zu sein, ganz, ohne Bewegung. Daher wird alles nur Name [Wort, Laut] sein, was die Sterblichen in dem Glauben, es sei und gebe im Vermeinen das erhellte Unverborgene, festgelegt haben in ihrem Ansprechen: Werden sowohl als Vergehen, Sein sowohl als Nichtsein, Änderung des Ortes und Wechsel der leuchtenden Farbe.[26]«

[24] [In der Nachschrift Weiß (und ebenso Bröcker) hier eingefügt: (Hier setzt Aristoteles an: Negation der Möglichkeit einer ἀρχή).]

[25] [In der Nachschrift Weiß (und ebenso Bröcker) hier eingefügt: (es gibt) keine Grade und Stufen des Seins.]

[26] [Vgl. dazu Nachschrift Bröcker: Alle diese Weisen des Ansprechens und Besprechens des Aussehens der Welt sind, gesehen von der πίστις ἀληθής, lediglich ὀνόματα.]

f) Die phänomenale Vorgabe der πίστις ἀληθής als erste Stufe der Interpretation des Parmenideischen Lehrgedichtes

α) Die πίστις ἀληθής als Ausdruck einer ursprünglichen Seinserfahrung

Warum also zielt in dem vorliegenden Zusammenhang die Interpretation auf ein Verständnis der πίστις ἀληθής des Parmenides? Weil sie nichts anderes ausdrückt als eine *ursprüngliche Seinsbegegnung*. (Grunderfahrung, in der so etwas wie Seiendes im Wie von Sein sichtbar wird. Nicht jede *Grunderfahrung* ist so, daß Seiendes als Sein Begegnis wird.) Eine solche soll ja interpretiert werden, um sehen zu lassen, woraus und als was und wie in der bei ihr mitgehenden Erhellung die Seinscharaktere geschöpft sind, wie sie zur bestimmten Abhebung und in welcher Ausdruckstendenz sie zur begrifflichen Ausformung werden. Mit solcher Analyse einer ursprünglichen Seinsbegegnung wird zugleich zurückgefragt in der Richtung (Spruchsorge als *Sein* – Verlassenheit) des vollen Sinnes *der* Grundsituation, in der die griechische und damit alle nachkommende ontologische Problematik ausgebildet ist.

β) Die schlichte Seinsbegegnung als Bleiben auf dem Pfad der πίστις ἀληθής und abstoßendes Verjagen jeglicher aus der δόξα sich andrängenden Ansprechenstendenz

Das Begegnende ist da im ›als‹ des ›Seiend‹ (des Seins); die Begegnung ist dadurch ausgezeichnet, daß sie im Stoßen auf das Worauf es bei diesem so Begegnenden bewenden läßt, es hat in *dem* Anspruch, der in der Erhellung dieses Stoßens aufliegt. Das Dabei-bewenden-lassen ist dabei bemerkenswert. Das Begegnende ist erhellt da im ›als‹ des So-angesprochenen und damit relucent auf den Zugang; dessen Bewendenlassen (Aufhörenkönnen – nicht weglaufen!) beim schlichten Stoßen auf ist ein relucent motiviertes und geführtes Festhalten des hinsehenden Vermeinens (λεῦσσε […] νόῳ [Frgm. 2, 1[27]]), kein losgelassenes Sicheinschmelzen- und Aufsaugenlassen vom begegnenden Was, sondern das Bleiben auf dem Pfad der πίστις ἀληθής – Weg*bewahrung* (Grundhaltung – Vorhabe, Vorgriff; Frgm. 1, 37[28]: μόνος […] θυμὸς ὁδοῖο). Gerade so bleibt das Hinsehen am schlichten Dasein und bringt erst so das gleichwohl Ferne in die Nähe möglichen Begegnens. (Standhabe, *Wachsein*, eine *Not.*)

Diese Seinsbegegnung also, in der das Seiende ursprünglich und schlicht da ist in dem, was es ist und nur in dem, ist im Zugangscharakter[29] so schlicht, wie sie im erhellenden Ansprechen einfach und sicher ist (βεβαίως). Das Ansprechen hält sich nur und behält nur das Seiende; das Behalten ist aber von eigenem Vollzugscharakter: es ist *abstoßendes Verjagen*[30] jeglicher aus der δόξα sich andrängenden Ansprechenstendenz. Das Behalten, der Zugangscharakter der Seinsbegegnung als solcher drückt sich damit aus als *nicht isoliert* – er zeitigt sich *in* der faktischen Umgangswelt der δόξα. Sofern das Seiende selbst im Hinsehen bestimmt wird, ist es lediglich ansprechbar als ἕν, πᾶν, einzig eines und genau *so* durchgängig alles; was es ist, ist das ›es ist‹ und *einzig* dieses. Durch-gängig ist Sein dem Sein benachbart, alles ist damit ausgefüllt, es fehlt an keinem Gegenstand! Einen anderen positiven Aussehenscharakter vermag hinsehende Explikation am Seienden nicht erheben. Alle anderen Bestimmungen sind solche, die in der Erhellung erwachsen, die in der abstoßenden verjagenden Sicherung des einzigen Seins mitgeht. Die σήματα, die Aussehensausweise des Seienden sind alle vorfindlich auf dem Pfad der ἀλήθεια, d. h. in dem Bewahren des einen: das Seiende ist; ein ›es war‹ ist am Sein, sofern es nur *ursprünglich festgehalten ist*, nicht vorfindlich, und ebensowenig ein *›wird sein‹*. Es hat an ihm selbst nichts von Werden, erst zu Sein kommen, es *ist*,

[27] [Frgm. 4, 1 nach der 6. Aufl.]

[28] [Frgm. 8, 1 nach der 6. Aufl. (Hier heißt es μῦθος ὁδοῖο statt θυμὸς ὁδοῖο.)]

[29] nur Hinsehen *νοεῖν* – οὐ γὰρ φατόν [Frgm. 8, 8], nicht λέγειν und λόγος, also zu *weit*! – *Daß! im Zusammenhang mit νοεῖν Frgm. 8, 9.*

[30] ὁρισμός? Sich im Woher halten gegen, in der gewonnenen Standhabe *(Existenz).*

und Du triffst an ihm nicht ein Vergehen (Seinsverlust), *es ist.* An dem Sein ist nichts abhebbar (ἀδιαίρετον); es kennt in seinem Was kein mehr und minder.[31]

Es zeigt sich bei Parmenides die höchstmögliche Eindringlichkeit der erhellenden Bestimmung der Schlichtheit der Seinsbegegnung und damit die Ursprünglichkeit, die Möglichkeit der Begegnung und damit das begegnende Was zu sichern und zu bewahren (das *dabei* Bleibenkönnen!). (Alle Hingegebenheit ist blinde Flucht, grundsätzlicher Verzicht auf Begegnungsmöglichkeit, grundsätzliche Auslieferung an die sichere Täuschung.)

γ) Der der schlichten ursprünglichen Seinsbegegnung eigene Aufenthalt: Übersetzung der letzten entscheidenden Verse der ›Einleitung‹ des Lehrgedichtes. Der Anspruchscharakter am Sein

Die so interpretierte Seinsbegegnung verweist in einen ihr eigenen Aufenthalt (Aufhalten bei – im Enthalten von; vgl. Met. A 1 und 2, Ms. S. 14[32]). Der Aufenthalt der Parmenideischen Seinsbegegnung läßt sich näher bestimmen durch eine Analyse der ›Einleitung‹ des Lehrgedichtes; die ›Fahrt zum Tor‹ als Ausdruck der vorbereitenden Aufenthaltsbildung und der Lagebereitung des hinsehend forschenden Lebens. Dabei zeigt sich auch eine bestimmte Umgebung des Nächstvorhandenen, in bezug worauf im Aufenthalt das Enthalten lebendig ist, das an ihm selbst ist, das Sichhalten, Aufhalten bei dem Seienden, ›das ist‹. Statt der Analyse der ganzen Einleitung sei nur die Übersetzung der letzten entscheidenden Verse gegeben.

Frgm. 1, 33–38[33]*:*

33 ἀλλὰ σὺ τῆσδ' ἀφ' ὁδοῦ διζήσιος εἶργε νόημα
μηδέ σ' ἔθος πολύπειρον ὁδὸν κατὰ τήνδε βιάσθω,

[31] Ist nicht trotzdem ποίησις und Werden erfahren! (δόξα) Welcher Umgang? – daß kein ἦν! γένος! Das archaische *›Zunächst‹*.

[32] [Im vorliegenden Band § 11 e γ γγ (und δδ), oben S. 94 f. (und S. 96 f.).]

[33] [Frgm. 7, 2 – 8, 2 nach der 6. Aufl. (s. auch oben Anm. 28).]

35 νωμᾶν ἄσκοπον ὄμμα καὶ ἠχήεσσαν ἀκουήν
καὶ γλῶσσαν, κρῖναι δὲ λόγῳ πολύδηριν ἔλεγχον
37 ἐξ ἐμέθεν ῥηθέντα. μόνος δ' ἔτι θυμὸς ὁδοῖο
λείπεται...

»Diesem Weg der Forschung aber [der δόξα] verschließe die Hinsicht und nicht soll Dich zwingen [Zwang – Last] vielkundige überlieferte Umgangsgeneigtheit [ἐμπειρία!], *den* Weg zu gehen: sichloslassen [geschickt] in zielloses Herumsehen [Neugier], in das *Hören* auf lärmendes Durcheinanderreden und in das Geschwätz, sondern [wähle][34] vielmehr aus im [ausdrücklichen] Spruch die umstrittene prüfende Vorgabe, die von mir gesagte. Einzig bleibt Dir so noch die entschiedene Haltung an den einen Weg...«

In diesem *Aufenthalt*, in dem nur das Sein begegnet und das Hinsehen nur darauf zielt, hat das erhellende Ansprechen etwas Merkwürdiges mitangesprochen. Das Seiende ist, und ausdrücklich wird noch gesagt, dasselbe wie *es* ist auch das hinsehende Vermeinen: es ist. Warum erfährt gerade das, was am Unerwartetsten von allem auf dem Wege des Zugehens auf das Seiende zu begegnen scheint, im Ansprechen des Seienden als seiend ein *solches* Mitangesprochenwerden? Das hinsehende Vermeinen soll gerade als Zugang (= Weg) streng behalten werden im Zugehen auf das Sein, soll nur dieses Da-sein. Das hinsehende Vermeinen ist mitangesprochen als seiend, weil es und einzig weil es am Seienden selbst mitbegegnet. Das Seiende ist einzig eines und hat an ihm selbst und als solches diesen Aussehenscharakter. Es ist und als Sein ist es im Anspruch; das Hinsehen ist am Sein selbst gesagt. Dieser Anspruchscharakter am Sein ist so wenig einer nachträglichen Reflexion auf das hinsehende Ansprechen ›entnommen‹[35] und deshalb gar etwas vom ›Subjekt‹ Hinzugebrach-

[34] [Erg. d. Hg. – Das zuerst geschriebene Verbum »entscheide« (κρῖναι) wurde durchgestrichen, aber dann nicht (vollständig) ersetzt.]

[35] gilt prinzipiell von der ›Bedeutsamkeit‹: das *›wirkliche‹* in der radikalen Bereitschaft der Faktizität und der radikalen Auslegung von da. Das faktische Leben *ist* eben faktisch, nur nicht die Philosophie. Diese faßt Gegenständliches ins Auge, für das sie keine Situation hat.

tes, daß er vielmehr gerade den Seinscharakter des Seins positiv bestimmt. Der Anspruchscharakter am Sein nimmt diesem nicht, sondern gibt ihm erst seinen echten eigenständigen ›subjektfreien‹ Charakter.[36]

δ) Der Aussehenscharakter des begegnenden Seienden als einzig-eines. Das Begegnen des Seienden in der *Rück-sicht* der Hinsicht.[37] Abgrenzung von erkenntnistheoretischen Auslegungstendenzen

Um diesen Aussehenscharakter zu sehen, bedarf es einer Ursprünglichkeit des Zugangs und der Erhellungsbereitschaft, die durch idealistische erkenntnistheoretische Auslegungstendenzen ebenso grundsätzlich verschieft wie durch entsprechende realistische unmöglich gemacht wird. Denn durch das Dogma der Bewußtseinsunabhängigkeit ist schon die ursprüngliche Erhellungsleistung des Zugehens auf das Sein mit dem Präjudiz belastet, nur dieses, in einem gar nicht aufgeklärten und aufklärbaren Sinne, anzutreffen. Charakteristischerweise ist die Philosophie des Realismus immer *da* zu Ende, wo sie beginnen soll, den Sinn des Seins aufzuklären, denn die Wiederholung des Ausdrucks der natürlichen Erfahrung, ›daß der Schrank im Zimmer nebenan steht, wenn ich ihn auch nicht sehe‹, besagt gar nichts; lediglich dadurch, daß sie im Zusammenhang von Erörterungen über die ›Subjektivität der Sinnesqualitäten‹ vorkommt, was der Philosophie einen besonderen ontischen Charakter verleihen soll. Der Realismus und gerade er, auch der verfeinerte phänomenologische, hat überhaupt nicht einmal die Basis, um nach dem zu *fra-*

[36] [Randbemerkungen zu diesem Absatz:] zu enge ›erkenntnistheoretische‹ Orientierung, unklare Logosproblematik; vgl. Blatt: Interpretation von Parmenides auf seine Grunderfahrung [im vorliegenden Band: Anhang I, Beilage Nr. 19, S. 289].

eine Scheidung: auf deren Glieder die Kompetenzen verteilt werden; diese [Scheidung] selbst auf das stärkste belastet von der allgemeinen Ontologie und der Gegenstands- und Seinsfrage von Subjekt, Bewußtsein und dergleichen.

[37] [Siehe Anhang I, Beilage Nr. 22, S. 290.]

gen, worauf er so frischfröhliche Antworten bereitstehen hat. Oder aber, wo halbklare Antworten gegeben werden, sind sie aufgerafft ohne (methodische) Klarheit über ihr Woher und das Recht, sie beizuziehen.

Um Mißverständnisse zu verhüten, muß bezüglich des Eigentümlichen, daß am Seienden selbst der Anspruchscharakter mit ist, gesagt werden: es handelt sich bei den Parmenideischen Explikationen nicht um eine und sogar klassische Belegstelle für formalistische erkenntnistheoretische, d. h. nichtssagende Sätze wie: kein Objekt ohne Subjekt und umgekehrt; oder: kein Gegenstand der Erkenntnis ohne Erkenntnis des Gegenstandes, sondern um den in einer ursprünglichen Seinsbegegnung mitvollzogenen Aufweis, daß in dieser und ihrer eigenen sicheren, nicht ausschweifenden Auslegung (ausdrücklich) so etwas mitbegegnet wie die *›Rücksicht‹* (T[erminus]): das Seiende ist und begegnet als *es* in der *Rück-sicht* der Hinsicht. Das Seiende ist dasselbe wie seine Rück-sicht, und diese Selbigkeit ist ausdrücklich mit da in *der* Erhellung der Seinsbegegnung, der es lediglich und streng ankommt auf ein Bleiben am begegnenden Sein.[38] (Vgl. Ms. S. 10, 3, Anmerkung über *Bedeutsamkeit*.[39])

g) Die Gewinnung des eigentlichen Blickfeldes für den Sinn der leitenden Frage nach den Seinscharakteren (woraus, als was und wie sie geschöpft sind) als nächste Stufe der Interpretation. Die weitere Explikation als das Befragen der πίστις ἀληθής auf ihre Bewegtheitsstruktur

α) Der in der Umgangserhellung lebendige *Grenzübergang* als ein Grundphänomen der Faktizität

Nach dieser phänomenalen Vorgabe der πίστις ἀληθής muß zu einer nächsten Stufe der Interpretation fortgeschritten werden,

[38] [Vgl. dazu Nachschrift Weiß (und ebenso Bröcker): Dieses nur eine bestimmte Weise eines allgemeinen Phänomens, das für die Aufklärung der *Bedeutsamkeit* von entscheidender Bedeutung ist.]

[39] [Im vorliegenden Band oben Anm. 35.]

um damit erst das eigentliche Blickfeld zu gewinnen für den Sinn der leitenden Frage (und ihre hermeneutische Relevanz im vorliegenden Zusammenhang): woraus sind die Seinscharaktere, als was und wie sind sie geschöpft? Die weitere Explikation vollzieht sich so, daß die πίστις ἀληθής – als Situation genommen – auf ihre Bewegtheitsstruktur befragt wird. An dem durch die πίστις ἀληθής angezeigten Aufenthalt begegnenden Seins und ansprechend erhellenden Zugehens läßt sich ein *Grundphänomen* der Faktizität zur Abhebung bringen, das bezeichnet sein soll als der in der faktisch ansprechenden auslegenden Umgangserhellung lebendige *Grenzübergang.* (Welches sind die phänomenalen Strukturen von Grenzübergang? Wohin ist wie zu sehen?)

Diese in der Umgangserhellung (Umgang hier: die bestimmte Seinsbegegnung) lebendige Bewegtheit hat einen Doppelcharakter: 1. den der Verdeckung, 2. den des Zuweitspringens; beide Weisen des Grenzübergangs haben den Bewegtheits- und Zeitigungssinn des Verfehlens, und zwar eines Verfehlens, das den ganzen Zugang von der Erhellung her betrifft. Beide Verfehlungen hängen zusammen, und das verschieden, je nach dem entsprechenden Faktizitätssinn des Aufenthaltes *eine* Bewegtheit die führende ist für die andere. (Die eigentliche Ruinanz und Verfehlung liegt aber darin, daß die Bewegtheiten in Eigenläufigkeit von sich wegstürzen und je von sich her (Erhellung) Vorgriff und Vorhabe usurpieren und daß so in der Faktizität die eine die andere mitreißt und so eine eigentümliche Aufenthaltsruinanz zeitigt, in der Welt, Kultur und dergleichen spruchmäßig entschieden wird.)[40]

β) Die in der lebendigen Bewegtheit des Grenzübergangs liegenden zwei Verfehlungen der *Verdeckung* und des *Zuweitspringens*

Die *Verdeckung* liegt in dem Eigentümlichen des *So*-Zugehens auf das Begegnende, daß der Zugang, ob seiner freigegebenen

[40] [Siehe Anhang II, Nachschrift Weiß Nr. 35, S. 334 f.]

Hingabetendenz, den Begegnischarakter am Seienden nicht von diesem selbst her als dessen Aussehenscharakter ›zu Wort kommen‹ läßt. Es kommt dabei nicht zu einer echten Möglichkeit der Erhellung des Worauf des Zugehens, einer solchen, die aus dem Begegnenden selbst ›herausnimmt‹, was doch gerade die eigentlich motivierende Sorgenstendenz des hingabemäßigen Zugehens ausmacht. (Grenzübergang ist als Verdeckung vorhabeunbekümmert.)

Aus dem über die Gegenständlichkeit der Anspruchscharaktere am Seienden Gesagten wird deutlich, daß im Umgang *gerade nicht* die ›natürliche Tendenz‹ liegt, und zwar gerade nicht in seiner hingebenden Geneigtheit zu, das Worauf von diesem selbst her zu Wort kommen zu lassen. Es bedarf vielmehr einer eigenen Umgangsbereitschaft, derart, daß sie den Vollzug des Zugehens in *der* Weise führt, die eine Verdeckung des Worauf zurückhält. Damit ist nicht gefordert oder auch nur als möglich gesetzt ein anspruchfreies Zugehen. Die Bereitschaftsausbildung liegt gerade in der Beistellung der Möglichkeiten der Vorhabebewahrung und immer neuer Abhebung *der* Grundcharaktere am Womit des Umgangs, die eine ursprüngliche Ansprechensbedeutung und -kategorie von sich her fordern. *(Zugangsproblematik.)*

Das *Zuweitspringen* liegt darin, daß die Zugangserhellung in ihrer Ansprechensleistung schlechthin einer dem Aufenthalt nächst entspringenden Hinsicht folgt und damit sich in den Anspruchsmöglichkeiten vergreift. Das Ansprechen hat dabei gegenüber der einzig zur Abhebung gebrachten ›Rücksicht‹ eine Eigenläufigkeit, die alle Anspruchsbestimmungen im vorhinein nach ihren Möglichkeiten festlegt (vorgriffsblind).

Die zweite Verfehlung läßt sich (aus Gründen der griechischen Faktizität) bei Parmenides besonders deutlich sehen. Er folgt im erhellenden Ansprechen des Begegnenden *dem* Anspruchssinn, der sich in der Zugangserhellungsweise des hinsehenden Vermeinens vorwirft. Das Sichvorwerfen der Hinsicht ist das Wie des erhellenden Umgehens mit der Umwelt. Dieser Anspruchssinn ist da in der ersten Rücksichtsentdeckung; er ist das Entdeckte schlechthin. (Reinhardt[41] sagt einmal ausgezeichnet: »Mit dem jungen Plato teilte er [Parmenides] das Schicksal, daß er mit einem überstarken Erkenntnisdrang und Durst nach Welterklärung auf eine überschmale Wahrheit, eine Wahrheit, wie es zunächst scheinen mußte, ohne Entwicklungsfähigkeit gestellt war und nicht mehr zurückkonnte.« (S. 80.))

Der Anspruchscharakter Sein – am Begegnenden als echte Rücksicht erhoben – entscheidet jede weitere Bestimmbarkeit und Ansprechbarkeit von Gegenständlichem als Seiendem. Die Seinsbegegnung ist lebendig, aber im Zuweitspringen begibt sie sich des Weges und der Mittel eines frei erhellenden und gerade Sein freigebenden Ansprechens. Das erhellende Zugehen hat sich in einem bestimmten leitenden Anspruchscharakter festgesprungen; das Begegnende vermag nur noch – obzwar die Zugangstendenz zu ihm schlicht ursprünglich ist und diese Schlichtheit ständig sichert – *in diesem Anspruch* zu begegnen. Diese alle weitere Ansprechenstendenzen führende Rücksicht stößt alle ›anderen‹ weltmäßigen Aussehenscharaktere weg.

γ) Die Vorbildung des für alle weitere Ontologie entscheidenden Grundsinnes von Sein mit dem in der Parmenideischen Lebens- und Welterhellung gegebenen Grenzübergang: Sein als Dasein und Wassein im Zugang des hinsehenden Vermeinens (νοεῖν)

Mit dem in der Parmenideischen Lebens- und Welterhellung gegebenen Grenzübergang ist *der* Grundsinn von Sein vorgebildet, der das Schicksal aller weiteren Ontologie und ihrer forschenden Grundhaltung bestimmt: Sein als Dasein und solches Wassein im Zugang des νοεῖν, des hinsehenden Vermeinens.

Radikal und konsequent ist das hinsehende Vermeinen selbst (das νοεῖν bei Parmenides) in diesem Seinscharakter angesprochen (νοεῖν ›ist‹ – zweifacher Sinn!). Damit ist eine bestimmte

[41] [Parmenides und die Geschichte der griechischen Philosophie, a.a.O.]

Ausbildung *des* Hinsehens motiviert, das ausdrücklich Leben, Seelisches, Geistiges als seiendes zur Erfahrung bringt; der Sinn von Sein, in dem künftig diese Gegenstandszusammenhänge als seiend – Daß-sein und So-sein – angesprochen und besprochen werden. Es ist damit nicht vermeint und gesehen so etwas wie ›Ich‹, Subjekt, Bewußtsein, sondern alles Seelisch-Geistige steht in demselben Seinsfeld und untersteht denselben Anspruchsmöglichkeiten als φύσις; ἄνθρωπος selbst *als ἀρχή!*, ψυχὴ ἐντελέχεια (κίνησις) ἡ πρώτη [vgl. De anima B 1, 412 a 27]. Dieses so motivierte Hinsehen – das griechische – und die darin antreffbaren ursprünglichen aussehensmäßigen ›Rücksichten‹ sind noch ursprünglicher und radikaler als alles Nachkommende. Es besteht nicht der geringste Anlaß, gegenüber der ›Logik‹ oder sonstwelchen philosophischen Forschungszwangs der Alten überlegen zu tun. Denn das Ansprechen des Seelisch-Geistigen als Ich, Bewußtsein, das ›ich denke‹, ist kein ursprünglich geschöpftes und nicht einmal ein solches, das die verfügbaren neuen Grunderfahrungsmöglichkeiten, sie ursprünglich aneignend, auch nur mitsprechen ließe; es ist grundsätzlich unkritisch; es verbleibt im Ansprechen der Griechen und nimmt auf etwas Zugang, wofür jene die Anspruchsmöglichkeiten nicht nur nicht ausgebildet, sondern das sie selbst in seinem Was nicht hatten und brauchten. Diese Verfehlung hat ihre Kulmination in der Hegelschen Logik, die ganz griechisch und doch pseudogriechisch ist. Diese Verfehlung ist keine Frage der bloßen begrifflichen Sauberkeit bzw. Nachlässigkeit. Daß man den Aufweis derselben und sie selbst so auffassen kann und wird, ist nur der Ausdruck des Oberflächenaspekts, den das Zeitalter der Geschichtsphilosophien und Strukturlehren der Weltgeschichte vom Historischen und seinem Seinscharakter hat. Daß die nachgriechische Philosophie in ihren verschiedenen Systemprägungen geistesgeschichtlich-kulturell gewirkt hat, ist lediglich ein Argument gegen sie. Die geistesgeschichtliche und historische Wirkung der Forschung Platos und Aristoteles' ist mit jeder anderen unvergleichlich, von der Dauer und inhaltlichen Erstreckung ganz abgesehen, denn diese sind nur Folgen eines ursprünglichen faktisch historischen Wirkungszusammenhangs. Das ist jetzt nicht weiter zu verfolgen.[42]

Wichtig bleibt: Hinsehen und Ansprechen und Besprechen, soweit sie als etwas (Gegenstände) in der griechischen Philosophie selbst in das Feld hinsehenden Bestimmens kommen, sind als seiend gesehen und besprochen, in dem Seinssinn, der im Parmenideischen Schritt zur Ontologie zur paradigmatischen Abhebung kommt.

Das besagt aber: in einem als seiend Vorfindlichen ist da Seiendes und Anspruch; in diesem einheitlichen Blickfeld setzt die griechische ontologische Forschung ein. Sie bringt es in einer unerhörten Rücksichtslosigkeit des Sehens zu dem Reichtum an ontologischen kategorialen Explikationen, der seitdem nie wieder erreicht, vielmehr nur traditionell modifiziert und als leitend in die disparatesten philosophischen Bestimmungszusammenhänge kritiklos aufgenommen wurde.

Bei der Vergegenwärtigung der phänomenalen Zusammenhänge des Parmenideischen Aufenthaltes ergibt sich bezüglich der leitenden Frage: woraus – als was; sie darf hier gar nicht so gestellt werden, sofern man den phänomenalen Zusammenhang in seiner Ursprünglichkeit und bestimmten Nichtabgehobenheit belassen und fassen will. Das Sein – im ›es ist‹ – ist das Worauf des hinsehenden Umgangs schlechthin; es hat keinen Sinn, nach einem Woraus zu fragen. Es ist es selbst als *das* Sein und es bedarf dann keines *Daraus*. Es ist auch nicht Charakter, Charakterisierung in einer bestimmten Hinsicht neben anderen innerhalb des Aufenthaltes des Parmenides. Es *ist* das Worauf der Hinsicht selbst schlechthin – und *ist*. In dem Zugehen auf das Sein ist alle Aufklärung erledigt bzw. es kommt nicht einmal zu einer ausdrücklichen Aufklärung, sondern es bleibt beim schlicht ansprechenden Zugehen auf. Die Zugangserhellung spricht schlicht an das ›Da‹, das ganze Etwas, das ist. So leer das Sein ist, so bestimmt ist es als das ›da‹ – in der Zugangsbegegnung: ›*daß* es ist‹.

[42] [Siehe Anhang II, Nachschrift Weiß Nr. 36, S. 335 ff.]

In keinem Falle zusammenzuwerfen mit dem formalen Etwas überhaupt. Wenn überhaupt in Orientierung darauf, dann nicht einmal das vorformale Etwas, sondern das aformale schlechthin. Das besagt aber: auch nicht immateriales Etwas; es ist ebenso bestimmt das amateriale. (Dasselbe gilt vom ἕν.) Es ist das Worauf eines Hinsehens, das in seiner Erhellungstendenz weder hat den Zug zur Formalisierung noch zur materialen Bestimmung; sie liegt außerhalb beider und birgt doch unabgehoben die Möglichkeiten beider in sich. Das Sein ist Thema – das erste Ansprechen und doch keine Ontologie, wenn auch zeitigungs- und schicksalmäßig der Schritt dazu. Das ›da‹ bestimmt den Sinn des ›ist‹ und damit auch den des ›was es ist‹; in diesem ursprünglichen Aufenthalt der Seinsbegegnung ist das Daßsein des Seins entscheidend, *so*, daß daraus das Wassein erst seine Bestimmungen schöpft. Das so bestimmte Wassein seinerseits gibt dann künftig die Anweisung für alle weiteren auf Grund seiner ausgebildeten Daßseinsbestimmungen, die über die erste des Parmenides nicht nur nicht hinauskommen, sondern ob des Durchgangs durch das ›Wassein‹ zurückbleiben und grundsätzlich die Daßseinssinnproblematik unmöglich machen.

§ 26. Die mit der Interpretation der Parmenideischen Seinsbegegnung gewonnene schärfere Orientierung und die Wiederaufnahme der beiden Fragegruppen nach der Mannigfaltigkeit der Seinssinne und den kritischen Entscheidungen über ihre Möglichkeiten

Mit der jetzt gewonnenen schärferen Orientierung sind die beiden Fragegruppen (Ms. S. 7[1]) wieder aufzunehmen. Was ist gewonnen? Die Interpretation hat sich unter eine bestimmte kritische Vorsicht gestellt, und das nicht nur bezüglich Parmenides, sondern hinsichtlich der aristotelischen Ontologie und jeder an-

[1] [Im vorliegenden Band § 24 e, oben S. 204 f.]

deren möglicherweise noch irgendwie ursprünglichen. Es wurde deutlich: die Fragen nach dem woraus und als was und wie des Geschöpftseins der Seinsweisen dürfen nicht schlechtweg, gleichstimmig an jede vorgegebene oder vorgemeinte ontologische Forschung angesetzt werden. So natürlich das einer (sogenannten) ›problemgeschichtlichen‹, aber doch naiven Interpretation vorkommen mag, daß lediglich aus dem eigenen verfügbaren Problemverständnis interpretiert werden kann und soll, – in dieser scheinbar durchsichtigen und gegenüber dem Mischmasch der Auslegungstendenzen der überlieferten Philosophiegeschichte gewiß wertvollen hermeneutischen Überzeugung liegen sachliche Schwierigkeiten, aber zugleich noch unergriffene Möglichkeiten.

(Nur nebenbei möge darauf verwiesen sein: die jetzige Interpretation steht jetzt gerade in einer eigentümlichen Bewegtheit – dergestalt, daß sich in der Interpretation der Sachen selbst, in der Tendenz des sie ursprünglich Fassens, von ihnen selbst her die hermeneutische Situation ausbildet. Das gilt grundsätzlich von der Ausbildungsweise einer hermeneutischen Situation. Sie ist nie durch eine programmatische formale Überlegung zu gewinnen, wenn überhaupt die methodische Klarheit in genügendem Maße dafür da ist, sie ausdrücklich auszubilden ohne weitschweifige und umständliche methodologische Phantasien. Sofern diese Bewegtheit der Ausbildung der hermeneutischen Situation voll ergriffen und explizit verfügbar gemacht wird, sind damit die radikalsten kritischen Maßstäbe beigestellt für die philosophische Interpretation sowohl wie für alle geisteswissenschaftlichen Auslegungsweisen. – Phänomenologische Hermeneutik ist die Methodenlehre philosophischer Forschung, d. h. nur im Zusammenhang solcher und *für* sie ausbildbar. Logik der Philosophie – produktive Logik – Logik post festum; in der Laskschen Logik[2]

[2] [Emil Lask, Die Logik der Philosophie und die Kategorienlehre. Eine Studie über den Herrschaftsbereich der logischen Form. Tübingen: Mohr Siebeck 1911 (Wiederabdruck in: Emil Lask, Gesammelte Schriften. Hg. von Eugen Herrigel. Bd. II. Tübingen: Mohr Siebeck 1923, S. 1–282).]

die Kalamität: kein ›Fest‹ da; die Idee der Logik – nur eine formale Wiederholung der Verstellung der Logik als Wissenschaftslehre, im Sinne des Neukantianismus – sachlich ohne jedes Ergebnis.)[3]

a) Die erforderliche neue Ausbildung des phänomenalen Horizontes der Interpretation aus der Weise der kritischen Explikation, die Aristoteles selbst vollzieht. Einsatz der Betrachtung bei der zweiten Fragegruppe nach den Möglichkeiten der Seinssinne

Eine schärfere Orientierung (vgl. Grenzübergang) ist da und trotzdem ist der phänomenale Horizont der Interpretation neu auszubilden aus der Weise der kritischen Explikation, die Aristoteles selbst vollzieht und die Gegenstand der Interpretation ist. Inwiefern der Umweg gefordert war, muß sich aus dem Folgenden von selbst ergeben.

Es soll die Betrachtung bei der zweiten Fragegruppe (vgl. Ms. S. 7[4]) einsetzen. Aristoteles gibt kritische Entscheidungen, die lauten auf ἀδύνατον: ἄτοπον, εἰ δεῖ ἄτοπον λέγειν τὸ ἀδύνατον [185 a 30]. Bezüglich des ›Seins‹ bestehen Möglichkeiten bzw. Unmöglichkeiten. Was ist, das über diese Möglichkeiten und Unmöglichkeiten verfügt? Welches sind die Motive und Motivbasis für dieses Verfügen? Worüber geht es? Wenn alles ist im Wiegeeigenschaftet, dann ist das unangebracht, unmöglich; denn alles und jedes wird angesprochen in der Weise des καθ' ὑποκειμένου, des ›Aufhin‹, auf etwas als ›Worüber‹, als ›Wovon‹. An so etwas wie dem καθ' ὑποκειμένου liegt die Unmöglichkeit genauer daran, daß etwas in diesem καθ' ὑποκειμένου, ›Aufhin‹, steht, d. h. ein Worüber des An- und Besprechens bzw. ein ›als was‹ desselben ist. Dieses ›Aufhin‹ ist demnach ein Charakter am An- und Besprechen selbst; ›unmöglich ist alles im Wiegeeigenschaftet‹ besagt: das Ansprechen selbst verfügt in seinem Aufhin bei ihm

[3] [Siehe Anhang II, Nachschrift Weiß Nr. 37, S. 337 f.]

[4] [Im vorliegenden Band § 24 e, oben S. 204 f.]

selbst über Möglichkeiten und Unmöglichkeiten seiner selbst, genauer: bezüglich dieser Aufhin und seiner ›Worüber‹ und ›als‹. Aristoteles spricht ausdrücklich von ἀδύνατα λέγειν; ὁ λόγος προσχρῆται τῷ ποσῷ [vgl. 185 b 2 sq.]. Das Ansprechen bringt mit hinzu – in seinem Aufhin – das ›als‹ des Wiemannigfaltig. Das Worauf des Hinsehens des kritischen Umgangs ist der λόγος.

b) Das Hinsehen auf den λόγος als bestimmend für die aristotelische Seinsproblematik. Abgrenzung zu Parmenides

Aristoteles hat im Blick und als Thema das Sein und gibt vor ein Sein und dessen Mannigfaltiges *(οὐσία)*. Und jetzt tritt zutage: bei der Seinsproblematik hat er im Auge das λέγειν, den λόγος. In bezug hierauf versteht er seine kritischen Entscheidungen. Für Parmenides wäre eine solche Betrachtung unerfindlich, obzwar auch er gerade und zentral in seiner Problematik etwas über Bestimmungsmöglichkeiten verfügen läßt. Das ist aber das Sein, und zwar gerade sofern es ist und *nur* sofern es ist.

Oder ist es auch bei Aristoteles nicht der λόγος, der das Blickfeld ausmacht, sondern ein Seinsbereich? Ist die Charakterisierung: Aristoteles hat den λόγος als Blickfeld zu scharf, bzw. ist das mit λόγος bezeichnete Gegenständliche so zu nehmen, daß es einen Seinsbereich bezeichnet, der grundsätzlich nicht als anderer bestimmt ist gegenüber anderen; so also, daß alle ›Vorstellung‹ von Sinn oder ›Erlebnis‹, Bewußtsein und dergleichen fernzuhalten ist und eine ursprünglich genuin aristotelische Gegenstandsbestimmung des λόγος herauszuarbeiten als Aufgabe einer recht verstandenen Interpretation sich ergibt?

Zunächst ist das Wichtige: aus dem Textzusammenhang konkret ersehen lassen, daß für Aristoteles bei der Frage nach dem Seienden (φύσει ὄντα) und seinen ἀρχαί der λόγος – vorsichtig gesprochen – irgendwie mit im Blickfeld steht. Auf Grund dieser konkreten Vergegenwärtigung wird erst möglich sein auszumachen, warum gerade diese Kritik in der *so* bestimmten Forschungsaufgabe in ihrer Einsatzphase den λόγος in das Forschungsfeld bringt (λόγος vgl. De interpr.).[5]

c) Exkurs: Übersetzung von De interpretatione 4 und 6[6] (Die Rede (λόγος) vom Charakter des zusagenden (κατάφασις) und des wegsagenden (ἀπόφασις) Besprechens. Das Von-her-Sagen von einem in die Vorhabe gebrachten Gegenstand (ἀπόφανσις) als Grundcharakter des λόγος) (nach der Nachschrift von Helene Weiß)

Wichtigste Bestimmungen, die Aristoteles hinsichtlich des λόγος gibt (im Anschluß an *De interpretatione* (Hermeneutik, *späte* Schrift) Cap. 4 und 6):

Cap. 4

16 b 26: Λόγος δέ ἐστι φωνὴ σημαντική. »Rede (λόγος) ist etwas Lautliches (ἐστι φωνὴ), das in ihm selbst den Charakter des Bedeutens (σημαντική) hat.« Bedeuten in transitivem Sinne, = *deutend etwas betreffen;* hat eine Mannigfaltigkeit von Bedeutungen, die ansatzweise im Begriff des λόγος lebendig sind: *andeuten, ansatzweise bedeutungsmäßig anzeigen;* im untheoretischen Zusammenhang, in dem Aristoteles den λόγος ausdrücklich sieht (cf. Ethik), besagt σημαίνειν soviel wie Auslegen, eine Lage des Lebens auslegungsmäßig erhellen. Ἐυδαιμονία ist ἐνέργεια κατὰ λόγον. Φρόνησις und Verfahrung (τέχνη) sind ἕξεις μετὰ λόγου. (In der Ethik ὀρθὸς λόγος wichtige Rolle.)

16 b 26–28: ⟨κατὰ συνθήκην,⟩[7] ἧς τῶν μερῶν τι σημαντικόν ἐστι κεχωρισμένον, ὡς φάσις, ἀλλ᾽ οὐχ ὡς κατάφασις. »Teilheitliches solchen Lautzusammenhangs ist je bei sich selbst Bedeu-

[5] [Siehe Anhang II, Nachschrift Weiß Nr. 38, S. 338 f.]

[6] [Griechischer Text nach: Aristotelis Organon Graece, ed. Theodorus Waitz, op. cit., pars prior, Hermeneutica.]

[7] [κατὰ συνθήκην, das hier in der Nachschrift steht, wird nicht übersetzt und in der Ausgabe Waitz nur im Apparat genannt; vgl. unten De interpr. 17 a 2.]

ten, und zwar Bedeuten in der Weise des schlicht Ansprechens von etwas, als schlichte Sage (φάσις), aber nicht in der Weise des (ansprechenden) *Be*sprechens.« (κατάφασις = zusprechendes Besprechen; Bekker setzt ἢ ἀπόφασις dazu; Waitz[8] aber weist das mit Recht zurück.)

16 b 28–29: λέγω δέ, οἷον ἄνθρωπος σημαίνει μέν τι, ἀλλ᾽ οὐχ ὅτι ἔστιν ἢ οὐκ ἔστιν. »Ich sage z. B.: Mensch. Das bedeutet zwar etwas (spricht etwas an, bespricht es), aber nicht in der Weise [daß es bedeutet], daß es ist oder nicht ist.« Es sagt von ihm kein ›daß es ist‹ *(= ›daß es so und so ist‹ darin mitbegriffen)*[9].

16 b 29–33: ἀλλ᾽ ἔσται κατάφασις ἢ ἀπόφασις, ἐάν τι προστεθῇ. ἀλλ᾽ οὐχὶ τοῦ ἀνθρώπου συλλαβὴ μία. οὐδὲ γὰρ ἐν τῷ μῦς τὸ ῦς σημαντικόν, ἀλλὰ φωνή ἐστι νῦν μόνον. ἐν δὲ τοῖς διπλοῖς σημαίνει μέν, ἀλλ᾽ οὐ καθ᾽ αὑτό, ὡς προείρηται. »Die Rede wird den Charakter des zu- und des wegsagenden Besprechens haben, wenn irgend etwas setzenderweise auf das Angesprochene hin vermeint ist. Aber nicht bedeutet eine einzige Silbe des Wortes ἄνθρωπος für sich. So ist auch im Worte μῦς das ῦς nicht bedeutend (σημαντικόν), sondern lediglich Laut (φωνή). In zusammengesetzten (Doppel-)Worten bedeutet der Teil zwar etwas, aber nicht ein Wortganzes an ihm selbst, wie schon [Cap. 2] erörtert.« Dort das Beispiel [16 a 24 sqq.]: κέλης bedeutet nichts für sich, sondern nur in der Zusammensetzung ἐπακτροκέλης bedeutet es etwas: ein Neues für sich.

17 a 1–2: Ἔστι δὲ λόγος ἅπας μὲν σημαντικός, οὐχ ὡς ὄργανον δέ, ἀλλ᾽ ὥσπερ εἴρηται, κατὰ συνθήκην. »(Der λόγος [= die Sprache] ist kein Organon (kein Werkzeug).) Nicht wie ein festes Gerät[10] ist der λόγος, sondern das Bedeuten eines λόγος vollzieht sich [entlang =] gemäß der sich im Leben bildenden und als so gebildet sich erhaltenden Weise des Auslegens dessen, was begegnet

[8] [Aristotelis Organon Graece, pars prior, p. 125, 331.]

[9] [Vgl. dazu Nachschrift Bröcker: – der Sinn des ›ist‹ ist hier ganz weit zu nehmen.]

[10] [Nach der Nachschrift Bröcker: nicht wie ein Festes und einzig Zu-Hand-habendes.]

und ist.« Der λόγος ist nicht φύσει, sondern liegt im Brauch, hat seine eigene Bewegtheit; er hat seinen eigenen Ursprung. Je nach Lage und Umstand des Lebens erwächst und bildet sich und fällt einem Laut zu die Bedeutung.

17 a 2–7: ἀποφαντικὸς δὲ οὐ πᾶς, ἀλλ᾽ ἐν ᾧ τὸ ἀληθεύειν ἢ ψεύδεσθαι ὑπάρχει. οὐκ ἐν ἅπασι δὲ ὑπάρχει, οἷον ἡ εὐχὴ λόγος μέν, ἀλλ᾽ οὔτε ἀληθὴς οὔτε ψευδής. οἱ μὲν οὖν ἄλλοι ἀφείσθωσαν· ῥητορικῆς γὰρ ἢ ποιητικῆς οἰκειοτέρα ἡ σκέψις· ὁ δὲ ἀποφαντικὸς τῆς νῦν θεωρίας. »Aber nicht jede Rede ist *vom etwas her sagen* (ἀποφαντικός) und so sagend es betreffen. [Für die Griechen λέγειν nicht auf etwas hin sagen, sondern ἀπό = von einem Gegenstand, der in der Anschauung, der Vorhabe steht, von ihm *her* sagen. Warum wir ἀπό mit »von her« und nicht mit »von *weg*« übersetzen wird nachher ersichtlich.] Sondern nur die Rede, in der da ist das Unverhülltsein dessen, wovon her gesagt wird, und dementsprechend auch das So-Gesagte; oder der λόγος, in dem seinem eigenen Vollzugssinne nach so etwas ist wie: sich zu einem Falschen machen. [›Wahr‹ und ›falsch‹ trifft hier nicht den Sinn. Grundverfehlung der Laskschen Urteilstheorie[11], daß er diese Bestimmungen in formalistischem Sinne von Aristoteles übernahm.] So etwas ist aber nicht in allen λόγοι da. So ist zwar die Bitte eine Rede (λόγος), aber weder kommt es in ihr selbst an auf das ἀληθεύειν noch auf das ψεύδεσθαι. Diese anderen Weisen [in denen das nicht vorkommt], die sollen hier auf die Seite gestellt werden. Es gehört der Rhetorik und Poetik die Erforschung dieser Weisen des λόγος zu. Das Reden aber, das nach seinem Charakter das Von-etwas-her-Sagen ist, ist Gegenstand der jetzigen Untersuchung (θεωρίας).«

Cap. 5 von uns hier ausgelassen.

[11] [Emil Lask, Die Lehre vom Urteil. Tübingen: Mohr Siebeck 1912 (Wiederabdruck in: Emil Lask, Gesammelte Schriften. Hg. von Eugen Herrigel. Bd. II. Tübingen: Mohr Siebeck 1923, S. 283–463).]

Nun Cap. 6

17 a 25–26: κατάφασις δέ ἐστιν ἀπόφανσίς τινος κατά τινος. ἀπόφασις δέ ἐστιν ἀπόφανσίς τινος ἀπό τινος. »Das *auf etwas hin etwas Zusagen* ist ein von *etwas Her-Sagen*, d. h. das Zusprechen erwächst aus einem sinnmäßig ἀπόφασις δέ ἐστιν ἀπόφανσίς τινος ἀπό τινος.«

Das Wegsagen (zu unterscheiden zwischen ἀπόφανσις und ἀπόφασις).

(ἀπόφανσις umfaßt beide: die ἀπόφασις und die κατάφασις;
ἀπόφανσις aus einem sinnmäßigen Herausnehmen;
ἀντίφασις = die Weise des Sagens, die das eigentliche Widersprechende ist.)

Von hier ersichtlich, daß eine Interpretation der λόγος-Strukturen wesentlich ist für Auffassung der Art und Weise der Widerspruchsauffassung der aristotelischen Logik.

Das ἀπό bringt zum Ausdruck das Schöpfen von dem Anschaulichen her, aus der anschaulichen Vergegenwärtigung. –
ἀποφαίνεσθαι = *zum Vorschein Bringen eines Etwas von Etwas her.*
κατάφασις: Das Zusprechen erwächst aus einem sinnmäßigen Von-her-Sagen und Herausnehmen.

In der Struktur des λόγος selbst liegt die Beziehung *auf hin*. An diesem ὑποκείμενον liegt es, daß der λόγος selbst über Möglichkeiten seiner selbst verfügt. Das ist zum ersten Mal von Aristoteles gesehen und so angesetzt, daß die λόγος-Untersuchung ein Stück der ἀρχή-Forschung ausmacht. Der λόγος steht bei der Kritik der Eleaten im Blickfeld und macht aus, daß diese kein bloßes apagogisches Denken ist, sondern ein Sehen auf einen ganz bestimmten Zusammenhang hin.

Aus den in der »Hermeneutik« Cap. 4 und 6 gegebenen Bestimmungen von λόγος tritt heraus, daß Aristoteles Einblick hat in den Vollzugssinn des λέγειν: es ist charakterisiert durch das

Bedeuten = das, was in einer Auslegung des Lebensumgangs und seiner selbst entspringt. Der Grundcharakter des λόγος ist die ἀπόφανσις, das Von-her-Sagen von einem in die Vorhabe gebrachten Gegenstand. In diesem Terminus kommt die Gegenstandsangemessenheit viel besser zum Ausdruck als in unserem deutschen ›Aussagen‹. Jede Rede ist nach Aristoteles bedeutend: hat Bedeutungsleistung. Wort und Rede stehen in einem Zusammenhang der Motivation, der mit der φύσις nicht zu vergleichen ist. κατὰ συνθήκην = nach dem Brauch. Nur *die* Rede ist eine ἀπόφανσις, die in ihrer Aussage hat das ἀληθεύειν und ψεύδεσθαι. Diese Bestimmungen sind etwas, was in der Rede selbst und ihrem Vollzug liegt; das ἀληθεύειν ist selbst eine Weise der Zeitigung der apophantischen Rede, d.h. des theoretischen Urteils. (Ἀληθεύειν und ψεύδεσθαι besagen *nichts* über Übereinstimmung mit dem Gegenstand!)

Die beiden Möglichkeiten der ἀπόφανσις, die κατάφασις und ἀπόφασις, sind die ἀντικείμενα, *zwischen* ihnen liegend ist die ἀντίφασις. Damit die Rede eine ἀντίφασις ist, muß sie unter ganz bestimmten Bedingungen stehen.[12]

d) Der Satz ἓν τὰ πάντα als Thema der aristotelischen Kritik. Verdeutlichung des λόγος-Charakters anhand der eleatischen These des ἕν. Explikation der drei Bedeutungen des ἕν (Phys. A 2, 185 b 5–32)

Thema der aristotelischen Kritik ist ›der Satz‹ ἓν τὰ πάντα. Also ein λόγος. Aber in diesem erweiterten Sinne geht jede Forschungskritik auf Sätze, Aussagen und ausweisbare Gegenstandsangemessenheit des Ausgesagten und damit auf ein bestimmtes Gegenstandsfeld. Der besagte Parmenideische Satz ist nicht nur

[12] [Vgl. dazu auch Nachschrift Bröcker: Damit die Rede eine ἀντίφασις ist, muß sie besonderen Bedingungen hinsichtlich der Lebendigkeit des Angesprochenen und des Wie des Ansprechens unterstehen, Bedingungen, die in bestimmter Hinsicht gesehen sind und deshalb eine Auffassung der ἀντίφασις zu einer bestimmten Logik stempeln.]

in diesem Sinne Thema, sondern so, daß sein λόγος-Charakter als solcher (185 b 24) gerade das Gegenstandsfeld, das Worauf des Hinsehens der Kritik ausmacht.

Die den λόγος-Charakter als solchen betreffende und die konkreten Explikationen dergestalt bestimmende Frage ist: in welchen möglichen λόγος-mäßigen An- und Besprechensbeziehungen in der Weise des ›Aufhin‹ das ›als was‹ des Besprechens (ἕν) zum Worüber des Sprechens als solchem (ὄν) steht. Daraus entspringt die Aufgabe, die Analyse des λόγος-mäßigen möglichen Sinnes des ›als was‹ und des ›Worüber‹ je für sich konkret durchzuführen. Dieses Hinsehen auf den λόγος gilt es jetzt konkret zu belegen und in eins damit ein Verständnis des Textes anzubahnen. (Was besagt das solchergestalt Hinsehen auf den λόγος für die Seinsproblematik? Wie ist das Sein gesehen, daß über es – als πολλά – grundlegend vom λόγος her entschieden wird? Inwiefern sind οὐσία – ποιόν, um auf den Ausgang zurückzukommen, Weisen des *Seins*? Verhältnis von Sein und Sagen!)

Das Hinsehen auf den λόγος wird besonders deutlich in der aristotelischen Analyse des ›als was‹ des Besprechens in der eleatischen These, des ἕν (Einhaften). Primär wird *nicht* gefragt, in welcher Weise das eigentlich in der Vorhabe stehende Gegenständliche (φύσει ὄντα) einhaft ist, in welcher Weise nicht, inwiefern ihm daher eine der möglichen Bedeutungen des ἕν gegenstandsangemessen ist, inwiefern nicht. Die Bedeutungen des ἕν ihrerseits werden nicht in leeren sachungebundenen Beutungsüberlegungen durchgesprochen. Ebensowenig liegt ein sachgebundenes Bestimmen der Bedeutungen des ἕν vor (je nach bestimmtem regionalen Charakter des Gegenständlichen verschiedene Bedeutungen des Einhaften). (Vgl. Met. I[13].)

Vielmehr sind drei bestimmte Bedeutungen des Einhaften vorgegeben: das συνεχές, das mithabend sich Zusammenhaltende, das ἀδιαίρετον, das jeglicher Abhebbarkeit Bare, und das ἓν λόγῳ, das Einhafte als einzigeine Selbigkeit des Wie des Anspruchs.

[13] [Met. I(ôta) = Buch X.]

Diese Bedeutungen werden jeweils 1. genommen im Charakter des möglichen ›als was‹ des Besprechens; 2. als solche werden sie daraufhin befragt, was in ihnen im Aufhin auf ein Worüber des λέγειν mitvermeint ist dergestalt, daß dieses Mitvermeinen im vorhinein das zu besprechende Worüber in einen bestimmten bedeutungsmäßigen Anspruchscharakter bringt; 3. werden sie entscheidend darnach befragt: was dieses in der Bedeutung selbst gelegene aufhinmäßige Vorwegbedeuten besagt für die Möglichkeit bzw. Unmöglichkeit eines λέγειν.

Das συνεχές vermeint in seinem eigensten als-was-Charakter sein Worüber in *der* Weise, daß dieses im Wie der Vielfältigkeit vorwegbedeutet ist.

In der Erörterung der zweiten möglichen Bedeutung des ἕν als ἀδιαίρετον (jeglicher Abhebbarkeit bare) wird das untersuchende Hinsehen auf das in der Bedeutung jeweils mitbeschlossene Mitvorwegansprechen, d. h. den Aufhincharakter und das zugehörige Worüber, ganz deutlich. Das ἀδιαίρετον spricht in seiner λόγος-mäßigen Vollzugsleistung des ›als was‹ im vorhinein sein Worüber als ein solches an, das jedes mögliche Ansprechen im Wie des Sogeeigenschaftet oder Somannigfaltig von sich her abwehrt (οὐθὲν ἔσται ποσὸν οὐδὲ ποιόν [185 b 16 sq.]). Erst recht sind dann konkrete, durch solche als-was-Charaktere des Besprechens (kategorial) bedeutete Besprechensbestimmtheiten wie ἄπειρον und πεπερασμένον λόγος-mäßig unmöglich. Ein etwas, das in seinem Somannigfaltig begrenzt ist, hat an ihm selbst die Möglichkeit der Abhebbarkeit; es ist *nicht* ἀδιαίρετον. Wohl dagegen steht in diesem Charakter die Grenzhaftigkeit als solche (τὸ πέρας – ein καθ' αὑτό; vgl. Met. Δ 7). Die Ansprechensmöglichkeiten für ein Wie des Anspruchs und des Besprechens sind demnach selbst andere als die für das jeweilige Was, das in diesem Wie – dem *als* (was) – bedeutet ist. (Diese Wie sind schlechthin einfach ansprechbar (Met. Z, H, Θ).)

Die dritte Bedeutung des ἕν ist sogar direkt und ausdrücklich verstanden in ihrer λόγος-mäßigen Vollzugsleistung, ἓν λόγῳ, die Einhaftigkeit, als einzig eine Selbigkeit des Wie des Anspruchs als solchen, des besprechenden Was als solchen; das Worüber selbst ist so seinem Wascharakter nach in eine einzige Selbigkeit gestellt. Der λόγος eines solchen Worüber – als ἀπόφανσις –, als aus dem Worüber herausnehmendes von ihm her auf es hin Sagen, gibt als solcher so vorwegbedeutender nur die Möglichkeit, daß alle möglichen ›als was‹ im Aufhin dieselben sind: gut sein, nicht gut sein, schlecht sein, sind λόγος-mäßig dasselbe; d.h. für Aristoteles: auch das Was, das besprechend ist, unterscheidet sich nicht auf Grund des selbigen Seinscharakters; das gut, nicht gut, Mensch, Pferd ist dasselbe (im Hinblick auf das einzige Hinsichtsworauf: das Sein). Dementsprechend auch nicht das sogeeigenschaftete ›dies da‹ und das somannigfaltige ›dies da‹ seinsmäßig dasselbe. Im Worüber des λέγειν ist durch das ἕν grundsätzlich die Unterschiedslosigkeit vorwegbedeutet. Es kommt auf Grund dieses Anspruchs dahin, daß der Wascharakter der möglichen ›als was‹ jeden Sinn verliert. Das Worüber wird streng genommen in solchem ἕν besprochen als nicht-was (vgl. Parmenides!), als des Nichts. (Die einzige Selbigkeit des Daßseins wird ja für Parmenides sinnfundierend und anspruchsleitend für die möglichen Wasbestimmungen; es ist ἕν schlechthin, nicht-was, sofern die Aussehenscharaktere der δόξα kein Sein sind.)

Daß die Haltbarkeit der Parmenideischen These im λόγος-Charakter als solchen gründet, davon hatten die Jüngeren ein gewisses Bewußtsein, sofern sie durch Modifikationen der Rede als solcher, ihrer apophantischen Struktur – Weglassung des ›ist‹ oder entsprechende Umschreibung –, den Schwierigkeiten ihres Bedeutungszusammenhangs zu entgehen suchten.

e) Zurücknahme der ausgeformten ›Vorstellung‹ von der erlebnis- oder bewußtseinsmäßigen Gegenständlichkeit und Seinsweise des λόγος und Übergang zur Frage, in welcher bestimmten Weise Sein im λόγος entspringt und vollzugsmäßig in ihm ist. Die ›Aufhin‹-Grundstruktur des λόγος und die in ihr motivierte Seinsmannigfaltigkeit (Phys. A 2, 185 b 32 – A 3, 186 a 32)

In der Zusammenfassung dieser Analysen wird zugleich schon deutlich, was dieses Hinsehen auf den λόγος und die Explikation seiner als solchen zur schwebenden Seinsproblematik beitragen soll. Darauf kann jetzt nur soweit verwiesen werden, als die Phänomene aus dem Interpretationszusammenhang selbst sichtbar zu machen sind und für das Verständnis des Folgenden nötig ist.

Die als Thema angesetzte These hat als Worüber nicht einen besonderen Gegenstandsbereich des Seienden oder gar einen diesem zugehörigen einzelnen Gegenstand, sondern das Seiende selbst, d. i. in gewissem Sinne für die Griechen und Aristoteles das Sein als solches.

Zunächst möchte man in keiner Hinsicht erwarten, daß eine Explikation des λέγειν je etwas sollte ausmachen können über das Sein, das je gerade ist, was es ist, als das vom Ansprechen und Besprechen lediglich Betreffbare. Andererseits darf man sich nicht roh dabei beruhigen, daß man erklärt: in der Rede (λόγος) kommt sprachlich meist das Wort ἔστιν – οὐκ ἔστιν vor; die Griechen und Aristoteles haben sich äußerlich an die Sprache gehalten und so verfielen sie darauf, im λέγειν selbst ein εἶναι zu finden. Eine solche primitive Stufe der Betrachtung kann daher ernstlich nicht in Frage kommen für eine Seinsproblematik.

Beide Meinungen sind einleuchtend und treffen in roher Weise etwas Richtiges, und doch sind sie gerade die klassischen Gelegenheiten, die eigentliche Aufgabe der Interpretation rechtzeitig, d. h. vor Beginn der eigentlichen Fragen und Schwierigkeiten, aus der Welt zu schaffen.

Fest steht: die Untersuchung zielt im Zusammenhang einer

Seinsproblematik auf den λόγος als solchen. Die Frage ist gerade: Welches sind die Motive dafür und wie kommt des näheren der λόγος in den Blick? Man kann nicht sagen ›äußerlich‹, weil die Griechen und Aristoteles die Unterscheidung von außen und innen im modernen (auch unklaren) Sinne nicht kannten, sondern den λόγος vor dieser Einheit sahen; und die Frage ist, *wie* dann eigentlich und motiviert aus welcher grundsätzlichen Tendenz des Sehens. (Λόγος als κίνησις im weiteren Sinne.)

Im Zusammenhang einer Zurücknahme der ausgeformten ›Vorstellung‹ von der erlebnis- oder bewußtseinsmäßigen Gegenständlichkeit und Seinsweise des λόγος kann dann auch die Frage nicht so zugespitzt gestellt werden, inwiefern bloßes λέγειν für eine Seinsproblematik etwas hergeben soll, und falls je Seinsbestimmungen aus dem λέγειν abhebbar sein sollten, wie sie dann überhaupt relevant sein sollten für das Seiende als solches. In solchen Fragestellungen, die grundsätzlich heute und seit langem übliche Fragerichtungen anzeigen, offenbart sich die Unmöglichkeit, die griechische Seinsproblematik auch nur angemessen zu befragen.

In welcher bestimmten Weise entspringt im λόγος und ist in ihm vollzugsmäßig Sein?

Das Worüber des λέγειν und das *Sein* des Gegenstandes, der angesprochen ist, sind nicht zwei verschiedene Sachen und Gebiete, am allerwenigsten für den Griechen und gar in der Explikation des Aristoteles. Die Seinscharaktere, die am λόγος erhoben werden, betreffen aber gerade die ›als was‹ und das Worüber, betreffen sie nicht nur, sondern sind identisch dasselbe mit diesen. Das besagt aber: die ›Aufhin‹-Grundstruktur des λόγος motiviert eine Mannigfaltigkeit des Seienden, πολλὰ τὰ ὄντα λόγῳ [vgl. 185 b 32]. (Ein anderes ist: das λευκῷ εἶναι und das μουσικῷ εἶναι, das Weiß-sein qua Seinscharakter das ›als was‹ im Aufhin; Weiß-sein ein anderes, das Was ursprünglich mitgesehen, vgl. *οὐσία*.) In der eigentümlichen dativischen terminologischen Bildung ist der Aufhincharakter des λόγος angezeigt, λόγος-mäßiges Sein, beide aber [das λευκῷ εἶναι und das μουσικῷ εἶναι] sind im τῷ αὐτῷ (δεδεγμένῳ) εἶναι[14], in dem ›an ihm selbst sein‹, das Worüber-sein.[15] Der dativische Ausdruck bekundet die ursprüngliche Beziehung zum Auf-hin derart, daß es dessen eines Relat ausmacht, obzwar gerade der Terminus Beziehung, Beziehungsglied, bzw. des λόγος und des Worüber und ›als was‹ grundsätzlich vermieden werden sollte. (Der Gegenstand λόγος wird dadurch phänomenal gleichsam entwurzelt.)

Die terminologischen Prägungen bringen zum Ausdruck, daß nicht die seienden Gegenstände selbst im Blick sind, so daß an ihnen nach Ding und Eigenschaft (Blatt – grün) unterschieden würde, sondern der λόγος in der in ihm selbst gelegenen Seinsmannigfaltigkeit. (Es ist mir wenigstens keine neuere Logik bekannt, in der diese Explikation auch nur verwendet, geschweige denn systematisch mit dem zugehörigen Problemverständnis fortgebildet wäre. Bezeichnenderweise dort am allerwenigsten, wo man sich gern auf Aristoteles beruft. – Weiterplätschern in überlieferten Sätzen; Prinzip: nur keine umständlichen oder gar gefährlichen Fragen. Man ist auch in der Philosophie solidarisch in der Übereinkunft, nicht zu weit zu fragen. Früher nannte man so etwas: die Art der Dunkelmänner; heute im Zeitalter der Toleranz: moralischer Aufschwung.)[16]

Wenn Aristoteles am Ende seiner speziellen Parmenides-Kritik ausdrücklich vermerkt: ἀλλὰ τοῦτο Παρμενίδης οὔπω ἑώρα [186 a 31 sq.], so meint er damit den λόγος als etwas, worin seiner eigensten Gegenstandsstruktur nach ein Sein ist und eine *Seins*mannigfaltigkeit motiviert ist. Dieser Feststellung gehen unmittelbar vorher die schon genannten Unterscheidungen τὸ εἶναι λευκῷ und τὸ δεδεγμένῳ εἶναι; sie sind ein ἄλλο, und zwar bezieht

[14] [Vgl. 185 b 33 (δεδεγμένῳ, 186 a 29).]

[15] [Vgl. dazu Nachschrift Weiß: 186 b 2 für die Interpretation dieser Stelle entscheidend: ausdrücklich τὸ αὐτῷ εἶναι terminologisch fixiert, das *Worüber* damit gemeint.

Also ist die Interpretation stringent; keine solche Vorsicht mehr notwendig, wie wir früher bei der Übersetzung anwandten (S. 80/*81* der Übersetzung [im vorliegenden Band: Anhang II, Nachschrift Weiß Nr. 21, S. 325 f.]).]

[16] [In Klammern gesetzter Text ist mit Gelbstift durchgestrichen.]

sich die Andersheit ausdrücklich auf dieses im λόγος in bestimmter Weise gegebene εἶναι: τῷ εἶναι ἕτερον τὸ λευκὸν καὶ ᾧ ὑπάρχει [186 a 31].

§ 27. Weitere Explikation des im λέγειν selbst vorgebildeten Kerns an ursprünglichen Seinsbedeutungen: die Mithaftigkeit (τὸ συμβεβηκός) und das ›je immer irgendwie das Etwas Sein‹ (τὸ ὅπερ ὄν) (Phys. A 3, 186 b 14 sqq. und 186 a 32 sqq.)

In solchen Unterscheidungen, die am Aufhincharakter des λόγος gewonnen sind, ist bereits ein Sein herausgetreten, das in der Explikation des ἕν immer irgendwie mit zur Sprache kam, nach seinem eigenen Seinscharakter und seiner Genesis im λέγειν selbst aber unaufgeklärt blieb, τὸ ὄν, καθ' οὗ ἂν κατηγορηθῇ [186 a 33]; die Mannigfaltigkeit der Seinsbedeutungen in der λόγος-mäßigen Leistung des Besprechens im ›als was‹ erschöpft nicht den im λέγειν selbst vorgebildeten Kern an ursprünglichen Seinsbedeutungen. Notwendig ist als solche aufzunehmen das ὅπερ, das ›je immer irgendwie das etwas sein‹.[1] Mit dem Übergang zur Explikation dieses Seins wird innerhalb der Kritik eine positive Untersuchung angesetzt, die für allen weiteren Aufbau der kritischen ἀρχή-Forschung grundlegend ist. Aufgabe ist: das ὅπερ ὄν als eigenes Sein aufzuweisen. Die Interpretation hat – wenn anders das bisher Gesagte sich als begründet durchhalten soll – nachzuweisen, daß auch die Analyse des ὅπερ ὄν aus dem Gegenstandsfeld des λόγος schöpft. Gleich zu Beginn dieser Explikation des ὅπερ ὄν wird ein bislang nicht aufgeklärter Begriff eingeführt: τὸ συμβεβηκός, das Mithafte als solches. Die Mithaftigkeit, das συμβεβηκός, ist ein zentraler Begriff der aristotelischen Ontologie im allgemeinen; das Verständnis seines Sinnes ist unentbehrlich im besonderen für die Interpretation des II. Buches der »Physik«: αἴτιον – ἀνάγκη – τύχη – ἀπ' αὐτομάτου; des weiteren für die kategoriale Explikation des κίνησις-Phänomens.

[1] [Vgl. dazu Nachschrift Weiß: ὅπερ ὄν ursprünglich aristotelische Prägung!]

a) Explikation der Mithaftigkeit (τὸ συμβεβηκός)

α) Die zwei Bestimmungen der Mithaftigkeit (Phys. 186 b 18 sqq.)

Halten wir uns zunächst an die Bestimmungen des συμβεβηκός, die Aristoteles in cap. 3 (186 b 18 sqq.) gibt: *Mithaftigkeit ist eine Weise des Seins, deren Wie beschlossen liegt in der Möglichkeit des Zuständig- und Nichtzuständigseins.* (Zu-stehend sein – *›vorhandensein‹*, was passiert (formal) und als solches *›ist‹*.) Zu-ständig ist hierbei wörtlich zu nehmen; im Begegnen der welthaften Gegenstände besagt es das auf das Erfahren *Zu*-kommen und als so Zugekommenes zu-stehend vor-handen sein und nicht vorhanden sein. Das ὑπάρχειν soll aber ausdrücklich mit ›zu-ständig sein‹ übersetzt werden, um damit zugleich den Bedeutungscharakter ausdrückbar zu machen, der im συμβεβηκός des Aristoteles beschlossen liegt. Diese Bedeutung des ὑπάρχειν ist es auch, die in der Explikation des ὅπερ ὄν und anderer Seinsstrukturen (ὄν – ἕν) eine Rolle spielt.

Mithaft ist ferner das, was – sofern es im Bedeuten fungiert – an ihm selbst das bedeutet, womit es mithaft ist. Aus diesen beiden Bedeutungen des συμβεβηκός und dem durch sie bedeuteten gegenständlichen Zusammenhängen erwächst, motiviert durch die griechisch-aristotelische Grundrichtung der ontologischen Explikation, die *gleichsam* ›formalisierte‹ Bedeutung des συμβεβηκός. Für das Verständnis der Sinngenesis dieser Bedeutung ist es unerläßlich, die erstgenannte Bedeutung des συμβεβηκός auf ihre Herkunft zu befragen. Der Verfolg dieser Herkunft führt in die schon bekannten, bei Gelegenheit der Interpretation (Met. A 1 und 2) herausgestellten Phänomenzusammenhänge und ist geeignet, vom συμβεβηκός her diese einer weiteren schärferen ergänzenden Bestimmung zuzuführen. (Vgl. Met. Δ 30, Δ 6 und 7, K 8.)

β) Exkurs: Explikation des Grundsinnes von Sein im Wie der Mithaftigkeit (τὸ ὂν κατὰ συμβεβηκός) anhand der abhebenden Unterscheidung von anderen Seinsbestimmungen in »Metaphysik« E 2 und E 3

αα) Aufzählende Unterscheidung des Seins im Wie der Mithaftigkeit von anderen Seinsbestimmungen

In Met. E 2 und 3 spricht Aristoteles von ὂν κατὰ συμβεβηκός – dem Sein im Wie der Mithaftigkeit. Dieses Sein wird in aufzählender Unterscheidung genannt neben dem Sein des ›als unverhüllt aufgewiesen seins‹ und dem Nichtsein des als täuschend Ausgegebenen, ὂν ὡς ἀληθές – μὴ ὂν ὡς ψεῦδος [vgl. Met. E 2, 1026 a 34 sq.]; daneben τὰ σχήματα τῆς κατηγορίας [vgl. 1026 a 35 sq.] und τὸ δυνάμει καὶ ἐνεργείᾳ. [vgl. 1026 b 1 sq.]

(Vgl. dagegen Natorp, Thema und Disposition der aristotelischen Metaphysik II, Philosophische Monatshefte Bd. 24 (1888), [S. 540–574; hier] S. 553: E 2–4 (Einschaltung eines minderen Redaktors) – »Ich wenigstens möchte einem minderen Peripatetiker, der den logischen Sinn des κατὰ συμβεβηκός aus Δ 7, den weit bestimmteren physischen aus Phys. B 5 kannte, die Abfassung der Kapitel 2 und 3 wohl zutrauen; vollends erfindungsarm ist die gänzlich negative Erörterung des ἀληθές in cap. 4.«)

ββ) Übersetzung von »Metaphysik« E 2, 1026 b 3–10 (Unterscheidung des Seins im Wie der Mithaftigkeit von anderen Erhellungsweisen. Verdeutlichung am Beispiel der Erstellung eines Hauses)

1026 b 3–5: συμβεβηκὸς [...], ὅτι οὐδεμία ἐστὶ περὶ αὐτὸ θεωρία. σημεῖον δέ· οὐδεμιᾷ γὰρ ἐπιστήμῃ ἐπιμελὲς περὶ αὐτοῦ οὔτε πρακτικῇ οὔτε ποιητικῇ οὔτε θεωρητικῇ. »Das Sein im Wie der Mithaftigkeit ist grundsätzlich nicht mögliches Worauf des hin-

sehend bestimmenden, erhellenden Verstehens. Es ist nicht Sorgensgegenstand, weder für die Vollzugserhellung, noch für die Erhellung des *ausrichtenden* Besorgens, noch für das hinsehend bestimmende Erhellen als solches.« Denn was ist das Womit des ausrichtend besorgenden Umgangs?
1026 b 6–10: οὔτε γὰρ ὁ ποιῶν οἰκίαν ποιεῖ ὅσα συμβαίνει ἅμα τῇ οἰκίᾳ γιγνομένῃ· ἄπειρα γάρ ἐστιν· τοῖς μὲν γὰρ ἡδεῖαν, τοῖς δὲ βλαβεράν, τοῖς δ' ὠφέλιμον οὐδὲν εἶναι κωλύει τὴν ποιηθεῖσαν, καὶ ἑτέραν ὡς εἰπεῖν πάντων τῶν ὄντων· ὧν οὐδενός ἐστιν ἡ οἰκοδομικὴ ποιητική. »Ein Beispiel dafür bietet die Erstellung eines Hauses. Die Erstellung hat zu ihrem Worauf das Haus, genauer: sie besorgt das Werden, zum Dasein Kommen, das Vorhandensein des Hauses. All das, was mit dem in der Erstellung gewordenen Hause seinsmäßig noch zugleich zusammengeht, d.h. das weitere Wie des Daseins, das im Wie der Mithaftigkeit, gehört nicht in das Worauf des besorgenden *ausrichtenden* Umgangs. Das ist ja in seiner Mannigfaltigkeit nicht bestimmbar. Nichts hindert, daß das hergestellte Haus, das daseiende, dem einen angenehm ist, für andere sich schädlich ausnimmt, anderen wieder Nutzen bietet, daß es als daseiendes [durch dergleichen ›Um--stände‹] ein anderes ist sozusagen als jedes andere der daseienden Häuser.« (Τὸ εἶναι – als ἔργον und Worauf der ἐνέργεια – grundsätzlich Eth. Nic. I 7, 1168 a 5–9.)

γγ) Unterscheidung des Seins im Wie der Mithaftigkeit vom eigentlichen Sein

Hieraus wird deutlich, *wogegen* das Sein im Wie der Mithaftigkeit unterschieden wird, genauer was als eigentliches Sein angesprochen wird, dem gegenüber anderes lediglich (nur) mithaftes ist. Um den Sinn dieses Unterscheidens und der Unterschiedenen sehen zu lassen, ist es notwendig, die Vorhabe sich zu vergegenwärtigen, innerhalb deren Aristoteles solche Unterschiede antrifft. Wie sieht Aristoteles die Umwelt, genauer: was spricht er in ihr als seiend an?

Die Herstellung des Hauses als ausrichtender Umgang bringt das Haus in das eigentliche Sein. Dasein ist das bestimmte Gewordensein, οἰκία γιγνομένη (ποιηθεῖσα) [vgl. 1026 b 6 sqq.]; ›sein‹ besagt: gemacht, gestaltet sein, zum Aussehen gekommen sein; damit ans Ende – *Fertigsein* und an das eigentliche Weswegen gekommen! Holz- und Steinmassen haben in bestimmt geführter Verrichtung Gestalt und Aussehen eines Hauses gewonnen, nehmen sich jetzt *so* aus – ›da‹.

Der Sinn von Dasein ist nicht so unbestimmt und indifferent, wie es auf den ersten Blick und nach der Unbestimmtheit, die dieser Begriff in philosophischer Diskussion hat, scheinen möchte. Der Sinn des Wirklichseins, der Realität des Hauses ist relativ auf einen bestimmt charakterisierten, ins Werden bringenden Umgang bzw. die in diesem sich mitvollziehende, die Ausrichtung führende *Erhellung* (Umsicht – τέχνη)[2]. Der Umgang in der Weise der ποίησις ist aber eine κίνησις im weiteren Sinne. Als hergestelltes und damit eigentlich seiendes ist das Haus hineingestellt in eine Umwelt; als solches ist es verfügbar und zugänglich für mancherlei auf es zugehende, mit ihm umgehende Sorgenstendenzen. (οὐδεμιᾷ [...] ἐπιστήμη ἐπιμελὲς[3] περὶ αὐτοῦ [1026 b 4 sq.], in keiner Erhellung und Umgang ist es Gegenstand der Sorge.) Diese Verfügbarkeiten, die Weisen umweltlicher Bedeutsamkeiten, gehören aber nach Aristoteles (und für alle griechische, begrifflich sich ausdrückende Philosophie) nicht zum Dasein des Hauses. (Grundsätzlich ausgesprochen Phys. B 6: οὐδὲν [...] κατὰ συμβεβηκός ἐστι πρότερον τῶν *καθ' αὑτό* [198 a 7 sq.]: hierin liegt eine bestimmte *Vorhabe – Grundentscheidung.*) Das Dasein erschöpft sich im Hergestelltsein, Gemachtsein als solchem. Und zwar ist dabei der sorgende Umgang des Herstellens so eng gefaßt, daß in das Worauf dieses ausrichtenden Besorgens lediglich das Aussehen des zu Besorgenden aufgenommen

[2] [Das auch in den Nachschriften stehende Wort »Erhellung« wurde später mit roter Tinte durchgestrichen und ersetzt durch »Umsicht – τέχνη«.]

[3] [Darübergeschrieben (über das Zitat):] [ἐπιστήμη] diese zwar nicht [ἐπιμελὲς], aber was?

ist, nicht einmal also, daß das Haus bequem wird, auf bestimmte Ansprüche und Dringlichkeiten zugeschnitten und dergleichen. Also nicht einmal das Wie des Daseins des Hauses im nächsten Umsichtskreis, in dem das Herstellen selbst sich bewegt, ist mit in das Worauf gestellt.

δδ) Die ganz bestimmte Auslegung des Umgangssinnes der Herstellung und des darauf relativen Daseins als motiviert in dem für die griechische Lebensauslegung entscheidenden Aufenthalt des θεωρεῖν. Das Mithafte als nahe am Nichtsein (Met. E 2, 1026 b 2–27)

Die ganz bestimmte Auslegung des Umgangssinnes der Herstellung und des darauf relativen Daseins ist aber motiviert in der früher schon vermerkten entscheidenden Grunderfahrung, in der Welt und Leben für den Griechen da sind, in dem für die griechische Lebensauslegung entscheidenden Aufenthalt des θεωρεῖν. Aristoteles sind dabei die umweltlichen Bedeutsamkeiten, das volle Wie des Daseins des Hauses, nicht entgangen, aber sie müssen sich ihm erweisen, zufolge dem ursprünglich festgehaltenen bestimmten Sinn von Dasein, *als diesem* zu-fallend, für das Gemachtsein als solches zufällig, als Sein im Wie der Mithaftigkeit: ὥσπερ γὰρ ὄνομά τι μόνον τὸ συμβεβηκός ἐστιν (1026 b 13 sq.), »das Mithafte ist da wie ein bloß Genanntes«. Das Wie, in dem umgänglich im weiteren Sinne (über Herstellung hinaus, als Bewohnen usf.) von dem Haus gesprochen wird, geht nicht auf das πρᾶγμα[4], die Tat-sache, das Gemachte, auf etwas, das eigentlich ist. φαίνεται γὰρ τὸ συμβεβηκὸς ἐγγύς τι τοῦ μὴ ὄντος (ib. b 21), »es sieht das Mithafte als so etwas aus, das nahe am Nichtsein ist«. Das κατὰ συμβεβηκός Mithafte hat auch keine eigentliche γένεσις und φθορά, keine Werdensweise, die eindeutig und streng verfolg- und bestimmbar wäre in einem hinsehenden Erhellen (Besprechen)[5]. Gerade das *Anderssein* als jedes Andere, das Sein

[4] das Be-sorgte im genuin herstellenden [Besorgen].

[5] [»Erhellen« mit roter Tinte durchgestrichen und ersetzt durch »Besprechen«; s. auch oben Anm. 2.]

des gerade jetzt so für diesen faktischen Umgang so Begegnenden, ist für den Griechen (d. h. für seine ausgebildete *Ontologie*!) das nahezu nicht Seiende.

εε) Die Frage nach dem Woraus (ἀρχή) des Seins in der Mithaftigkeit. Explikation des Seins in der Mithaftigkeit durch Abgrenzung vom Immer-sein bzw. Zumeist-so-sein. Auslegung charakteristischer Beispiele (Met. E 2, 1026 b 27 – 1027 a 28)

Woraus ist dieses Sein in der Mithaftigkeit zu verstehen? Welches ist seine ἀρχή? Das Nicht-notwendig- und Nicht-immer-sein, aber doch Zumeist-sein läßt es zu, daß etwas einmal gerade nicht so ist; das Zumeist-so-sein gibt die Möglichkeit des Zuständig- und Nichtzuständigseins. Aristoteles bringt dafür charakteristische Beispiele: wenn in den Hundstagen, da gemeinhin zumeist Hitze herrscht, Unwetter und Kälte eintreten, so ist das κατὰ συμβεβηκός; wenn ein Mensch weiß ist, ist das für den Menschen, das Menschsein, κατὰ συμβεβηκός; der Mensch ist weder immer noch zumeist weiß, wohl aber ist der Mensch immer und notwendig ein Lebewesen (ζῷον). Wenn ein Baumeister einen Menschen gesund macht, dann ist das ein Geschehen, umgängliches Ausrichten κατὰ συμβεβηκός. Imgleichen wenn ein Koch, der in seiner Besorgung aus ist auf den Wohlgeschmack der Speisen, mit der Zubereitung derselben einem Gesundenden dient. διὸ συνέβη φαμέν, καὶ ἔστιν ὡς ποιεῖ, ἁπλῶς δ' οὔ [1027 a 4 sq.]; was da ist, das Gesundgewordensein durch den Baumeister, die Speisenbereitung des Koches, das ist ein Sein, aber nur *gleichsam* das Worauf eines eigenen ausrichtenden Besorgens, – schlechthin und eigentlich nicht. Das Lebewesensein dagegen ist das Worauf einer eigenen Geschehensbewegtheit, der γένεσις und κίνησις des φύσει ὄν Mensch. Das Weißsein steht dagegen nicht im eigentlichen Worauf der Werdensbewegtheit und dem Gewordensein des Menschseins. Entsprechend verhält sich das Dasein von Unwetter und Kälte an den Hundstagen; in der geregelten Werdensbewegtheit des Witterungsverlaufs steht dieses Vorkommen nicht im Worauf. Es kommt in allen Beispielen Seiendes zur Bestimmung als das Womit eines festbestimmten Umgangs und Geschehens (Geschehen der φύσις, objektiven Umgangs- und Besorgens-Charakters). Das Seiende im Wie der Mithaftigkeit dagegen ist nicht das Worauf einer τέχνη, einer bestimmt ausgegrenzten, in ihrer besorgenden Ausrichtung bestimmt erhellten und geführten Verfahrung; es gibt für solches Seiendes keine ὡρισμένη δύναμις [vgl. 1027 a 6 sq.], kein ausgegrenztes Kann derart, daß das mithaft Seiende im hinsehenden Bestimmen auf seine Woraus- und Warumbeziehungen festgelegt werden könnte. Es gibt also hinsichtlich der ὄντα κατὰ συμβεβηκός kein hinsehend bestimmendes Verstehen. Dieses hat zu seinem Worauf das, was immer ist und was zumeist so ist. Wie sollte bezüglich der ὄντα κατὰ συμβεβηκός einer etwas lernen oder lehren (beibringen)? τὸ δὲ παρὰ τοῦτο (τὸ ὡς ἐπὶ τὸ πολύ) οὐχ ἕξει λέγειν [vgl. 1027 a 24 sq.]; was außerhalb des Zumeist-so-seins ist, das läßt sich nicht an- und besprechen auf sein Wann und Wann nicht.

ζζ) Die relative Bestimmtheit der Mithaftigkeit auf einen ursprünglichen und als maßgebend ausgeformten Grundsinn von Sein in der griechischen Philosophie

Die Explikation des Seins im Wie der Mithaftigkeit durch Abgrenzung gegen das Immer- und Zumeist-sein zeigt noch deutlicher, daß Mithaftigkeit relativ bestimmt ist auf einen ursprünglichen und als maßgebend ausgeformten Sinn von Sein, welches Sein als der Grundsinn des Seins in der griechischen Philosophie der Grunderfahrung und Grundtendenz der griechischen Aufenthaltsbildung und Lebensauslegung ursprünglich entwächst. Das erweisen gerade die Beispiele. Diese sind genommen aus der Umwelt des besorgenden Ausrichtens, des werdensmäßigen Seins (φύσις) des Menschen, des Geschehens der Natur (μεταβολή). Das Sorgen des Umgangs und der Umgangserhellung – mag das ausrichtend, vollziehend, hinsehend bestimmt sein – hat durchgängig in der Vorhabe die Welt und das Leben im Aussehen des Gestalthaften, des im Werden zu Gestalt Gekommenen. Der Umgang in *solcher Welt* ist das Wie der Bewegtheit des Lebens; deshalb ist in ihm die erhellende Sicherung und Ausbildung der Umsicht durch Lernen und Lehren entscheidend. Diese entscheidende Umgangserhellung zielt auf die Woraus und Warum des Umgangswomit. Die Erhellung hat ursprünglich und eigentlich keinen anderen Sinn als Umgangserhellung und die eigenste Leistung der eigenständig gewordenen Erhellung ist es gerade, die die höchste Umgangsmöglichkeit, die die Bewegtheit des Lebens überhaupt zuläßt, auszubilden: die θεωρία, hinsehendes umgehendes Bestimmen der ersten Woraus des Aussehens des Seienden als solchen. Was nicht lehrbar ist und wovon es keine ἐπιστήμη gibt, das steht grundsätzlich nicht in eigentlicher Umgangsmöglichkeit, es hat kein echtes Sein. Das Kriterium der Betreffbarkeit durch ἐπιστήμη und der Nichtbetreffbarkeit ist für den Griechen von ursprünglicher Bedeutung hinsichtlich des Seinscharakters der Gegenstände, so stark, daß wir uns heute kaum noch eine ›Vorstellung‹ bilden können.

ηη) Das Gestalthafte als das eigentliche Worauf der Umgangsbewegtheit. Grundlegend neue Problemlage bei Aristoteles gegenüber Platon

Das Worauf des hinsehenden Bestimmens ist das Aussehen des Gegenständlichen und das ist das Gestalthafte an ihm: das eigentliche umgängliche Worauf, das in der Umgangsbewegtheit zu Gestalt bringt. Das Gestalthafte ist sonach das, was für jeglichen Umgang primär in der Besorgnis steht, was schon im Ansatz zum Umgangsvollzug im vorhinein erwartet ist, das, was immer begegnet und zumeist da ist. Was dagegen diesem in der Erwartungstendenz des Sorgens des Umgangs gelegenen Anspruch nicht genügt, was also kein mögliches Worauf des Umgangs ist, kann demnach auch nicht das Aussehen des Seienden bestimmen. Die aussehensmäßige Unbestimmbarkeit am Gegenstand kommt auf Rechnung dessen, was erst eigentlich zu Gestalt gebracht werden soll. Daher ἡ ὕλη αἰτία τοῦ συμβεβηκότος [vgl. 1027 a 13 sqq.], das Stoffliche des umgehenden Besorgens ist das Warum des mithaften Seins. (Erwartungstendenz αἰεί – ὡς ἐπὶ τὸ πολύ [vgl. ib. a 15 sq.]). Erhellungs-, Auslegungs- und Sicherungsansprüche, die die Lebensbewegtheit von ihr selbst her an sich selbst stellt (μάθησις, δίδαξις, τέχνη, ἐπιστήμη, πρᾶξις, θεωρία, σχολή, εὐδαιμονία), motivierten einen bestimmten Grundsinn des Wie des Um- und Zugehens, des Anspruches und damit der Rücksichten und des entscheidenden Seinssinnes. Das wird an nichts so deutlich wie an dem, was als nahezu nichtseiend angesprochen ist und begegnet.

Plato – χωρισμός; über μέθεξις vgl. E. Hoffmann, Sokrates 7, 1919.[6] Bei Aristoteles eine grundsätzlich neue Problemlage; konkrete Forschung des Begegnenden, κίνησις – ποίησις – Phänomen *(εἶδος)*; er hat die Künstlichkeit des χωρισμός-Problems in einem Schlag überwunden; er müht sich nicht um das Lösen einer falsch gestellten Frage und das Zusammenbringen ihrer halb verstandenen und naiv auseinandergestellten Gegenstandszusammenhänge. Für den Griechen und einen Plato eine heute gar nicht mehr in ihrer Stärke vorstellbare Versuchung; entsprechend aber die Größe und Rücksichtslosigkeit des Sehens und Festgreifens bei Aristoteles. – In der griechischen Grunderfahrung und jeweiligen Vorhabe auf sehbares Gestalthaftes und dem darin erwachsenden Seinssinn liegt schon eine ganz bestimmte *objektiv weltmäßige Sicherung des Lebens* (Daseins), und erst innerhalb dieser Sicherung und aus ihr und für sie ist die engere und eigentliche griechische Lebensproblematik im sittlichen, künstlerisch bildenden und politisch wirkenden Leben zu verstehen (Weltanschauung und Philosophie ursprünglich eins). Man verlegt sich grundsätzlich alles Verständnis, wenn man unkritisch

[6] [Ernst Hoffmann, Methexis und Metaxy bei Platon. In: Sokrates. Zeitschrift für das Gymnasialwesen (Hg. Otto Schroeder), Neue Folge 7. Jg. (der ganzen Reihe 73. Bd.) (1919), Beilage (= Jahresberichte des Philologischen Vereins zu Berlin, 45. Jg.), S. 48–70.]

moderne Denkweise spielen läßt in der Interpretation. – Aristoteles ist Grieche, aber gerade nicht Platoniker; er macht erst umfassend und radikal Ernst innerhalb der philosophischen Forschung mit der begrifflichen Explikation. Gesehen auf genuines Aneignen der Vorhabe und Grunderfahrung und genuine begriffliche Artikulation ist *er* der erste radikale wissenschaftliche Philosoph – und der letzte. Nicht der Aristoteles des Mittelalters, Lieferant für schöne, nach geeigneter Umbiegung ontologisch brauchbare Sätze.

γ) Abschließende Erörterung der von Aristoteles als eigener Seinssinn zur Abhebung gebrachten Mithaftigkeit (τὸ συμβεβηκός)

Aristoteles führt die Explikation des συμβεβηκός in ontologisch noch ursprünglichere Zusammenhänge. Es ist ein Sein *neben* den Weisen des Seins, die bestimmt sind als τὸ ἀεί (das immer seiend, τῷ μὴ ἐνδέχεσθαι ἄλλως [1026 b 29]) und das ὡς [...] ἐπὶ τὸ πολύ [b 30], das Sein im Zumeist sich so Verhaltens. Nur solches Sein ist möglicher Gegenstand hinsehend bestimmenden Erhellens; Sein ist also das, was in bestimmtem ausrichtenden Umgang und was in bestimmter hinsehender Erhellungstendenz zugänglich wird. Diesem Sein – dem eigentlichen – gegenüber ist das συμβεβηκός abseitig, παρά, es ist das Möglichsein des Zu-ständig- und Nichtzuständigseins.

Damit dürfte deutlich geworden sein, daß die scheinbar ganz formale ontologische Bestimmung, die Aristoteles vom συμβεβηκός in der »Physik« gibt, einer bestimmten Grunderfahrung sowohl wie einer ganz bestimmten Erhellensweise entspringt; es ist der Gegenbegriff eines bestimmten aus dem Umgang mit bestimmt intendierter Umwelt entspringenden Seinssinnes, der maßgebend ist für die Unterscheidung und Aufteilung der Seinsweisen und Gebiete. *Daß Aristoteles die Mithaftigkeit in dieser Weise als eigenen Seinssinn zur Abhebung bringen kann, ist aber zugleich der stärkste Ausdruck dafür, daß die Umwelt voll erfahren, das Mithafte mitgesehen ist – nur ausgelegt am Leitfaden eines als entscheidend ausgeformten Seinssinnes.*[7]

Die zweite Bedeutung des Mithaften erwächst aus einer Verschlingung mit der erstgenannten, und zwar ist diese wohl motiviert. Sie hat Beziehung auf das λέγειν und der λόγος selbst ist eine Grundbewegtheit jeglichen Umgangs und Umgangserhellung – auslegend bedeutend; er ist wie ποίησις und ἐπιστήμη der einheitlichen griechischen Grunderfahrung verwachsen; von da ist ihm seine Grundstruktur vorgezeichnet.

Ein Mithaftes ist in der Weise des Zu-fallens zu einem eigentlich Seienden in dem besagten Sinne. Sofern es selbst vermeint wird, bedeutet es von ihm selbst her mit das, dem es zufällt. Mithaftigkeit ist demnach verstanden im Charakter des ›als was‹ des λέγειν, ursprünglich seinem Bedeutungssinne nach καθ' ὑποκειμένου, im Aufhin auf ein Womit, dergestalt also möglicher Terminus für jegliches ›als was‹ und dessen Auf-hin-Charakter. (Vgl. [Phys. A 3] 186 a 34.)

b) Verdeutlichung des ὅπερ ὄν durch Blick auf die Sinngenesis des συμβεβηκός. Explikation der weiteren Charakteristik des ὅπερ ὄν nicht nur grundsätzlich aus dem λόγος, sondern aus dem ὁρισμός als dem eigentlichen λόγος (Phys. A 3, 186 a 32 sqq.)

Behält man die Sinngenesis des συμβεβηκός im Auge, dann wird die Explikation des ὅπερ ὄν (186 a 32 sqq.) erst in ihrer vollen Schärfe deutlich. Das συμβεβηκός besagt nach der erweiterten Übertragung auf den λόγος das ›als Wassein‹ (Zufälligsein, jetzt in dem Sinne des Aufhin im λόγος). Dieses Sein, das ›als was sein‹, wurde bisher als das einzige festgehalten. Aristoteles zeigt nunmehr, daß gerade der λόγος selbst von ihm selbst und seiner Bewegtheit her einen noch ursprünglicheren Seinssinn ausbildet – daß als *λόγος-mäßig* eine Seinsmannigfaltigkeit da ist. Der vol-

[7] [Text von »Nur solches Sein ist möglicher Gegenstand ...« bis zu »... *als entscheidend ausgeformten Seinssinnes.*« ist mit Gelbstift durchgestrichen.]

le Sinn des λόγος verfügt so, daß eine Einzigkeit des Seins gerade im Charakter des ›als was seins‹ nicht möglich ist. Denn bei dieser Einzigkeit wäre das Worüber dieses Aufhin als das sinnmäßige Nicht-συμβεβηκός ein anderes als nicht Sein. Das αὐτῷ εἶναι – gerade λόγος-mäßig kein ὄν! – das andere gegenüber dem, was ihm zufällt, und das ist das Sein. Das Worüber ist das, was seinerseits grundsätzlich keinem anderen zuständig sein kann, sondern gerade das, *dem* alles andere zuständig ist. Was bedeutet demnach das ὅπερ ὄν, mehr ὄν oder μὴ ὄν? Das Gewicht dieser Frage versteht man nur vom ursprünglichen Sinn des συμβεβηκός her; wo gerade das nicht Mithafte das eigentliche Sein ist und zugleich vom Sein des λόγος her als ἀπόφανσις, dem *Von-her-sagen*, das die ›als was‹ aus dem Worüber schöpft.

(Vgl. De gen. et corr. [A 8] 325 a 13. – ὅπερ ὄν vgl. ἔτι δ᾽ ἡ ἑκάστου οὐσία ἕν ἐστιν οὐ κατὰ συμβεβηκός, ὁμοίως δὲ καὶ ὅπερ ὄν τι (Met. Γ 2, 1003 b 32 sq.). Was je immer überhaupt *ist*, das je immer überhaupt *Sein*. – Das Seiende (Gegenstand) ist *κυρίως ἕν*, genuin, an ihm selbst. Imgleichen ist jegliches Seinshafte *eigentlich ὅπερ ὄν τι*. – ὅπερ γὰρ ὄν τι καὶ ὅπερ ἓν ὁμοίως ἡ ἑκάστου οὐσία (Alex.[8] 249, 8). ὅπερ γὰρ τόδε τι ἔστι τὸ τί ἦν εἶναι (Met. Z 4, 1030 a 3), das ›was überhaupt sein‹.)

Die weitere Charakteristik des ὅπερ ὄν expliziert nicht nur grundsätzlich aus dem λόγος, sondern sogar aus dem eigentlichen λόγος, dem ὁρισμός, dem hinsehend besprechenden Bestimmen des Aussehens der Gegenstände als solchen. Das Ergebnis dieser ὁρισμός-Explikation ist kurz so zu bestimmen: das Seiende ist seinem Seinssinn nach mannigfaltig; die möglichen *letzten* Woraus (ἀρχαί), die einen gegenständlichen Zusammenhang nach seinem Aussehen vorweisend bestimmen, sind *einfach*, an ihnen selbst nicht weiter abhebbar. Die letzten Woraus sind gleich ursprünglich (Vorhabe, gehalten im διά-freien *νοεῖν;* entsprechend λόγος, vgl. Met. Z 4, vgl. De anima Γ 4–7). Das Seiende ist einhaft als einfach: in seinen letzten Woraus ἀδιαίρετον; es ist nicht

[8] [Alexandri in Met., ed. Hayduck, op. cit.]

ἕν, sofern es als Seiendes notwendig ist das Worauf eines An- und Besprechens, ἐξ ἀδιαιρέτων [...] τὸ πᾶν [Phys. A 3, 186 b 35]. Der Satz: das Sein ist Einheit und Mannigfaltigkeit, bleibt eine rohe Phrase, solange man sich nicht das konkrete Blickfeld und die Weise der Explikation des Aristoteles zueignet.

§ 28. Abschließende Bemerkung zur Eleaten-Kritik in »Physik« A 2 und A 3. Die Kritik als grundsätzlich positive Vorgriffskritik und als solche einer ἀρχή-Forschung. Das in dieser Vorgriffskritik lebendige Hinsehen auf den λόγος als das besprechende Bedeuten des seinerseits bestimmt charakterisierten Umgangs mit der Welt

Das im kritischen Umgang als der Einsatzphase der ἀρχή-Forschung lebendige Hinsehen auf den λόγος kennzeichnet diese Kritik als positive – und zwar grundsätzlich positive. Sie ist Vorgriffskritik. Sie deckt auf, daß im forschend fragenden Zugehen auf ein Seinsgebiet fragenderweise ein bestimmtes An- und Besprechen des Gegenständlichen lebendig ist und das im vorhinein schon über die Gegenstandsangemessenheit jeder künftigen sachhaltigen Aussehensbestimmung entscheidet. Das Ansprechen und Fragen kann wie bei Parmenides demnach so sein, daß das eigentlich im Zugang der Forschung intendierte Was gar nicht von ihm selbst her zur Vernehmbarkeit kommt. Es wird vernommen, was es von sich her sagt, zu Protokoll genommen, *›im Auge behalten‹*. Die Aufenthaltsbildung und Zugangsbewegtheit einer Forschung steht jeweils in bestimmten Chancen des grundsätzlichen Verfehlens oder Treffens, des eigentlichen Freigebens und Ausbildens echter Begegnismöglichkeiten des zu bestimmenden Gegenstandsfeldes und des vorgängigen, alle weitere Forschung mißleitenden Unterbindens solcher Möglichkeiten *ursprünglicher Vorhabezueignung*.

Dabei ist zu beachten, die Vorgriffskritik des Aristoteles ist solche einer ἀρχή-Forschung und hat ([...]*!) daher in einem

* [Drei über der Zeile stehende Worte in Stenographie unleserlich.]

doppelten Sinne prinzipiellen positiven Charakter. Sie macht deutlich, daß schon die entscheidenden Woraus, auf die hin das Aussehen der Gegenstandszusammenhänge bestimmt werden soll, und gerade diese mit ihrer gegenständlichen ursprünglichen Bestimmbarkeit einer radikalen Kritik des Gegenstandsansprechens und -besprechens als solchen verhaftet sind.

In dieser Kritik hat Aristoteles selbst nun deren λόγος im Auge, und zwar den λόγος als das besprechende Bedeuten des seinerseits bestimmten charakterisierten Umgehens mit der Welt.

Die Seinssinnstrukturen, die aus solchem λόγος abgehoben und positiv vorgrifflich richtunggebend werden für das weitere konkrete Ansprechen und Bestimmen der ἀρχαί, verleihen diesen einen bestimmten begrifflichen Ausdruckscharakter – als ontologischer Explikation, bezogen auf bestimmt gesehene Seinsfelder und aus diesen in bestimmter Weise expliziert. (Genauer: es sind in der Vorgriffskritik *die* Ansprechensweisen herausgearbeitet und gesichert, die ein begriffliches Artikulieren des Vorhabegrundphänomens (κίνησις) gewährleisten.)

Die Möglichkeit, die konkrete ontologische Forschung des Aristoteles wirklich zu verfolgen und nicht verfallensmäßig Thesen aufzusuchen und zu exzerpieren, gründet in einer vollen verstehenden Aneignung der interpretierten *Vorgriffskritik*. Die Explikation des *κίνησις*-Phänomens (auch in anderen Untersuchungen) bleibt unverständlich; man sieht nicht, wie Aristoteles allererst ursprüngliche Grundstrukturen der Phänomene aufgedeckt und zur begrifflichen Prägung gebracht hat, wenn nicht deutlich vor Augen steht, *was für ihn selbst und in welcher Zugangstendenz in unexplizierter Vorhabe stand*, bzw. was er sich erst in mühsamer konkret forschender Kritik in echte Vorhabemöglichkeit beschaffte [?] und in einer radikalen Vorhabeverwahrung auf dem Wege der Forschung sicherte.

Solche allgemeinen Sätze taugen wenig und werden direkt verderblich, wenn man sie thesenhaft etwa als eine Auffassung des Aristoteles oder der Griechen nimmt und sie *herumredet*. Sie haben nur den Sinn der Anweisung zu jeweilig konkreter Vergegenwärtigung und damit stellen sie sich grundsätzlich unter eine *ständige Kritik*, sofern eine echte philosophische Interpretation grundsätzlich nicht zum Abschluß kommt – nicht so sehr wegen der Schranken, die ein Text immer bietet, sondern mehr noch auf Grund der Ausbildbarkeit der hermeneutischen Situation. Es ist hierbei Voraussetzung, daß eine solche grundsätzlich und in methodischer Klarheit da ist und eine solche, die als philosophische allein relevant ist, die sich ausbildet in der Tendenz radikalen Fragens.

Eine Quasiphilosophie, die den Vorgriff auf das Fragen als Wesensnotwendigkeit ausgibt, kann ein sehr wirksames Propagandamittel für allerlei dunkelmännische Zwecke sein; als wissenschaftliche Forschung kommt sie nicht in Frage: d. h. aber, sie ist nur geeignet, das heutige Leben noch mehr und großzügig als ein Schwindelunternehmen zu organisieren.

ANHANG I

Beilagen (Aufzeichnungen, Notizen, Entwürfe) zur Vorlesung

BEILAGEN ZUM ERSTEN KAPITEL

1. Zu Aristoteles
[zu § 6, S. 13 ff.]

Alle Vorstellungen von philosophischen Disziplinen und bestimmten Problemgruppierungen (Logik – Begriff – Urteil – ›Erkenntnistheorie‹ – ›Psychologie‹) beiseite lassen. Das gilt gerade prinzipiell von der ›Ontologie‹.

Streng nur das, was vorliegt, und wie; das Wie der vollen Bewegtheit – das Wie des Ansatzes – die Wieweit der Problemführung usf. streng herausstellen.

Die Unzusammenhänge streng herausholen.

Damit viel weiter zu kommen, viel unmittelbarer und jeweils eigentlicher, echterer Ausdruck des *Stoßes* der Untersuchungsbewegtheit.

Im Ganzen dann viel mehr sichtbar das Mannigfaltige der Vorhabe-, Vorgriffsbewegtheit, und so erst eine *scharfe* Charakterisierung möglich und erst recht echte Sachkritik.

Scheiden: 1. Was ist eine vollkommene literarische Überlieferung? 2. Was ist untersuchende ›halb‹ unvollendete Behandlung? (Vgl. Met. Z, H, Θ!)	Besprechung am ἕν-Problem

2. *[Zur Bedeutung von σοφός]*
[zu § 8, S. 30 ff.]

σοφός – sapio – sapiens – *schmecken* (vgl. Nietzsche, XIX, 133[1]).
Geschmackhaben für –
das Schmeckbare – Schmackhafte für ein Leben, Dasein.
herausschmecken – | was einem *schmeckt* (intransitiv), *bedeutsam ist* – entscheidend!?[2]

Der Zugangs-, Aufdeckungs-, Beibringenscharakter (bei τέχνη – Aristoteles, Eth. Nic. Z 7) wird hier *deutlicher* → *Bezug zu ἀληθεύειν*.

Mehr schmecken können – besseren ›Riecher‹, Instinkt haben.

Was besagt hier dann das *warum*?
αἴτιον – ἀρχή – Von wo aus – Ausgang – Anfang –
*Her*kommen aus – das τί ἦν; εἶδος.
Stamm – γένος – Herkünftigkeit – Ursprung – das *Große*[2].

Daher *σοφία* als ἕξις – eigentliche *ἀρετή*.

[1] [Friedrich Nietzsche, Philologica (Dritte Abt.). Bd. III: Unveröffentlichtes zur antiken Religion und Philosophie. Hg. von Otto Crusius und Wilhelm Nestle. (Nietzsche's Werke. Bd. XIX). Leipzig: Kröner 1913, S. 133 (§ 2. der σοφός). (Handexemplar Heideggers). – Nietzsches Werke (Großoktavausgabe) aus Heideggers Besitz sind aufgelistet in: Martin Heidegger, Nietzsche: Der Wille zur Macht als Kunst. Freiburger Vorlesung Wintersemester 1936/37. Hg. von Bernd Heimbüchel. Gesamtausgabe Bd. 43, Frankfurt a. M.: Klostermann 1985, S. 291 f.; ders., Nietzsche. Seminare 1937 und 1944. Hg. von Peter von Ruckteschell. Gesamtausgabe Bd. 87. Frankfurt a. M.: Klostermann 2004, Anhang II, S. 315 f.]

[2] [Pfeilstrich von:] das *Große* [zu:] *bedeutsam ist* – entscheidend!?

3. Automaten
(zu Interpretation, Ms. S. 6[3])

Historisch zu bedenken.

Alexander 500 Jahre [da]zwischen. Tradition nicht so wie heute, und tatsächlich zeigt die Kenntnis dieser Zeit die großen Differenzen bezüglich der bekanntesten Grundbegriffe στέρησις – οὐσία; εἶδος. (Paulus – in den ersten vier nachchristlichen Jahrhunderten, wo die Tradition eine lebendigere.)

Dann aber: die vorgelegte Interpretation – sachlich die entscheidende.

Im Zusammenhang mit der früheren Stelle (982 b 8), wo von Sonne und Mond *die Rede*, da *τὰ πρόχειρα* [b 13]! ταὐτόματα denselben Sinn. Man sieht nicht, weshalb hier plötzlich ›Automaten‹ und warum gerade hier Zusatz τοῖς [983 a 14]. Vgl. *Index* ταὐτόματα! andere Stellen![4]

– καθάπερ – αἰτία –	Wie doch verwunderliche sind für solche, die noch nie so etwas wie das Warum gesehen haben, das, was ihnen gerade in den Weg läuft, das ἐξ ἀρχῆς *ἄρχονται* [vgl. 983 a 12].
	So also über Sonne und dergleichen.

Hier handelt es sich um das *Verwunderliche* – im Zugang: über bestimmte Weise *der Bewegung*!

Vgl. Alexander[5]: *ἐξ αὐτῶν – καὶ αὐτομάτως*. Unterschied!

[Alexis] Pierron, [Charles] Zévort, La métaphysique d'Aristote, traduite en français. Paris [Ébrard/Joubert] 1840, I, p. 226 (Schwegler I[6], p. VIII sq.): ea mirabilia, quae sese sponte offerunt.

[3] [Im vorliegenden Band § 8 e, S. 43 ff.]

[4] [Index Aristotelicus, ed. Bonitz, op. cit., 124 a 19 sqq. (αὐτόματος).]

[5] [Alexandri Aphrodisiensis in Aristotelis Metaphysica commentaria, ed. Hayduck, op. cit., p. 18, 18.]

[6] [A. Schwegler, Die Metaphysik des Aristoteles, a.a.O., Bd. I. Das folgende Zitat (vgl. Pierron/Zévort, tome I, p. 228) erfolgt nach Schwegler, Bd. III, S. 23.]

4. Das ›mehr‹ (zu Ms. S. 7[7])

Die faktische Auslegung fixiert es, weil das Sorgen besorgend und erhellend auf das ›mehr‹ aus ist; *›mehr sehen‹*, d. h. aber zugleich Aufenthalt haben – Neugier – Zeit für Neugier – Sehen – Öffentlichkeit – *Betrieb.*

›Mehr als‹ – Abständigkeit – Konkurrenz – Hervorragen; in dieser faktischen Auslegung wird mehr und mehr mit ihr selbst ihr eigenes *Wo*rauf für sie sichtbar: das faktische Leben.

Wie (wenn einmal) in Neugier erreicht – in all dem der Weglaufenscharakter.

Sorge um diese Erhellung – ›im Ganzen‹, d. h. in bestimmter Vornahme des Seienden!

5. Zu Interpretation (Ms. S. 9[8])
[Zweite Charakterisierung der faktischen Dafürnahmen bezüglich des ›mehr an Hinsehen‹]

In der zweiten Charakterisierung zeigt sich das Hinsehen in der Weise, wie es im Umgang selbst sich zeitigt – als eine diesen selbst betreffende Modifikation – also selbst unumgänglich.

Und zwar betrifft diese (formale) Modifikation den Bezugssinn des Umgangs, der primär bestimmt ist als auf Ausrichten, Bewerkstelligen absehendes Besorgen.

Dieser Sorgenstendenz legt *sich* gleichsam ein μή, ein nein, nicht, in den Weg; sie verlegt sich in das bzw. bleibt in dem, was ihr an dem Umgang vom umgänglichen Bezug auf noch verbleibt, in das erhellende Hinsehen.

[7] [Im vorliegenden Band § 10 a γ, S. 55 f.]
[8] [Im vorliegenden Band § 10 b β, S. 64 ff.]

6. Grundvorgriff und Vorhabe bei Aristoteles

Leben – Bewegung.

Grundsicht: *Bewegung auf – und zwar unabgehoben* – Leben und Welt, entsprechend beide in Gestaltung!

Daran liegt es, daß Aristoteles ohne Bewußtseinsproblematik das Intentionale gesehen hat, bzw. das Intentionale ist eine abkünftige Kategorie *seiner* Grundsicht!

Entsprechend ist mit κίνησις erst die *Grundsphäre* gewonnen für Interpretation des Ursprungs von ›theoretisch‹ – praktisch!

Imgleichen mit dem *Theoretischen* die Weise und der Sinn des darin Vermeinten, die Weisen des Ansprechens, der Artikulation! Kategorien.

Wo der Abhebungsursprung und Grunderfahrung für *λόγος*!

7. Der griechische Vorgriff – Vorhabe

Weil darin archontisch ist das ›Aussehen‹, steht das ›Hinsehen auf‹ mit im Interesse; *besondere* methodische Überlegungen, entsprechend eine ganz bestimmt geführte Logik. Vor allem aber: die Frage der Vorhabekritik, des Vorhabeursprungs in ihrer jeweilig faktisch ursprünglichen Verflechtung mit dem Vorgriff kommt prinzipiell nicht auf.

Das Aussehen spricht an, das Aussehen ist als solches, was Recht gibt, es kommt in die *Rolle* des Wesens der Sache. Mit dieser Rolle ist vorgegeben eine bestimmte Weise der Wesensbestimmung! (eine philosophische und auf das volle Erkennensphänomen ganz dürftige). Auf das Aussehen im generellen Waszusammenhang hinsehen!

(Bewegtheiten gesehen als umgänglich ausrichtende bzw. hinsehende Gestalten (vgl. Met. Γ! θεωρητική!), und zwar alle einheitlich gesehen als τέλος-haft sich gestaltend. *Bewegungsbeziehung* (τέλος und dergleichen) die letzte entscheidende für das theoretische Hinsehen; ein letztes unausgesprochenes *welthaftes* (ruinantes) Dasein.

Nicht existenzieller Sinn radikal artikuliert, ἐσμὲν γάρ πως καὶ ἡμεῖς τέλος [Phys. B 2, 194 a 35]!

Schicksal des Menschen und bleibende Welt; Tod, in die Welt Kommen bzw. Gehen und dergleichen.)

8. [Die auf den Gegenstandszusammenhang der φύσις bezogene konkrete Seinsforschung als prinzipieller Ausgang für ein Verständnis der aristotelischen Ontologie]

Der bestimmt strukturierte Zusammenhang der Sinncharaktere des εἰδέναι nach Herkunftssinn, ausgänglichem Wie der Zeitigung, Ausbildung im Aufenthalt, Ausformung als Hinsichten, Eigentlichkeit in der reinen Lage des Verweilens als εὐδαιμονία, ist soweit inhaltlich nahegebracht und [...]* der Art und Weise der aristotelischen Weise der ansetzenden Aufnahmen und Vorgriffe.

Daß die Haltung verstehbar ist, in der Aristoteles bei seiner konkreten Forschung auf den Gegenstandszusammenhang zugeht und sich an ihn hält. Das Worauf (Gegenstand der Forschung) im Gesehen in der Hinsicht auf die letzten Warum- und Woherbeziehungen.

Aufgabe ist ein Verständnis der aristotelischen ontologischen Lehre vom Seienden als Sein – Seinssinn. Das Seiende ist das gegenständliche Worauf der wissenschaftlichen Forschung – und zwar bestimmt in der Hinsicht seiner sachhaltigen αἴτια und ἀρχή.

Zur scharfen Herausstellung des Seinssinnes ist es angezeigt, eine ganz konkrete Seinsforschung zur Auslegung zu stellen – Physik. Das besagt aber für Aristoteles: der prinzipielle Ausgang – φύσις – deren Grundsinn das Gegenständliche. Aristoteles nicht mit der Fangfrage [?] herumzuschlagen [?], sondern ganz den Ausgang und Ansatz als verfehlt gesehen; damit in die Möglich-

* [Ein Wort unleserlich.]

keit gesetzt, in der Problematik eine ganz andere Richtung zu nehmen. *Κίνησις*-Problem in der prinzipiellen Bedeutung als ontologische [?] Grunderfahrungen [?].

Φύσις [bzw.] κίνησις, das gegenständliche Worauf befragt, nach seinen ἀρχαί befragt. Aus der Sinnstruktur der ἀρχαί wird ersichtlich zugleich die *des* Seienden, für das sie ἀρχαί sind, das Seiende selbst. Die Sinnstruktur der ἀρχαί ergibt sich aus der Weise befragenden Zugehens auf den Gegenstandszusammenhang φύσις.

9. Griechische Vorhabe des Seinssinnes (Aristoteles)

Nicht ›*Ding*logik‹, Dingerfassen, sondern das *Zentrale* im *λόγος* das Gegenstands*ansprechen*, der hier sich *ergebende* Seinssinn. In welchem *schlichten λόγος*, der das *Aussehen* schlechtweg anspricht. (Ding entweder = Gegenstand überhaupt *oder* theoretischer Sachbegriff (unabgehoben, dann durch eine Grundleistung und Vorarbeit). So aber nicht da [Gegenstand überhaupt]. – So erst recht nicht [theoretischer Sachbegriff], sondern konkretes Umgangswomit und auch des λόγος!)

In eins mit bestimmtem λόγος ist *εἶδος* Primat (vgl. Phys. A 7, 190 a 16 sq.), *Gestalt*, Werden, *Umgang!* (ζωή) (Aussehen, τέχνη, Umgang! faktisches Leben). Zu *οὐσία* vgl. Met. Z 1, 1028 a 32 sq.: *λόγῳ* (als erstes!), γνώσει; *welches* Erkenntnisinteresse, warum dieses? Χρόνῳ [ib. a 33], vgl. wie Dafürnahmen und *Tradition für Aristoteles* entscheidend *gerade in diesem zentralen Stück! Τί τὸ ὄν* [ib. b 4], Frage der *Alten!*

[Λόγος –] d. h. wie war λόγος im *Umgang*? – für die Griechen ihr *Sprachbewußtsein*! (und λόγος Grundbegriff) und dergleichen! vgl. Stenzel[9]!

[9] [Julius Stenzel, Über den Einfluß der griechischen Sprache auf die philosophische Begriffsbildung. In: Neue Jahrbücher. I. Abt.: Für das klassische Altertum, Geschichte und deutsche Literatur. (Hg. Johannes Ilberg). 24. Jg. (1921) (Bd. 47 der Gesamt-Zeitschrift), S. 152–164 (Wiederabdruck in: Julius Stenzel, Kleine Schriften zur griechischen Philosophie. Hg. von Bertha Stenzel. Darmstadt: Wissenschaftl. Buchges. 1956, S. 72–84).]

[Χρόνῳ –] d. h. die [Dafürnahme] besagt: in λόγος und γνῶσις Verweilen ist *das*, worauf die Alten abzielten. Daher die *Position* der kritischen Auslegung, die für Aristoteles schon in seiner »Physik« leitend ist (A!) (vgl. eher Met. Γ 2, 1003 b 17: ἤρτηται, bei den Alten, φυσικοί; vgl. dagegen Interpretation von Schwegler Co. II[10], 38 bezüglich λόγῳ (sicher verkehrt) ›Begriff‹! χρόνῳ gekünstelt; wie sind die angeführten Stellen auszulegen!)

Met. Θ 8 anderes *Thema!* vgl. M 2, 1077 b! χρόνῳ?? (Dies Spätere ist gerade vom nicht *Ousiativen*, beweist also gar nichts; von χρόνῳ überhaupt kein Beleg) – die Stelle in Z 1 *χωριστόν* [1028 a 34] gibt das allgemeine Formale der *οὐσία* überhaupt; Möglichkeit der folgenden Bestimmungen.

Auch εἶδος nicht *Ding*logik. Εἶδος *Aussehen* des *Gemachten*, Verfügbarsein; *θεωρία* ausruhendes *Hinsehen*! Höchste ἐνέργεια – das *εἶναι lieben*; Zu*gestalt*kommen!

10. [»Metaphysik«] A 1, 2

›Sinn‹ (voller) von ›wissenschaftlicher Forschung‹; im eigentlichsten, höchsten ›Sinne‹ (das ›höchste Sein‹, das *μάλιστα* – in welcher Vorstellung möglich *Ausbildbarkeit*).

Aristoteles zeigt, wie *Auf*trieb von etwas im faktischen Leben (Erhellung), und zwar im ›ohne‹ (χωρίς); *prinzipieller* Sinn des χωρίς.

Αἴτιον und ἀρχή vgl. Arleth, Symbol. Prag. 1893;[11] auf die kommt es an; *wie* in ›ihnen‹ das Seiende zu fassen. – Überleitung zur Physik[12].

Seiendes gefaßt – echt ›theoretisch‹ –, wenn in seinen ›theore-

[10] [A. Schwegler, Die Metaphysik des Aristoteles, a.a.O., Bd. IV: Des Commentars zweite Hälfte.]

[11] [Emil Arleth: Beiträge zur Erklärung des Aristoteles. In: Symbolae Pragenses. Festgabe der deutschen Gesellschaft für Alterthumskunde in Prag, a.a.O., insbes. S. 6 f. (IV. Abschnitt: ἀρχή und αἴτιον bei Aristoteles); s. auch oben S. 63, Anm. 17.]

[12] [Im vorliegenden Band: Zweites Kapitel, S. 115–120.]

tisch‹ faßbaren ›Woraus‹. Das nächste Ziel der Interpretation ist ([...][*]) zu verstehen, *wie Aristoteles das Seiende faßt, welchen kategorialen Sinn er dem Seienden gibt*. Dem kommen wir näher durch Bestimmung des Sinnes von ἀρχή. Was besagt das, auf das hin er Fremdes befragt, d.h. als wie gefaßt zeigt sich in solchem auf ἀρχή Befragen das Seiende?

Für die Interpretation muß also zugrunde gelegt werden Aristoteles' Untersuchungen, in denen ein solches Befragen konkret lebendig ist, d.h. wo es zugleich auf die Gewinnung, auf Beantwortung ankommt. Und zwar zunächst für die erste Interpretation nicht Untersuchungen, wo es sich um die ›letzten‹ ἀρχαί handelt und wo diese etwa gar selbst ›Thema‹ sind und demgemäß dem, wofür das Seiende in seinem Seinssinn schwer zu bestimmen ist (d.h. für das Verständnis viel voraussetzt), sondern eine Untersuchung, die sich auf ein Seiendes bezieht, das beginnender wissenschaftlicher Untersuchung vertrauter ist, und demnach auch vertrauter die ἀρχή-Tendenz und darin intendiertes Sein. ›Physik‹, τὰ φυσικά, alle anderen Begriffe über ›Physik‹, *Naturphilosophie* – auch wenn man die Biologie hinzunimmt – beiseite zu lassen.

11. Zu »Metaphysik« A 1 und 2 und »Ethica Nicomachea«[13]

In der Einleitung scharf zuspitzen die Frage, *warum (ἀρχή!-)Forschung als solche sehen für Verständnisgewinnung* der Ontologie – in konkreter Forschung (Physik) uns (*wie? warum* so!) in bestimmter Weise bewegen.[14] *Warum da?* Griechischer Vorgriff. Daß wir, um den Boden zu gewinnen für die interpretative Abhebung der ontologischen Arbeit des Aristoteles, in das (Lebensfeld) der Wissenschaften verwiesen werden (vgl. Met. A 1 und 2), ist

[*] [Ein Wort unleserlich.]

[13] [Datiert:] 2. September 22.

[14] [Pfeilstrich von (S. 274):] Ontologie wie faßbar! [zu:] ... in bestimmter Weise bewegen.

schon charakteristisch für den Sinn des Seins, das thematisch vorgegeben (und kategoriengebend das eigentliche Wogegen der Abgrenzung) ist für philosophische Forschung.
κατὰ συμ[βεβηκός]
ἐνδεχόμ[ενον] ἀληθές und dergleichen.

Ontologie wie faßbar![14] *Ontologie* die Seinscharaktere; welches Sein führend, Direktive (formale Anzeige) Sinn von Sein. *Bei welcher Gelegenheit kommen Seinscharaktere zur Abhebung* und wie? (Zunächst naiv den Weg gehen.) Ob beides bei Aristoteles der Fall ist? Er sagt doch ausdrücklich und kennt Problem ὂν ᾗ ὄν. Aber welches *Sein* und wie zugänglich in welchem Forschungszusammenhang? Seinscharaktere werden *kategorial* – in Auslegung. Eine eigentliche Forschung, wie muß sie tendiert sein.

Von Aristoteles selbst vorgeben lassen eine *Charakterisierung der Forschung* als solcher, so daß wir selbst interpretierend ein eigentliches Verständnis dieser Charakterisierung (als einer Lebensauslegung) gewinnen.

Besser: Vorblick in die *volle* Phänomenstruktur von Forschung, um die möglicherweise zu verfolgenden *phänomenalen* Wege angezeigt bereit zu haben; faktisches Leben, Erhellung, Umgang, Besprechen, *Eth. Nic.*

Aristoteles setzt sich in Met. A zur Aufgabe, zu bestimmen, was die σοφία ist, in eins damit ihre bisherige Ausgestaltung, wie sie ihm überliefert zugänglich ist, zum Verständnis zu bringen. Die Weise der Wasbestimmung wird sich als eine solche kennzeichnen lassen, die als eigenste Vollzugsnotwendigkeit ihrer selbst die bestimmt geführte Aneignung der Tradition in sich schließt.

Die vorliegende Interpretation beschränkt sich auf Kapitel 1 und 2 (pag[ina]!). Was Aristoteles in den nachfolgenden Kapiteln mehr übersichtsweise ›in großen Linien‹ bespricht, ist für ihn schon Gegenstand einer ausdrücklichen Untersuchung innerhalb

[14] [Pfeilstrich von:] Ontologie wie faßbar! [zu (S. 273):] ... in bestimmter Weise bewegen.

bestimmter Forschung (ἀρχή-Forschung) geworden (Phys. A). Diese Untersuchungen sind aber das nächste Thema der nachfolgenden einzelnen Interpretationen.

In »Physik« ansetzen, weil es der führende Seinssinn und das Wie der *Erkenntnis* (faktisches Leben, Existenz – *κίνησις*, εἶδος) mit sich bringt, daß in einer allgemein bestimmten Wissenschaft erst das eigentlich Ontische faßbar wird; vor allem aber, weil da bestimmte ontologische Explikation an der Arbeit verfolgbar wird. Liegt überhaupt ›Ontologisches‹ anders vor denn als *kategoriales* Expliziertes?

Wenn ja, warum nicht einfach die Resultate abheben, Begriffe und Sätze zusammentragen? Dagegen ein ›Verständnis‹, d. h. ein philosophisch prinzipielles Verständnis: dafür nutzt die schönste Komposition von äußerlichen Systemen und dergleichen gar nichts, ratsam möglichst schnell von solchen bequemen Systemen weg an den *Text selbst*. Es ist zu verstehen, was er *hergibt* über Wortlaut und Begriffsweise hinaus: *die Bewegtheit der Forschung*. (Was heißt Bewegtheit der Forschung! ἀρχή-Forschung? An *Aristoteles* selbst drängt sie sich heraus, wenn eine Forschung verflacht [?]! *Kritik*.)

Zur auslegenden Abhebung bringen die Motive und Tendenzen des Sehens, Sosehens, des Bestimmens, Fragens und dergleichen; zunächst allgemein charakterisieren: als Motive und Tendenzen solche des Lebens – *eines faktischen Lebens*. Nun erst die Problematik! *eines faktischen Lebens (Wie des faktischen Lebens)*, das wir selbst noch sind (jetzt nicht zu Ende), *das* zu verstehen in bestimmten seiner *Bewegtheiten*. (›Bewegtheit‹, das sind die Zeitigungszusammenhänge zwischen Vorhabe, Vorgriff und *dergleichen*.)

Verstehen verlangt hermeneutische Situation; ein *Versuch* – konkrete Ausbildung (nicht durch schöne Übersichten eine Unterhaltung mit) –, dessen je verfügbare Kraft an interpretatorischen Möglichkeiten sich selbst ständig unter Kritik halten muß, d. h. aber zugleich an dem ›Text‹ *bewähren*.

Erheben das *Phänomen* Forschung, d. h. Forschung, wie sie im

Leben da ist, *was* sie ist und wie sie als so etwas da ist; die Weise des *Daseins* im Wie von Bestimmtheiten. Sie ist da in bestimmter Ausgelegtheit, die das faktische Leben selbst bei sich trägt. Damit Richtungen der Interpretation vom Phänomen her vorgezeichnet. Das, *was* sie ist, was sie phänomenal ist, das volle *(faktische)* Was gibt für bestimmte Betrachtung das nivellierte abgesetzte Was her, bzw. dieses kann sich so festsetzen, daß es die Blick-*möglichkeiten* für jenes zerstört. (Wissenschaft als logischer Begründungszusammenhang; Wissenschaften gen[eralisierend] – induktiv. Reales und ideales Wissen.)

Auch die erste Vorbereitung, die verstehende des grundsätzlichen Aufenthaltsfeldes der folgenden Untersuchungen, muß schon auf dem Wege einer Interpretation gewonnen werden. Aristoteles soll selbst die Explikation des Phänomens ›der Forschung‹[15] in seiner eigenen Auslegung vorgeben. Das geschieht in Met. A, und zwar bestimmt er hier die reinste und *eigentlich* den Sinn von Forschung vollziehende. Die Bestimmung ist solchergestalt, daß einer Interpretation bei genügender Sicherung ihrer Fragerichtungen Gelegenheit gegeben ist, die für den Fortgang der Untersuchung unentbehrlichen Blickbahnen aufzubrechen. Sofern die Untersuchungen eine grundsätzliche Kritik (vgl. *Einleitung*[16]) vorbereiten helfen, ist es angezeigt, gleich zu Anfang eine konkrete *grundsätzliche Orientierung* (worüber?) zu gewinnen. (Nicht nur das, sondern direkt vorbereitend für »Physik«; *λόγος, ἀρχή, αἴτιον*, Gegenstandshinsehen.)

Θεωρία gerade vom *›gegen‹* her klären! eigenständiger Umgang, sogar *Zeitigung*! Vor dem Aufenthalt: Erhellung – *Umgangs*erhellung – ›Womit‹ – ›das *andersseiend Könnende*‹; *τὰ*

[15] Die Forschung im eigentlichen Sinne erweist sich als Wie *des Lebens*, εὐδαιμονία. *›Erhellung‹* – einen Leistungsvorrang in der Bewegtheit der Faktizität (Eth. Nic.; vgl. Ms. S. 3 [im vorliegenden Band § 7 f, S. 29], φρόνησις, Lebenssinn, Menschsein!).

[16] [Im vorliegenden Band Anhang III A, S. 346 ff., bes. S. 350 f. Die Ausarbeitung für die Marburger und die Göttinger Philosophische Fakultät bezeichnet Heidegger in seinen Briefen als »Aristoteles-Einleitung« oder nur als »Einleitung« (vgl. auch das Nachwort des Herausgebers, S. 440 ff.).]

ἔσχατα – καθ' ἕκαστα (vgl. Teichmüller[17]!). *Ποίησις – πρᾶξις*. Was ist in der Explikation dieser Phänomene leitend? *Θεωρία* – oder ein *ursprünglicheres* Feld.

Damit ist den meist als abgesetzte Resultate gefaßten Begriff[...]* von vornherein dieser Charakter benommen. Gesehen im *Wie* (Wie des Lebens), ihr Was nur Sinn in diesem, und gerade dann, wenn sie *an sich wenig gelten*!

Explikate des so gesehenen und *explizierten Seins – die Ursprünge* der Sinntradition.

Für die Kritik nicht des Ursprungs (da war eine Ursprünglichkeit), sondern für die Kritik des Ursprünglichkeitsverlustes dessen, was in der abgelösten Tradition lebt. Kritik dessen, was ein vormals Ursprüngliches, abgefallenerweise mißbraucht dazu noch, um je sich von den Wegen der *Ursprünglichkeit* fernzuhalten.

Streng auf prinzipielle Problematik zuhalten; damit keine ästhetische Geschichtsphilosophie spielen à la Spengler[18]. Kultur selber und Typen zeigen! (Spielerische Virtualität bei manchen *Leuten*! Man spielt mit der Geschichte Ball, d.h. aber mit sich selbst. Wenn einer sich selbst nicht mehr erreicht, kein Anspruch darauf, daß es der andere tut. Das laute Ballspiel wird Geschichte in den Geschichtsphilosophien und geschichtliche Möglichkeiten [?] des historischen Zeitalters.) – *Im Gegenteil:* Die Faktizität *ist* gerade in der ruinanten Mitnahme und Mithabe von Auslegungen (mit der Tendenz), die ihre eigentlich nicht mehr eige-

[17] [Gustav Teichmüller, Neue Studien zur Geschichte der Begriffe. Bd. III: Die praktische Vernunft bei Aristoteles. Gotha: Perthes 1879, S. 214 (3. Die Vernunft erkennt das Allgemeine und Einzelne).]

* [Zweite Worthälfte unleserlich.]

[18] [Am 14. April 1920 hielt Heidegger in Wiesbaden einen Vortrag über Oswald Spengler und sein Werk »Der Untergang des Abendlandes. Umrisse einer Morphologie der Weltgeschichte« (Bd. I: Gestalt und Wirklichkeit. Wien/Leipzig: Braumüller 1918; München: Beck ²1920; Bd. II: Welthistorische Perspektiven erst 1922 in München erschienen). Vgl. Heideggers Brief an Jaspers vom 21. April 1920. In: Martin Heidegger/Karl Jaspers, Briefwechsel 1920–1963. Hg. von Walter Biemel und Hans Saner. Frankfurt a.M.: Klostermann und München/Zürich: Piper 1990, S. 15 (mit Anm.).]

nen sind, mit denen sie aber doch alle Erhellung bestreitet, die Verlegenheit dabei.

Deshalb gerade, wo Ursprüngliches noch für uns sichtbar wird, *dahin* im faktischen Verstehen zurückgehen. Gerade in diesem Falle *Wiederholung*! *Der Einzelne und die Generation* – andere Bewegtheiten in der Generation!

12. Aristoteles, »Metaphysik« A 1

Εἰδέναι – τὸ ὁρᾶν μηδὲν μέλλων πράττειν [vgl. 980 a 24 sq.]; läßt am meisten zur Kenntnis nehmen und offenbart, macht kund, viele Unterschiede artikuliert. [Εἰδέναι] als *›Einstellung‹* – die cura-hafte Erfahrungsbezogenheit, besonders selbstweltlich, überhaupt *weltlich* eingestellt, nur *Sache*! Gegenstand; ich will *nur* sehen! – etwas als Gegenstand; da haben in seiner *puren*, spezifisch sichtlichen – dahabenden [...]*, sondern aus genuinem Bezug, entsprungen in ihr mögliche Einstellung!

Grundfrage bezüglich εἰδέναι (vgl. Alexander, Commentaria Met. [ed. Hayduck, 1, 1 – 2, 21]):

1. Aristoteles bringt es mit *einer* Weise der αἴσθησις: ὁρᾶν zusammen, dessen Einstellungs- und Ordnungs(διαφορά)charakter. Im Erkennen, wie in jenem, ein identisches Grundwie des seelisch-geistigen Erfahrens. Eine eigentümlich außervermögentliche [?] Struktur berührt; ›Sinne‹ nur Brechungen für Aktrichtungen (vgl. Scheler, Bergson).
   Erkenntnis, philosophisches Erkennen ist nach seinem *vollen* Sinn zu befragen. Bei Aristoteles wieder und durchreflektiert *›Wissenschaft‹*. Philosophie als Wissenschaft – als *was* ist Gegenstand und wie? Das nicht als falsch ablehnen! (vgl. Destruktion!), sondern gerade darin zu lernen, ins ›gegen‹ rücken!
2. Εἰδέναι gegenüber πρᾶξις. Maßstab an den Göttern. Handeln

* [Ein oder zwei Wort(e) unleserlich.]

ist zur Tugend kommen *gegen* πάθη, also gleichsam noch etwas *Niedriges* (niedriger im τέλος und Wie des Vollzugs). Am höchsten das Schauen, reine Einstellung; *danach* die Götter gedacht.

ἐμπειρία	
τέχνη	als γνώσεις – ἐπιστῆμαι (981 b 22);
ἐπιστήμη	Erfahren, Wissen um, Orientiertsein über, bestimmten Bezug haben zur ›Welt‹.

Inwiefern τέχνη mehr ἐπιστήμη ist als ἐμπειρία:

1. Wissen um αἰτία – μᾶλλον ἐπιστήμη, σοφώτερον;
2. δύνασθαι διδάσκειν [981 b 7] – besagt! – *σοφία, φιλοσοφία.*

Τέχνη ist παρὰ τᾶς κοινὰς αἰσθήσεις (981 b 14), *neben* dem verfügbaren tradierten Erfahrungsbesitz, darüber hinaus etwas Neues, was Gegenstand eines eigenen *εὑρεῖν* ist! θαυμάζεται ὡς σοφὸς καὶ διαφέρων τῶν ἄλλων [vgl. 981 b 14 sqq.], er nimmt sich vor anderen aus, er ist ein anderer; eine neue Leistung, neue Stufe des Erfahrens aufgebrochen und zugeeignet (παρά).

Was eigentlich besagt *σοφία*! Daran expliziert, was besagt σοφός; σοφώτερος, Steigerung, was das *Eigentlichere* ausmacht, was konstitutiv wird; das Wissen, ἐπιστήμη, also ist *σοφία* – ἐπιστήμη, und zwar περί τινας αἰτίας καὶ ἀρχάς [982 a 2].

13. Gliederung zu »Metaphysik« A 1 und 2

Verstanden werden soll: *die Bestimmung, die Aristoteles von Forschung gibt*, d.h. die Bewegtheit seiner Bestimmung als *Auslegung* und damit die *Bewegtheit* des Aus*gelegten.*

(D.h. Auslegung von faktischen Lebensbewegtheiten als ›Resultat‹ und Ziel der Interpretation. *Forschung selbst solche und welche* imgleichen!

Was macht Aristoteles? Was will Aristoteles? Vorläufig nur ausgänglich markieren! – vorläufig kennzeichnen mit Ziel auf Aufhebung. *Was heißt das?* (Den Umgang und dergleichen wohin hineinstellen! *(I.*[19]*) Faktisches Leben!*) *Auslegung!* Das *Was* von *σοφία* bestimmen! Was sagt er von ihr – *resultathaft.*

Wenn Auslegung, dann geführt vom Leben, *vom befragten Leben selbst*, aus den Möglichkeiten, die es in der erreichten und so ins Werk gesetzten Aus*gelegtheit* bietet. Auslegungscharakter erst zuletzt herausstellen und damit *entscheidend* den Faktizitätscharakter urgieren [?] – und das *volle* existenzielle Sehen von Wissenschaft (keine *Wissenschaftstheorie*!). *(IV.)*

Was besagt das Aufnehmen? Beachten das ›mehr‹; dieses selbst als faktisch umgehende Meinung. *Dafürnahme!* ruinant! *Vorrang* – *Weiter* – Höher.

Als was begegnet das auszulegende Leben – in und als Dafürnahme (Vorlesung, Ms. S. 7[20]). Was *besagt das Weiterführen, so ausformen*, und zwar *für ἀρχή – αἴτιον*! *Entscheidend:* Sinngenesis (›Strukturen‹ des Was der Erhellung) von *ἀρχή* und *αἴτιον* *mitverfolgen.*)

[Verstanden werden soll:[21]]

1. Daß er überhaupt eine Auslegung gibt.
   a) *Er nimmt solche auf* (d.h. Kenntnis davon, Interesse daran; solche Dafürnahmen sind verfänglich, begegnen, ›gehen um‹, werden behalten, verwahrt, weitergegeben), ← läßt *sich so Gegenstand* vorgeben, sieht *ihn als so etwas*, bei dem das möglich ist. Was heißt Dafürnahmen? ←
   (Was besagt das ›Daß‹ der *›Auslegung‹*, was besagt das

[19] [Die im folgenden in Klammern aufgenommene Gliederung in römischen Ziffern wurde von Heidegger mit grünem Buntstift ergänzt.]

[20] [Im vorliegenden Band § 10 a) α und β, S. 53–55.]

[21] [Anschluß an den Anfang dieser Beilage.]

›Wie‹ der *›Auslegung‹*: für Grunderfahrung, für die Grundbewegtheit des *Phänomens* Forschung?) ←

b) Auslegung, sofern er in *Zusammenhang* stellt, faktische *Genesis* verfolgt. *(II.)*
Wie sieht er den *Zusammenhang* als *Umgangs-*, *Sorgensbewegtheit*?

2. Als was legt er Forschung aus, d.h. zugleich als was hat er Forschung im Blick, daß er nach 1. a) und b) vorgehen kann?
Was *besagen diese für Forschung selbst*?
Was besagt darin Forschung, welches ihr Seinssinn?
Auf λόγος abzielen –
→ *›Bewegtheiten‹* (vgl. Vorlesung, Ms. S. 18[22]). *(III.)*

(II.) Was sind das ἐμπειρία, τέχνη, ἐπιστήμη, σοφία und wie faktisches Leben sie nimmt – und *wie da*? (das Wie entscheidend und auch Interpretation führend, ansatzbildend und ›Abschluß‹), für wen? – ›wir‹.

In welchem *Zusammenhang* gesehen: d.h. *was vorgegeben*, *wie bestimmt und verfolgt σοφία*, ἐπιστήμη, τέχνη, ἐμπειρία? *Wie* des näheren dieser Zusammenhang *vorgegeben*? Σοφός führt zum σοφώτερος – eine *›Genesis‹*. Σοφία ›schon da‹, sie selbst *›Ausbildung‹* von! – die das Leben kennt und verfolgt, besorgt!

Notwendig werden lassen (Eth. Nic.) θεωρία – εὐδαιμονία – Seinssinn von Leben: wie gegen ausdrückliche Lebenserhellung? – Idee der ἀρετή, *ἕξις*!

*

Interpretation: Was besagen 1. *dieser Zusammenhang*, 2. diese *sogestalte Vorgabe*?
Auslegungen aufnehmen, in solchen mitgehen, in *ihnen* stehen, also wie Wissenschaft nehmen. Was ausgelegt, Leben, Bewegtheiten; also Forschung, σοφία was?

*

[22] [Im vorliegenden Band § 11 f θ, S. 109 ff.]

Was will ich als Resultat der *Interpretation*?
Forschung – als Umgangserhellung (wie geartete *Erhellung!*) (Überleitung zu Ethik), Hinsehen, ›Was‹. Aufent*halt*nehmen, hinsehendes Bestimmen, eigenständiger Umgang.
σοφία – ἀρχή – *αἴτιον*.
[Forschung – als Umgangserhellung] d. h. aber *in faktischem* Leben – *ein Wie des Lebens* (*Bewegtheit*, Ausbildbarkeit *ἀρετή*) – *Gegenstand* der Auslegung – *Begegnis der Dafürnahmen – bestimmte Bewegtheit.*

I. Erste Stufe

II. Wie da?

III. Das *faktische Was.*
(Gliederung der Kapitel erst am Ende der Interpretation.)

14. Phänomenologische Interpretation der Überlegung [als eine Weise der] Erhellung

(Vgl. *Reinach*, Gesammelte Schriften (1921):[23] *»Die Überlegung; ihre ethische und rechtliche Bedeutung«*, S. 121–165. – Faßt die Problematik roh *›deskriptiv‹*, ohne radikale Phänomenvorgabe!)
Das Phänomen – die Vorgabe desselben.
Etwas ›überlegen‹ – etwas bedenken. Überlegen im Zeitigungszusammenhang der ›Entscheidung‹.
Überlegen im Vollzugszusammenhang des Sorgens;

[23] [Adolf Reinach, Gesammelte Schriften. Hg. von seinen Schülern. Halle a. d. S.: Niemeyer 1921 (Wiederabdruck des Aufsatzes »Die Überlegung« in: ders., Sämtliche Werke. Textkritische Ausgabe in 2 Bdn., hg. von Karl Schuhmann und Barry Smith. München/Hamden/Wien: Philosophia-Verlag 1989, Bd. I, S. 279–311).]

Überlegen keine Einstellung, d.h. der Bezugssinn ist nicht das Entscheidende; ebensowenig der Gehalt, vielmehr auf das Wie des Sorgens, dessen Bewegtheit mitausmachend!

Überlegen hat selbst eigentlichen Sorgenscharakter, ist ›(vor)*bereitend*‹. – Wie sind in ihr [der Überlegung] die Gegenstände da?

Überlegung als Grundphänomen alles ›vortheoretischen‹ und theoretischen und praktischen Erkennens. Seine radikale Explikation ermöglicht die Auflösung der Schiefheiten im Begriff ›praktischer Erkenntnis‹.

(Hierbei hat man eine unklare Vorstellung von theoretischer Erkenntnis; meist einer bestimmten Weise, z.B. naturwissenschaftliches Erkennen, bzw. man verwechselt damit dann zugleich das philosophische Verstehen *dieses* Erkennens – und bezeichnet es als theoretische Erkenntnis.

Hinsichtlich der »Kritik der reinen Vernunft« z.B. sucht man sich das Wie, in dem sich das ›Erkennen‹ der Kritik vollzieht, was ›Kritik‹ hier ist – daß sie prinzipiell dasselbe ist in der *Kritik* der theoretischen und der *praktischen* Vernunft. Zum mindesten einer radikalen Klärung des philosophischen Erkennens muß das aufgehen! Man hat sich meines Wissens noch nie die Mühe genommen, scharf nachzusehen, *was Kant macht;* wie dieses ›kritische Geschäft‹ überhaupt zum Phänomen zu bringen und interpretierbar wird! Bevor aber das nicht klar liegt, ist alle Kantkritik *Geschwätz*!)

Beachte das Vorkommen solcher Trennungen bei Aristoteles. Wo liegt das Motiv dieses Abfalls? Inwiefern bei Aristoteles genuin?

Eine prinzipiell reine Existenz-orientierte Ausformung ist philosophische Erkenntnis!

Das Phänomen von der letzten entscheidenden existenziellen Fraglichkeit (Atheismus) her orientieren!

15. Μετὰ λόγου[1]

Λόγος gibt im Wie des Unverdeckten das *da*, d. h. (das *Hergestellt-seiende*) das Sichausnehmende, *Aussehende – ›so siehst du aus‹* (*der bist* du), *das Seiende.*
– ὂν ὡς ἀληθές –

Λόγος – das aus-legend aus dem Verdeckten Nehmen – ins Da-bringen, d. h. Seiendes begegnen lassen.

16. ›Kategorien‹

Wie des Daseins; So (Weisen) der Angesprochenheit – des Aussehens.

Grundscheidung von οὐσία (I.) und den anderen (II.)?!

I. Da-sein *eigentlich* an ihm selbst (Seinshaftigkeit *eigenständige*).

17. Kritik (vgl. Vorlesung, Ms. S. 5[2])[3]

– als Zeitigungsphase der ἀρχή-Forschung:

1. Positiv Grunderfahrung und *Vorhabe* wirksam in Ansatz, Aufteilung, Frageverteilung und ›Formulierung‹, d. h. die eigene durchsichtige Situation in einer bestimmten – vom zu Kritisierenden her – motivierten Sichtrichtung.
2. In diese gestellt Erkenntnissätze, Theoreme, Aussagen über, das *Ausgesagte* und sein Worüber. *Das Worüber* wie erfahren?

[1] Vgl. Blatt *An-sprechen, Anschauen.* [Das genannte Blatt konnte nicht identifiziert werden (zur Thematik vgl. auch Beilage Nr. 9, oben S. 271 f.).]

[2] [Im vorliegenden Band § 23 a γ, S. 193.]

[3] (Noch sauberer die Leistungen herausstellen.)

Aussage, λόγος, wie mit dieser selbst durchsichtig, wie geschöpft, *welche Sicht? Explikationsweise* und vor allem *›Sachlichkeit‹ nicht überspringen. Das Worüber, formal identisch dasselbe* Vermeinte in der Kritik wie im Kritisierten; dieses je im Hinblick auf bestimmtes Thema – φύσει ὄν – aufgenommen und durchgesprochen. Nur so das zu Kritisierende, als *nicht* angemessen *erfahren usf.*, abzuheben; [als *nicht* angemessen] *dem*, das es *eigentlich* selbst zu *sein*, zu präsentieren beansprucht; von da her zu nehmen: das die *Sicht*!

3. Wie in der Zeitigung der Kritik: Herausstellen der Unangemessenheit, wie weit; der Angemessenheit wie weit, wie weit nicht, warum nicht? Dadurch kommt schon *für den Kritiker selber* die Vorhabe in die anschauliche Lebendigkeit.
   Möglichkeiten des Fehlsehens, des Fehlgreifens werden als abgehobene ungefährlich (für die Interpretation) und wird dadurch die Vorhabe und *Forschung* sichtbar – zugleich aber die Weite der grundsätzlich erarbeiteten Durchsichtigkeit.
   Vor allem *die* ausgezeichneten Fehlmöglichkeiten der vorgrifflichen (λόγος-haften) Verbauung des Sachfeldes. Warum vorgrifflich λόγος, das *Angesprochene*, vorschnell Fertige, das *ἀληθές, δηλούμενον*. Versteifung der Fragerichtungen und Ansprüche, Erkenntnis›grenzen‹ auf ein so vorgrifflich festgelegtes Feld. *Die jeweiligen Horizonte der Explikabilität:* wie gewonnen, geschöpft, gehalten, ausgebildet, erneuert? Deduktions- und Systemquelle, Theoretisierungsboden.

18. Parmenides

Τὰ πάντα ἕν, sofern es *ist* und (τὸ ὄν) das Seiende, sofern es *ist* (als Seiendes), d. h. das Sein (γένος) ist einzig-selbiges.

Wie es zu einer unexpliziten ›generellen‹ Grundansprache kommt. Wie diese als Zunächst[4] öffentlich umweltlich der Neu-

[4] [Pfeilstrich von:] Zunächst [zu (S. 287):] Durchschnittlichkeit.

gier (und gar der griechischen) vorliegt. Wie sie die Vorhabegewinnung führt, der Seinslegung Sicht und Motiv und Begegnischarakter gibt.

Der λόγος, der dem zugrunde liegt.

Tò ὄν, das Seiende: 1. das, was ist, 2. das Sein (des so Seienden):

Ist für beide eine Durchschnittlichkeit[4] möglich! Diese Durchschnittlichkeit als vor jeder expliziten logischen und ontologischen Abhebung. Diese [Durchschnittlichkeit] gibt dem Ganzen die *Un*mittelbarkeit, den spezifischen Begegnischarakter, das nicht weiter auflösbare a) Lebendige, b) Letzte, Endgültige – und so c) Fundament für alle *Negativ*-Bestimmung.

[4] [Pfeilstrich von (S. 286):] Zunächst [zu:] Durchschnittlichkeit.

BEILAGEN ZUM DRITTEN KAPITEL

19. Interpretation von Parmenides auf seine Grunderfahrung [zu § 25, S. 209 ff.]

1. Ist ein *Wachsein* da – und wofür?	Welche *Faktizität* ist schon da!
2. Ist es als solches betont und ergriffen?	Was ist *schon* Verhängnis?

α) (3.)[1] Ist eine Grunderfahrung: *Seinsbegegnung* – und was heißt das?
Etwas – gerade –, was hier erstmalig und ursprünglich sichtbar wird.

β) Welches ist die Aus*legungs*tendenz, die Spruch*sorge*, d. h. die bestimmte Verbissenheit?

γ) Welcher der Ansatz, Weg und verfügbarer Abhub?

δ) Was kommt zur Sprache und wird Wort und Rede?

ε) Wie Welt, wie Leben erfahren? Wird noch das Ursprüngliche gesehen und wie? (Vgl. Blatt: Faktizität – Welt Leben.[2])

Diese Betrachtung, die man zu Recht hier als ›historische Erkenntnis‹ in einer systematischen macht, ist das gerade nicht, sowenig die systematische nicht eine faktisch historische ist.

Es soll damit gerade entschieden das historische Ende festlegen. Diese Überlegungen nicht als überhaupt, sondern sie sind, was sie sind: ihre *Geschichte* – auch ihre ›Last‹ (?).

[1] [Der Gliederungspunkt 3. wurde ersetzt (überschrieben) durch α) – auf 3. bezieht sich noch der folgende Einschub:]
Ad 3. Für welches *Seiende* wie wach?
α) Welches Getroffenwerden – Stoßempfangen?
β) Kommt es zur *Aufent*haltnahme und wird die Situation *Sein* des *Müßigganges*?

[2] [Das genannte Blatt konnte nicht identifiziert werden.]

20. [In der Hermeneutik: Parmenides]
[zu § 25, S. 209 ff.]

In der *Hermeneutik*
Parmenides
Denken ›ist‹ ebenso *da* wie Sein.
νοεῖν – vermeinen
|
Was sieht Parmenides und als was!

21. [Bei »Physik« A 2 und 3: ἀρχή-Problematik]

Bei Phys. A 2 und 3 darf man unterwegs nicht vergessen: es handelt sich um ἀρχή-Problematik – also die entscheidenden Woraus des Gegenstandes zur Diskussion, ja überhaupt in den Blick zu bringen.

Bezüglich der Eleaten gar, von dem *aus*, was sie sagen, ἀρχή-Problematik aufrollen – eine letzte Gegenstandskonstitution.

Mit dieser ersten Kritik wird das ἀρχή-Problem schon in eine – die Sphäre wissenschaftlicher Diskussion gestellt, und zwar ganz prinzipiell.

22. [Zum Terminus ›Rücksicht‹]
[zu § 25 f) δ) S. 224 f.]

Rücksicht – eines jeweiligen Aufenthaltes.
In der *Rück*sicht selbst liegt die eigentliche *Realität.*
Die *Rück*sicht *(Tradition)* in der Faktizität, im Historischen.
Kategorien, οὐσία als *Rück*sichten; ganz eigene, in besonderem Aufenthalt ausgebildete.

23. Zu Parmenides-Interpretation [§ 25, S.209 ff.]

Mit dem klaren und konkret aufgezeigten ›es ist nicht entscheidbar das Sein des ὄν‹ usf. ist Parmenides gerade positiv interpretiert.

Von den expliziten Möglichkeiten her ist das Unabgehobene in seiner ›Inwiefern Unabgehobenheit‹ in seinem Was verständlich gemacht. Der Gegenstand echt frei gegeben und sichtbar in seinem echten konkreten ›es kann‹.

24. Zu Diels I, S. 153, 3[3]

Man muß ansprechen *das Seiende* sowohl als *Vermeinen* (vorfindlich im *Sein*) (Vermeintes) und als Sein – es *ist* das *Sein* (vgl. [Diels I] 157, 3[4]).

νοεῖν – ›geistig wahrnehmen‹, gewahren, innewerden.
ὀφθαλμοῖς νοεῖν – Homer, Ilias[5] XV, 422; Ilias XXIV, 294, 312.
Lateinisch *animadvertere*!

25. [Zu] Bäumker, Jahrbücher für Philologie (1886)[6]

In Phys. A 2 will Aristoteles nicht beweisen, der Satz τὰ πάντα ἕν sei falsch, er will nicht eine These widerlegen, sondern will die Schwierigkeiten an der Aussage herausstellen, ein Problem. So

[3] [H. Diels, Die Fragmente der Vorsokratiker, Bd. I, 3./4. Aufl., a.a.O. (S. 153, 3 entspricht Parmenides, Frgm. 6, 3).]

[4] [S. 157, 3 entspricht Parmenides, Frgm. 8, 31.]

[5] [In der Handschrift steht »Od.« (Odyssee). Die Stelle XV, 422 muß sich aber auf die »Ilias« beziehen: Ἕκτωρ δ᾽ ὡς ἐνόησεν ἀνεψιὸν ὀφθαλμοῖσι.]

[6] [Clemens Bäumker, Die Einheit des Parmenideischen Seienden. In: Jahrbücher für classische Philologie (Hg. Alfred Fleckeisen), 32. Jg. (oder der Neuen Jahrbücher für Philologie und Paedagogik 133. Bd.) (1886), S. 541–561.]

nimmt man Aristoteles äußerlich und naiv! Man versieht sich so völlig an der eigentlichen Problemsphäre. Gerade die authentische [?] Explikation selbst ist wichtig, nicht das ›*Resultat*‹, das sie im Satz als *falsch* nachweist, sondern was dabei an Problemgesichtspunkten auch gesehen wird!

Er will zeigen, daß die Eleaten die Kategorien- [bzw.] λέγειν-Problematik prinzipiell nicht in Rechnung setzen, in ihrer Rede sich bewegen, nicht imstande sind, in ihrer Rede eine echte kategoriale Problematik der φύσις vorzubereiten.

26. Textkritik zu »Physik« A 2, 184 b 21, 23[7, 8]

Auch *Eleaten* zu unterscheiden; Bonitz im Recht, 184 b 25 *ἕν* und b 26 *ἕν* – Überleitung; πόσα vgl. ἀριθμός (Interpretation 2[9]).

Die Frage nach der Zahl des Seienden – πόσα, wieviel das Seiende, d.h. in welchen Quantitätsverhältnissen; nicht nur die auf ein *ποῖον* abzielen, sondern auch die anderen kamen auf die Frage, ob Prinzipien ἕν oder πολλά. (Nachdruck auf *τὰ ὄντα*.) Nach Bonitz [S. 391] hier eine Subsumption der Eleaten unter die ἀρχή-Problematik (b 26 im Verhältnis zu b 22 spricht für Bonitz); sie sagen zwar τὸ ὂν ἕν, aber ihre Frage πόσον τὸ ὄν (vgl. 185 a 33, Melissos), ihre Erklärung ἓν τὸ ὄν hat keine andere Bedeutung, als wenn sie sagten ἡ ἀρχὴ μία.

Ob das aber nicht auf die Pythagoreer geht? Handeln diese von ἀρχαί oder gerade das Seiende eine Quantität? Wo im folgenden behandelt? Wozu die Rechtfertigung, wenn oben schon klar fixiert und b 25 das b 15 sqq. Eingeleitete nun aufnimmt? ἀριθμοὶ

[7] Vgl. Bonitz, Aristotelische Studien IV. In: Sitzungsberichte der Kaiserlichen Akademie der Wissenschaften, Wien. [Philosophisch-historische Klasse] Bd. 52, 4 (1866), S. 380 ff. [Nachdruck in: H. Bonitz, Aristotelische Studien. Fünf Teile in einem Band, a.a.O., S. 273 ff.]

[8] Interpretation Φ A 2, S. 2 [Verweis auf die »Physik«-Interpretation für das geplante, aber nicht zur Veröffentlichung gelangte Aristoteles-Buch (vgl. das Nachwort des Herausgebers, S. 440 f.).]

[9] [Siehe Anm. 8.]

ἀρχαὶ τῶν ὄντων [vgl. Met. A 5, 985 b 23 sqq.]. ἀριθμὸν εἶναι τὴν οὐσίαν ἁπάντων (Met. A 5, 987 a 19).

Oder ob nicht prinzipiell die Wieviel-Frage ›*πόσα*‹ bezüglich des Seienden einfach sachlich auch als ἀρχή-Problematik charakterisiert werden soll.

Das ob ἕν oder πόλλα bezieht sich auf τὰ *ἐξ*[10] ὧν – πρώτων; es wird prinzipiell gezeigt, daß auch der ἄπειρον-Ansatz als ποσόν und dieses ἀρχή-Problem ist. Es handelt sich um kategoriale Bestimmungszusammenhänge[10]. Der vorgriffliche Sinn der Strukturfrage ist ein ›Woraus‹.

Bonitz S. 391: »ja es macht fast den Eindruck von Naivetät oder von Sophistik, dass Aristoteles ihnen [den Eleaten] erst den Begriff ἀρχή aufdrängt, und sodann 185 a 3, 4 eben aus der Unzulässigkeit dieses Begriffes in ihrer Philosophie sie bekämpft.«

Ist es ein Aufdrängen nach Cap. 1, wo der Sinn von Erkennen charakterisiert wird als *irgendwie* eine *Orientierung habend* (ἀρχή bestimmte Vorhabe – Vorgriff). Hier zeigt sich der prinzipiell anzeigende Sinn des Kapitels.

Aristoteles will gerade die *Naivität*, die methodische der Eleaten, aufweisen, ihre Kritiklosigkeit in der *Seinsproblematik* als einer letzten radikalen. ›Sein‹ Korrelat des Erkennens; steht also in diesem *Vorgriff* – eine ἀρχή dafür gesetzt.

27. Natorps Aristoteles-Kritik (Philosophische Monatshefte 26 (1890)[11])

Natorps Aristoteles-Kritik übersieht den eigentlichen Grundzug der ἀρχή-Problematik; isoliert die Kritik. Aristoteles sieht gerade ein *Positives*, wenn auch nicht zum Austrag gekommen. Er sieht den philosophischen Kern der Problematik. Worauf und wie will Aristoteles hinaus?

[10] [Pfeilstrich von:] *ἐξ* [zu:] Bestimmungszusammenhänge.

[11] [P. Natorp, Aristoteles und die Eleaten. In: Philosophische Monatshefte (Hg. Paul Natorp) 26 (1890), S. 1–16 (Teil I), 147–169 (Teil II).]

Aristoteles bleibt gerade nicht beim Sinnlichen, sondern treibt alles methodisch ins *Kategoriale*. Ein anderes ist: ob die Sinngenesis der Kategorien eine radikale ist. (Nicht erledigt damit, daß: vom Ding *abstrahiert*! gesagt wird.)

Problem, wie weit sie als formal ontologische verstanden werden. In welchem Sinne andererseits die Eleaten das *Sein* verstehen; ob es das der Marburger Schule ist und was das heißt, oder nicht auch ein dingliches, gedachtes mit dem Urteil! (vgl. die Argumentation von Hoffmann[12]); ob diesem formal die aristotelischen Kategorien nicht genügen, ob prinzipiell andere vorgelegt sind.

Aristoteles hat mit der radikalen Tendenz auf Klärung des Sinnes von ›Sein‹ eine prinzipiell dem Parmenides und Melissos überlegene philosophische Haltung, selbst wenn er sie mißverstehen, d. h. ihre Marburgische Position nicht verstehen sollte.

S. 8 unten: Aristoteles meint in der Tat nicht dingliche Gegenständlichkeit, sondern Gegenstandhaftigkeit als solche; er hat seine Kategorien *›abstrahiert‹*, d. h. nicht, er meint darin mit das Dingliche, er wird es nicht los, er abstrahiert nicht in dinglicher Einstellung, sondern er sieht den Vermeinenssinn des λέγειν als solchen im etwas Sagen; das Gesagte als solches schlechthin. Die *Abstraktion* ist die Formalisierung – Ablesung des *formal Ontologischen.*

Aristoteles ist es um φύσις zu tun. Er sieht und hat vor sich Bewegtheit als das Grundwie; deren Seinssinn gilt es zu bestimmen; nicht aber um eine erkenntnistheoretische transzendentale Vormeinung!

[12] [Ernst Hoffmann, Die griechische Philosophie von Thales bis Platon. (Geschichte der Philosophie. Hg. von Jonas Cohn. Teil I / Aus Natur und Geisteswelt. Bd. 741). Leipzig/Berlin: Teubner 1921, bes. S. 42 ff. (Neuausgabe unter dem Titel: Die griechische Philosophie bis Platon. Heidelberg: Kerle 1951, bes. S. 61 ff.); ferner ders., Untersuchungen zu Parmenides (Sitzungsberichte des Philologischen Vereins zu Berlin 1916). In: Sokrates. Zeitschrift für das Gymnasialwesen (Hg. Otto Schroeder), Neue Folge, 4. Jg. (der ganzen Reihe 70. Bd.) (1916), S. 621; ders., Parmenides und Platon (Sitzungsberichte des Philologischen Vereins zu Berlin 1921). In: Sokrates, 9. Jg. (der ganzen Reihe 75. Bd., zugleich 47. Jg. der Jahresberichte des Philologischen Vereins zu Berlin) (1921), S. 137.]

Wenn die Eleaten etwas anderes meinen mit ›Sein‹, so soll es doch *Seins*sinn als solches Sein [meinen]. Vermeinen sie damit nicht etwas in der Weise der οὐσία?

Bestenfalls geben sie der *οὐσία* einen *anderen* Sinn! Nicht Substanz, sondern *Funktion*. Aber ausgerechnet das sucht *Aristoteles* zu zeigen! – während die Eleaten es gerade nicht zeigen.

Aristoteles macht von vornherein die verdinglichende Trennung von Erscheinung und Sein nicht mit; er sucht Seinscharakter im Erscheinenden und sucht gerade von hier aus eine ursprüngliche ontologische Problematik zu entwickeln.

Aristoteles ist im Prinzip da, wo Natorp ihn sehen möchte; im Prinzip geht es bei ihm um Kategorienproblematik, so zwar, daß er aber das Problem konkret stellt und auch grundlegend fordert; das konkrete Problem des Bewegungsphänomens in der Absicht auf *kategoriale* Durchdringung.

Das ist das Gegenteil von Empirismus, wenn man überhaupt solche Charakterisierungen an die griechische Philosophie heranbringen will und gar noch so, daß man auf diesen erkenntnistheoretischen Gegensatz Aristoteles und Plato bringt.

Die Aufgabe, die sich Aristoteles stellt, ist gerade eine echte und eminent schwierige, der gegenüber die Allgemeinheiten = Unbestimmtheiten der Eleaten sich roh ausnehmen; nicht nur geradeweise roh, sondern im Prinzip roh, weil es zur Problemstellung der Klarheit über Erfahrungs- und Erhellensstruktur bedarf. Grunderfahrende Vorgabe, deren Erhellungswie in der Einheit der *kategorialen* Bestimmungsweise.

Natorp muß an der eleatischen Problematik immer wieder und im Grunde – auf das aristotelische Problem gesehen – wesentliche Abstriche machen, und nur die Unbestimmtheit der eleatischen Sätze erlaubt es, die allgemeine Idee des Gesetzes, *Gesetzeseinheit*, *Methode* zu sehen.

Plato ist nicht erkenntnistheoretischer Idealist und *Aristoteles* im Gegensatz dazu Empirist, sondern beide haben die Tendenz auf das *Kategoriale*. *Plato* sieht es auch mehr intuitiv und bleibt bei ihm in der Freude der Entdeckung, so daß es eigenständig wird.

Aristoteles sieht das *Vorgegebene* gerade als *solches*, sieht die Sagenserfahrensstruktur im Ganzen als Phänomen und sieht, daß das Vorgegebene schon im Wie eines Gegensehens ist, eine ontologische Struktur hat, mitentspringend aus dem Wie des Ansprechens von Bewegung.

Aristoteles versteht prinzipiell weiter auf λόγος, und er sieht es in jeglichem Gesagten und erforscht gerade am ursprünglichen ›Sagen‹, wo es den *Naiven* und idealistisch naiven Doktrinen nicht sichtbar wird. Aristoteles ist prinzipiell *strenger methodisch und sichtiger*!

28. Natorp – Parmenides (I)[13, 14]

Nach Natorp das Urteil des Aristoteles »aus zufälligen historischen Gründen« (Vermittlung in der Gestalt schwächlicher Nachkommen) begreiflicher, »rein sachlich angesehen, [erscheint es] bis zum Wunderlichen verkehrt« (a.a.O. 15).

Νοεῖν – das Gegenstandsdenken *als solches*, im Unbestimmten (weder generell noch formal entschieden) überhaupt entsprechend das Sein!

In der Natorp-Deutung: Voraussetzung auf Naturerkenntnis, Naturwissenschaft; deren Seinssinn von *deren* Gegenstand. Dann aber von Parmenides φύσις intendiert; dann ist Aristoteles erst recht im Recht mit seiner prinzipiellen Tendenz, das Grundphänomen kategorial zu explizieren: κίνησις, den Seinssinn, kategoriale Struktur von κίνησις zur Abhebung zu bringen.

Bei Parmenides Entdeckung des Logischen. Inwiefern? Sofern das Sein überhaupt in Sicht ist; aber gerade nicht *logisch* gesehen und vermeint, sondern prinzipiell nicht logisch, sondern allenfalls ›ontologisch‹ kategorial!

[13] [P. Natorp, Aristoteles und die Eleaten I, a.a.O.]

[14] Vgl. Interpretation, Ms. S. 2 [Verweis auf die Interpretation für das geplante, aber nicht zur Veröffentlichung gelangte Aristoteles-Buch (vgl. das Nachwort des Herausgebers, S. 440 f.).]

Prinzipiell ist der Sinn und das Ziel der aristotelischen Kritik zu fixieren. Die Eleaten-Kritik in Grenzen der philosophiegeschichtlichen Kritik; diese innerhalb des positiven Problems. Wie von diesem her bestimmt? Wie dieses selbst philosophisch zu interpretieren?

Methodisch prinzipiell verfehlt, bei Eleaten ein Verständnis des rein Kategorialen und gar noch der Konstitution der reinen Natur (im Sinne moderner Physik) anzusetzen; wobei nirgends auch nur eine methodisch reine Untersuchung vorliegt, und alles problematisch ist – und demgegenüber *Aristoteles* gar nicht zu befragen, ob bei ihm eine echte kategoriale Problematik vermeint ist und noch prinzipiell mehr, d.h. volles Vorhabe-, Vorgriff-Problem.

Dann ist prinzipiell zu beachten, daß Aristoteles ὄν und ἕν ›identisch‹ setzt, also sehr wohl und gerade ein explizites Verständnis des Problems hat. Demnach besondere Motive für die Kritik der Eleaten, weil hier ein ganz anderes ›Sein‹ in Frage steht, *ein solches anderer kategorialer Struktur!*

29. Zunächst zu »Physik« A (Über οὐσία – das Kategoriale als solches – εἶδος, ἀρχή, ὕλη usf. – λόγος)

Wie weit ist bei Aristoteles über den immanenten kategorialen Bestimmungszusammenhang der Kategorien als solcher etwas ausgemacht? Ist es eine einstellungshafte Dialektik, Ontologie?

Der οὐσία-Stamm ist so, daß *›was ist‹* und *›daß ist‹* nicht geschieden sind – und auch nicht braucht das ›formale etwas‹. Wie ist es mit das formalanzeigende Etwas? *Welches* ›daß ist‹ ein solches, daß nach ihm gerade nicht gefragt werden soll – keine Aufenthaltsmöglichkeit an ihm? Worin hat die Scheidung: was ist – daß ist, ihren Ursprung und worin ihre Motive und welche methodische Leistung? – In und aus der Einstellung und da nur in bestimmten ›Fragen‹.

Vor allem die unabgehobene Bedeutung des sorgenden Lebens: οὐσία – Vermögen, Habe, Bedeutsamkeit – mitsehen. Wie ist prinzipiell diese Bedeutung für den explikativen Ansatz des Sinnes von Seinshaftigkeit zu nehmen das ›*Gehabte*‹ als solches. (Vgl. Kantaufsatz[15]!)

οὐσία = *Seinshaftigkeit* = Wie des Seins als solchen. Das *Wie ein* Wie, nämlich das Wie der Bestimmbarkeit aus so etwas wie ›Sinn‹.
›Seinssinn‹ bringt als das phänomenologisch explizite Sehen von Sein zum Ausdruck. ›Sinn‹ das Wie von *etwas* als interpretiert auf Leben, faktisches Leben, Existenz. Was besagt: interpretiert auf!
Sinn seinerseits – als dieses Wie – das formal gegenständliche Grundwie für die formalanzeigende Charakteristik des Gegenstands›gebiets‹ der philosophisch kategorialen Forschung. Sinn – das ›Wiehafte‹. Alle Sinne, Sinnstrukturen sind wiehaft. Das Wiehafte in schärferer Bestimmung gefaßt von dem her, worauf es und wie es Interpretat ist – als Kategorie, Existenzial. – Das Wiehafte – Sinn – Gegenständliche der Interpretation, und zwar der phänomenologischen, d. h. des Philosophierens als des prinzipiell historischen Erkennens. – Phänomenologische Grunderfahrung für Sinnhaftigkeit in eigentlich existenzieller Erfahrungserhellung, d. h. im Fragen nach, im sorgenden Fragen des ›*bin ich*‹ – ist *mein Leben*.

οὐσία = *die* Seinshaftigkeit, die eigentliche, der Ausgang an ihr, d. h. der *Grund*sinn (apophantisch kategorial). *Der kritische Übergang in die Kategorien-Problematik.*

οὐσία = Seinshaftigkeit als *die* Seinshaftigkeit, und diese ist (Halt!) Gegenstandshaftigkeit – Gegenstand *sein*, Gegenständlichkeit (ὕπαρξις Beistellung von etwas), das ››*et-was*‹ ist‹, *der Grundsinn als was.*

[15] [Der Aufsatz konnte nicht gefunden werden.]

[Der Grundsinn als was] ist nicht schon Gegenstandshaftigkeit – ein bestimmtes Wie sich gebend in der Einstellung. ›Leben‹ – als Einstellung nehmend – gewiß, und hier ist die Wurzel der kategorialen Ruinanz. Sofern man nun ›Gegenständlichkeit‹ selbst als Grundwie nimmt, so daß eigentliche Einstellungsgegenständlichkeit, solche des Erkennens und gar Naturwerdenserkennens, den οὐσία-Sinn bestimmt – statt daß man sieht, daß man mit Gegenstandshaftigkeit schon in der existenzverstehenden Abtrifft ist, sein kann –, sofern man nicht den *›Anzeigecharakter‹* des Formalen, d. h. der Gegenständlichkeit als solcher, prinzipiell ansetzt. (Gegenstandshaftigkeit rückt Vorgriff zurück auf Seinshaftigkeit!). Das echte formale Existenziale ist also Gegen-ständlichkeit als anzeigend; existenzial ursprünglicher. Gegenständlichkeit in Einstellung ist schon eine bestimmte Ausformung. Für die Griechen – produktiverweise –, für alle Nachkommenden war [?] eigentlich erst ruinant imitierender, unkritisch aufnehmender bzw. darin bleibender Weise – die οὐσία-tive Bedeutungsweise: Seinshaftigkeit = die Seinshaftigkeit = die Gegenständlichkeit = sogar das nicht kategoriale natürlich erfahrene Etwas = φύσις – Grundsinn des Seienden; der *Seins*charakter hinwiederum aller Bewegung; Sein des Bewegt*seins*; dementsprechend ontologisch kategoriales Problem.

οὐσία = Gegenstandsein = φύσει ὄν, *Naturdingsein;* aber immer noch *kategorial!*
(vgl. φύσις καὶ [und ebenso Ursache] οὐσία, B 1 [vgl. Phys. 193 a 9 sq., a 20]).

οὐσία = je das konkrete erfahrene *Etwas*; nach dem Erfahrungs- und gegenständlichen Erfassungsvorgriff ist dieses prinzipiell im *Wie* von Naturdingsein, Gegenstandsein, Seinshaftigkeit.

τὸ ὄν ist für Aristoteles prinzipiell und rein im Wie des λόγος. Mit dessen ursprünglich einheitlicher (nicht nachträglich lässig verwischter) Mehrdeutigkeit ist die Möglichkeit der verschiedenen Bedeutungen und Bedeutungsfunktionen von οὐσία verständlich. Bei dieser Mehrdeutigkeit ist es einerseits verständlich, daß die Griechen zum Kategorialen kamen, sofern sie das entsprechende mehrfältige (in seiner Richtung) Meinen ergriffen (Sagen in sich selbst zu sehen vermochten, und zwar am Gesagten als solchen), andererseits schwierig (Mißverständnisse gegenüber Aristoteles bis heute).

λόγος die Sage, d. h. zunächst: das Sagen und das *(sein)* Gesagtes;

schärfer: das Gesagte im Wie seines Gesagtseins; das Wie (Kategorie – das Kategoriale). *Das Gesagte, d. h. aber mit in der Grunderfahrung Gegebene und als solches Angesprochene.* – Der phänomenale Sinn ursprünglich (seine ex[istenzial] interpretierte Funktion) des *πολλαχῶς* – die Ruinanz.

Die Scheidungen, wie sie bezüglich οὐσία zu treffen sind, liegen auch vor bei anderen Kategorien. (Grund: Mehrdeutigkeit von λόγος!) Vor allem das kategoriale Wie scharf zu scheiden von dem als in diesem Wie Vermeinten.

Das phänomenale Sinnursprungsproblem ist nur zu stellen sauber und prinzipiell in der phänomenologischen Problematik, und zwar in der *vollen.* Anders bleibt die Interpretation zufällig und in Halbheiten, Unklarheiten, und kommt nicht vorwärts. Vor allem ist sie nicht von vornherein bei einer wirklich philosophischen Frage.

οὐσία ist gehaltssinnliches Kategorial, und zwar ausgeformt im Gehaltlichen des λέγειν; und zwar das λέγειν als Erhellung in konkreter Erfahrung (Umgangswomit das Worauf der *Umsicht* und des hinsehenden Ansprechens).

εἶδος[16] ist gehaltssinnliches Kategorial des praktischen Leistens als zugleich eines nach etwas Strebens, das in so *bezugssinnmäßig voll charakterisierter* Weise des Lebens gelebte, in solcher Lebenserfahrung er-fahrene. Demnach das Gestalthafte (zunächst *das Aussehen des Umgangswomit*) im Wie des *Woraufhin*, es (für das jeweilige Erfahren *ankommt*) das Bedeutsame als solches, das irgendwie zu Behaltene und damit Haltgebende.

Dieses Kategorial wird auf Grund des Momentes der Gestalthaftigkeit auch als gehaltliches Kategorial der theoretischen Einstellung genommen; betrifft so das οὐσία-tive. Dieses selbst ist ja nach der eigentlichen Grunderfahrung von Werden und φύσει-sein gestalthaft gesehen, (vgl. κἂν γάρ τι τελικὸν τὸ εἶδος, ἀλλὰ στοιχειῶδες μᾶλλόν ἐστι. (Simpl. Phys. 11, 22 sq.) Zu Sinngenesis von εἶδος – τί ἐστιν: Them. Phys.[17] 39, 2 [sqq.]; Interpretation 1 Phys. B 1; 4.[18])

γένος wieder anderen k[ategorialen] Ursprung im Phänomenalen.

[16] Vgl. Φ, Interpretation 25. [Verweis auf die »Physik«-Interpretation für das geplante, aber nicht zur Veröffentlichung gelangte Aristoteles-Buch (vgl. das Nachwort des Herausgebers, S. 440 f.).]

[17] [Themistii in Aristotelis Physica paraphrasis. Edidit Henricus Schenkl. (Commentaria in Aristotelem graeca. Edita consilio et auctoritate Academiae Litterarum Regiae Borussicae. Vol. V). Berolini typis et impensis Georgii Reimeri 1900.]

[18] [Siehe oben Anm. 16.]

ANHANG II

Ergänzungen aus den studentischen Nachschriften

AUS DER NACHSCHRIFT VON WALTER BRÖCKER

1. (zu S. 20)

Die Absicht der ersten Interpretation ist es zu erkennen, was Aristoteles mit seiner wissenschaftlichen Forschung will. Um die Sachen zu verstehen, muß man sich aus der heutigen übersteigerten Klügelei freimachen, die glaubt, sich in lauter Trivialitäten zu bewegen. Man muß sich klar machen, daß hier zum ersten Male eine Auslegung des natürlichen Lebensbewußtseins gegeben wird, eine Aufgabe, die seitdem niemals wieder in Angriff genommen worden ist.

Φύσις wurde übersetzt als Wie-sein und ist aufzufassen als eine besondere Weise des Seins, ein solches Sein, bei dem es für es selbst auf etwas ankommt. Bei einer schärferen Betrachtung muß die Explikation umgekehrt vorgehen: von der Eigentümlichkeit her, daß es Dinge gibt, für die es für sie selbst auf etwas ankommt, muß der Sinn von *Leben* entspringen. Das Leben des Menschen ist von derartigem Seinscharakter, daß es auf etwas ankommt, dazu gehört das Sehen. Im Sehen *ist* der Mensch, zum Wie des Lebens gehört das *Werden*. Im ›es kommt auf etwas an‹ liegt der Werdenscharakter des Lebens mitbeschlossen. Auch das Behalten ist als eine Weise des Lebens zu fassen, nicht etwa irgendwie psychologisch. In der gleichen Auffassung werden alle Bestimmungen gegeben. – 'Εμπειρία ist notwendig wie oben in dem Doppelsinn Auskennen/Umgehen zu übersetzen. Diese beiden Charaktere finden sich hier in unartikulierter Einheit, und es besteht noch die Aufgabe, beide Bestimmtheiten abzuheben. Von dieser Bestimmung von ἐμπειρία nimmt die Interpretation der weiteren Weisen des Lebens ihren Ausgang. Die eigentümliche Zusammengehörigkeit der beiden Charaktere äußert sich darin, daß je nach dem Sinnzusammenhang der eine oder der andere betont wird. Diese Mehrdeutigkeit ist kein Mangel an klaren Begriffen[1], sondern im Sachzusammenhang motiviert.

2. (zu S. 46)

Im Anschluß an die Aufzählung gibt Aristoteles eine Abgrenzung der ἐπιστήμη ποιητική gegen die θεωρητική. Dieser Gegensatz springt in zugespitzter Form, jedoch mit dem ganzen historischen Gut belastet, bei Kant wieder hervor: theoretische und praktische Vernunft. Doch ist diese Scheidung nicht die primäre. Ihre Ursprünge bei Aristoteles sind aufzuzeigen. Die ἐπιστήμη ποιητική ist eine Weise der Erhellung in und für verfertigendes Besorgen.

3. (zu S. 62)

Läge das Mehr des Verstehens nur in der Fülle des Umgangs womit, dann wäre zu fragen, warum nicht die Weisen des Vernehmens (αἴσθησις) dem genügten. Diese machen mit dem Gegenstand in seiner Jeweiligkeit vertraut, ἕκαστον: das Jegliche, als Gegenstand des unabgehobenen Umgehens und Besorgens, im Unterschied zum εἶδος, dem abgehobenen Aussehen des Umgangs-Gegenstandes. Das εἶδος wird mit der Eigenständigkeit des Hinsehens selbst eigenständiges Thema der Bestimmung. Es wird aus seiner Beziehung aus dem Umgang abgelöst. Von hier aus ergibt sich eine neue spezifisch theoretische Bestimmung des ἕκαστον: das je im Begegnen so Da-seiende. Trotzdem also die Weisen des Vernehmens eigentlich mit den Dingen vertraut machen, geben sie nach der faktischen Dafürnahme nicht das eigentliche Verstehen, denn sie sagen nicht das Warum, im Vernehmen fehlt das Ansprechen auf den Warum-Charakter. Die τέχνη ist verstehender, weil sie solche Umgangsweise ist, in der

[1] [Vgl. dazu noch Nachschrift Weiß: Eine wie klare Vorstellung Aristoteles von Begriffen hatte, zeigt Buch Δ der »Metaphysik«.]

das Womit des Umgangs angesprochen wird. Die Weise des Vernehmens ist zwar auch ein Erhellen, aber ein solches, daß das Umgangs-womit nicht angesprochen wird. Die αἴσθησις κοινή gibt nur das, was jeder in Erfahrung bringen kann. Nebenher geht eine andere, psychologisch gewonnene Bestimmung. Daraus ergeben sich Komplikationen, in denen die Wurzeln der ganzen späteren Problemstellung vom Bewußtsein zu suchen sind.

4. (zu S. 87)

Das Verstehen macht vertraut mit den entscheidenden Warums für jeden Umgangsvollzug. Demnach muß nach den Dafürnahmen das eigentliche Verstehen sein: das erhellend bestimmende Hinsehen auf die ersten Woher und Warum, ausdrücklich bestimmt als θεωρητική.

Dadurch ist es [das eigentliche Verstehen] als eigene Weise des Lebens gekennzeichnet und charakterisiert durch die Gegenstände, mit denen es umgeht, mit dem, was eigentlich ist, nur sofern es ist.

Daraus ergibt sich, daß der Ausdruck ›Verstehen‹ in einem ganz weiten Sinne zu nehmen ist: er ist erwachsen aus der Sphäre, aus der alles Hinsehen erwächst: aus der des Umgehens, z. B. ›Einer versteht sein Handwerk‹.

Eigentliches Verstehen besagt in der Form, wie es sich aus der Auslegung ergibt: Besorgen-leitendes Erhellen. Die Überlegung geht zuerst auf das Warum. Im Fortgang gehen die Gegenstände des Umgangs-warum in sachhaltige Warums über. Eine Sperrung bildet ein Gebiet der Sachen aus.

5. (zu S. 96)

Der schlagendste Beleg für die Interpretation ist der griechische Seinsbegriff. Οὐσία bedeutet in ausgänglicher Bestimmung: die

Habe, den Hausstand. In ihm ist die nächste Welt des Besorgens gemeint. Der Terminus ist in der Rechtssprache bis in die nachchristliche Zeit erhalten geblieben.[2] Von da eröffnet sich ein bestimmter Zusammenhang zwischen der Kategorie der οὐσία und dem Begriff des εἶδος, der zunächst Aussehen der umgänglichen Gegenstände besagt. Diese Termini dürfen nicht von der heutigen verdorbenen Philosophie her gesehen werden, sondern von der griechischen Tendenz der Erhellung des eigenen Lebens.

6. (zu S. 96)

Im Terminus Aufenthalt liegt also ein Doppelsinn: sich-aufhalten bei... und sich-enthalten von... Aufenthalt ist ein Charakter der Bewegtheit in der Begegnung mit dem Verwunderlichen; er ist kein Stillstand, sondern eine eigentümliche Steigerung der Sorgensbewegtheit. Der Aufenthalt ist eine Weise der Bewegtheit, in der Leben für sich selbst einen neuen eigenen Stand gewinnt, so daß das, was verwunderlich ist, in die Sorge kommt. Das Sorgen des Umgangs nimmt jetzt seinen eigenen Gang; »es geht um ein kleines in dieser Richtung weiter« [Met A 2, 982 b 14]. Es geht so weiter, daß das Sich-aufhalten sich schließlich bei Größerem aufhält, es sucht an Größerem durchzukommen, d.h. bei solchem, was über die Ausmaße der nächsten Kreise der Umwelt hinausgeht. Dieses ist jetzt für es die Welt. Die Umwelt wandelt also je und je ihren Welt- und Seinscharakter. Die Bewegtheit des Lebens führt zur Ausbildung eines Aufenthalts. Sorgen als Grundsinn der Bewegtheit des Lebens drückt sich aus als auf Aussicht ausgehend. So zeitigt sich die Richtung der Bewegung auf Ausbildung des Verstehens.

[2] [Vgl. dazu auch Nachschrift Weiß: Noch im Corpus Juris wird οὐσία in diesem Sinne gebraucht.]

7. (zu S. 120)

Bei der Interpretation von Met. I, 1 und 2 wurde bei der Auslegung der Umgangsweisen gesprochen von Sorgen, eine Kategorie, die sich zunächst nicht wörtlich belegen läßt, die aber durch die notwendige Überschärfung gefordert wird. Durch sie sind die Weisen des Lebens in der griechischen Auslegung schärfer zu bestimmen: was es heißt, θεωρία ist Verweilen, sorgloses Umgehen.[3] Hier liegt eine ganz bestimmte Sinnbestimmung des Phänomens vor. Das eigentliche Umgehen ist die θεωρία, der eigentliche βίος πρακτικός ist der βίος θεωρητικός. Diese Zusammenhänge sind heute gänzlich verloren gegangen. Heute und besonders im deutschen Idealismus jongliert man nur mit zwei Bällen: einem roten und einem blauen, theoretischer und praktischer Vernunft. Es ist kein Boden mehr da für eine sachgemäße Besprechung der Phänomene. Entsprechend wird umgekehrt Aristoteles und die ganze griechische Philosophie interpretiert. Diese verdorbene Situation entstand durch bestimmte geistesgeschichtliche Motive, dadurch, daß die θεωρία, die bei den Griechen *die* Umgangsweise war, von der aus die anderen Weisen in bestimmter Sinngebung standen, in ein ganz anderes Feld der Interpretation verschlagen wurde. Mit Descartes wurde das Erkennen etwas für sich.[4] Diese verdorbene Situation machte Kants Arbeit zu einem Kampf auf einem verlorenen Posten. Wer diese Situation durchschaut hat, gibt es auf, die heutige Konfusion der Philosophie mitzumachen und die Welt zum Narren zu halten.

[3] [Vgl. dazu auch Nachschrift Weiß: Nur durch die Bestimmung des Sorgens als Grundcharakter der Bewegtheit läßt sich verstehen, was das σχολάζειν heißt, das sorglose Verweilen.]

[4] [Vgl. dazu auch Nachschrift Weiß: Trotz der Umbiegung bei Descartes wurden die alten Ansätze und Begriffe mitgeschleppt.]

8. (zu S. 128)

Es ist die Frage, in welcher Weise die Ausführung der konkreten Untersuchung dieser Problemformulierung [des ersten Kapitels] entspricht.

Die Aufgabe ist, die ἀρχαί zu bestimmen im Ausgang von der nächsten Erfahrung. Zunächst ist davon gar nicht die Rede, der Gegenstand wird vielmehr erst durch eine Kritik der Tradition in die Vorhabe genommen. Aristoteles gibt eine formale Überschau über die ἀρχή-Bestimmungen der Geschichte. Es wird sich zeigen, daß die Mannigfaltigkeit der ἀρχαί nichts anderes bedeutet als *eine* ursprüngliche, die κίνησις in ihrem Grundsinn bestimmende kategoriale Struktur.

9. (zu S. 136)

Es wird hier deutlich, wie Aristoteles verschiedene Möglichkeiten der Ansprechbarkeit von Seinssinnen aufdeckt, die ihrerseits in bestimmten Zusammenhängen des Ansprechens stehen.

Ebensolche Mannigfaltigkeit kategorialer Seinsstrukturen zeigt sich im eleatischen Begriff des einen (ἕν), so daß sich die eleatische These nach Aufweis dieser beiderseitigen Bedeutungsmannigfaltigkeit als gänzlich unmöglich herausstellt.

10. (zu S. 138)

Das Problem des Ganzen und der Teile wird auch Met. VII[5] besprochen; die Probleme, die Aristoteles hier berührt, sind seitdem nicht mehr weitergeführt worden – abgesehen von der III. Logischen Untersuchung Husserls[6]. Das Problem ist aber nicht nur für

[5] [Nach Nachschrift Weiß: Met. VII (Z), Cap. 10–12.]

[6] [Edmund Husserl, Logische Untersuchungen. Zweiter Band: Untersuchungen zur Phänomenologie und Theorie der Erkenntnis. I. Teil. Halle a.d.S.: Niemeyer

die Logik, sondern prinzipiell für jede ontologische Problematik grundlegend.

11. (zu S. 142)

Aristoteles bespricht die eleatische Position nach zwei Gesichtspunkten:

1. versucht er zu zeigen, daß die Grundnahme, von der sie ausgehen, den eigentlichen Gegenstand verfehlt,

2. daß sie von dieser Grundbestimmung des gegenständlichen Was in der Weise der leerlaufenden Argumentation zu weiteren Sätzen kommen.

12. (zu S. 144)

Es ist zu unterscheiden zwischen dem Woraus im allgemeinen Sinne, ἀρχή, und dem Woraus des Bestehens, das auch ἀρχή ist, der ὕλη. Dieser Begriff entspringt einer ganz bestimmten Seinsansicht der Grundstruktur der gegebenen Gegenstände als gestalteter, gemachter – der Seinsansicht des ausrichtenden Besorgens.

13. (zu S. 148 und S. 150)

Hier [Phys. A 3, 186 b 8–12] taucht ein neues Problem auf, das sachlich wichtig ist, seitdem aber in der Geschichte der Philoso-

1901, 2., umgearbeitete Aufl. 1913, III. Zur Lehre von den Ganzen und Teilen. (1984 nach den beiden Auflagen bei Martinus Nijhoff, The Hague/Boston/Lancaster, von Ursula Panzer als Band XIX/1 von »Edmund Husserls Gesammelten Werken – Husserliana« herausgegeben.)

Vgl. dazu auch Nachschrift Weiß: (Außer Husserl, III. Logische Untersuchung, wo das Problem in einer bestimmten Sphäre, die der formalen Logik, angeführt ist, ist das Problem von ὅλον und μέρος seit Aristoteles nie wieder in Angriff genommen worden. Trotz seiner Wichtigkeit!)]

phie wieder untergetaucht ist: daß das Seiende, die Gegenständlichkeit als solche, nach ihrem Was angesprochen und artikuliert wird mit Beziehung auf das Warum und Woraus. Es entsteht die Frage, ob diese Artikulation für das ὅπερ ὄν mithaft ist oder ob diese Seinsbestimmungen gleichursprünglich mit ihm sind. Aristoteles entscheidet sich für das letztere[7]: die Artikulationen des Was in Hinsicht auf das Warum und Woraus sind nicht mithaft im eigentlichen Sinne. Dieses Problem kann erst im Zusammenhang der κίνησις zum Austrag gebracht werden.

Die Frage, bei der wir stehen, ist ein Knotenpunkt. Es ist die Frage des Seins im Zusammenhang mit dem λέγειν. Die Frage ist also: Ist mit dem Weiß-sein der Seinscharakter erschöpft oder hat das ὅπερ ὄν einen eigenen Seinscharakter, und ist dieser etwa früher und ursprünglicher als das zunächst angesetzte Mithaft-sein? Das Etwas-sein muß als Sein angesprochen werden, aber auch das Weiß-sein; also ist der Seinssinn mannigfaltig.[8] Wie das im einzelnen zu verstehen ist, wird noch nicht ausgeführt.

186 b 12–14 bringt einen Einschub, der für die spätere Betrachtung wichtig wird.

14. (zu S. 152)

Das Problem ist der Seinssinn im Sinne des Etwas-seins. Die Schwierigkeit zeigt sich bei der Definition (ὁρισμός), in der ein Etwas nach seinem eigentlichen ›was es selbst ist‹ angesprochen wird. Diese hebt an dem Was selbst eine Mannigfaltigkeit ab, sie artikuliert auf die Warum-Beziehungen, die einen Gegenstand nach seinem Was bestimmen. Diese stehen scheinbar in der kate-

[7] [Vgl. dazu noch Nachschrift Weiß: [...] behandelt es dann weiter in den nächsten Kapiteln und im Anfang des II. Buches und in »Metaphysik« VII, teilweise auch VIII, IX.]

[8] [Vgl. dazu Nachschrift Weiß: Aristoteles setzt der eleatischen These das Gegenteil entgegen, aber nicht, wie Natorp sagt, dem einen Dogma ein anderes *Dogma*. (Erg. d. Hg.: vgl. P. Natorp, Aristoteles und die Eleaten. In: Philosophische Monatshefte (Hg. Paul Natorp). Bd. 26 (1890), S. 1–16, 147–169.)]

gorialen Bestimmung des Mithaften. Sind sie echt gefaßt, wenn sie als mithaft bezeichnet werden?[9] Die Woraus sind vom selben Seinscharakter wie der Gegenstand selbst. Der Seinssinn des Etwas-seins ist einhaft einzig, kategorial das ὑποκείμενον für jeden anderen Seinssinn. Zugleich ist es nicht einfach, sondern mannigfaltig.

15. (zu S. 152)

187 a 1–11 gibt eine kurze historische Orientierung. Dieser Abschnitt ist sehr wichtig, weil man nur dadurch in den Stand gesetzt bleibt, den Zusammenhang festzuhalten, in dem die Kritik der Eleaten steht. Diese darf nicht herausgerissen werden, sie kommt nur aus diesem Zusammenhang.

16. (zu S. 153)

(Aristoteles spielt an auf seine Theorie der Negation, auf den Begriff der στέρησις; er will sagen, daß das Nicht einen eigenen Sinn hat, während mit der platonischen Auffassung, die das Nichtseiende als Seiendes auffaßt, das Problem totgeschlagen ist.)

17. (zu S. 182)

Diese Fragen hängen unter sich eng zusammen und sind nicht genau voneinander zu trennen. Sie bilden selbst nur die erste Stu-

[9] [Vgl. dazu auch Nachschrift Weiß: Es scheint, als stünden sie [die Warumbeziehungen] in der Kategorie des *Mithaften*. Es ist die Frage, ob das stimmt. Aristoteles kommt zu dem Ergebnis, daß sie von derselben Weise des Seins sind wie das Etwas, das sie bestimmen. – Das Was zerlegt sich in die Bestimmtheit durch den ὁρισμός in Momente, die vom selben Gegenstands- und Seinscharakter sind wie das Was selbst.]

fe der Interpretation aus, machen nichts aus über weitere Stufen. [...]

Die sieben Fragen sollen dazu dienen, von der Kritik vorzudringen zu dem Verständnis des Sinnes, in dem die ἀρχή gegenständlich gefaßt ist, um den Übergang zu haben zu dem, wofür die ἀρχή ἀρχή ist, um auf Grund dieser Interpretation einen entscheidenden Charakter des Seins herauszustellen.

18. (zu S. 199)

Simplicius [in Phys. 71, 26 sqq.] sagt: Aristoteles geht so vor, daß er die Rede, die Weise des Ansprechens bei Parmenides und Melissos, von einem Auseinandernehmen her auffaßt, in der Art und Weise, daß er durch ein bestimmtes Zerlegen, διαλέγεσθαι, die λόγοι abbaut, und er nennt das ein dialektisches Vorgehen.[10]

[10] [Ergänzung nach Nachschrift Weiß: Es ist Sache der dialektisch Vorgehenden, daß sie dadurch die Woraus der Wissenschaften zum Aufbau bringen (κατασκευάζειν) (Erg. d. Hg.: Simpl. in Phys. 72, 1 sq.).]

AUS DER NACHSCHRIFT VON HELENE WEISS

1. (zu S. 22)

Ὑπόληψις schwer zu übersetzen; etwa: die Dafürnahme, eine Gegenstandsauffassung, in der bestimmte Gegenstände in eine Vorauffassung gesetzt werden. (Ich habe eine bestimmte Überzeugung über Gegenstände, fasse sie so auf.) Diese Dafürnahme geht darauf, eine Mannigfaltigkeit von Gegenständen im Ganzen zu sehen. Die Dafürnahme der ἐμπειρία bleibt unausdrücklich. Aber ausdrücklich, zugreiflich ist die Dafürnahme der τέχνη, wodurch in ihr das Womit des Umgangs bestimmt ausgegrenzt wird nach seinem ›Wie es aussieht‹.

2. (zu S. 25)

[Met. A 1, 981 b] 2–5 philologisch fraglich, man hat zwar ausgeschaltet, aber Heidegger glaubt, daß sie in den Text gehören, eben auf aristotelische Gedanken zurückgehen. Es wird darin die Verhaltensweise derer, die nur je etwas ausführen ohne das Warum, verglichen mit dem Sein solcher Gegenstände, die sind ohne Orientierung.

3. (zu S. 30)

Metaphysik Buch I, Cap. 2. Gliederung hier durchsichtiger als im ersten [Kapitel]: hier kann man sie schon *vor* der tieferen Untersuchung vornehmen. Suche nach dem eigentlichen Woher – Warum: Welche sind die Gegenstände, auf die das eigentliche Verstehen abzielt? Zu dem Zweck nimmt er erst einige Dafürnahmen. Dann Interpretation aller dieser. Ergebnis: alle meinen einen bestimmten identischen Sinn.

Von 982 b 11 neue Betrachtung bis 982 b 28. Schärfere Charakterisierung des Verstehens als θεωρητική. Dann: was das in solchem Verstehen Leben für den Menschen bedeutet, und ob sein Besitz möglich ist. Von 983 a 11 – Ende: Was ein solches Verstehen, wenn es angeeignet ist, leistet.

4. (zu S. 34)

Was in einer Ordnung Letzteres ist, ist in einer anderen ›die Ersten‹. Diese zwei Ordnungen haben eine tiefere Beziehung zueinander. Die eine Ordnung kommt im Durchlaufen der anderen Ordnung (in der das καθόλου das Letzte ist) zu einer möglichen Ausbildung.

5. (zu S. 37)

982 b 9: Gegensatz von ἐπιστήμη ποιητική und θεωρητική, schon bei Plato. Großen Einfluß auf Geschichte der Philosophie. Kants theoretische und praktische Vernunft hat hier ihre Wurzel. Die Unterscheidung hat in der griechischen Philosophie ihren ganz bestimmten Sinn, in der späteren aber ist er ganz sinnlos, und Kants Bemühungen darum krampfhaft und vergeblich.

Τέχνη, ποίησις hat bei Aristoteles einen bestimmten Zwischencharakter, für uns darum schwer zu verstehen. Verstehen hat bei Aristoteles immer Beziehung zum Schaffen, Hervorbringen. Darum τέχνη und ποίησις im Zusammenhang mit φρόνησις, νοῦς, σοφία etc. wie auch in der »[Nikomachischen] Ethik« VI, 3–7.

6. (zu S. 37)

Das Philosophieren hat seine eigene Motivkraft in einem Ausweichen *vor* etwas. Daß es bei der Bemühung um eigentliches

Verstehen ankommt auf bloßes Sehen ohne Abzweckung, das bekundet sich darin (daß das Philosophieren erst anfing, als die unumgänglichen Bedürfnisse gedeckt).

7. (zu S. 49)

Innerhalb der Seinsweise des Lebens hat die Kategorie des Wie den prinzipiellen Vorrang vor der Kategorie des Was. Oder formal ontologisch: Die Relation hat den Vorrang vor jeglichem Relat. (Marburger Schule: Relation als Grundbestimmung dessen, in dem Leben ist.) Die eigentliche Ursprungssphäre des Sinnes der Relation zugänglich zu machen.

8. (zu S. 67)

Sofern sich nun die Sorgenstendenz des Umgangs mehr und mehr auf das Hinsehen verlegt und darin bleibt, verliert das Womit des Umgangs seinen Charakter und wird das Worauf des Hinsehens. Das Aussehen wird nun angesehen auf den Charakter des Warum. Es wird als Aussehen auf seinen Warumcharakter besorgt. Dieses Besorgen auf seinen Warumcharakter bezeichnen wir als *befragt*. [...]

Durch diese Modifikation des Umgangs wird die vorgegebene Welt nicht etwa anders; sondern in ihr ist gegeben, daß überhaupt die Welt jetzt erst *aussieht*. Vorher lebte das Leben im *Aussichtigen*, jetzt im *Aussehen*.

Daß das Mehrsehen eine neue Weise des faktischen Lebens ist, zeigt Aristoteles durch seinen Hinweis auf das σχολάζειν. (Dieser Terminus [spielt eine] wichtige Rolle in der »Politik« E und in der »Nikomachischen Ethik«.)

Βίος = das Leben gesehen auf das Wie seines Vollziehens. Politik H: ὁ βίος διῄρηται [vgl. 1333 a 30 sq.] nach den zwei Richtungen, daß die eine keine Zeit für sich hat, die andere sich Zeit gibt (σχολή = ἡ τῶν ἰδίων ἐπιμέλεια [Pol. Δ 6, 1293 a 7 sq.] = das Besorgen um die Angelegenheiten des nicht öffentlichen, des nicht mitweltlichen Lebens).

9. (zu S. 76)

Cf. Nik. Ethik II 1, 1103 b 6 sqq.: ἔτι ἐκ τῶν αὐτῶν καὶ διὰ τῶν αὐτῶν καὶ γίνεται πᾶσα ἀρετὴ καὶ φθείρεται, ὁμοίως δὲ καὶ τέχνη· [...] κιθαρίζειν [...] καθαρισταί. »Aus derselben und durch dieselbe Weise des Umgehens zeitigt sich jegliche Tugend und wird sie auch verfehlt. Dasselbe gilt von der Ausübung jeglicher τέχνη (Zitterspiel, Häuserbau etc.).« Im Umgang der Menschen unter sich waren erst die Möglichkeiten der Ergreifung und der Verfehlung der ἀρετή da lebendig, wo man im Sinne der ἀρετή lebt. Die Möglichkeit der Verfehlung ergibt sich allererst in dem Zugreifen selbst; vorherige Reflexion unmöglich. Damit das Hinsehen leicht oder schwer sein kann, muß das Aussehen sich erst abgehoben haben und verfügbar sein.

[...] Für den Fortgangssinn der weiteren Auslegungen hält er [Aristoteles] sich wieder an Dafürnahmen des faktischen Lebens. Er geht also mit den faktischen Auslegungstendenzen mit. Die kategoriale Ausprägung, die vorliegt im philosophischen Terminus ἀρετή, weist auf eine bestimmte Deutung des griechischen Lebens. Wir müssen seine Sinnursprünge untersuchen. In dieser Hinsicht bedarf *Stenzel, Platonische Dialektik*[1], einer wesentlichen Ergänzung. Er macht einen ansprechenden Versuch, fixiert εἶδος als Anschauung (gegenüber den Marburgern: ›Begriff‹), irrt sich aber, wenn er damit die Aufgabe für gelöst hält. Die Fixierung von εἶδος als Anschauung genügt noch nicht. ...

Ἀρετή wird auch auf Gegenstände angewendet, die kein Worauf haben in dem Sinne, daß sie in ihrer Bewegtheit auf etwas

[1] [Julius Stenzel, Studien zur Entwicklung der platonischen Dialektik von Sokrates zu Aristoteles. Arete und Diairesis. Breslau: Trewendt & Granier 1917.]

hinsehen. Daraus zeigt sich, daß εἶδος nicht eigentlich *ethisch* ist, sondern das Worauf des Umgangs überhaupt. (?)

Aus dem Sinn der ἀρετή und ihrer Bestimmung als Weise des Lebens wird verständlich, daß von einem *μᾶλλον* die Rede sein kann.

10. (zu S. 80)

Ein verstehendes Bestimmen derart muß notwendig dem genügen, was faktisches Leben hinsichtlich des Verstehenden in seiner Vormeinung hat. Ein so Erkennender sieht alle Gegenstände als die möglichen Worüber aufhellender Bestimmung (τὰ ὑποκείμενα, 982 a 23). Alexander von Aphrodisias nimmt das ὑποκείμενα nicht so wie Bonitz[2] u. a. »Am meisten καθόλου ist das verstehende Bestimmen, das sich bezieht auf das Seiende, sofern es ist.«[3] D. h. das Seiende als solches, der Seinssinn ist das, was dem καθόλου eigentlich genügt.

῾Υπάρξις = subsistentia = Wie des Seins, die Seinsweise. Aus dieser Stelle des Alexander von Aphrodisias geht also auch hervor, daß das καθόλου bezogen ist auf alles, was in einer Seinsweise ist, was irgendwie Gegenstand ist. Aber nicht Einzelnes unter dem allgemeinen Gesetz, sondern einfach Weise des Seins.

Met. Γ 2, 1003 a 33 sq.: τὸ δ᾿ ὂν λέγεται μὲν πολλαχῶς, ἀλλὰ πρὸς ἓν καὶ μίαν τινὰ φύσιν. Die Seinshaftigkeit (τὸ ὄν) und die Einhaftigkeit (τὸ ἕν) (nicht die Einheit, denn Einheit ist schon eine bestimmte Weise der Einhaftigkeit) sind für uns Grundbestimmungsweisen des Gegenständlichen als solchen, nur daß sie dieses Gegenständliche als solches in verschiedener Hinsicht vermeinen. Und zwar bezeichnet τὸ ὄν das Wie seines Seins, also daß der Gegenstand überhaupt ist; und τὸ ἕν ist das am Gegenstand, was ihn jedem anderen gegenüber heraushebt als einen (Identität). Dieses ἕν wird in der »Physik« I. Buch bei der Kritik des

[2] [H. Bonitz, Commentarius in Metaphysica Aristotelis, op. cit., p. 48 sq.]

[3] [μάλιστα δὲ καθόλου ἐστὶν ἐπιστήμη ἡ περὶ τῶν ὄντων ᾗ ὄντα (Alexandri in Met., ed. Hayduck, op. cit., p. 11, 7.]

Parmenides eine Rolle spielen. Das ἕν steht in eigentümlichem Zusammenhang mit dem Sinn des Seins. (Cf. zu ἕν Buch I[4] der »Metaphysik«, aber sehr schwierig.)

Die erste Auslegung macht alle übrigen Auslegungen verständlich. Das καθόλου erweist sich als ein Gegenstand ganz eigenständiger Art.

Der Gegenstandscharakter des eigentlichen Verstehens ist das καθόλου (= das, was in dem, was es ist, ansprechbar ist auf jegliches und alles, was überhaupt Gegenstand ist). Dieser Ausdruck zeigt schon in dem κατά die Bezogenheit auf das Aussagen. Es ist also gemeint bezüglich seiner Aussprechbarkeit (cf. καθόλου Metaphysik Buch Δ (26); Zusammenstellung vielleicht nicht echt; er sagt dort Cap. 26, 1023 b 26 sqq.: die ὁλότης ist so etwas wie eine *Einhaftigkeit*. Wichtige Unterscheidung zwischen ὅλον und πᾶν. Es gibt neben dem ὅλον φύσει auch ein umfassendes (περιέχον συνεχές); cf. Met. Buch Δ, Cap. 6 zur Einheit; cf. Analytica II.)

11. (zu S. 103)

»Auch das als ewig Ansetzen [Platoniker] hilft nichts, wenn an dem Sein selbst nicht die Möglichkeit ist, der Ausgang zu sein für das Umschlagen (μεταβολή). ['Αλλοίωσις schon eine ganz bestimmte Weise von μεταβολή, diese ganz allgemeiner formaler Begriff; auch die κίνησις ist eine μεταβολή.] [...] Wenn die ἀρχή nicht ist in der Weise der reinen Zeitigung (ἐνέργεια), wird nie verständlich, was es heißt, Bewegung *ist*. Aber auch die reine Zeitigung macht es noch nicht aus. [...] Demnach muß es von dem Sein einer ewigen Bewegung einen solchen Ausgang geben, dessen *Sinn* reine Zeitigung, ἐνέργεια, ist.« [Met. Λ 6, 1071 b 15 sqq.]

Wichtig: das πρῶτον κινοῦν muß notwendig den Sinn von *ἐνέργεια* haben; ihn gilt es nun zu bestimmen. Zwei Stufen der Betrachtung durchzuführen: 1. Welches ist der Sinn der ἐνέργεια?

[4] [Buch I(ôta) = Buch X.]

Was ist das für eine Bewegung? 2. Welche konkrete Bewegung selbst erfüllt den Sinn der reinen Bewegtheit? – Es wird sich zeigen, daß das die θεωρία, die νόησις ist. Das ist eine wesentlich andere Argumentation als später die Scholastik (Thomas v. Aquin), die eine vorhandene Gesetzmäßigkeit auf einen vorhandenen Urheber zurückführt. Aristoteles dagegen geht von den Bewegungsproblemen aus.

Vorgegeben: die Kreisbewegung ist ihm eine solche, die ewig sein *muß*. Wie nun das Bewegungsphänomen zu verstehen? *Worauf* muß sie abzielen, daß sie, was sie ist, sein kann? (Das τέλος nicht die Ursache, sondern das Worauf.) Er findet: Das Worauf ist das πρῶτον κινοῦν ἀκίνητον[5] (πρῶτον zu verstehen wie ἀρχή). Es ist κινοῦν ὡς ὀρεκτὸν καὶ ἐραστόν.

Wie kann es aber, trotzdem es ἀκίνητον ist, reine ἐνέργεια sein? Muß also Gegensatz sein zwischen κίνησις und ἐνέργεια? 1. Der Sinn von ἐνέργεια bestimmt sich rein aus dem Bewegungsphänomen. 2. Was sie ist, welche Art von Bewegung, auch das ergibt sich aus dem Sinn der reinen Bewegtheit.

Bei Plato nur Dürftiges über κίνησις. Seine κίνησις ist eine konstruktive. Im Grundphänomen der Bewegung hat Aristoteles einen prinzipiell anderen Grundansatz; hier die Motive für seine Bekämpfung der platonischen Ideenlehre.

12. (zu S. 109)

Θεωρία. Prägung θεωρητική ist aristotelisch. Alexander von Aphrodisias gibt folgende Geschichte des θεωρεῖν: »Sein Sinn ist vom Wort selbst her verständlich, nichts anderes als das Hinsehen auf das Göttliche, das reine Sehen des Göttlichen.«[6] (Wie es dazu

[5] [Met. Λ 8, 1073 a 27, 1074 a 37; ferner Met. Γ 8, 1012 b 31; Phys. Θ 6–10, 258 b 12, 259 b 23 sq., 266 a 9, 267 b 18 sq.]

[6] [Alexandri in Aristotelis Analyticorum priorum librum I commentarium. Edidit Maximilianus Wallies. Berolini typis et impensis G. Reimeri 1883 (Commentaria in Aristotelem Graeca. Edita consilio et auctoritate Academiae Litterarum Regiae Borussicae. Vol. II/1), p. 3, 20 sq.]

kommt, ist uns jetzt von Aristoteles her verständlich; κίνησις, νόησις νοήσεως[7].) Anders heutige etymologische Forschung: Ursprung θεωρός, zusammengesetzt aus θέα = Anblick und ὁρᾶν = Sehen, also das Hinsehen auf das Aussehen; θεωρός = Zuschauer auf einem Fest.[8] Herodot[9]: der sich umsieht in der Welt. Curtius[10] bringt θεωρεῖν in Zusammenhang mit θαυμάζειν. In der Patristik geht θεωρεῖν zusammen mit ἱστορεῖν im Gegensatz zum allegorischen Auffassen (so Origenes und Antiochäer).[11] Diese θεωρία im Mittelalter mit »speculatio« übersetzt[12] (Nachwirkung im deutschen Idealismus; spekulativ bezogen auf Erfassen des Göttlichen, des Übersinnlichen).

13. (zu S. 110)

Schwieriger die Auslegung des Duns Scotus, der in gewissen Gegensatz zu Aristoteles kommt, aber nicht einfach reines Wollen gegen reines Denken. Sondern er stellt die Frage viel prinzipieller, nach dem Ersten, was das Sein des Göttlichen überhaupt ausmacht. Sed primum dans esse divinum est ipsum esse. Er verlegt die Frage auf den Seinscharakter des divinum selbst. Der Begriff

[7] [Met. Λ 9, 1074 b 34 sq.]

[8] [Vgl. Franz Boll, Vita Contemplativa. In: Sitzungsberichte der Heidelberger Akademie der Wissenschaften. Philosophisch-historische Klasse. Jg. 1920, 8. Abh., S. 23 ff.; Paul Boesch, Theoros. Untersuchung zur Epangelie griechischer Feste. Berlin: Mayer & Müller 1908 (zugl. Diss. phil., Univ. Zürich 1908).]

[9] [Historíēs apódexis I, 30.]

[10] [Georg Curtius, Grundzüge der griechischen Etymologie. 5., unter Mitw. von Ernst Windisch umgearb. Aufl. Leipzig: Teubner 1879, S. 253.]

[11] [Vgl. Heinrich Kihn, Über θεωρία und ἀλληγορία nach den verlorenen hermeneutischen Schriften der Antiochier. In: Theologische Quartalschrift (Hg. von Professoren der Katholischen Theologie an der Universität Tübingen) 62 (1880), S. 532–581.]

[12] [Anicius Manlius Severinus Boethius, In Isagogen Porphyrii commenta, lib. I, cap. 3. In: Corpus scriptorum ecclesiasticorum Latinorum. Editum consilio et impensis Academiae Litterarum Caesareae Vindobonensis. Vol. 48: A.M.S. Boethii operum pars I, recensuit Samuel Brandt. Leipzig: Freytag/Wien: Tempsky 1906, p. 8, 6 sq.]

des actus purus (ἐνέργεια) bei ihm schärfer gefaßt als bei Thomas von Aquin. (Cf. Duns Scotus, Reportata Parisiensia[13] und Commentar zur Metaphysik des Aristoteles[14].)

14. (zu S. 118)

(Schon mit der Frage: ›Was ist Philosophie?‹ sieht man sich an die Geschichte verwiesen. Es kommt darauf an zu sehen, was überhaupt das Motiv war, so etwas auszubilden, was wir Philosophie nennen. Eine solche Betrachtung ist durchaus historisch. Von hier her etwa der Einwand zu widerlegen, daß historische Untersuchung unnötig, daß die Hauptsache wäre, was wir *heute* mit den Begriffen anfangen können.)

15. (zu S. 129)

Nach σχήματι δὲ [Phys. A 2, 184 b 21] fügt Bonitz ein: καὶ τάξει καὶ θέσει sich unterscheidend. Gehört zum ersten ἤ. Diese Einfügung zu belegen durch alle Stellen, wo Aristoteles über Demokrit spricht (cf. Physik A 5, 188 a 23 sq.; Über Entstehen und Vergehen, I. Buch, 1. Cap., 314 a 24, 2. Cap., 315 b 35 sq.; Metaphys. I. Buch, 4. Cap., 985 b 16 sq. (dort überall diese drei Termini beieinander); überhaupt die weiteren Cap. des I. Buches der »Metaphysik« zu unserem Thema über die ἀρχαί zu vergleichen).

Das zweite ἤ (εἴδει διαφερούσας) ist Anaxagoras; für ihn sind sie ἐναντίας.

[13] [In: Joannis Duns Scoti Opera omnia, op. cit., tom. XXII, Parisiis 1894.]

[14] [In XII libros Metaphysicorum Aristotelis expositio. In: Joannis Duns Scoti Opera omnia, op. cit., tom. V et VI, Parisiis 1891/92.]

16. (zu S. 129)

Wichtig der [...] Satz für die Auffassung von Aristoteles' Kritik gegenüber den Eleaten. Hier bringt er die Problemstellung der Eleaten überhaupt erst in die Sphäre, wo sie für ihn möglicher Gegenstand einer Kritik wird: 184 b 22: [...]

Von hier geht Aristoteles zur Kritik der Eleaten über. Nachher zeigt er, daß sie durch ihre Gegenstandssphäre den Grundansatz überhaupt verfehlen. Trotzdem *sachlich* von Nutzen, sich mit ihnen auseinanderzusetzen.

17. (zu S. 132)

Ἐπαγωγή; mit ›Induktion‹ kommt falsche Vorstellung herein, weil Gegensatz zur sicheren Deduktion; das hier nicht gemeint. Simplicius hat noch besser verstanden als die späteren Interpretatoren; er sagt: diese ὑπόθεσις, daß Bewegung der Grundcharakter der φύσις ist, ist nicht ein beliebiger Ansatz (θέσις) und auch nicht gegen die natürliche Meinung, und sie führt nichts ein, was ohne mögliche Ausweisbarkeit ist, und sie hat nicht ihre Gegründetheit etwa dadurch, daß sie gegenteilige Meinungen zur Lösung bringt, sondern das, was sie gibt, ist aus der ἐπαγωγή vertraut; denn wir sehen viele von den Gegenständen, die in der Weise der φύσις sind, im *Wiesein der Bewegung.*[15] (Cf. Physik[16], VIII. Buch, wo Aristoteles diese Probleme noch mal präzis formuliert.)

18. (zu S. 133)

Also stellt Aristoteles nicht die ganze Lehre der Eleaten, was sie gesagt haben, dar. Insofern haben die Philologen recht (Bonitz[17]

[15] [Simpl. in Phys. (ed. Diels) 53, 12–14.]

[16] [In der Nachschrift steht versehentlich »Metaphysik« statt »Physik«.]

[17] [Hermann Bonitz, Aristotelische Studien IV. In: Sitzungsberichte der Kaiserlichen Akademie der Wissenschaften, Wien. Philosophisch-historische Klasse. Bd. LII, 4 (1866), S. 347–423, bes. S. 391 (Nachdruck in: ders., Aristotelische Studien. Fünf Teile in einem Band. Hildesheim: Olms 1969, S. 240–316, bes. S. 284).]

u. a.), daß er die Eleaten nicht richtig darstellt. Aber daß er ihnen leicht etwas unterschiebt, stimmt *nicht.* Man hat immer übersehen, daß Aristoteles sich mit den Eleaten überhaupt nicht deshalb beschäftigt, um sie zu kritisieren, sondern nur insofern sie sachlich einen richtigen Ansatz haben und die Auseinandersetzung mit ihnen sachlich weiterführen kann, etwas Positives zur Frage der Bestimmung des Sinnes der ἀρχή beitragen kann.

19. (zu S. 134)

185 a 20 – b 5 und b 5 – 186 a 3: *Innere* Gliederung: Die eleatische These lautet: *ἓν τὰ πάντα* oder *ἓν τὸ ὄν*. Aristoteles setzt so ein: Welchen Sinn hat der Begriff *ὄν* in der eleatischen These *(a 20 – b 5)*? Nach der Bedeutung des *ἕν* wird gefragt *b 5 – 186 a 3*. Diese zwei Abschnitte das Kernstück, Aristoteles' eigene Problematik hier ersichtlich.

20. (zu S. 137)

Mithaben (ein im gegenständlichen Was selbst gegründetes Wiesein; die Bestimmungen sind so, daß sie sich *unter sich haben*; συνεχές spielt bei Analyse der κίνησις eine Rolle; mathematische Vorstellungen des Kontinuierlichen *ganz beiseite* zu lassen. Es ist als etwas, das immer etwas *mit* hat).

21. (zu S. 140)

Nächster Satz textlich unklar, 185 b 32 sqq.: πολλὰ δὲ τὰ ὄντα... Die Schwierigkeit in dem τῷ δ' αὐτῷ ἄμφω. Bonitz[18] nach Hand-

[18] [Hermann Bonitz, Aristotelische Studien I. In: Sitzungsberichte der Kaiserlichen Akademie der Wissenschaften, Wien. Philosophisch-historische Klasse. Bd. XXXIX, 2 (1862), S. 183–280; hier S. 186 (Nachdruck in: ders., Aristotelische Studien. Fünf Teile in einem Band, a.a.O., S. 1–98; hier S. 4).]

schrift E hat τὸ δὲ αὐτὸ; aber auch keine Lösung. Die Unsicherheit des Textes Zeichen für Schwierigkeit des Gedankenzusammenhanges. – Das Seiende ist nicht einhaft, sondern vielfältig, sowohl hinsichtlich der Vermeintheit, so z. B. ist es ein anderes das Weißsein und das Gebildetsein. (Das sind also zwei verschiedene Seiende, sofern das *Was*-sein jedes Mal ein verschiedenes ist. Mit dem Dativ wird ausgedrückt, daß dieses Sein eine bestimmte kategoriale Struktur hat, nämlich den Seinssinn des Zukommens von etwas zu etwas.) »Beide kommen demselben zu.« (Weiß und gebildet wird ausgesagt von demselben Menschen.) (In dieser Auffassung kommt aber *die* eigentliche Spitze des Gedankens nicht heraus, nämlich daß das τῷ εἶναι beidemal identisch dasselbe ist. Von diesem *sachlichen* Zusammenhang her möchte Heidegger nicht Bonitz Codex E folgen, sondern τῷ δὲ τούτῳ (εἶναι) ταὐτὸ ἄμφω setzen: *Beide sind aber dasselbe in dem Ein-Dieses-Sein.* Dieses ist der eigentümliche Charakter des Kategorialen, daß es – identisch dasselbe – eine Mannigfaltigkeit bestimmt. Dieses hat Aristoteles immer Schwierigkeiten gemacht. Nie gelöst, weder von ihm, noch weniger später.) [...]

(Ursprünglich wollte Heidegger so auffassen, mit Text E, aber doch anderen *Sinn* als Bonitz: ἄλλο τὸ λευκῷ καὶ μουσικῷ gegenüber dem τὸ δὲ αὐτὸ. So zwar sprachliche Härte, aber scharfer Sinn, der zu dem ganzen Vorherigen stimmt. »Ein anderes wäre zwar eines (das Weiß- und Gebildetsein), ein anderes das ›Das-Selbige-Sein‹.« Heidegger selbst kann diese Stelle nicht endgültig entscheidend interpretieren. (Später doch seine [obige] Vermutung als stringent erwiesen angesehen. Cf. S. 172/173 der Interpretation[19]))

22. (zu S. 146)

»Aber derlei hat Parmenides noch nicht gesehen.« [Phys. A 3, 186 a 31 sq.] (Seine ontologische Artikulierung bewegt sich auf einer

[19] [Im vorliegenden Band § 26 e, S. 245, Anm. 15.]

primitiven und doch wieder nicht primitiven Sphäre, im Prinzip in jeder Hinsicht verfehlt.) (Das eleatische Sein ist *nicht* das Sein im Sinne der objektiven modernen Naturwissenschaft. Der richtige Kern der Marburger nur, daß die alten Philosophen sich wirklich etwas gedacht haben!)

186 a 32 – b 35. Die Unterscheidung zwischen τὸ εἶναι λευκῷ und τὸ εἶναι δεδεγμένῳ [a 29] nun weiter schärfer gefaßt und die kategorialen Zusammenhänge herausgestellt, die es ermöglichen, daß das Seiende eine Struktur hat im Sinne der ἀρχή, des Woraus.

(186 a 32 – b 35 näher lesen. Problem des λόγος kommt hier als λόγος ὁρισμός zur Sprache. Metaphysik V (Δ) 30, 1025 a 14 sqq. über συμβεβηκός.)

Die Stelle: ἀλλὰ τοῦτο Παρμενίδης οὔπω συνεώρα [186 a 31 sq.] zeigt, daß es darauf ankommt, etwas zu *sehen*, im Blick haben (nicht auf logische Deduktion); was das ist, was Parmenides nicht sah, ist der *λόγος*, obgleich er vom νοεῖν sprach. (»Dasselbe ist Sein und Denken.«[20]) Trotzdem hat er keinen Versuch gemacht, das νοεῖν wirklich zu untersuchen.

Simplicius[21] sagt: Aristoteles setzt voraus, daß das Wie-Sein des Mithaften (συμβεβηκός) einzig den Seinssinn verträte und zeigt nun, daß das Sein nicht eines sein kann, sofern eine solche Prädikation überhaupt einen Sinn hat. Simplicius legt das nun weiter dar und sagt zum Schluß [122, 20 sqq.]: Deshalb sprechen wir dasjenige, mit dem das Weißsein mitseiend gesetzt ist, als ein Weißes an. Dieses Etwas wird auch ein Sein haben. Dann müßte es aber sein ein Seiendes und ein Nichtseiendes (nach der Voraussetzung). Das aber ist ἄτοπον. Deshalb ist es unmöglich, daß das Sein einzig durch den Seinssinn des Mithaften vertreten ist. Zugleich ist es unangebracht, in dieser Weise berühmte Männer anschwärzen zu wollen, als sei ihnen unbekannt gewesen, daß das Mithafte ... ein Anderes ... *ist*. (Aber den Eleaten war die ganze Problemsphäre des συμβεβηκός unbekannt. Die Seinsproblematik

[20] [Parmenides, Frgm. 5 nach Diels, 3./4. Aufl. (Frgm. 3 nach Diels/Kranz, 6. Aufl.); s. oben § 25, S. 214 f., Anm. 7.]

[21] [Simpl. in Phys. (ed. Diels) 122, 7 sqq.]

bedarf einer ganz bestimmten Fundierung. Aristoteles will den Eleaten nichts unterschieben, sondern nur zeigen, daß die Eleaten *keine* Seite des ontologischen Problems gesehen haben. Beweis dafür, daß er ihnen nichts wirklich unterschieben will, ist, daß er nachher gerade die entgegengesetzte Voraussetzung macht: daß das eigentliche Sein *nur* dem ὅπερ ὄν zukäme. Τὸ ὅπερ ὄν und τὸ ὅπερ ἕν ist eigentümlich aristotelisch; Simplicius sagt, es geht auf Platos αὐτὸ ὄν zurück und meint dasselbe. Simplicius deutet es als das κυρίως ὄν und auf die οὐσία.[22] Es hat für sich Sein und ist Grund für alles andere Sein. Diese Auffassung ist neuplatonisch-metaphysisch und schon gar nicht mehr ontologisch-aristotelisch. Sie zieht sich durch den ganzen Commentar des Simplicius durch, der also genau so historisch ist wie z. B. Thomas v. Aquin. Noch heute ist Aristoteles wesentlich in der neuplatonisch-mittelalterlichen Auffassung zum Thema gemacht.

23. (zu S. 149)

Nun Formulierung des συμβεβηκός, viel schärfer als Met. V, 30; dort aber formal weite Fassung, wie *dort* überhaupt immer formal ganz weite Fassung. Zeigt auf einen bestimmten Sinn des Formal-Logischen bei Aristoteles, der sonst nicht in der griechischen Philosophie zu finden ist.

24. (zu S. 149)

[Phys. A 3, 186 b 18 sqq.:] »Mithaftigkeit fungiert in der Rede folgendermaßen (λέγεται hat den Logossinn): 1. *Mithaft ist, was* die *Eignung* hat, zuständig zu sein zu etwas und nicht zuständig zu sein.« (Also hier wird das συμβεβηκός und die Bestimmung des

[22] [Vgl. Simpl. in Phys. 122, 25 sqq.; vgl. auch 137, 29 sq.]

ὑπάρχειν gebraucht, noch nicht als Zugehören des Prädikats zum Subjekt, sondern in ganz weitem Sinne als Zuständigkeit einer kategorialen Bestimmung zur anderen.) »Mithaftigkeit ist nun aber nicht selbst diese Zuständigkeit, sondern die Eignung, das Kann, das *ἐνδέχεται* [unübersetzbar], zuständig zu sein oder nicht. 2. Das, in dessen Angesprochensein mit zusteht das, womit es mithaft ist. 3. Das, in dem mit dasteht das *Ansprechen* dessen, *mit* dem es als angesprochen ansprechbar ist.«

(2. und 3. ist nicht etwa dasselbe; bestimmte Sinnverschiebung, die gerade charakteristisch ist für das Phänomen des Mithaften selbst.)

25. (zu S. 155)

(τὰ ἄλλα [= τἆλλα] 187 a 15, auch 187 a 23, merkwürdiger Terminus: das Gegenständliche, *für* das, auf das hin die ἀρχή gesetzt ist. Wichtig, weil ja das Andere für die ἀρχή-Bestimmung das Erstgegebene ist. Zu beachten, daß Aristoteles von dem Gegensatz ἀρχή und τὰ ἄλλα bei der Kritik der Eleaten noch gar nicht sprach, weil diese den Ansatz des Problems der ἀρχή verfehlten und also diesen Gegensatz nicht sehen konnten.)

26. (zu S. 171)

Durch das Helle das Dunkle zu klären. (Das ist alter Grundsatz der Hermeneutik: das Dunkle ins Helle zu stellen.) Ausbildung einer solchen Lage, von der aus verstanden wird, zwar schwer zu bewerkstelligen; denn sie bedeutet Ausbildung der konkreten Forschung der Philosophie selbst. – Vom Hellen aus das Dunkle bestimmen – dieser Gesichtspunkt von *Luther* wieder in Exegese eingeführt, selbst angeregt durch Paulus (gegenüber Altem Testament), und Patristik übte das in der antiochäischen und alexandrinischen Schule. (Dilthey stellt das merkwürdigerweise nicht klar in ...[23] und der »Einleitung in die Geisteswissenschaften«[24], obwohl er es gesehen haben muß.) In Edessa und Nisibis konstituierte sich die antiochäische Schule, auf Nestorianismus fußend, die für Exegese entscheidend, auf *Aristoteles' Rhetorik* fußend. Hat sich wissenschaftlich ausgebildet in der Auseinandersetzung mit den Alexandrinern (Clemens und Origenes). Gehen zum Teil zurück auf die Exegese, wie sie Philo[25] ausgebildet hat. Von der antiochäischen Schule gingen aus die »Instituta [regularia divinae legis]« des [Junilius] Africanus (übergegangen in Mittelalter – Luther).

27. (zu S. 185)

Solche Bewegtheiten sind die Vorhabe und der Vorgriff. Die *Vorhabe* ist die Bewegtheit des Umgangs, in der das zu untersuchende Gebiet – nicht nur in Bereitschaft gestellt, sondern in Vollzug – in dieser Bereitschaftstellung selbst ausgebildet wird. Der *Vorgriff* dadurch charakterisiert, daß er in eigentümlicher Weise mit dem Kategorialen zusammenhängt.

[23] [Auslassungspunkte bzw. Strich in der Nachschrift; möglicherweise gemeint: Wilhelm Dilthey, Das natürliche System der Geisteswissenschaften. In: ders., Weltanschauung und Analyse des Menschen seit Renaisance und Reformation. (Gesammelte Schriften. Bd. II). Leipzig/Berlin: Teubner 1914 (2. Aufl. von 1921 und weitere Aufl. unverändert), S. 90–245, bes. S. 115 ff.; vgl. auch Dilthey, Die Entstehung der Hermeneutik. In: Philosophische Abhandlungen. Christoph Sigwart zu seinem siebzigsten Geburtstage 28. März 1900 gewidmet von Benno Erdmann (u. a.). Tübingen: Mohr Siebeck 1900, S. 185–202 (Wiederabdruck in: ders., Die geistige Welt. Einleitung in die Philosophie des Lebens. Erste Hälfte. (Gesammelte Schriften. Bd. V). Leipzig/Berlin: Teubner 1924, S. 317–331).]

[24] [Wilhelm Dilthey, Einleitung in die Geisteswissenschaften. Versuch einer Grundlegung für das Studium der Gesellschaft und der Geschichte. Leipzig: Duncker & Humblot 1883 (ab der 2. Aufl. von 1923 als Bd. I von Wilhelm Diltheys »Gesammelten Schriften«).]

[25] [Philo von Alexandrien (Philo Alexandrinus oder Philo Judaeus) (20/10 v. Chr. – 45 (?) n. Chr.). Philos Exegese (allegorische Schriftauslegung) übte einen nachhaltigen Einfluß u. a. auf (Titus Flavius) Clemens von Alexandrien (um 150 – 215), Origenes (um 185/186 – um 253/254) und Augustinus (354 – 430) aus.]

Vorhabe und Vorgriff ist *nicht* zu identifizieren mit Inhalt und Form, welches Gegensatzpaar auf alles und jedes anwendbar. Es sind hier nicht zwei Entitäten anzunehmen. Vorhabe und Vorgriff sind lediglich Anzeigen für die Forschung, wobei noch nicht ausgemacht ist, wie weit sie dort wirklich antreffbar. Mit dem Begriffspaar ›Inhalt und Form‹ ist gar nichts wirklich auszumachen; meist dort gebraucht, wo schon andere die Sache gemacht haben und man selbst das System daranbaut. *Sachlich* sind sie außerstande, an eine wirkliche Forschung zu gehen. Nur scheinbar kann dieser Gegensatz als formal-allgemeiner angesehen werden. Er hat seine Genesis in der griechischen Philosophie, dort aber seinen eigenen ganz bestimmten Sinn.

28. (zu S. 186)

Die Kritik macht die Ansatzphase der ἀρχή-Forschung aus. Sie hat einen positiven Sinn und leistet eine Arbeit, die auf gar keinem anderen Wege zu bewerkstelligen ist. Für den Stand einer Forschung, hinsichtlich ihrer inneren Verfassung (nicht hinsichtlich ihrer Erfolge), ist bezeichnend ihr Verhältnis zur Kritik. In der heutigen wissenschaftlichen Forschung haben wir weder Fähigkeit zur Ausbildung noch Empfänglichkeit für Kritik. Standpunkte sind von vornherein *außer* Kritik gestellt heutzutage. So wird einem zugemutet, bei Belassung des Standpunktes an sekundären Momenten herumzukritisieren. Idee der wissenschaftlichen Auseinandersetzung und Forschung ist nicht lebendig, ist ganz verlorengegangen. Jeder baut für sich irgend etwas. Freilich ist eine wissenschaftliche prinzipielle Kritik nicht von heute auf morgen zu schaffen. Erst allmählich kann Fähigkeit und Empfänglichkeit, sie auszubilden, entstehen. Aufgabe unserer Generation. Max Webers unangebrachte Scheidung zwischen Wertung und Sachlichkeit hat schweren Schaden gestiftet für die Philosophie; selbst in sich unklar.

29. (zu S. 186)

Die Lehrmeinung muß irgendwie das besagte Gegenstandsgebiet der Forschung im Auge haben und behalten. Dieses Gegenstandsgebiet ist charakterisiert als τὸ κινούμενον oder τὰ φύσει ὄντα (das, was ist in der Weise der Natur). Diese Grundauffassung von den Eleaten hat Aristoteles, daß sie als eigentliches Gegenstandsgebiet die Natur meinen. Wichtig, dies im Auge zu behalten, gerade gegenüber den Marburgern. Die eleatische These steht von vornherein in dem Forschungszusammenhang, den Aristoteles im Auge hat. Dafür ist wichtig, die anderen Stellen heranzuziehen, wo Aristoteles von Eleaten spricht. So: Metaph. I, 3 oder Περὶ οὐρανοῦ III, 1. Frage nach dem eigentlichen Sein der φύσις. Kommt da wieder als wichtigste ältere Forscher auf Eleaten: [Περὶ οὐρανοῦ/De coelo] III, 1, 298 b 12–24: οἱ μὲν οὖν πρότερον *φιλοσοφήσαντες περὶ τῆς ἀληθείας* ... (derselbe Ausdruck Metaph. A 3, 983 b: φιλοσοφεῖν περὶ τῆς ἀληθείας [vgl. b 2 sq.]). »Diejenigen, die früher sich bemühten um hinsehendes eigentliches Verstehen, im Felde dessen, *was jeglicher Verborgenheit bar ist* [Wahrheitsbegriff keine Beziehung zur Übereinstimmung von Urteil und Sein, sondern zur Aufhellung. Das Sein selbst, das ist in der Charakterisierung des *Nicht-mehr-in-Verborgenheit-Seins.* Dies festzuhalten gegenüber dem ὂν ὡς ἀληθὲς καὶ ψεῦδος. Nach ihrem Sinncharakter ganz verschiedenen Ursprungs.], stimmten weder überein mit den Bestimmungen, die wir jetzt geben, noch waren sie einig unter sich.«

30. (zu S. 189)

Die Bewegtheiten innerhalb der Kritik, die wir als Vorhabe und Vorgriff kennzeichneten, sind nicht formalistisch aufzufassen. Vorhabe und Vorgriff sind bedeutungsmäßige Ausdrücke [?] voller Phänomene. Selbst innerhalb des Zusammenhangs der Forschung ihre bestimmte Weise des Beziehens. Vorhabe: eine bestimmte Weise des Habens und Behaltens des Gegenstandsfeldes. Vorgriff analog bei seiner ganz anderen Struktur. Beide haben ihre Herkunft aus dem faktischen Umgang, aus dem Vortheoretischen.

Der Zusammenhang zwischen Vorgriff und Vorhabe nicht formalistisch (wie bei Inhalt und Form), sondern ein solcher der Bewegtheit, die ihrerseits von den Bewegtheiten der Vorhabe und des Vorgriffs bestimmt wird.

Eleaten haben φύσις zum Gegenstand. Φύσις ganz weiter Begriff, Grundgegensatz: νόμος = Satzung = gewöhnliche Meinung des faktischen Lebens. Φύσις also in einem Grundgegensatz zum Meinen des faktischen Lebens.

31. (zu S. 192)

Nur in der ἐπαγωγή ist die Vorhabe (Seiendes im Charakter der Bewegung) selbst gesichert; sie ist nicht Ergebnis einer theoretischen Überlegung oder bloße hypothetische Annahme. Marburger interpretieren ὑπόθεσις verkehrt; sie ist nicht logische Ansetzung, sondern ursprüngliche Weise des anschaulichen Zugehens auf ein Gegenstandsfeld selbst, also etwas, was die Marburger überhaupt nicht als philosophisch relevant ansehen.

32. (zu S. 199)

Es ist nicht zufällig, daß die Phänomenologie mit Bedeutungsanalysen eingesetzt hat, mit dem Aufweis von Äquivokationen. Aber die Berechtigung und Notwendigkeit dieses Aufweises selbst ist nicht prinzipiell formuliert worden. So entsteht die oberflächliche Ansicht von der Phänomenologie als wichtiger *Vor*wissenschaft.

33. (zu S. 201)

Melissos sagt: Das Sein ist ἄπειρον. Damit zeigt er, daß das Sein im Wie des ποσόν steht. Hier der Ausdruck ›ἐν ποσῷ‹ [Phys. A 2, 185 a 34]; noch heute gebraucht: etwas steht *in der* Kategorie, *in der* kategorialen Bestimmung. Die griechische Philosophie hat sich bemüht, diese rohe Anschauung zu größerer Bestimmtheit zu führen; das hat zu schärferer logischer Bestimmung geführt, z. B. bei Plotin.

[...] Vermutlich schon bei Theophrast Fortschritte bezüglich des Kategorienproblems im unmittelbaren Anschluß an Aristoteles ([Theophrast:] Περὶ καταφάσεως καὶ ἀποφάσεως[26]).

34. (zu S. 202)

Simplicius [in Phys. (ed. Diels) 75, 30 sqq.] sagt: »Aristoteles [ge][27]braucht das καθ' ὑποκειμένου nicht in der Bedeutung des καθόλου [nicht das Einzelne unter einem Allgemeinen; das ist neuplatonisch ausgelegt], sondern er gebraucht es in Stellvertretung von ἐν ὑποκειμένῳ. Das, was eines anderen bedarf, um zu sein[28] [geläufige neuplatonische Wendung; später bei Descartes und Spinoza anzutreffen], das pflegt er als καθ' ὑποκειμένου anzusprechen.«

35. (zu S. 226)

Mit dem in der Parmenideischen Lebens- und Welterhellung gegebenen *Grenzübergang* ist *der Grundsinn von Sein aus- und vorgebildet, der das Schicksal aller weiteren Ontologie* und die

26 [Vgl. C(arl) Prantl, Geschichte der Logik im Abendlande. Bd. I. Leipzig: Hirzel 1855, S. 349 ff.; Heinrich Maier, Die Syllogistik des Aristoteles. Tübingen: Laupp 1896–1900, Teil II/1.]

27 [Erg. d. Hg.]

28 τὰ μὴ καθ' αὑτὰ ὄντα ἀλλ' ἑτέρου πρὸς τὸ εἶναι δεόμενα [Simpl. 76, 1 sq.].

Grundhaltung ihrer Forschung bestimmt: Sein als Dasein und als solches Was-Sein im Zugang des νοεῖν im hinsehenden Vermeinen (νοεῖν hat immer diese Doppelheit des Vermeinens und Seins) und des entsprechenden Ansprechens.

Nicht nur Parmenides, sondern auch Hegel konnte von dieser Basis nicht mehr zurück.

Man darf nicht auf Grund von erkenntnistheoretischen Unterscheidungen zur Entscheidung bringen, ob der Aussehenscharakter etwas vom Subjekt Hinzugebrachtes oder nicht ist. Alle diese Unterscheidungen selbst in sich fraglich; stammen letztlich aus der griechischen Philosophie; kommen grundsätzlich für eine Interpretation des hier vorliegenden Phänomenzusammenhangs nicht in Betracht. (Natorp meint, daß Parmenides hier schon die Idee des reinen Seins der Naturwissenschaft gesehen habe!) Es zeigt sich hier der Anspruchscharakter selbst, in dem das Sein selbst spricht, gewissermaßen von sich aus, ohne eine von ihm ausgehende Rücksicht.

Ergänzendes zum Phänomen des Grenzübergangs: Solche Verfehlungen *können nicht revidiert werden;* sie liegen *grundsätzlich in jeder Philosophie und jeder Wissenschaft;* sie müssen *angeeignet werden* und in den Gang der Forschung *mit eingestellt* werden. *Nur so zu überwinden.*

36. (zu S. 230)

Durch Parmenides die *erste Rücksichtsentdeckung* gemacht: Das Sein ist da; es ist. Radikal und konsequent ist das hinsehende Vermeinen (νοεῖν) von Parmenides selbst als Sein am Sein angesprochen. Das νοεῖν ist am Sein. Es *ist.*

Eine bestimmte Hinsicht desjenigen Hinsehens motiviert, das Gegenständliches wie *Leben, Seelisches, Geistiges* zur Erhellung bringt. *Leben, Seelisches, Geistiges* durch Parmenides *für alle Zeit als Worauf des νοεῖν vorgebildet.* Sofern die Griechen diesen Zusammenhang des νοῦς, ψυχή, ζωή etc. im Blick haben, ist damit niemals Ich, Subjekt, Bewußtsein gemeint. Seelisch-Geistiges untersteht denselben Anspruchsmöglichkeiten wie das Seiende der φύσις. Aber darum ist die griechische Philosophie nicht Naturalismus oder Psychologismus. Das ist sie genausowenig wie sie Erkenntnistheorie ist. Alle diese Bestimmungen treffen nicht auf die griechische Philosophie zu. Der Mensch selbst ist φύσει und die über ihn aussagbare Grundbestimmung ist: *er ist selbst eine ἀρχή. Die ψυχή wird angesprochen als ἐντελέχεια πρώτη*, steht also *im Grundzusammenhang der κίνησις.*

Der ursprüngliche Ansprechenssinn und seine Rücksichten etc. sind weit radikaler und ursprünglicher als alle mittelalterlichen und gar erst neuzeitlichen. Denn der aus dem cogito, Ich, Seele entspringende Ansprechenssinn ist kein ursprünglich geschöpfter. Descartes grundsätzlich *unkritisch*, weil er mit übernommenen Kategorien, die seinem Gegenstandsfeld nicht entsprechen, arbeitet. (Für das Angesprochene sind schon bei Augustinus die Anspruchsmöglichkeiten *nicht* ursprünglich geschöpft – sind zugetragen, inadäquat.) Damit arbeitet die ganze neuzeitliche Philosophie mit einem gefährlichen Grenzübergang. Sie ist wesentlich *traditionell.* Die Kulmination des Grenzübergangs in der Hegelschen Logik, die ganz griechisch und doch pseudogriechisch ist. Das ist keine bloße Frage der Sauberkeit. Das zu glauben, ist selbst Verkennung des Seins des Historischen und der Bedeutung, die eine Kategorie in der Geistesgeschichte hat. Das Aufbrechen einer neuen religiösen Stellung durch Luther hängt an einer Kategorie. Daß die nachgriechische Philosophie geistesgeschichtlich-kulturell gewirkt hat, ist kein Argument *für*, sondern *gegen* sie. Die geistesgeschichtliche Wirkung des Plato und Aristoteles ist *ganz unvergleichbar.*

Spenglers ganze Konstruktion, sein Gegensatz zwischen griechischem und faustischem Menschen[29] ist eine der üblichen

[29] [Oswald Spengler, Der Untergang des Abendlandes. Bd. I. Wien/Leipzig: Braumüller 1918 (München: Beck ^{2}1920), Kap. VI und Bd. II. München: Beck 1922, Kap. V, 6. Heidegger hielt am 14. April 1920 in Wiesbaden einen Vortrag über Spenglers Werk (s. Anhang I, Beilage Nr. 11, S. 277, Anm. 18).]

Oberflächlichkeiten, obwohl er für die Erfassung des griechischen Wesens nach einer anderen Hinsicht wertvolle Anregungen gegeben hat.

Griechische Philosophie nicht etwa eine Logik der Dinge, die durch Logik der Funktionen ersetzt werden müßte (Marburg). Die griechische Philosophie hat einen nie wieder erreichten Reichtum.

37. (zu S. 233)

Die Logik der Philosophie muß wie die griechische Logik grundsätzlich *produktive* Logik sein, und nicht Logik post festum und Geschwätz.

Auch Lasks Logik grundsätzlich leer; sie ist grundsätzlich auch post festum und hat nicht einmal das ›Fest‹. Eigentümliche Kalamität. Sie hat nichts von irgendeinem Ergebnis. Die Idee der Logik der Wissenschaften ist, weil eine formale Überlegung, auf die Philosophie übertragen. (Die Logik der Philosophie arbeitet im zweiten Stockwerk!)

Die Logik der Philosophie ist die Weise der Besinnung, die mit jedem forschenden Schritt und jeder Explikation der Phänomene selbst mitgeht.

Überschärfung der Fragestellung war notwendig, d. h. die Frage so zu stellen, daß Fragerichtungen herauskommen, die in der Logik noch *nicht* da sind, um dadurch von dem Unentwickelten selbst her es in seiner Unentwickeltheit zu sehen.

Bei Parmenides noch keine Ontologie, aber Ansatz zu *einer* Ontologie, wobei zwei Verfehlungen anzutreffen, die nur bei ständiger Eigenkritik des Vollzugs zu vermeiden. Bei Parmenides darf man nicht nach den Woraus fragen. Was überhaupt ist, ist das *Sein*.

Dieser ursprüngliche Seinsgehalt des Parmenides (Das Sein ist) darf nicht mit modernen ontologischen oder erkenntnistheoretischen Lehren verwechselt werden. Die Leere im Parmenideischen Seinsbegriff darf nicht verwechselt werden mit der Weite und Unbestimmtheit des formallogischen Etwas. Der Seinsbegriff des Parmenides ist aformal und amaterial. *Das Dasein bestimmt den Sinn des Ist.*

Wir müssen jetzt die ursprünglich eingesetzten Fragebestimmungen als Überschärfung zurücknehmen.

Jetzt schärfere Orientierung gewonnen. Hermeneutische Situation bildet sich nur aus im hermeneutischen Vollzuge. Nun aber der phänomenale Horizont neu auszubilden, in den die aristotelischen Explikationen hineinzusetzen sind.

38. (zu S. 235)

Das Worauf des Hinsehens in der kritischen Erörterung ist der λόγος. Ihn expliziert Aristoteles, und zwar in einer Problemstellung, die ontologisch ist, auf das Sein abzielt. Aristoteles hat im Blick und als Thema das Sein, und gibt vor ein Seiendes und seine Mannigfaltigkeit. Die kritischen Entscheidungen fallen im Hinblick auf den λόγος als solchen. Jetzt tritt zutage: er hat dabei lediglich im Auge das *λέγειν*. Für Parmenides wäre eine solche Betrachtung unerfindlich. Zwar auch bei ihm Bestimmungsmöglichkeiten. *Aber:* Was bei ihm über Bestimmungsmöglichkeiten verfügt, ist das *Dasein* als solches. Bei Aristoteles ganz anders. Dazwischen liegt Plato, der sich in »Sophist« und »Parmenides« in diese Sphäre begibt, aber das, was Aristoteles gibt, noch nicht hat.

Man könnte im Zweifel sein, ob der λόγος bei Aristoteles der eigentliche Gegenstand ist oder die Bezeichnung für einen Seinsbereich vom selben Charakter wie die φύσει ὄντα. So könnte es also sein, daß es zu scharf ist, zu sagen: Aristoteles hat den λόγος im Blickfeld, Aristoteles sieht den λόγος, aber die eigentümliche Gegenständlichkeit, die im λέγειν liegt, stellt er nicht ausdrücklich heraus. Es muß *der eigentümliche Seinscharakter herausge-*

stellt werden, in dem der λόγος gesehen ist. Nur von da Zugang zum Verständnis der griechischen Logik.

Zunächst möchten wir jetzt aus dem Textzusammenhang erhellen, ob der λόγος im Blickfeld steht. Auf Grund dieser konkreten Vergegenwärtigung ist auszumachen, warum gerade diese so bestimmte Forschungsaufgabe (ἀρχαί) in ihrer Einsatzphase vom λόγος spricht. Es wird so verständlich, warum Aristoteles' Kritik des Parmenides die Konstitution der Physik als Wissenschaft bedeutet. (Kritik des Parmenides *positiv*, nicht nur gute und anständige Gewohnheit, seine Vorgänger ernst zu nehmen!)

ANHANG III

PHÄNOMENOLOGISCHE INTERPRETATIONEN ZU ARISTOTELES (ANZEIGE DER HERMENEUTISCHEN SITUATION)

Ausarbeitung für die Marburger und die Göttinger Philosophische Fakultät (Herbst 1922)

A. TEXT DES TYPOSKRIPTS MIT DEN HANDSCHRIFTLICHEN ZUSÄTZEN UND RANDBEMERKUNGEN

Das Leben wird einen Weg finden,
auch aus dieser Kritik sich zur Phrase zu retten.[1]

Zu Einleitung[2]

Jede Auslegung hat je nach Sachfeld und Erkenntnisanspruch
1. ihren bestimmt erwachsenen, mehr oder minder ausdrücklich zugeeigneten und verfestigten *Blickstand.*
2. ihre *Blickhabe.*
3. ihre *Blickbahn.*

Der *Blickstand* umgreift das, ›von wo aus‹ die Auslegung sich vollzieht, d. h. die jeweilige Daseinsweise der Lebenssituation, in der sich die Auslegung motiviert.

Die *Blickhabe* betrifft die sachhaltige Vorbestimmtheit dessen, was thematisch für die Auslegung ergriffen ist: das ›Als Was‹, in dem im vorhinein der Gegenstand steht.

Die *Blickbahn* – der gegenständliche Zusammenhang, auf *den hin* der thematische Gegenstand ausgelegt wird, das, *woraufhin* er, in der entscheidend ansetzenden Interpretationsfrage, abgehört wird – was demnach die Bahn des interpretierenden Bestimmens vorzeichnet.

Nur soweit eine Auslegung nach diesen Hinsichten bestimmt und als solche ergriffen wird, ist die in ihr erwachsende Gegenstandsaneignung eine ›sachliche‹. Diese Blick-stand, -habe und -bahn ausbildende Klärung der Auslegung bringt sie [in] Stand und Halt, d. h. in eine ausdrücklich ergriffene Situation. Die Auslegungssituation ist hermeneutisch durchsichtig. Die Hermeneutik jeder konkreten Auslegungssituation, d. h. jeder historischen

[1] [Das Motto ist ein handschriftlicher Zusatz auf S. 1 des Typoskripts nach der Hauptüberschrift.]

[2] [Handschriftliches Vorblatt, vermutlich nachträglich verfaßt aus dem Rückblick auf das Ganze des Textes.]

Geisteswissenschaft, ist keine Sache nachhinkenden, leeren philosophischen Reflektierens, sondern gehört mit zum eigensten Vollzug der jeweiligen Interpretation selbst. In ihr entscheidet sich das Ausmaß der Möglichkeiten des Zugehens auf und des Umgehens mit dem thematischen Gegenstand.

*

Der folgende Entwurf bewegt sich auf einer ›mittleren Linie‹, d.h. aus dem Geläufigen bestimmter phänomenologischer Fragestellung her zeigt er eine ursprünglichere an.

Nicht dagegen ist – *um überhaupt ein Verständnis zu erzielen* – der Sachgehalt der verarbeiteten Untersuchungen, wie es sich eigentlich ›gehört‹, aus der ursprünglichen Problematik der Faktizität rein exponiert.[3]

Anzeige der hermeneutischen Situation[1]

Die folgenden Untersuchungen dienen einer Geschichte der Ontologie und Logik. Als *Interpretationen* stehen sie unter bestimmten Bedingungen des Auslegens und Verstehens. Der Sachgehalt jeder Interpretation[2], das ist der thematische Gegenstand im Wie seines Ausgelegtseins, vermag nur dann angemessen für sich selbst zu sprechen, wenn die jeweilige hermeneutische Situation, auf die jede Interpretation relativ ist, als genügend deutlich ausgezeichnet verfügbar gemacht wird.

Jede Auslegung hat je nach Sachfeld und Erkenntnisanspruch 1. ihren mehr oder minder ausdrücklich zugeeigneten und verfe-

[3] [Beide Absätze handschriftlicher Zusatz auf dem oberen Blattrand der S. 1 des Typoskripts.]

[1] [Beginn der maschinenschriftlichen Fassung des Typoskripts.]

[2] [Handschriftlicher Zusatz auf dem linken Blattrand:] Seinscharakter der Interpretation! – Zeitigt das *So*sein – Wie. [Interpretation] ist: historisch*sein* schon ergriffenhaben!

stigten *Blickstand*,[3] 2. eine hieraus motivierte *Blickrichtung*, in der sich bestimmt das ›als was‹, in dem der Interpretationsgegenstand vorgrifflich genommen und das ›woraufhin‹, auf das er ausgelegt werden soll, 3. eine mit Blickstand und Blickrichtung ausgegrenzte *Sichtweite*, innerhalb deren der jeweilige Objektivitätsanspruch der Interpretation sich bewegt. Soweit als die Situation, *in* der und *für* die sich eine Auslegung zeitigt, nach den besagten Hinsichten erhellt wird, ist der mögliche Auslegungs- und Verstehensvollzug und die darin erwachsende Gegenstandsaneignung durchsichtig. Die jeweilige Hermeneutik der Situation hat deren Durchsichtigkeit auszubilden und sie als hermeneutische mit in den Ansatz der Interpretation zu bringen.[4]

Die Situation der Auslegung, als der verstehenden Aneignung des Vergangenen, ist immer solche einer lebendigen Gegenwart. Die Geschichte selbst, als im Verstehen zugeeignete Vergangenheit, wächst hinsichtlich ihrer Erfaßbarkeit mit der Ursprünglichkeit der entscheidenden Wahl und Ausformung der hermeneutischen Situation. Vergangenheit öffnet sich nur nach Maßgabe der Entschlossenheit und Kraft des Aufschließenkönnens, über die eine Gegenwart verfügt. Die Ursprünglichkeit einer philosophischen Interpretation bestimmt sich aus der spezifischen Sicherheit, in der philosophische Forschung sich selbst und ihre Aufgaben hält. Die Vorstellung, die philosophische Forschung von sich selbst und der Konkretion ihrer Problematik hat, entscheidet auch schon ihre Grundhaltung zur Geschichte der Philosophie. Was für die philosophische Problematik das eigentlich befragte

[3] [Handschriftlicher Zusatz auf dem unteren Blattrand mit Zuordnungszeichen:] Primär ist: *Blickhabe* – Vorbestimmung dessen, *was* überhaupt ausgelegt werden soll, *was* es ist, *als was* zu nehmen. Ontologie (in welchem Sinne) des *Lebens*, Seienden – als wie ausgeformte, wie vorliegend und als was zugänglich?

[4] [Handschriftlicher Zusatz am Absatzende:] Die Ausbildung der hermeneutischen Situation ist das *Ergreifen* der faktischen ›Bedingungen‹ und ›Voraussetzungen‹ der philosophischen Forschung. Eigentliche Voraussetzungen nicht dazu da, ›bedauert‹ und ›notgedrungen zugestanden‹ zu werden als Phänomene der Unvollkommenheit, sondern *gelebt* zu werden; d. h. aber nicht ›unbewußt‹ auf sich beruhen lassen, ihnen aus dem Wege gehen, sondern als *solche ergreifen*, d. h. aber sich in das *Historische* stoßen.

Gegenstandsfeld ausmacht, das bestimmt die Blickrichtung, in die hinein Vergangenheit allein gestellt werden kann. Dieses Hineindeuten ist nicht nur nicht wider den Sinn historischen Erkennens, sondern geradezu die Grundbedingung, um Vergangenheit überhaupt zum Sprechen zu bringen. Alle Auslegungen im Felde der Geschichte der Philosophie und gleicherweise in andern, die darauf halten, gegenüber problemgeschichtlichen ›Konstruktionen‹ nichts in die Texte hineinzudeuten, müssen sich dabei ertappen lassen, daß sie ebenso hineindeuten, nur ohne Orientierung und mit begrifflichen Mitteln disparatester und unkontrollierbarer Herkunft. Man hält die Unbekümmertheit um das, was man ›eigentlich macht‹, und die Unkenntnis über die dabei verwandten Mittel für ein Ausschalten jeglicher Subjektivität.[5]

Die Klärung der hermeneutischen Situation für die folgenden Interpretationen und damit die Ausgrenzung ihres thematischen Feldes erwächst aus der Grundüberzeugung: Philosophische Forschung ist ihrem Seinscharakter nach etwas, was eine ›Zeit‹ – sofern sie nicht lediglich bildungsmäßig darum besorgt ist – sich nie von einer anderen erborgen kann; aber auch etwas, das – so es sich und seinen möglichen Leistungssinn im menschlichen Dasein verstanden hat – nie mit dem Anspruch wird auftreten wollen, kommenden Zeiten die Last und die Bekümmerung radikalen Fragens abnehmen zu dürfen und zu können. Die Wirkungsmöglichkeit einer zur Vergangenheit gewordenen philosophischen Forschung auf ihre Zukunft kann nie in den Resultaten als solchen gelegen sein, sondern gründet in der je erreichten und konkret ausgebildeten Fragenursprünglichkeit, durch die sie als Problem weckendes Vorbild stets neu Gegenwart zu werden vermag.

Der Gegenstand der philosophischen Forschung ist das *menschliche Dasein* als von ihr befragt auf seinen Seinscharakter.

[5] [Handschriftliche Zusätze am Absatzende:] (Vgl. Mss. Hm., S. 43–98). [Das genannte Manuskript über Hermeneutik konnte nicht identifiziert werden.]

Die Unempfindlichkeit und Sorglosigkeit gegenüber der eigenen und dabei oft verworrenen, zufällig aufgerafften hermeneutischen Situation legt man sich aus als Unvoreingenommenheit.

Diese Grundrichtung des philosophischen Fragens ist dem befragten Gegenstand, dem faktischen Leben, nicht von außen angesetzt und aufgeschraubt, sondern ist zu verstehen als das explizite Ergreifen einer Grundbewegtheit des faktischen Lebens selbst, das in *der* Weise ist, daß es in der konkreten Zeitigung seines Seins um sein Sein besorgt ist, und das auch dort, wo es sich selbst aus dem Wege geht. Das faktische Leben hat den Seinscharakter, daß es an sich selbst schwer trägt. Die untrüglichste Bekundung davon ist die Tendenz des faktischen Lebens zum Sichsleichtmachen. In diesem an sich selbst schwer Tragen *ist* das Leben dem Grundsinne seines Seins nach, nicht im Sinne einer zufälligen Eigenschaft, schwierig. Wenn es eigentlich ist, was es ist, in diesem Schwer- und Schwierigsein, dann wird die genuin angemessene Zugangsweise zu ihm und die Verwahrungsweise seiner nur in einem Schwermachen bestehen können. Philosophische Forschung kann nur, wenn anders sie nicht von Grund aus ihren Gegenstand verfehlen will, an diese Pflicht gehalten sein. Alles Leichtmachen[6] aber, alles verführerische Sichanbiedern an Bedürfnisse, alle metaphysischen Beruhigungen in den meist nur angelesenen Nöten, das leistet in seiner Grundabsicht schon Verzicht darauf, den Gegenstand der Philosophie je in Blick und Griff zu bekommen und gar zu behalten. Ihre eigene Geschichte ist demnach für die philosophische Forschung dann und nur dann in einem relevanten Sinne gegenständlich da, wenn sie nicht mannigfaltige Merkwürdigkeiten, sondern radikal einfache *Denkwürdig*keiten[7] hergibt und so die verstehende Gegenwart nicht so sehr zu Zwecken der Kenntnisbereicherung ablenkt, als

[6] [Handschriftlicher Zusatz über dem Zeilenbeginn:] Nicht Gedanken *angaffen*, die andere gedacht haben!

[7] [Handschriftlicher Zusatz auf dem oberen Blattrand mit doppeltem Zuordnungszeichen, d.h. zweifacher Zuordnung zum Text:] ›*Tradition*‹: gerade das Ungeschichtliche; in ihr Vergangenheit nicht da als das, was sie ist, d. h. als das andere und als Rückstoß auf Gegenwart – sondern als Gegenwart undecidiert im durchschnittlichen gleich-gültigen ›Zunächst‹. In Tradition keine angeeignete Vergangenheit (weder hermeneutische Situation noch der vergangene Wasgehalt).

[Zweite Zuordnung zu »konstitutiv« auf S. 350 oben.]

vielmehr zur Steigerung der Fraglichkeit sie gerade auf sich selbst zurückstößt. So bekümmerte Aneignung der Geschichte besagt aber, und gar für eine Gegenwart, in deren Seinscharakter das historische Bewußtsein konstitutiv[7] ist: radikal verstehen, was jeweilen eine bestimmte vergangene philosophische Forschung in *ihrer* Situation und *für* diese in ihre Grundbekümmerung stellte; *verstehen*, das heißt nicht lediglich zur konstatierenden Kenntnis nehmen, sondern das Verstandene im Sinne der eigensten Situation und für diese ursprünglich *wiederholen*. Das geschieht aber am allerwenigsten in der Übernahme von Theoremen, Sätzen, Grundbegriffen und Prinzipien und in der irgendwie geleiteten Erneuerung derselben. Verstehende Vorbildnahme, der es um sich selbst geht, wird von Grund aus die Vorbilder in die schärfste Kritik stellen und zu einer möglichen fruchtbaren Gegnerschaft ausbilden.

Das faktische Dasein ist, was es ist, immer nur als das voll eigene, nicht das Überhauptdasein irgendwelcher allgemeiner Menschheit, für die zu sorgen lediglich ein erträumter Auftrag ist. *Kritik* der Geschichte ist immer nur Kritik der Gegenwart. Kritik kann nicht der naiven Meinung sein, der Geschichte vorrechnen zu können (dürfen)[8], wie sie es hätte machen sollen, wenn ...[9, 10]; sie hat vielmehr den Blick auf die Gegenwart zu halten und darauf zu sehen, daß sie so fragt, wie es der ihr erreichbaren Ursprünglichkeit gemäß ist.[11] Die Geschichte wird nicht

[7] [Handschriftlicher Zusatz (mit zweifacher Zuordnung zum Text) s. Anm. 7 auf S. 349.]

[8] [Handschriftlicher stenographischer Zusatz über »können«.]

[9] [Handschriftlicher stenographischer Zusatz über den Punkten:] sie bei Genüge [?] gewiß wäre.

[10] [Handschriftlicher Zusatz auf dem unteren Blattrand:] Man ›treibt‹ Geschichte! statt sie zu *›sein‹*! Man *ist* sie nicht deshalb, weil das ›schön‹ ist, ›geistig mächtig‹, ›Achtung vor der Vergangenheit‹, Pietät, oder Zeugnis eines überlegenen Weitblicks, der nicht naiv sich selbst verabsolutiert! Wo man Geschichte *›treibt‹*, ist das Historische verschwunden!

[11] [Handschriftlicher Zusatz auf dem oberen Blattrand über dieser Zeile:] Daß Vergangenheit in Existenz zurückstößt, für uns überhaupt *Dasein* als solches zeigen soll, muß sie als Existenz nicht [als] etwas *angeschaut*, sondern getragen [?]

negiert, weil sie ›falsch‹ ist, sondern sofern sie in der Gegenwart noch wirksam bleibt, ohne noch eigentlich zugeeignete (und zueigenbare)[12] Gegenwart sein zu können.

Die Fixierung der historischen Grundhaltung der Interpretation erwächst aus der Explikation[13] des Sinnes der philosophischen Forschung. Als deren Gegenstand wurde anzeigenderweise bestimmt das *faktische menschliche Dasein als solches*. Die konkrete Auszeichnung der philosophischen Problematik ist aus diesem ihrem Gegenstand zu erheben. Daher wird eine erste vorbereitende Abhebung des spezifischen Gegenstands- und Seinscharakters des faktischen Lebens notwendig. Aber nicht allein deshalb, weil es *Gegenstand* der philosophischen Forschung ist, sondern weil diese selbst ein bestimmtes *Wie* des faktischen Lebens ausmacht und als solches in ihrem Vollzuge das jeweilige konkrete Sein des Lebens an ihm selbst mitzeitigt, nicht erst in nachträglicher ›Anwendung‹. Die Möglichkeit solcher Mitzeitigung gründet darin, daß philosophische Forschung der explizite Vollzug einer Grundbewegtheit des faktischen Lebens ist und sich ständig innerhalb desselben hält.

In dieser Anzeige der hermeneutischen Situation sollen die Strukturen des Gegenstandes ›faktisches Leben‹ nicht konkret ausgezeichnet und in ihren konstitutiven Verzahnungen gefaßt werden, sondern lediglich schon durch die Aufzählungen der wichtigsten konstitutiven Elemente der Faktizität soll das mit diesem Terminus Gemeinte in den Blick gebracht und für die konkrete Untersuchung als *Vorhabe* verfügbar gemacht werden.

Die verwirrende Vieldeutigkeit des Wortes ›Leben‹ und seine Verwendung darf nicht der Anlaß werden, es einfach abzusetzen. Man begibt sich damit der Möglichkeit, den Bedeutungsrichtungen nachzugehen, die ihm nun einmal eignen und die allein

werden! – als etwas, was noch sich in unser Dasein hinein und dieses in Verfall treibt.

[12] [Handschriftlicher stenographischer Zusatz.]

[13] [Handschriftlicher Zusatz, darübergeschrieben:] des Seinscharakters – Wieder und *in* der Faktizität.

ermöglichen, zur jeweils bedeuteten Gegenständlichkeit vorzudringen. Dazu ist grundsätzlich im Auge zu behalten, daß der Terminus ζωή, vita, ein Grundphänomen bedeutet, in dem die griechische, die alttestamentliche, die neutestamentlich-christliche und die griechisch-christliche Interpretation menschlichen Daseins zentrierten. Die Vieldeutigkeit des Terminus wird in dem bedeuteten Gegenstand selbst ihre Wurzeln haben. Für die Philosophie kann die Unsicherheit der Bedeutung nur der Anlaß dazu sein, sie zu beseitigen, bzw. sie, wenn sie als eine notwendige in ihrem Gegenstand gründen sollte, zu einer ausdrücklich angeeigneten und durchsichtigen zu machen. Die Einstellung auf Vieldeutigkeit (πολλαχῶς λεγόμενον) ist kein bloßes Herumstochern in isolierten Wortbedeutungen, sondern Ausdruck der radikalen Tendenz, die bedeutete Gegenständlichkeit selbst zugänglich und die Motivquelle der verschiedenen Weisen des Bedeutens verfügbar zu machen.[14]

Der Grundsinn der faktischen Lebensbewegtheit ist das *Sorgen* (curare)[15]. In dem gerichteten, sorgenden ›Aussein auf etwas‹ ist das Worauf der Sorge des Lebens da, die jeweilige *Welt*. Die Sorgensbewegtheit hat den Charakter des *Umgangs* des faktischen Lebens mit seiner Welt. Das Worauf der Sorge ist das Womit[16] des Umgangs. Der Sinn von Wirklichsein und Dasein der Welt gründet in und bestimmt sich aus ihrem Charakter als Womit des sorgenden Umgangs. Die Welt ist da als schon immer irgendwie *in Sorge genommene* (gestellte)[17]. Die Welt artikuliert sich nach den möglichen Sorgensrichtungen als *Umwelt, Mitwelt und Selbstwelt*. Entsprechend ist das Sorgen die Sorge des Auskommens, des Berufes, des Genusses, des Ungestörtseins, des Nichtumkommens,

[14] [Handschriftlicher Zusatz am Absatzende:] Leben – Welt – |Sein|.

[15] [Handschriftlicher Zusatz auf dem unteren Blattrand mit Zuordnungszeichen:] *re*curatio: das Historische! – darin die höchste Seinsverwahrung.

[16] [Handschriftlicher Zusatz auf dem unteren Blattrand mit Zuordnungszeichen:] Das Womit verliert und bekommt nie den bloßen Schemencharakter einer Kulisse, wenn der Seinscharakter von Umgang (d. h. Umgang als faktisch) verstanden wird (nicht etwa als Erlebnis).

[17] [Handschriftlich darübergeschrieben.]

des Vertrautseins mit, des Wissens um, Kenntnishabens von[18], des Festmachens des Lebens in seinen Endabsichten.

Die Bewegtheit des *Besorgens*[19, 20] zeigt mannigfaltige Weisen des Vollzugs und des Bezogenseins auf das Womit des Umgangs: Hantieren an, Bereitstellen von, Herstellen von, Sicherstellen durch, in Gebrauchnehmen von, Verwenden für, in Besitznehmen von, in Verwahrung halten und in Verlust geraten lassen. Das je diesen Weisen entsprechende Womit des verrichtenden Umgangs steht dabei jeweils in einer bestimmten Bekanntheit und Vertrautheit.[21] Der sorgende Umgang hat sein Womit immer in einer bestimmten Sicht; im Umgang ist lebendig, ihn mitzeitigend und führend, die *Umsicht*. Das Sorgen ist sich umsehen, als umsichtiges zugleich besorgt um die Umsichtsausbildung, um Sicherung und Steigerung der Vertrautheit mit dem Umgangsgegenstand. Das Umgangswomit ist in der Umsicht im vorhinein aufgefaßt als ..., orientiert auf ..., ausgelegt als ... Das Gegenständliche ist da als so und so bedeutendes, die Welt begegnet im Charakter der Bedeut*samkeit*. Der sorgende Umgang hat nicht nur die Möglichkeit, sondern auf Grund einer ursprünglichen Bewegtheitstendenz des faktischen Lebens die Geneigtheit, die Sorge des Ausrichtens aufzugeben. In dieser Sperrung der Tendenz auf besorgenden Umgang wird dieser zu einem lediglichen sich Umsehen ohne Absehen auf Verrichtung und Ausrichtung. Das Sichumsehen gewinnt den Charakter des bloßen *Hinsehens* auf.[22] In der Sorge des Hinsehens, der Neugier (cura, curiositas), und für sie ist die Welt da, nicht als Womit des verrichtenden Umgangs, sondern lediglich in der Hinsicht auf ihr *Aussehen*. Das Hinsehen vollzieht sich als hinsehendes, an- und besprechendes[23] Bestim-

[18] [Handschriftliche Einfügung nach »Wissens um«.]

[19] [Handschriftlicher Zusatz über der Zeile:] *Seins*charakter betonen.

[20] [Handschriftlicher Zusatz zu »Besorgens«:] → einführen.

[21] [Handschriftlicher Zusatz:] Leben Welt.

[22] [Handschriftlicher Zusatz auf dem unteren Blattrand mit Zuordnungszeichen:] Das Leben hat jetzt sein Sein in der *Sorge* des Hinsehens. Möglichkeit eines eigenen βίος.

[23] [Handschriftliche Einfügung nach »hinsehendes«.]

men und kann sich organisieren als *Wissenschaft*. Diese ist demnach eine vom faktischen Leben für dieses gezeitigte Weise des hinsehend besorgten Umgangs mit der Welt. Als solche Umgangsbewegtheit ist sie eine Seinsweise des faktischen Lebens und bildet dessen Dasein mit aus. Der jeweilig erzielte Bestand an Hinsichtlichkeit (Bestimmtheit der gegenständlichen Zusammenhänge der Welt hinsichtlich ihres Aussehens) verwächst mit der Umsicht[24]. Das Sichumsehen vollzieht sich in der Weise des *Ansprechens* und *Besprechens* der Umgangsgegenständlichkeit. Die Welt begegnet immer in einer bestimmten Weise des Angesprochenseins, des Anspruchs (λόγος).

Der Umgang nimmt im Sichentledigen der Verrichtungstendenzen einen *Aufenthalt*. Das Hinsehen wird selbst ein eigenständiger Umgang, und als solches ist es ein bestimmendes Sich*aufhalten* bei dem Gegenständlichen im Sich*ent*halten von Bewerkstelligung. Die Gegenstände sind da als *bedeutsame*, und erst in bestimmt gerichteter und gestufter Theoretisierung erwächst aus dem faktischen Begegnischarakter der Welt (dem Bedeutsamen) Gegenständliches im Sinne des bloß Sach- und Dinghaften.[25]

Das faktische Leben bewegt sich jederzeit in einer bestimmten überkommenen, umgearbeiteten oder neuerarbeiteten *Ausgelegtheit*.[26] Die Umsicht stellt dem Leben seine Welt bei als ausgelegt auf die Hinsichten, in denen sie als Besorgnisgegenstand begegnet und erwartet, in Aufgaben gestellt und als Zuflucht gesucht wird. Diese meist unausdrücklich verfügbaren Hinsichten, in die das faktische Leben auf dem Wege der Gewohnheit mehr hin-

[24] [Handschriftlicher Zusatz auf dem oberen Blattrand mit Zuordnungszeichen:] Mit dieser eignet sich das Leben je einen eigenen Seinsstand, zugleich aber neue Möglichkeiten seiner eigenen Fraglichkeit zu.

[25] [Handschriftlicher Zusatz am Absatzende:] *Umsicht* betrifft das unabgehobene *Weltleben* – Sorgen und Bedeutsamkeit – Abgehobenes eingeschmolzen; unabgehobene Lebens*aus*legung. Warum Auslegung? Umsehendes ansprechendes Welt*leben*.

[26] [Handschriftliche Randbemerkung:] Vgl. Beilagen [im vorliegenden Band Anhang III B, S. 401 ff.]

ein*gerät* als daß es sie ausdrücklich sich zueignet, zeichnen der Sorgensbewegtheit (dem Besorgen und dem umsehenden An- und Besprechen)[27] die Vollzugsbahnen vor. Die Ausgelegtheit der Welt ist faktisch die, in der das Leben selbst steht. In ihr ist richtungshaft mit festgelegt, wie das Leben sich selbst in die Sorge nimmt, das heißt aber, es ist mitangesetzt ein bestimmter Sinn von Lebensdasein, das ›Als was‹ und das ›Wie‹, in dem der Mensch sich selbst in der eigenen Vorhabe hält.[28]

Die Sorgensbewegtheit ist kein für sich ablaufender *Vorgang* des Lebens im Gegenüber der daseienden Welt. Die Welt ist *im* Leben und *für* es da. Das aber nicht im Sinne des bloßen Vermeint- und Betrachtetseins.[29] Diese Weise des Weltdaseins zeitigt sich nur dann, wenn das faktische Leben einen Aufenthalt in seiner besorgenden Umgangsbewegtheit macht. Dieses Dasein der Welt – das als Wirklichkeit und Realität oder gar noch in der bedeutsamkeitsverarmten Gegenständlichkeit der Natur meist den Ausgang erkenntnistheoretischer *und ontologischer* Problematik abgeben muß – ist nur, was es ist, als erwachsen aus einer bestimmten *Aufenthaltsnahme* (als Im-Sein-Begegnenlassen)[30]. Diese ist als *solche* eine in und für die Grundbewegtheit des *besorgenden* Umgangs.

Das Besorgen ist aber seinerseits nicht nur überhaupt und in seiner ursprünglichen Intentionalität auf seine Welt bezogen. Die Besorgensbewegtheit ist kein indifferenter Vollzug, derart, daß mit ihm überhaupt nur im Leben etwas geschieht und es

[27] [Handschriftliche Einfügung.]

[28] [Handschriftlicher Verweis:] Vgl. S. 15, *16* [im vorliegenden Band unten S. 362 f., *363 f.*].

[29] [Handschriftlicher Zusatz auf dem oberen Blattrand mit Zuordnungszeichen:] Leben ist gerade als seinsmäßiges Haben einer (seiner) Welt. Welt ist nicht etwas, was nachträglich dem Leben sich erschließt oder nicht, sondern Leben besagt: in einer Welt *Sein*, und zwar Sein im Sinne des besorgenden Umgehens mit ihr. Das Sein des Lebens ist *›verfallen‹* dem Sein seiner Welt. Im Umgang (im Sorgen) ist die Welt schon irgendwie erschlossen; als irgendwie erschlossen ist sie für Leben – als umsichtiges besorgendes – zugleich *verschlossen*; das ›schon‹ ist gerade seinsmäßig für das Leben das ›Noch nicht‹ seiner ei[genen] Sorgensbewegtheit.

[30] [Handschriftliche Einfügung.]

selbst ein Vorgang wäre. In der Sorgensbewegtheit ist lebendig eine *Geneigtheit* des Sorgens zur Welt als der *Hang* zum Aufgehen in ihr, zu einem Sichmitnehmenlassen *von* ihr. Dieser Hang der Besorgnis ist der Ausdruck einer faktischen Grundtendenz des Lebens zum *Abfallen* von sich selbst und darin zum *Verfallen* an die Welt und hierin zum *Zerfall* seiner selbst. Dieser Grundcharakter der Sorgensbewegtheit sei terminologisch fixiert als die *Verfallensgeneigtheit* des faktischen Lebens (oder kurz das *Verfallen*[31] an –), womit zugleich der Richtungs*sinn* und das intentionale Worauf der Sorgenstendenz angezeigt ist. Das Verfallen ist nicht als objektives Geschehen und etwas, was im Leben lediglich ›passiert‹, sondern als *intentionales* Wie zu verstehen. Dieser Hang ist das innerste *Verhängnis*, an dem das Leben faktisch trägt. Das Wie dieses Tragens an ihm selbst als die Weise, in der das Verhängnis *›ist‹*, muß mit diesem selbst als ein Konstitutivum der Faktizität angesetzt werden.

Dieser Bewegtheitscharakter ist keine zeitweise auftauchende schlechte Eigenschaft, die in fortgeschritteneren und glücklicheren Zeiten der Menschheitskultur wegzukultivieren wäre. Sie ist das so wenig, daß solche Ansetzungen des menschlichen Daseins in einer zu erreichenden Vollkommenheit und himmlischen Natürlichkeit selbst nur Ausladungen gerade dieser Verfallensgeneigtheit zur Welt sind. Leben wird dabei im Augenschließen vor seinem eigensten Seinsscharakter – in der Indifferenz einer beliebigen Harmlosigkeit belassen – weltlich[32] gesehen als ein zu idealer Gestalt herstellbarer Umgangsgegenstand, in die Sorge gestellt[33] als das Worauf schlichten Besorgens.

Daß das faktische Leben in seiner Verfallensgeneigtheit zu einer solchen welthaften Auslegung seiner selbst kommt, darin drückt sich eine Grundeigentümlichkeit dieser Bewegtheit aus:

[31] [Handschriftlicher Zusatz auf dem unteren Blattrand mit Zuordnungszeichen:] der ausdrücklich organisierte Verfall in der ›philosophischen‹ Auslegung als *›Verhärtung‹*. Welt – Kultur – ›Gerechtigkeit‹.

[32] [Handschriftlich korrigiert und ergänzt von zuvor:] ... vor seinem eigensten Bewegtheitscharakter welthaft ...

[33] [Handschriftliche Einfügung nach »Umgangsgegenstand«.]

sie ist für das Leben selbst *versucherisch*[34], sofern sie ihm von der Welt her Möglichkeiten des idealisierenden Sichleichtnehmens und damit des Sichverfehlens in den Weg breitet. Die Verfallenstendenz ist als versucherische zugleich *beruhigend*[35] (in der öffentlichen Befindlichkeit)[36], d. h., sie hält das faktische Leben in den Lagen seiner Verfallenheit fest, so zwar, daß das Leben diese Lagen als Quasisituationen der unbekümmerten Sicherheit und der idealsten Wirkungsmöglichkeiten anspricht und besorgend ausformt.[37] (*Situation* des faktischen Lebens bezeichnet im Unterschied von *Lage* die als verfallende durchsichtig gemachte und in der jeweiligen konkreten Bekümmerung als der möglichen Gegenbewegung zum verfallenden Sorgen *ergriffene* Standnahme des Lebens.) Als beruhigend ist die Versuchung ausbildende Verfallenstendenz *entfremdend*,[38] das heißt, das faktische Leben wird im Aufgehen in seiner besorgten Welt sich selbst mehr und mehr fremd, und die sich selbst überlassene und sich als *das* Leben vorkommende Sorgensbewegtheit nimmt ihm mehr und mehr die faktische Möglichkeit, in der Bekümmerung[39] sich selbst in den Blick und damit als Ziel des aneignenden Rückgangs zu nehmen. Die Verfallenstendenz ist in ihren drei Bewegungscharakteren des Versuchens, Beruhigens und Entfremdens die Grundbe-

[34] [Handschriftliche Erläuterung auf dem oberen Blattrand mit Zuordnungszeichen:] der verfallende Seinscharakter der vorauseilenden und vorauswertenden Erkenntnis, von der sich Leben ziehen läßt!

[35] [Handschriftliche Erläuterung auf dem unteren Blattrand:] Die Gewohnheit, die das Verfallen an ihm selbst für sich selbst als Schutz und Wehr ausbildet.

[36] [Handschriftlicher Zusatz.]

[37] [Handschriftlicher Zusatz auf dem linken Blattrand:] *Aufsteigerung!*

[38] [Handschriftlicher Zusatz auf dem linkem Blattrand:] Das Dasein in eben seiner Selbstauslegung und Befindlichkeit des Glaubens sich selbst am ehesten in der *Welt* und *andererseits geschichtlich* zu denken.

[39] [Handschriftliche Fußnote nur in dem an Georg Misch in Göttingen übersandten Exemplar des Typoskripts:] Bekümmerung bedeutet nicht eine Stimmung mit kummervoller Miene, sondern das faktische Entschiedensein, das Ergreifen der *Existenz* (vgl. S. 13 [im vorliegenden Band unten S. 360 f.]) als des zu Besorgenden. Nimmt man ›Sorgen‹ als *vox media* (die an sich selbst als Bedeutungskategorie ihren Ursprung im Ansprechen der Faktizität hat), dann ist die Bekümmerung die Sorge der Existenz (genetivus obiectivus).

wegtheit nicht nur des ausrichtenden, herstellenden Umgangs, sondern auch der Umsicht selbst und ihrer möglichen Eigenständigkeit, des Hinsehens und des erkennend bestimmenden Ansprechens und Auslegens. Das faktische Leben nimmt sich und besorgt sich nicht nur als bedeutsames Vorkommnis und als Wichtigkeit der Welt, sondern spricht auch die *Sprache* der Welt, sooft es mit sich selbst spricht.

An der Verfallensgeneigtheit liegt es, daß das faktische Leben, das eigentlich je solches des Einzelnen ist, meist nicht als dieses gelebt wird. Es bewegt sich vielmehr in einer bestimmten *Durchschnittlichkeit* des Sorgens, des Umgangs, der Umsicht, des An- und Besprechens und überhaupt des Weltnehmens[40]. Diese Durchschnittlichkeit ist die der jeweiligen *Öffentlichkeit*, der Umgebung, der herrschenden Strömung, des ›So wie die vielen Andern auch‹. Das *›man‹* ist es, das faktisch das einzelne Leben lebt – man besorgt, man sieht, urteilt, man genießt, man betreibt und fragt. Das faktische Leben wird gelebt von dem *›Niemand‹*, dem alles Leben seine Besorgnis opfert.[41] Es ist als immer irgendwie festgefahren in uneigentlicher Tradition und Gewöhnung. Aus diesen erwächst das Bedürfen und in diesen werden die Wege seiner Erfüllung in Besorgen eingeschlagen. In der Welt, in der es aufgeht, in der Durchschnittlichkeit, in der es umgeht, verbirgt sich das Leben vor sich selbst. Die Verfallenstendenz ist das Sichselbstausdem Weggehen des Lebens. Die schärfste Bekundung dieser Grundbewegtheit gibt das faktische Leben selbst durch die Weise, wie es zum *Tod* steht.

So wenig das faktische Leben seinem Seinscharakter nach Vorgang ist, so wenig ist der Tod ein Aufhören vom Charakter des irgendwann eintretenden Abschnappens dieses Vorgangs. Der Tod

[40] [Satzende handschriftlich ergänzt von zuvor:] … des Umgangs, der Umsicht und des Weltnehmens.

[41] [Handschriftlicher Zusatz auf dem unteren Blattrand mit Zuordnungszeichen:] Die ›Allgemeinheit‹ – ›Allgemeingültigkeit‹ die Logik der Herrschaft des ›man‹ in der Philosophie! Desgleichen der Platonismus des Geschichtlichen. Die ›allgemeine Zudringlichkeit‹ eines jeden zu jedem! – zu ausgelegtem Dasein.

ist etwas, was *für* das faktische Leben be*vor* steht, vor dem es steht als einem Unabwendbaren. Das Leben *ist* in der Weise, daß sein Tod immer irgendwie für es da ist, für es in einer Sicht steht, und sei es nur in der Weise, daß ›der *Gedanke an ihn*‹ ausgeschlagen und niedergehalten wird. Gerade darin gibt sich der Tod als *der*[42] Gegenstand der Sorge, daß er in der Hartnäckigkeit des Bevorstandes als ein *Wie* des Lebens begegnet. Die erzwungene Unbekümmertheit des Sorgens des Lebens um seinen Tod vollzieht sich in der Flucht in die welthaften Besorgnisse. Das Wegsehen vom Tode ist aber doch so wenig ein Ergreifen des Lebens an ihm selbst, daß es gerade ein Ausweichen des Lebens vor sich selbst und seinem eigentlichen Seinscharakter wird. Das Bevorstehendhaben des Todes in der Weise sowohl der fliehenden Besorgnis als [auch] der zugreifenden Bekümmerung ist konstitutiv für den Seinscharakter der Faktizität. Im *zugreifenden* Haben des *gewissen* Todes wird das Leben an ihm selbst sichtbar. Der so seiende Tod gibt dem Leben[43] eine Sicht und führt es ständig mit vor seine eigenste Gegenwart und Vergangenheit, die in ihm selbst anwachsend hinter ihm her kommt.

Es ist ein auf dem Wege bloßer nachträglicher Ergänzung nicht wieder gutzumachendes Versäumnis, wenn immer wieder versucht wird, den *Gegenstands-* und Seinscharakter des faktischen Lebens ohne den grundsätzlichen *und die Problematik führenden* Mitansatz des *Todes* und des ›den Tod Habens‹ zu bestimmen. Die hier bezeichnete rein konstitutiv ontologische Problematik des Seinscharakters des Todes hat nichts zu tun mit einer Metaphysik der Unsterblichkeit und des ›Wasdann?‹. Der als *bevor*stehend gehabte Tod in der ihm eigenen Weise des Sichtbarmachens der Lebensgegenwart und Vergangenheit (Histor[isches])[44] ist als Konstitutivum der Faktizität zugleich das Phänomen, aus dem die spezifische ›*Zeitlichkeit*‹ menschlichen Daseins explikativ zu erheben ist. Aus dem Sinn *dieser Zeitlich-*

[42] [Stenographischer Zusatz nicht entziffert.]
[43] [Handschriftlicher Zusatz nach »Leben«:] ein Sein und
[44] [Handschriftliche Einfügung.]

keit[45] bestimmt sich der Grundsinn des *Historischen* und nie in der formalen Analyse der Begriffsbildung einer zufällig[46] bestimmten gerichteten[46] Geschichts*schreibung*.

Die angezeigten konstitutiven Charaktere der Faktizität, das Sorgen, die Verfallenstendenz, das Wie des den Tod Habens, scheinen aber dem zuwider zu laufen, was als Grundeigentümlichkeit des faktischen Lebens herausgehoben wurde, daß es ein Seiendes ist, dem es in der Weise seiner Zeitigung (als faktisches Weltleben)[47] auf sein eigenes Sein ankommt. Aber das scheint nur so. In allem Sichausdemwegegehen ist das Leben faktisch für es selbst da; im ›Wegvonihm‹ *stellt* es sich gerade und jagt hinter dem Aufgehen in welthafter Besorgnis her. Das ›Aufgehen in‹ hat wie jede Bewegtheit der faktischen Zeitlichkeit in ihm selbst eine mehr oder minder ausdrückliche und uneingestandene *Rück*sicht auf das, wovor es flieht. Das Wovor seines Fliehens ist aber das Leben selbst als die faktische Möglichkeit, ausdrücklich ergriffen zu werden, als Gegenstand der Bekümmerung.

Jeglicher Umgang hat seine Umsicht, die ihm sein Womit in der jeweils erreichbaren Eigentlichkeit in den führenden Vorblick bringt. Das in der Faktizität selbst zugängliche Sein des Lebens an ihm selbst[48] ist solcher Art, daß es nur auf dem *Umwege*[49] über die Gegenbewegung gegen das verfallende Sorgen sichtbar und erreichbar wird. Diese Gegenbewegung als Bekümmerung

[45] [Handschriftlicher Zusatz auf dem oberen Blattrand mit Zuordnungszeichen:] Zeitlichkeit – Tod, entscheidend Einmaligkeit! Dieses ›Einmal‹ ist radikal ›Alles‹ des Lebens.

[Zeitlichkeit] ist nicht ein Quantitativum und solches Nacheinander, sondern existenziell *faktische* Sprünge; die *Kontinuität* imgleichen *je* ein Sprung (προαίρεσις!), imgleichen das Wie des Erwartens!

[46] [Stenographische Einfügung (je ein Wort).]

[47] [Handschriftliche Einfügung.]

[48] [Handschriftlicher Zusatz auf dem linken Blattrand:] der Hang und die Negation als Grundexistenzial.

[49] [Handschriftlicher Zusatz auf dem linken Blattrand:] Noch schärfer nehmen *Umweg über* – behält seine Herkunft, d.h. Leben *ist*, in jeder seiner Seinsweisen, historisch; was ihm ›passiert‹, ›was es je ist‹ bewegt sich im *Hang*, ›bleibt hängen‹ in ihm; der *Hang zu* einem Hängen an und in.

um das Nichtinverlustgeraten des Lebens ist die Weise, in der sich das mögliche ergriffene eigentliche Sein des Lebens zeitigt.[50] Dieses im faktischen Leben für es selbst zugängliche Sein seiner selbst sei bezeichnet als *Existenz*. Das faktische Leben ist als existenzbekümmertes *umwegig*. Die Möglichkeit, das Sein des Lebens bekümmert zu ergreifen, ist zugleich die Möglichkeit, Existenz zu verfehlen.[51] Die je mögliche Existenz des faktischen Lebens ist als verfehlbare an ihr selbst für das Leben im Grunde fragwürdig. Die Möglichkeit der Existenz ist immer *die* der konkreten Faktizität als ein Wie der Zeitigung dieser in ihrer Zeitlichkeit. Was die Existenz sei, kann direkt und allgemein überhaupt nicht gefragt werden. Sie wird an ihr selbst nur einsichtig im Vollzug des Fraglichmachens der Faktizität, in der jeweiligen konkreten *Destruktion* der Faktizität auf ihre Bewegtheitsmotive, Richtungen und willentlichen Verfügbarkeiten.[52]

Die Gegenbewegung gegen die Verfallenstendenz darf nicht ausgelegt werden als Weltflucht (sowenig wie Verfallen als Ver-

[50] [Handschriftlicher Zusatz auf dem unteren Blattrand:] d. h. mit der bekannten Intentionalität ist nur ein ›*Zunächst*‹ getroffen – in einem verfallenden Hinsehen auf und hinsehenden Mitgehen mit ›Erlebnissen‹ (innere Wahrnehmung). Urphänomen, aus dem ›Intentionalität‹ eine Ausladung ist – noch verdeckt; nur zugänglich im radikalen Auslegen der *vollen* Faktizität:
das Grundexistenzial.

Das ›Nein‹ | der Ent - schluß
| ← | - | →
faktisch = in Bewegung = historisch.

[51] [Handschriftlicher Zusatz auf dem oberen Blattrand mit Zuordnungszeichen:] Die ergriffene Möglichkeit – existenzielles Fragen (bin ›ich‹) – ist ein sich selbst auf sich selbst ›ins Leere‹ Stellen des Lebens; ›bin‹ – welche Seinsvorhabe – woher? wie verbürgt? *Faktisch* fragen *im* konkreten Besorgen. Welt ist ›da‹ und gerade als solche hat sie nichts zu sagen.

Die *Verlassenheit* – die ergriffene – und seiend *immer* verfallende. Existenzieller Sinn = Aufgegebenhaben (›verlassen worden sein von‹) im *Entscheid*. Das *Sein* im bekümmernden Fragen, d. h. Auslegungshinsicht auf Faktizität als solche, die nichts von Welt erwartet. Nicht weltliche Verlassenheit der Stimmung, die ja gerade weltliches Ruhekissen will, nach *ihr* sieht.

[52] [Handschriftlicher Zusatz am Absatzende:] Destruktion ihrer nach faktizitätsmäßiger (existenzieller) Vorhabe und Vorgriff seienden Ausgelegtheit (das Was im Wie dieser).

weltlichung – Übel)[53]. Aller Weltflucht ist es eigen, nicht das Leben in seinem existenziellen Charakter zu intendieren, das heißt in seiner wurzelhaften Fragwürdigkeit zu ergreifen, sondern es in eine neue beruhigende *Welt* hineinzubilden. Durch die Bekümmerung um die Existenz wird an der faktischen Lage des jeweiligen Lebens nichts geändert. Anders wird das Wie der Lebensbewegtheit, das als solches nie Sache einer Öffentlichkeit und des *›man‹* werden kann. Die Besorgnis im Umgang ist eine um das Selbst bekümmerte. Die Bekümmerung des faktischen Lebens um seine Existenz ist ihrerseits nicht ein Sichzergrübeln in egozentrischer Reflexion, sie ist, was sie ist, nur als Gegenbewegung gegen die Verfallenstendenz des Lebens, das heißt, sie ist gerade in der je konkreten Umgangs- und Besorgensbewegtheit. Das *›Gegen‹* als das *›Nicht‹* bekundet dabei eine ursprüngliche seinskonstitutive Leistung. Hinsichtlich ihres konstitutiven Sinnes hat die Negation den ursprünglichen Primat vor der Position. Und das deshalb, weil der Seinscharakter des Menschen faktisch in einem Fallen, in dem welthaften Hang bestimmt ist. Der Sinn dieser Urtatsache selbst und der Sinn dieser Tatsächlichkeit als solcher kann, wenn überhaupt, nur in der *ergriffenen* Faktizität und relativ auf diese interpretiert werden. Der Vollzug der Einsicht und des einsichtnehmenden Ansprechens des Lebens in Hinsicht auf seine existenzielle Möglichkeit hat den Charakter der bekümmerten Auslegung des Lebens auf seinen Seinssinn. Faktizität und Existenz besagen nicht dasselbe, und der faktische Seinscharakter des Lebens ist nicht bestimmt von der Existenz, diese ist nur eine Möglichkeit, die sich zeitigt *in dem* Sein des Lebens, das als faktisches bezeichnet ist. Das besagt aber: in der Faktizität zentriert die mögliche radikale Seinsproblematik des Lebens.

Wenn *erstens* die Philosophie nicht eine erfundene, im Leben nur mitlaufende Beschäftigung mit irgendwelchen ›Allgemeinheiten‹ und beliebig zu setzenden Prinzipien ist, sondern als *fra-*

[53] [Handschriftliche Einfügung.]

gendes Erkennen, das heißt als *Forschung*, nur der genuine explizite Vollzug der Auslegungstendenz *der* Grundbewegtheiten des Lebens, in denen es diesem um sich selbst und sein Sein geht – und wenn *zweitens* Philosophie gesonnen ist, das faktische Leben in seiner entscheidenden Seinsmöglichkeit in Sicht und Griff zu bringen, das heißt, wenn sie bei sich selbst radikal und klar ohne Seitenblicke auf weltanschauliche Betriebsamkeiten sich dafür entschieden hat, das faktische Leben von ihm selbst her aus seinen eigenen faktischen Möglichkeiten auf sich selbst zu stellen, das heißt, wenn die Philosophie *grundsätzlich atheistisch* ist[54] und das versteht – dann hat sie entscheidend gewählt und für sich zum Gegenstand erhalten das faktische Leben hinsichtlich seiner Faktizität. Das Wie ihrer Forschung ist die Interpretation dieses Seinssinnes auf seine kategorialen Grundstrukturen: das heißt die Weisen, in denen faktisches Leben sich selbst zeitigt und zeitigend mit sich selbst *spricht* (κατηγορεῖν)[55]. Philosophische Forschung bedarf nicht weltanschaulichen Aufputzes und der übereilten Sorge des Nichtzuspät- und Nochmitkommens in den Wirrnissen einer Gegenwart, sofern sie nur von ihrem ergriffenen Gegenstand her verstanden hat, daß ihr mit diesem die ursprünglichen seinsmäßigen Bedingungen der Möglichkeit jeglicher Weltanschauung als zu befragende anvertraut sind, als etwas, das

[54] [Maschinenschriftliche Fußnote des Typoskripts:] ›Atheistisch‹ nicht im Sinne einer Theorie als Materialismus oder dergleichen. Jede Philosophie, die in dem, was sie ist, sich selbst versteht, muß als das faktische Wie der Lebensauslegung gerade dann, wenn sie dabei noch eine ›Ahnung‹ von Gott hat, wissen, daß das von ihr vollzogene sich zu sich selbst Zurückreißen des Lebens, religiös gesprochen, eine Handaufhebung gegen Gott ist. Damit allein aber steht sie ehrlich, d.h. gemäß der ihr als solcher verfügbaren Möglichkeit vor Gott; atheistisch besagt hier: sich freihaltend von verführerischer, Religiosität lediglich beredender Besorgnis. Ob nicht schon die Idee einer Religionsphilosophie, und gar wenn sie ihre Rechnung ohne die Faktizität des Menschen macht, ein purer Widersinn ist?

[55] [Handschriftlicher Zusatz auf dem oberen Blattrand mit Zuordnungszeichen:] Der Sinn der Seinszeitigung dieser Kategorien – des ›Sprechens‹: Sprechen ist ein ἀληθεύειν, Weltgeben, d.h. Sorgen führen, Besorgen zeitigen, d.h. Sein des Lebens; Sprechen als unabgehobenes Sprechen des Weltlebens mit sich selbst in bestimmten *Weisen* des *Welt*besprechens; alles sogenannte ›Prinzipielle‹ in diesem Felde; Fragen der Ordnung; des *Vorzuges*; des Universalen; Allgemeinen.

nur in der Strenge der Forschung sichtbar wird. Diese Bedingungen sind keine ›logischen Formen‹, sondern als kategorial verstandene auch schon die in echte Verfügbarkeit genommenen Möglichkeiten faktischer Zeitigung der Existenz.

Die Problematik der Philosophie betrifft das *Sein* des faktischen Lebens. Philosophie ist in dieser Hinsicht *prinzipielle Ontologie*, so zwar, daß die bestimmten einzelnen welthaften regionalen Ontologien von der Ontologie der Faktizität her Problemgrund und Problemsinn empfangen. Die Problematik der Philosophie betrifft das Sein des faktischen Lebens im jeweiligen Wie des Angesprochen- und Ausgelegtseins. Das heißt, Philosophie ist als Ontologie der Faktizität zugleich kategoriale Interpretation des Ansprechens und Auslegens, das heißt *Logik*.

Ontologie *und* Logik sind in die Ursprungseinheit der Faktizitätsproblematik zurückzunehmen und zu verstehen als[56] die Ausladungen[57] der prinzipiellen Forschung, die sich bezeichnen läßt als die *phänomenologische Hermeneutik der Faktizität*.

Philosophische Forschung hat die je konkreten Auslegungen des faktischen Lebens, die der Sorgensumsicht und der Bekümmerungseinsicht, in ihrer faktischen Einheit der Zeitigung des Lebens kategorial durchsichtig zu machen hinsichtlich ihrer *Vorhabe* (in welchen Grundsinn von *Sein* Leben sich selbst stellt) und mit Bezug auf ihren *Vorgriff* (in welchen Weisen des Ansprechens und Besprechens faktisches Leben zu sich und mit sich selbst spricht). Die Hermeneutik ist *phänomenologische*, das besagt: ihr Gegenstandsfeld, das faktische Leben hinsichtlich des Wie seines Seins und Sprechens, ist thematisch und forschungsmethodisch als *Phänomen* gesehen.[58] Die Gegenstandsstruktur,

[56] [Handschriftlicher Zusatz mit Zuordnungszeichen:] (faktische, geschichtliche Ausladungen – nicht genuin radikale Ausformung des ursprünglich zentral gestellten Problems).

[57] [Mit Verbindungsstrich zugeordneter handschriftlicher Zusatz:] abgesetzte und verfallene, tradierte Ansatz- und Frageweisen; abgesetzte Wege (vor allem Logik ›scheinbar‹ radikalen Fragens).

[58] [Handschriftlicher Zusatz auf dem linken Blattrand:] rein anzeigend! ohne Direktion aus der Faktizitätsproblematik.

die etwas als Phänomen charakterisiert, die *volle Intentionalität* (das Bezogensein auf, das Worauf des Bezugs als solches, der Vollzug des Sichbeziehens, die Zeitigung des Vollzugs, die Verwahrung der Zeitigung) ist keine andere als die des Gegenstandes vom Seinscharakter des faktischen Lebens. Die Intentionalität, lediglich genommen als Bezogensein auf, ist der erste *zunächst* abhebbare phänomenale Charakter der Grundbewegtheit des Lebens, das ist des *Sorgens.*[59] Phänomenologie ist, was sie bei ihrem ersten Durchbruch in *Husserls* »Logischen Untersuchungen« schon *war*, radikale philosophische Forschung selbst. Man hat die Phänomenologie in ihren zentralsten Motiven nicht ergriffen, wenn man in ihr nur – wie das zum Teil innerhalb der phänomenologischen Forschung selbst geschieht – eine philosophische Vorwissenschaft zu Zwecken der Bereitstellung klarer Begriffe sieht, mit deren Hilfe dann erst irgendeine *eigentliche* Philosophie soll ins Werk gesetzt werden. Als ob man philosophische Grundbegriffe deskriptiv klären könnte, ohne die zentrale und stets neu zugeeignete Grundorientierung am Gegenstand der philosophischen Problematik selbst!

Damit ist der *Blickstand* angezeigt, den die folgenden Interpretationen als phänomenologische und als Untersuchungen zur Geschichte der Ontologie und Logik nehmen. Die Idee der phänomenologischen Hermeneutik der Faktizität schließt in sich die Aufgaben der formalen und materialen Gegenstandslehre und Logik, der Wissenschaftslehre, der ›Logik der Philosophie‹, der ›Logik des Herzens‹, ›Logik des Schicksals‹[60], der Logik des ›vortheoretischen und praktischen‹ Denkens, und das nicht als zusam-

[59] [Handschriftlicher Zusatz auf dem unteren Blattrand mit Zuordnungszeichen:] *›Intentionalität‹:* der bestimmt formalisierte Seinscharakter des Umgangs; aus der ›psychologischen‹ bzw. ›Bewußtseins‹-theoretischen, ›Erlebnis‹-thematischen Vorhabe herauszunehmen!

[›Intentionalität‹:] in »Logischen Untersuchungen« und später zwar noch echtes, aber abgefallenes formales Gegenstandsfeld blinder Explikation.

[Vgl. insbes. Edmund Husserl, Logische Untersuchungen. Bd. II/1. V. Über intentionale Erlebnisse und ihre ›Inhalte‹. Zu den Ausgaben s. Anhang II, Nachschrift Bröcker Nr. 10, oben S. 310 f., Anm. 6.]

[60] [Handschriftliche Einfügung.]

menfassender Sammelbegriff, sondern zufolge ihrer Wirkungskraft als prinzipieller Ansatz der philosophischen Problematik.

Noch *ist aber nicht verständlich geworden*, was für eine solche Hermeneutik geschichtliche Untersuchungen sollen und warum gerade *Aristoteles* in das Thema der Untersuchung gestellt ist, wie ferner diese zu bewerkstelligen sein wird. Die Motivationen der bestimmten *Blickrichtungen* (-habe und -bahn)[61] ergeben sich aus der *konkreten* Fassung des Blickstandes. In der Idee der Faktizität liegt es, daß je nur *die eigentliche* – im Wortsinne verstanden: *die eigene* – die der eigenen Zeit und Generation der genuine Gegenstand der Forschung ist. Ob seiner Verfallensgeneigtheit lebt das faktische Leben zumeist im Uneigentlichen, das heißt im Überkommenen, in dem, was ihm zugetragen wird, was es sich durchschnittsweise aneignet. Selbst was als eigentlicher Besitz ursprünglich ausgebildet ist, verfällt an Durchschnitt und Öffentlichkeit, verliert den spezifischen Herkunftssinn aus seiner ursprünglichen Situation und kommt freischwebend in die Üblichkeit des ›man‹. Von diesem Verfallen ist jeglicher Umgang und jegliche Umsicht des faktischen Lebens, nicht zuletzt sein eigener Auslegungsvollzug nach Vorhabe und Vorgriff, betroffen. In dieser Bewegtheit der Faktizität steht auch, weil sie nur explizite Auslegung des faktischen Lebens ist, die *Philosophie* in der Weise ihres Gegenstandnehmens, des Befragens seiner und des Antwortfindens und -bereithabens.[62]

Die phänomenologische Hermeneutik der Faktizität setzt hiernach selbst innerhalb ihrer faktischen Situation notwendig an in einer bestimmten vorgegebenen, sie selbst zunächst tragenden und nie ganz abzustoßenden Ausgelegtheit des faktischen Lebens. Nach dem über die Verfallenstendenz jeglicher Auslegung Gesagten wird gerade *›das Selbstverständliche‹* dieser Ausgelegtheit, das von ihr nicht Diskutierte, das für eine weitere Klärung für unbedürftig Gehaltene *das* sein, was *uneigentlich*, ohne ausdrückliche

[61] [Handschriftliche Einfügung.]

[62] [Satzende handschriftlich korrigiert und ergänzt von zuvor:] ... in der Weise ihres Fragens und Antwortfindens.

Aneignung von seinen Ursprüngen her, die herrschende Wirkungskraft der Problemvorgabe und der Führung des Fragens behält.

Das vom faktischen Leben selbst vollzogene Ansprechen und Auslegen seiner selbst läßt sich Blickbahn und Spruchweise von dem welthaft Gegenständlichen vorgeben. Wo menschliches Leben, das Dasein, der Mensch Gegenstand des auslegend bestimmenden Fragens ist, steht diese Gegenständlichkeit in der Vorhabe als welthaftes Vorkommnis, als ›Natur‹[63] (das Seelische wird verstanden als Natur, desgleichen Geist und Leben in der hierauf analogen kategorialen Artikulation). Daß wir heute noch von der ›Natur‹ des Menschen, der Seele, überhaupt der ›Natur der Sache‹ sprechen und dieses Gegenständliche kategorial auch so besprechen, das heißt in den einer bestimmten Explikation, einer bestimmt gesehenen ›Natur‹ entwachsenden Kategorien, hat seine geistesgeschichtlichen Motive. Auch da, wo grundsätzlich die Gegenstände nicht mehr als ›Substanzen‹ im rohen Sinne angesprochen werden (wovon übrigens Aristoteles weiter entfernt war, als gemeinhin gelehrt wird) und wo die Gegenstände nicht nach ihren okkulten Qualitäten befragt werden, bewegt sich die Lebensauslegung doch in Grundbegriffen, Frageansätzen und Explikationstendenzen, die in Gegenstandserfahrungen entsprungen sind, über die wir heute längst nicht mehr verfügen.

Die Philosophie der heutigen Situation bewegt sich zum großen Teil uneigentlich in der *griechischen* Begrifflichkeit, und zwar in einer solchen, die durch eine Kette von verschiedenartigen Interpretationen hindurchgegangen ist. Die Grundbegriffe haben ihre ursprünglichen, auf bestimmt erfahrene Gegenstandsregionen bestimmt zugeschnittenen Ausdrucksfunktionen eingebüßt. Bei aller Analogisierung und Formalisierung aber, die sie durchgemacht haben, hält sich ein bestimmter Herkunftscharakter durch, sie tragen noch ein Stück echter Tradition ihres ursprünglichen Sinnes bei sich, sofern an ihnen noch die Bedeu-

[63] [Handschriftlicher Zusatz:] (das aber noch nicht in der neuzeitlichen *theoretischen* Sinngebung).

tungsrichtung auf ihre gegenständliche Quelle nachweisbar wird. Die Philosophie der heutigen Situation bewegt sich bei der Ansetzung der Idee des Menschen, der Lebensideale, der Seinsvorstellungen vom menschlichen Leben in Ausläufern von Grunderfahrungen, die die griechische Ethik und vor allem die christliche Idee des Menschen und des menschlichen Daseins gezeitigt haben. Auch antigriechische und antichristliche Tendenzen halten sich grundsätzlich in denselben Blickrichtungen und Auslegungsweisen. Die phänomenologische Hermeneutik der Faktizität sieht sich demnach, sofern sie der heutigen Situation durch die Auslegung zu einer radikalen Aneignungsmöglichkeit mitverhelfen will – und das in der Weise des konkrete Kategorien vorgebenden Aufmerksammachens –, darauf verwiesen, die überkommene und herrschende Ausgelegtheit nach ihren verdeckten Motiven, unausdrücklichen Tendenzen und Auslegungswegen aufzulockern und im *abbauenden Rückgang* zu den ursprünglichen Motivquellen der Explikation vorzudringen. *Die Hermeneutik bewerkstelligt ihre Aufgabe nur auf dem Wege der Destruktion.* Philosophische Forschung ist, sofern sie die Gegenstands- und Seinsart ihres thematischen Worauf (Faktizität des Lebens) verstanden hat, im radikalen Sinne *›historisches‹* Erkennen. Die destruktive Auseinandersetzung mit ihrer Geschichte ist für die philosophische Forschung kein bloßer Annex zu Zwecken der Illustration dessen, wie es früher gewesen ist, keine *gelegentliche* Umschau darüber, was die Andern früher ›gemacht‹ haben, keine Gelegenheit zum Entwerfen unterhaltsamer weltgeschichtlicher Perspektiven. Die Destruktion ist vielmehr der eigentliche Weg, auf dem sich die Gegenwart in ihren eigenen Grundbewegtheiten begegnen muß, und zwar so begegnen, daß ihr dabei aus der Geschichte die ständige Frage entgegenspringt, wie weit sie (die Gegenwart) selbst um Aneignungen radikaler Grunderfahrungsmöglichkeiten und deren Auslegungen bekümmert ist. Die Tendenzen auf eine radikale Ursprungslogik und die Ansätze zu Ontologien gewinnen damit eine prinzipielle kritische Erhellung. Die lediglich schon durch den konkreten Vollzug der Destruktion entspringende Kritik gilt dabei nicht der Tatsache, *daß* wir überhaupt in einer Tradition stehen, sondern dem *Wie*. Was wir nicht ursprünglich auslegen und ebenso ausdrücken, das haben wir nicht in eigentlicher Verwahrung. Sofern es das faktische Leben ist, das heißt zugleich die in ihm gelegene Möglichkeit einer Existenz, was in zeitigende Verwahrung gebracht werden soll, verzichtet dieses Leben mit der Ursprünglichkeit der Auslegung auf die Möglichkeit, sich selbst wurzelhaft in Besitz zu bekommen, das heißt zu *sein*.

Die Verschlungenheit der entscheidenden konstitutiven Wirkungskräfte des Seinscharakters der heutigen Situation soll im Hinblick auf das Faktizitätsproblem kurz als die *griechisch-christliche Lebensauslegung* bezeichnet sein. Darin sollen auch die von ihr bestimmten, auf sie relativen antigriechischen und antichristlichen Auslegungstendenzen mitbeschlossen werden. Die in solcher Auslegung angesetzte Idee des Menschen und des menschlichen Daseins bestimmt die philosophische Anthropologie *Kants* und die des deutschen Idealismus. *Fichte, Schelling und Hegel* kommen von der *Theologie* und nehmen von da die Grundtriebe ihrer Spekulation mit. Diese Theologie wurzelt in der reformatorischen, der nur in ganz geringem Ausmaß eine genuine Explikation der neuen religiösen Grundstellung *Luthers* und ihrer immanenten Möglichkeiten gelang. Diese Grundstellung ihrerseits ist erwachsen aus seiner ursprünglich zugeeigneten Paulus- und Augustinus-Auslegung bei einer gleichzeitigen Auseinandersetzung mit der spätscholastischen Theologie (Duns Scotus, Occam, Gabriel Biel, Gregor von Rimini).

Die Gottes-, Trinitäts-, Urstands-, Sünden- und Gnadenlehre der Spätscholastik arbeitet mit den begrifflichen Mitteln, die Thomas von Aquin und Bonaventura der Theologie beigestellt haben. Das besagt aber, die in all diesen theologischen Problembezirken im vorhinein angesetzte Idee des Menschen und des Lebensdaseins gründet in der aristotelischen ›Physik‹, ›Psychologie‹, ›Ethik‹ und ›Ontologie‹, wobei die aristotelischen Grundlehren in bestimmter Auswahl und Auslegung zur Verarbeitung kommen.

Zugleich ist entscheidend mitwirksam Augustin und durch diesen der Neuplatonismus und durch den letzteren wieder in einem stärkeren als gewöhnlich angenommenem Ausmaße *Aristoteles*. Diese Zusammenhänge sind nach ihren rohen literargeschichtlichen Filiationen mehr oder minder bekannt. Eine eigentliche Interpretation mit der zentralen Fundierung in der exponierten philosophischen Grundproblematik der Faktizität fehlt völlig. Die Durchforschung des Mittelalters ist nach den leitenden Hinsichten in den Schematismus einer neuscholastischen Theologie und in den Rahmen eines neuscholastisch ausgeformten Aristotelismus gespannt. Es gilt zunächst überhaupt, die Wissenschaftsstruktur der mittelalterlichen Theologie, ihre Exegese und Kommentation als bestimmt vermittelte Lebensauslegungen zu verstehen. Die theologische Anthropologie ist auf ihre philosophischen Grunderfahrungen und Motive zurückzuverfolgen, so zwar, daß mit Bezug auf sie erst die Einflußkraft und Weise der Umbildung verständlich wird, die von der jeweiligen religiösen und dogmatischen Grundstellung ausging.[64] Die hermeneutische Struktur der Kommentation der Sentenzen des Petrus Lombardus, die bis zu Luther die eigentliche Entwicklung der Theologie trägt, ist als solche nicht nur nicht freigelegt, es fehlt dazu *überhaupt an den Frage- und Ansatzmöglichkeiten*. Schon allein, *was* in der Weise und in welcher Auswahl aus Augustin, Hieronymus, Joh. Damascenus[65] in die Sentenzen einging, ist von Bedeutung für die Entwicklung der mittelalterlichen Anthropologie. Um für diese Umbildungen überhaupt einen Maßstab zu haben, muß eine Interpretation der Augustinischen Anthropologie zur Ver-

[64] [Maschinenschriftliche Fußnote des Typoskripts:] Die Hymnologie und Musik des Mittelalters, ebenso wie seine Architektur und Plastik sind geistesgeschichtlich nur zugänglich auf dem Boden einer ursprünglichen phänomenologischen Interpretation der philosophisch-theologischen Anthropologie dieses Zeitalters, die sich mit- und umweltlich in Predigt und Schule mitteilte. Solange diese Anthropologie nicht explizit zugeeignet ist, bleibt der ›gotische Mensch‹ eine Phrase.

[65] [Johannes von Damaskus (um 650 – vor 754), dessen »Expositio fidei« in Anlehnung an die »Sententiae« (verfaßt um 1150) des Petrus Lombardus (1095/1100 – 1160) später vielfach »Sententiae Damasceni« genannt wurden.]

fügung stehen, die nicht etwa nur seine Werke exzerpiert nach Sätzen zur Psychologie am Leitfaden eines Lehrbuches der Psychologie oder Moraltheologie. Das Zentrum einer solchen Interpretation Augustins auf die ontologisch-logischen Grundkonstruktionen seiner Lebenslehre ist in den Schriften zum pelagianischen Streit und seiner Lehre von der Kirche zu nehmen. Die hier wirksame Idee des Menschen und des Daseins weist in die griechische Philosophie, die griechisch fundierte patristische Theologie, in die paulinische Anthropologie und in die des Johannesevangeliums.

Im Aufgabenzusammenhang der phänomenologischen Destruktion ist nicht das Wichtige, lediglich bildhaft die verschiedenen Strömungen und Abhängigkeiten aufzuzeigen, sondern je an den entscheidenden Wendepunkten der Geschichte der abendländischen Anthropologie im ursprünglichen Rückgang zu den Quellen die zentralen ontologischen und logischen Strukturen zur Abhebung zu bringen. Diese Aufgabe ist nur zu bewerkstelligen, wenn eine vom Faktizitätsproblem, das heißt einer *radikalen phänomenologischen Anthropologie* her orientierte konkrete Interpretation der aristotelischen Philosophie verfügbar gemacht ist.

Im Lichte des angesetzten Faktizitätsproblems ist *Aristoteles* nur die Vollendung und konkrete Ausformung der vorangegangenen Philosophie; zugleich aber gewinnt Aristoteles in seiner »Physik« einen prinzipiellen neuen Grundansatz, aus dem seine Ontologie und Logik erwachsen, von denen dann die oben schematisch rückläufig gekennzeichnete Geschichte der philosophischen Anthropologie durchsetzt ist. Das zentrale Phänomen, dessen Explikation Thema der Physik wird, ist das Seiende im Wie seines Bewegtseins.

Die literarische Gestalt, in der die aristotelische Forschung überliefert ist (Abhandlungen im Stil der thematischen Exposition und Untersuchung), bietet zugleich den bestimmten methodischen Absichten der folgenden Interpretationen den allein geeigneten Boden. Im Rückgang von Aristoteles wird erst die Seinslehre des Parmenides bestimmbar und als der entscheidende Schritt verständlich, der Sinn und Schicksal der abendländischen Ontologie und Logik entschied.

Die Forschungen zur Erledigung der Aufgabe der phänomenologischen Destruktion nehmen als Ziel die Spätscholastik und die theologische Frühzeit Luthers. Auch sonach umfaßt dieser Rahmen Aufgaben, deren Schwierigkeit nicht leicht zu überschätzen ist. Damit ist aus dem Blickstand (dem Ansatz und der Exposition des Problems der Faktizität) die Grundhaltung zur Geschichte und die Blickrichtung auf Aristoteles bestimmt.

Jede Interpretation muß nach Blickstand und Blickrichtung ihren thematischen Gegenstand *überhellen*. Er wird erst angemessen bestimmbar, wenn es gelingt, ihn nicht beliebig, sondern aus dem zugänglichen Bestimmungsgehalt seiner her ihn zu scharf zu sehen und so durch Zurücknahme der Überhellung auf eine möglichst gegenstandsangemessene Ausgrenzung zurückzukommen. Ein immer nur im Halbdunkel gesehener Gegenstand wird erst im Durchgang durch eine Überhellung gerade in *seiner* halbdunkelen Gegebenheit faßbar. Als überhellende darf aber die Interpretation nicht zu weit fragen und für sich nicht eine im Sinne der historischen Erkenntnis überhaupt phantastische Objektivität beanspruchen, als träfe sie ein ›Ansich‹. Danach überhaupt nur fragen, heißt den Gegenstandscharakter des *Historischen* verkennen. Aus der Nichtvorfindbarkeit eines solchen ›Ansich‹ auf Relativismus und skeptischen Historismus schließen, bedeutet nur die Kehrseite *desselben* Verkennens. Die Übersetzung der interpretierten Texte und vor allem die der entscheidenden Grundbegriffe ist aus der konkreten Interpretation erwachsen und enthält diese gleichsam in nuce. Die Prägungen entspringen nicht einer Neuerungssucht, sondern dem Sachgehalt der Texte.

Nunmehr ist der aus dem Blickstand bestimmte Ansatz der Aristotelesinterpretation verständlich zu machen und auszugsweise der erste Teil der Untersuchungen zu skizzieren.

Die führende Frage der Interpretation muß sein: *als welche Gegenständlichkeit welchen Seinscharakters ist das Menschsein, das ›im Leben Sein‹ erfahren und ausgelegt?* Welches ist der Sinn von

Dasein, in dem die Lebensauslegung den Gegenstand Mensch im vorhinein ansetzt? Kurz, in welcher *Seinsvorhabe* steht diese Gegenständlichkeit? Ferner: Wie ist dieses Sein des Menschen begrifflich expliziert, welches ist der phänomenale Boden der Explikation und welche Seinskategorien erwachsen als Explikate des so Gesehenen?

Ist der Seinssinn, der das Sein des menschlichen Lebens letztlich charakterisiert, aus einer reinen Grunderfahrung eben dieses Gegenstandes und seines Seins genuin geschöpft, oder ist menschliches Leben als ein Seiendes innerhalb eines umgreifenderen Seinsfeldes genommen, beziehungsweise einem für es als archontisch angesetzten Seinssinn unterworfen? Was besagt überhaupt Sein für Aristoteles, wie ist es zugänglich, faßbar und bestimmbar? Das Gegenstandsfeld, das den ursprünglichen Seinssinn hergibt, ist das der *hergestellten*, umgänglich in Gebrauch genommenen Gegenstände. Nicht also das Seinsfeld der *Dinge* als einer *theoretisch* sachhaft erfaßten Gegenstandsart, sondern die begegnende Welt im herstellenden, verrichtenden und gebrauchenden Umgang ist das Worauf, auf das die ursprüngliche Seinserfahrung abzielt. Das in der Umgangsbewegtheit des Herstellens (ποίησις) Fertiggewordene, zu seinem für eine Gebrauchstendenz verfügbaren Vorhandensein Gekommene, ist das, was *ist*. Sein besagt *Hergestelltsein* und, als Hergestelltes, auf eine Umgangstendenz relativ Bedeutsames, Verfügbarsein. Sofern es Gegenstand des Umsehens oder gar des eigenläufigen hinsehenden Erfassens ist, wird das Seiende angesprochen auf sein *Aussehen* (εἶδος). Das hinsehende Erfassen expliziert sich im An- und Besprechen (λέγειν). Das angesprochene Was des Gegenstandes (λόγος) und sein Aussehen (εἶδος) sind in gewisser Weise dasselbe. Das besagt aber, das im λόγος Angesprochene als solches ist das eigentlich Seiende. Das λέγειν bringt in seinem Anspruchsgegenstand das Seiende in seiner aussehensmäßigen Seinshaftigkeit (οὐσία) zur Verwahrung. Οὐσία hat aber die ursprüngliche, bei Aristoteles selbst noch und auch späterhin wirksame Bedeutung des Hausstandes, Besitzstandes, des umweltlich zu Gebrauch Verfügbaren. Es bedeutet die *Habe.* Was am Seienden als sein Sein in umgangsmäßige Verwahrung kommt, was *es* als *Habe* charakterisiert, ist sein *Hergestelltsein.* In der Herstellung kommt der Umgangsgegenstand zu seinem Aussehen.

Das Seinsfeld der Umgangsgegenstände (ποιούμενον, πρᾶγμα, ἔργον κινήσεως) und die Ansprechensweise des Umgangs, ein bestimmt charakterisierter Logos, genauer der Umgangsgegenstand im Wie des Angesprochenseins, kennzeichnet die Vorhabe, aus der die ontologischen Grundstrukturen und damit die Ansprechens- und Bestimmungsweisen hinsichtlich des Gegenstandes ›menschliches Leben‹ geschöpft werden.

Wie erwachsen die ontologischen Strukturen? Als Explikate eines ansprechenden, hinsehenden Bestimmens, das heißt auf dem Wege einer *Forschung*, die das durch eine Grunderfahrung in die bestimmte Vorhabe gebrachte Seinsfeld in bestimmte Hinsichten nimmt und es in diesen artikuliert. Die Forschungen also, deren Gegenstand erfahren und vermeint ist im Charakter des Bewegtseins, in dessen Was im vorhinein mitgegeben ist so etwas wie Bewegung, müssen den möglichen Zugang zur eigentlichen Motivquelle der aristotelischen Ontologie vermitteln. Solche Forschung liegt vor in der *»Physik«* des Aristoteles. Diese Forschung ist interpretationsmethodisch als *volles Phänomen* zu nehmen und zu interpretieren auf ihren Gegenstand im *Wie* des erforschenden Umgangs mit ihm, auf die Grunderfahrung, in der der Gegenstand als Forschungsansatz vorgegeben ist, auf die konstitutiven Bewegtheiten des Forschungsvollzugs und auf die konkreten Weisen des Gegenstandvermeinens und begrifflichen Artikulierens. So wird das Bewegtseiende nach seinem Seinscharakter und Bewegung nach ihrer kategorialen Struktur und damit die ontologische Verfassung des archontischen Seinssinnes sichtbar. Für die phänomenologische Interpretation dieser Forschung ist aber ein Verständnis *des* Sinnes erfordert, in dem Aristoteles überhaupt Forschung und Forschungsvollzug auffaßt. Forschung ist eine Weise des hinsehenden Umgangs (ἐπιστήμη). Sie hat ihre bestimmte Genesis aus dem besorgend gerichteten Umgang und wird erst aus dieser hinsichtlich der Weise ihres Umgehens – das ist des Befragens von etwas auf sein ›Inwiefern‹ (αἴτιον) und sein ›Vonwoaus‹ (ἀρχή) – verständlich. Der Einblick in die Genesis der Forschung wird beigestellt durch die vorgängige Interpretation von Met. A 1 und 2[66]. Das hinsehend bestimmende Verstehen (ἐπιστήμη) ist nur *eine* Weise, in der Seiendes zur Verwahrung kommt: das Seiende, das notwendig und zumeist ist, was es ist. Ein möglicher Umgang im Sinne des ausrichtenden, besorgend überlegenden besteht hinsichtlich *des* Seienden, das auch anders sein kann, als es gerade ist, das im Umgang allererst selbst zu bewerkstelligen, zu behandeln oder herzustellen ist. Diese Weise der Seinsverwahrung ist die τέχνη[67]. Aristoteles interpretiert die je nach den entsprechenden Seinsregionen verschiedenen Weisen der Umgangserhellung (Umsicht, Einsicht, Hinsicht) in einem ursprünglichen Problemzusammenhang als Vollzugsweisen des reinen, überhaupt Sicht gebenden *Vernehmens* auf ihre mögliche Grundleistung der Seinsaneignung und Verwahrung (Eth. Nic. Z). Durch die Interpretation dieses Stückes soll von vornherein der phänomenale Horizont gewonnen werden, in den hinein Forschung und theoretisches Erkennen zu stellen sind als Weisen οἷς ἀληθεύει ἡ ψυχή (1139 b 15). Der erste Teil der Untersuchungen umfaßt sonach die Interpretation von:

1. Eth. Nic. Z.
2. Met. A 1 u. 2.
3. Phys. A, B, Γ 1–3.

[66] [Der in den freigelassenen Zwischenraum des Typoskripts nach »Interpretation von« einzusetzende Text fehlt; Stellenangabe Erg. d. Hg.]

[67] [Der in den freigelassenen Zwischenraum des Typoskripts nach »ist die« einzusetzende Text fehlt; griechischer Terminus Erg. d. Hg.]

Ethica Nicomachea VI[1]

Die Interpretation dieser Abhandlung macht unter vorläufigem Absehen von der spezifisch ethischen Problematik[2] die ›dianoetischen Tugenden‹ verständlich als die Weisen des Verfügens über die Vollzugsmöglichkeit echter *Seinsverwahrung*. Σοφία (eigentliches, hinsehendes Verstehen) und φρόνησις (fürsorgende Umsicht) werden interpretiert als die eigentlichen Vollzugsweisen des νοῦς: des reinen *Vernehmens* als solchen. In ihnen wird zugänglich und kommt zu Aneignung und Verwahrung ein je ihrem Vernehmenscharakter entsprechendes Seiendes. Das besagt aber: mit der Interpretation dieser Phänomene ist die Möglichkeit gegeben, das in ihnen jeweils in Verwahrung gebrachte Seiende im Wie seines Vernommenseins und damit hinsichtlich seines genuinen Seinscharakters zu bestimmen und auszugrenzen. So ist der Zusammenhang dieser Interpretation der ›Tugenden‹ mit der angesetzten ontologischen Problematik deutlich. Der prinzipielle phänomenale Struktur-Unterschied der zwei Grundweisen des Vernehmens läßt die je entsprechenden verschiedenen Seinsregionen sichtbar werden. Ἔστω δὴ οἷς ἀληθεύει ἡ ψυχὴ τῷ καταφάναι καὶ ἀποφάναι, πέντε τὸν ἀριθμόν· ταῦτα δ' ἐστὶ τέχνη ἐπιστήμη φρόνησις σοφία νοῦς· ὑπολήψει γὰρ καὶ δόξῃ ἐνδέχεται διαψεύδεσθαι (1139 b 15–18).[3] »Es seien also der Weisen, in denen die Seele Seiendes als unverhülltes in Verwahrung bringt und nimmt – und das in der Vollzugsart des zu- und absprechenden Explizierens –, fünf angesetzt: verrichtend-herstellendes Verfahren, hinsehend-besprechend-ausweisendes Bestimmen, fürsorg-

[1] [Siehe Anhang III B, Beilagen, S. 401 ff.]

[2] [Handschriftlicher Zusatz:] Nachklang *alter* Einstellung!

[3] [Nach Heideggers Handexemplar der Ethica Nicomachea (ed. Susemihl, Leipzig 1882), heißt es dagegen καταφάναι ἢ ἀποφάναι. Heideggers Ersetzung von »oder« (ἢ) durch »und« (καὶ) zeigt sich auch in der anschließenden Übersetzung: »Vollzugsart des zu- und absprechenden Explizierens«.]

liches Sichumsehen (Umsicht), eigentlich-sehendes Verstehen, reines Vernehmen. (Nur diese kommen in Frage); denn im Sinne der Dafürnahme und des ›eine Ansicht Habens‹ liegt es, daß sie nicht notwendig das Seiende als unverhülltes geben, sondern so, daß das Vermeinte nur so aussieht *als*, daß es, sich vor das Seiende schiebend, täuscht.« (Vgl. 1141 a 3.) Die hier in Rede stehenden ›Tugenden‹ sind diejenigen Weisen καθ' ἃς [...] μάλιστα [...] ἀληθεύσει [ἡ ψυχή] (1139 b 12 sq.), deren reinem Vollzugscharakter entsprechend die Seele »am meisten« das je vorgegebene Seiende als *unverborgenes* in ursprüngliche Verwahrung gibt. Für das Verständnis der aristotelischen Analyse der genannten Phänomene, ihrer phänomenalen Verschiedenheit und der damit gegebenen verschiedenen konstitutiven Leistung im Vollzug der Seinsverwahrung und schließlich ihres Charakters als je konkreter Vollzugsweisen der Grundlebendigkeit des Vernehmens als solchen (νοῦς, νοεῖν) ist die richtige Interpretation des Sinnes von ἀληθές – ἀλήθεια von grundsätzlicher Bedeutung. Im gleichen macht nur die phänomenologische Fassung des νοῦς den Strukturzusammenhang der Phänomene unter sich verständlich.

Bei der Bestimmung des Sinnes von ›Wahrheit‹ pflegt man Aristoteles als den Urzeugen anzurufen. Nach ihm sei ›Wahrheit‹ etwas, ›was im Urteil vorkommt‹, näherhin die ›Übereinstimmung‹ des Denkens mit dem Gegenstand. Zugleich versteht man diesen Wahrheitsbegriff als die Grundlage der sogenannten ›Abbild-Theorie‹ des Erkennens. Weder findet sich von diesem Wahrheitsbegriff als ›Übereinstimmung‹ noch von der üblichen Auffassung des λόγος als geltendem Urteil und am allerwenigsten von der ›Abbild-Theorie‹ bei Aristoteles eine Spur. Ihn gar – in der Apologetik gegen einen mißverstandenen ›Idealismus‹ – zum Kronzeugen der erkenntnistheoretischen Mißgeburt des sogenannten ›kritischen Realismus‹ machen, heißt die quellenmäßig vorliegende Phänomenlage von Grund aus mißverstehen.

Der Sinn des ἀληθές: als unverborgen da-sein, bzw. an ihm selbst vermeintsein ist in keiner Weise aus dem ›Urteil‹ explikativ geschöpft und daher auch nicht ursprünglich da beheimatet und darauf bezogen. 'Ἀληθεύειν besagt nicht: »sich der Wahrheit bemächtigen«[4], sondern das je vermeinte und als solches vermeinte *Seiende* als unverhülltes in Verwahrung nehmen.[5, 6]

Die αἴσθησις, das *Vernehmen* im Wie des Sinnlichen, wird nicht erst in *Übertragung* des ›Wahrheitsbegriffes‹ vom λόγος her *›auch‹* wahr genannt, sondern sie ist ihrem eigentlichen intentionalen Charakter nach das, was in sich selbst ursprünglich sein intentionales Worauf ›originär‹ gibt. Das ›ein Gegenständliches als ein unverhülltes Geben‹ ist ihr Sinn. Daher ἡ μὲν γὰρ αἴσθησις τῶν ἰδίων ἀεὶ ἀληθής (De anima Γ 3, 427 b 11 sq.; vgl. cap. 3).[7] Es zeigt sich hier, daß der Ausdruck ›Wahrheit‹ – ›wahr‹ angesichts der vermeinten phänomenalen Sachlage nichtssagend wird. »Falschheit« (ψεῦδος, ψευδές) dagegen gibt es nur, wo »Synthesis« ist: τὸ γὰρ ψεῦδος ἐν συνθέσει ἀεί (De an. Γ 6, 430 b 1 sq.). Sie setzt als Bedingung ihrer Möglichkeit eine *andere* intentionale Struktur des Gegenstandsmeinens voraus, ein Zugehen auf das Seiende in der ›Hinsicht‹ eines anderen Vermeintseins. Da, wo Seiendes nicht schlicht an ihm selbst intendiert ist, sondern *als* das und das, in einem ›Als‹-Charakter, ist das Vernehmen im Wie des *Zusammen-* und *Mitnehmens*. Sofern das Ver-

[4] [Handschriftlicher Zusatz:] oder »Wahrheit bekennen« ([Julius] Walter [Die Lehre von der praktischen Vernunft in der griechischen Philosophie. Jena: Mauke 1874], S. 82).

[5] [Fragezeichen (über »nehmen«) und handschriftlicher Zusatz auf dem unteren Blattrand mit Zuordnungszeichen:] Und zwar hat ἀληθεύειν sowenig wie der νοῦς ursprünglich (?) und eigentlich (?) ›theoretischen‹ Charakter – im Gegenteil (?); vgl. Blatt *διάνοια πρακτική*, 1139 a 26 sq. [im vorliegenden Band: Anhang III B, Beilage Nr. 7, S. 407 f.]

Doch! nur ist das θεωρεῖν bzw. ›nicht theoretisch‹ verschieden vom modernen ›theoretisch‹; es liegt nicht am ›Theoretischen‹ (modernen) des νοῦς, sondern am νοῦς-haften des Theoretischen.

'Ἀληθεύειν hat ursprünglichen Sinnbezug (*Seins*bezug) zu κίνησις, *Umgang*, und deshalb *θεωρεῖν* das höchste *Sein* als Sein des faktischen Lebens – Bewegtheit; φρόνησις.

[6] [Stenographischer Zusatz am Absatzende, zwei Worte unleserlich (s. Auslassungspunkte):] Das jew[eilig] Begegnende (umweltlich) [...] vor sich haben – (sorgend).

[7] [Handschriftlicher Zusatz auf dem linken Blattrand:] *Seinscharakter.*

nehmen sich (als sinnliches) vollzieht in der Weise des seinen Gegenstand Ansprechens-als und Besprechens-als (im λέγειν), kann es sein, daß sich *dabei* der Gegenstand gibt *als* etwas, was er nicht ist. Die Vermeinenstendenz auf Gegenständliches im ›Als‹ ist aber überhaupt fundierend für die Möglichkeit des ψεῦδος; (ὅτι μὲν γὰρ λευκόν, οὐ ψεύδεται, εἰ δὲ τοῦτο τὸ λευκὸν ἢ ἄλλο τι, ψεύδεται (De an. Γ 3, 428 b 21 sq.). [ἡ αἴσθησις] διανοεῖσθαι δ' ἐνδέχεται καὶ ψευδῶς, καὶ οὐδενὶ ὑπάρχει ᾧ μὴ καὶ λόγος (ib. 427 b 13 sq.)) – nur was vernommen ist in der Weise des Angesprochenseins auf ein ›Als‹, kann sich *für* solches Ansprechen »als es täuschend« geben. Das ›Wahrsein‹ des λόγος des Ansprechens konstituiert sich seinem Sinne nach erst auf dem Umwege über das ψεῦδος.[8] Der λόγος selbst muß in seinem eigenen *intentionalen* Charakter genommen werden: er ist ἀπόφανσις, vermeinendes, vom Gegenstand her aus diesem schöpfendes (ἀπό), diesen Ansprechen und Besprechen. Entsprechend ist das ἀποφαίνεσθαι zu nehmen: für sich (Medium) den Gegenstand von ihm selbst her ›erscheinen‹ lassen als ihn selbst. Das wird wichtig für die Interpretation der φαντασία.

Das λέγειν gibt das Seiende an ihm selbst, das heißt jetzt, *es* in seinem unverhüllten ›Als-Was‹, sofern sich nicht ein täuschendes, nur sich *als so* ausgebendes ›Was‹ vorschiebt. Das ψεῦδος als Sichverhüllen hat nur Sinn auf Grund der ursprünglich *nicht* λόγος-bezogenen Bedeutung des ἀληθές: [δόξα] ψευδὴς ἐγίνετο, ὅτε λάθοι μεταπεσὸν τὸ πρᾶγμα (De an. Γ 3, 428 b 8 sq.). Hier ist das *Verborgenbleiben*, *Verhülltsein* ausdrücklich als den Sinn von ψεῦδος und damit den von ›Wahrheit‹ bestimmend fixiert. Aristoteles sieht das Verborgensein an ihm selbst positiv, und es ist kein Zufall, daß der Sinn von ›Wahrheit‹ für den Griechen sinnmäßig – nicht nur grammatisch – *privativ* charakterisiert ist. Das Seiende im Wie seiner möglichen ›Als-Was-Bestimmtheiten‹ ist nicht einfach da, es ist ›Aufgabe‹. Und das Seiende im Wie seines

[8] [Stenographischer Satz auf dem obersten Blattrand:] Der λόγος ist nicht an ihm selbst und seiner ursprünglichen Struktur nach wie die αἴσθησις *wahr*, sondern *sein* Sinn ist es gerade, wahr oder falsch sein zu können.

Unverhülltseins, ὂν ὡς ἀληθές, ist das, was in Verwahrung genommen werden muß[9] gegen möglichen Verlust. Das ist der Sinn der ἕξεις, αἷς ἀληθεύει ἡ ψυχή; deren höchste eigentliche sind σοφία und φρόνησις, sofern sie je in ihrem Seinsfelde die ἀρχαί in Verwahrung halten. Das ὂν ὡς ἀληθές ist kein eigenes Sein und Seinsfeld oder Geltungsbereich der ›wahren *Urteile*‹, sondern das Seiende an ihm selbst im Wie (ὡς) seines *Da*seins als unverhülltes.[10] Es ist ἐν διανοίᾳ (ἐν τῇ ψυχῇ)[11] als νοητόν, *im* ›Verstand‹[12], als das Worauf *seines (vermeinenden!)*[13] Vernehmens. Diese Interpretation von ἀληθές und ἀληθεύειν, die eine Reihe von lediglich erkünstelten Schwierigkeiten der Auslegung beseitigt, wird durch eine eingehende phänomenologische Analyse von Met. E 4; De an. Γ 5 sqq.; De interpr.; Met. Δ 29; vor allem Met. Θ 10 konkret belegt.

Der λόγος, das λέγειν, ist die[14] Vollzugsweise des νοεῖν[15] und als solches ein διανοεῖσθαι, ein *zer*meinendes Vernehmen: eine διαίρεσις; ἐνδέχεται δὲ καὶ διαίρεσιν φάναι πάντα (De an. Γ 6, 430 b 3 sq.). Das An- und Besprechen, in der Weise des synthetischen Bestimmens, kann auch als Auseinandernehmen, Ex-plizieren angesprochen werden.

Das νοεῖν hat den Grundcharakter des Vernehmens. Der νοῦς ist das Vernehmen schlechthin[16], das heißt das, was ein Worauf für irgendwelchen gerichteten ›Umgang mit‹ überhaupt ermöglicht, vorgibt. Er ist τῷ πάντα ποιεῖν, ὡς ἕξις τις, οἷον τὸ φῶς (De

[9] [Handschriftlicher Zusatz auf dem unteren Blattrand mit Zuordnungszeichen:] Das in Verwahrung Haben ein Wie des Seins (bzw. dieses eigentlich als ein Wie des *Herstellens* ausgelegt). ›Wahr‹heit – Verwahrt-(sein)heit des Unverhüllten. [Stenographischer Nachsatz nicht entzifferbar.]

[10] [Satzende handschriftlich korrigiert von zuvor:] sondern das Seiende selbst im Wie (ὡς) seines unverhüllten Vermeintseins.

[11] [Handschriftliche Einfügung.]

[12] [Handschriftlicher Zusatz:] der Zugang zu – in seinem Sein *rein* – ψυχή!

[13] [Handschriftliche Einfügung.]

[14] [Handschriftlicher Zusatz:] in der ψυχή-bestimmten Seinshaftigkeit ›motivierte‹!! (Beleg?)

[15] [Handschriftlicher Zusatz:] und nicht unbeteiligt an der αἴσθησις.

[16] [Handschriftlicher Zusatz:] in seinem *Sein* ganz und – Zugehen – ganz bei ihm selbst.

an. Γ 5, 430 a 15). Das Vernehmen stellt *alles* her als ein Verfügenkönnen darüber, und zwar so wie das Licht. Der νοῦς gibt überhaupt Sicht, ein Etwas, ein ›Da‹. Der νοῦς ist als das ἴδιον τοῦ ἀνθρώπου in seinem konkreten Vollzug, als ἐνεργείᾳ – als am Werke – seinem Werke – das heißt Sichtgebend, immer solcher *in* einer Weise des konkreten Umgangs mit, in einem Ausrichten, Herstellen, Behandeln, Bestimmen. Sofern er dem Umgang selbst seine Sicht gibt, kann er auch charakterisiert werden als Umgangs*erhellung*, die aber den Sinn der Seinsverwahrung hat. Das genuin Gegenständliche des νοῦς ist das, was er ἄνευ λόγου, ohne die Weise des Ansprechens[17] auf etwas auf seine ›Als-Was-Bestimmungen‹ (οὐ τὶ κατά τινος, ib. 430 b 28 sq.; vgl. Met. Z 4[18]) vernimmt: die ἀδιαίρετα, was an ihm selbst nicht auseinandernehmbar, nicht weiter explikabel ist.[19] Als solcher gibt er Gegenständliches, rein als solches in seinem unverhüllten Was, und als solcher ist er ›nur wahr‹: ἡ μὲν οὖν τῶν ἀδιαιρέτων νόησις ἐν τούτοις, περὶ ἃ οὐκ ἔστι τὸ ψεῦδος (ib. 430 a 26 sq.). Das ›Nur‹ besagt hier: ›überhaupt noch nicht‹ in der Möglichkeit des Falschseins und nicht etwa ›nicht mehr‹ in dieser Möglichkeit. Der νοῦς gibt für jedes konkrete Besprechen[20] diesem sein mögliches Worüber, was letztlich selbst nicht erst im Besprechen als solchem zugänglich werden kann, sondern nur in der ἐπαγωγή (›Induktion‹) – aber im reinen Wortverstande, nicht im Sinne des empirisch aufsammelnden Zusammennehmens, sondern als schlicht-direktes Hinführen zu ..., Sehenlassen von ... Der νοῦς ist αἴσθησίς τις, ein Vernehmen, das das Aussehen der Gegenstände jeweils schlicht vorgibt: ὁ νοῦς εἶδος εἰδῶν καὶ ἡ αἴσθησις

[17] [Handschriftlicher Zusatz:] (*nicht* als νοῦς ψυχῆς).
[Handschriftlicher Zusatz auf dem unteren Blattrand (der stenographisch ergänzte Satz nach dem Gedankenstrich konnte nicht entziffert werden):] νοῦς der Seele – [...]

[18] [Verweis auf Met Z 4 handschriftlicher Zusatz.]

[19] [Handschriftlicher Zusatz:] besser: nicht im διά zugänglich – verwahrbar! unverwahrbar im διά.

[20] [Handschriftlicher Zusatz, ein Wort unleserlich (s. Auslassungspunkte):] ([...] *doch* noch in der Struktur des διά, aber das eben vollkommenerweise).

εἶδος αἰσθητῶν (ib. 432 a 2 sq.). Wie die Hand ὄργανόν ἐστιν ὀργάνων (ib.), d. h. wie ein Werkzeug in der Hand erst zu seinem eigentlichen Sein – dem *Werk-Zeugen* – kommt, so ist das *Aussehen* der Gegenstände nur durch den νοῦς und *›im‹* νοῦς, als dessen Worauf in Sicht, *es sieht aus*. Sofern ein Gegenstandsfeld als solches in der Aufgabe steht, explizit zugänglich zu werden, und das nicht nur etwa im theoretischen Bestimmen, muß im vorhinein als unverhülltes verfügbar sein das ›Vonwoaus‹ (ἀρχή) des λέγειν. Von der ἀρχή[21] nimmt es, darauf hinblickend, seinen Ausgang, so zwar, daß es diesen Ausgang als ständige Grundorientierung ›im Auge‹ behält. Diese ἀρχαί werden als unverhüllte ausdrücklich in Verwahrung genommen in der ἐπαγωγή· τῶν ἀρχῶν ἐπαγωγή (vgl. 1139 b 31); λείπεται νοῦν εἶναι τῶν ἀρχῶν (1141 a 7 sq.). In diesem zur Verwahrunggeben der je dem Seinsgebiet entsprechenden ἀρχαί liegt die höchste und eigentliche Leistung des νοῦς: μάλιστα ἀληθεύει; die konkreten Vollzugsweisen solcher eigentlichen Seinsverwahrung sind σοφία und φρόνησις.

Das reine hinsehende Verstehen bringt das Seiende, dessen ›Von-Wo-Aus‹ und das selbst *ist* in der Weise, daß es notwendig und immer ist, was es ist, in Verwahrung; das fürsorgend-besprechende Sichumsehen dagegen ein solches Seiendes, das an ihm selbst und dessen ›Von-Wo-Aus‹ *anders sein kann.*

Beide Verwahrungsweisen zeitigen sich μετὰ λόγου, im Vollzugscharakter des besprechenden Explizierens. Dieses ist konstitutiv für sie, sofern sie die ἀρχαί in den Blick nehmen, nicht als für sich isolierte Sachen, sondern *als solche*, d. h. aber in ihrem

[21] [Handschriftlicher Zusatz auf dem unteren Blattrand mit Zuordnungszeichen:]
Ἀρχή – *Von wo aus* des vernehmenden Bestimmens;
↘
ἀρχή originär evidente.

Umgekehrt: ἀρχή-Forschung muß das Bestimmen – Seiendes Haben – *dahin zurückbringen*; hier liegt die Aufgabe und das Entscheidende des echten *Aufgriffes*!

Ausgang als Intentionalität verstehen – Ausgehen *von* und dabei es *für* den *Gang* haben; Gehen ist das des Bestimmens; Gehen als im Blick behaltendes, nämlich den *Ausgang*.

eigensten Sinne als ἀρχαί-*für*. Das Wofür kommt als das zu bestimmende Wofür dieser *mit* in Verwahrung. Der λόγος ist ein ὀρθὸς λόγος. Das Besprechen ist solches in einer ursprünglich festgehaltenen *Richtungnahme*, es hat je sein festgemachtes ›Ende‹, worauf es dem Sinn der jeweiligen Verwahrungsweise entsprechend für deren erhellende Explikation ankommt. Die φρόνησις bringt das Worauf des Umgangs menschlichen Lebens mit ihm selbst und das Wie dieses Umgangs in seinem eigenen Sein in Verwahrung. Dieser Umgang ist die πρᾶξις: das sich selbst Behandeln im Wie des nicht herstellenden, sondern nur je gerade *handelnden* Umgehens. Die φρόνησις ist die Leben in seinem *Sein* mitzeitigende Umgangserhellung.

Die konkrete Interpretation[22] zeigt, wie sich in der φρόνησις dieses Seiende konstituiert, der καιρός. Das handelnde, fürsorgliche Behandeln ist immer konkretes im Wie des besorgenden Umgangs mit der Welt. Die φρόνησις macht die Lage des Handelnden zugänglich im Festhalten des οὗ ἕνεκα, Weswegen, im Beistellen des gerade bestimmten Wozu, im Erfassen des ›Jetzt‹ und in der Vorzeichnung des Wie. Sie geht auf das ἔσχατον, Äußerste, in dem sich die bestimmt gesehene konkrete Situation jeweils zuspitzt. Die φρόνησις ist als besprechende, fürsorglich-überlegende nur möglich, weil sie primär eine αἴσθησις ist, ein letztlich schlichtes Übersehen des Augenblicks. Das πρακτόν als das Seiende, das im ἀληθεύειν der φρόνησις unverhüllt verfügbar wird, ist etwas, was *ist* als *noch nicht* das und das Sein. Als ›noch nicht das und das‹, und zwar als Worauf eines Besorgens, *ist* es zugleich *schon* das und das, als das Worauf einer konkreten Umgangsbereitschaft, deren konstitutive Erhellung die φρόνησις ausmacht. Das ›Noch-Nicht‹ und das ›Schon‹ sind in ihrer ›Einheit‹ zu verstehen, d.h. von einer ursprünglichen Gegebenheit her, für die das ›Nochnicht‹ und das ›Schon‹ bestimmte Explikate sind. Bestimmte deshalb, weil dabei das Gegenständliche in einen determinierten Bewegungsaspekt gestellt ist. Der Begriff der στέ-

[22] [Handschriftlich Zusatz über der Zeile:] (Vgl. Mss. V, S. 48–162.) [Das Manuskript konnte nicht identifiziert werden.]

ρησις ist die Kategorie der genannten Explikate. In ihr hat die Hegelsche Dialektik ihre geistesgeschichtliche Verwurzelung.

Die ἀλήθεια πρακτική ist nichts anderes als der jeweils unverhüllte volle Augenblick des faktischen Lebens im Wie der entscheidenden Umgangsbereitschaft mit ihm selbst, und das innerhalb eines faktischen Besorgensbezuges zur gerade begegnenden Welt. Die φρόνησις ist *epitaktisch*, sie gibt das Seiende im Charakter des zu Besorgenden, sie bringt und hält jede Augenblicksbestimmtheit, das jeweilige Wie, Wozu, Inwieweit und Warum, in diesem Hinblick. Sie bringt als epitaktische Erhellung den Umgang in die Grundhaltung der Bereitschaft zu ..., des Losbrechens auf ... Das hierin vermeinte Worauf, das Seiende des Augenblicks, steht in der Hinsicht der Bedeutsamkeit für ..., der Besorgbarkeit, des jetzt zu Erledigenden. Die φρόνησις ist ein Hinsehen κατὰ τὸ συμφέρον πρὸς τὸ τέλος (1142 b 32 sq.)[23]. Weil sie die Verwahrungsweise des vollen Augenblicks ist, hält die Umsicht im eigentlichen Sinne das Weswegen des Handelns, seine ἀρχή, in der genuinen Verwahrung. Die φρόνησις ist, was sie ist, immer nur in der konkreten Bezogenheit auf den Augenblick, sie ist da, im Gesehen- und Ergriffensein, in diesem und für diesen.

Die Interpretation charakterisiert zugleich konkret die Methode, in der Aristoteles das Phänomen der φρόνησις expliziert: im deskriptiven Vergleichen und Abscheiden, und zwar nach den verschiedenen phänomenalen Hinsichten des Bezogenseins auf, des Worauf des Bezugs, des Wie des Vollzugs. Die Deskription vollzieht sich immer in der gleichzeitigen Gegeneinanderhaltung der verschiedenen ἕξεις. Besonders instruktiv hierfür ist die Analyse der εὐβουλία, der konkreten Vollzugsweise des der φρόνησις immanenten λέγειν. Sie bringt das Wie des angemessenen und eigentlich zielerreichenden Zuwerkegehens aus dem Augenblick selbst in den umsichtigen Blick.

[23] [Nach Heideggers Handexemplar der Ethica Nicomachea (ed. Susemihl, Leipzig 1882) heißt es πρός τι τέλος, im Apparat wird aber die Lesart πρὸς τὸ τέλος genannt.]

Aber nicht nur *das* Seiende und sein Seinscharakter, das die φρόνησις in Verwahrung bringt, wird durch die Interpretation herausgehoben, sie gewinnt zugleich ein erstes Verständnis des Seinscharakters, den die φρόνησις *an ihr selbst* hat. Sie ist ἕξις, ein Wie des Verfügens über Seinsverwahrung. Als ἕξις ist sie aber ein γιγνόμενον τῆς ψυχῆς, was sich im Leben selbst als dessen eigene Möglichkeit zeitigt und dieses in einen bestimmten Stand – in gewisser Weise zu-Stande-bringt. So zeigt sich an der φρόνησις gerade eine *Doppelung* der Hinsicht an, in die der Mensch und das Sein des Lebens gestellt sind, die für das geistesgeschichtliche Schicksal der kategorialen Explikation des Seinssinnes der Faktizität entscheidend wird. In der Umsicht ist das Leben da im konkreten Wie eines Womit des Umgangs. Das Sein dieses Womit ist aber – und das ist schon entscheidend – *nicht positiv hieraus* ontologisch charakterisiert, sondern nur formal als solches, ›das auch anders sein kann‹, ›nicht notwendig und immer ist‹, wie es ist. Diese ontologische Charakteristik ist vollzogen im *negierenden* Gegenhalt gegen anderes und *eigentliches* Sein. Dieses ist seinerseits dem Grundcharakter nach nicht aus dem Sein des menschlichen Lebens als solchen explikativ gewonnen, sondern es entspringt in seiner kategorialen Struktur aus einer *bestimmt vollzogenen, ontologischen Radikalisierung der Idee des Bewegtseienden*[24]. Für dieses selbst und die möglichen Abhebungen seiner Sinnstruktur ist als exemplarisch die Bewegung des *Herstellens* in die Vorhabe gebracht. Sein ist *Fertigsein*, das Sein, in dem die Bewegung zu *ihrem Ende* gekommen ist. Das Sein des Lebens ist gesehen als an ihm selbst ablaufende Bewegtheit, und zwar ist es in dieser dann, wenn das menschliche Leben hinsichtlich seiner eigensten Bewegungsmöglichkeit, der des reinen Vernehmens, zu seinem Ende gekommen ist. Diese Bewegtheit ist in der σοφία als ἕξις. Das reine Verstehen bringt nicht etwa nach *seinem* intentionalen Charakter das menschliche Leben im Wie seines faktischen Seins in Verwahrung, die σοφία hat es überhaupt nicht zu ihrem

[24] [Handschriftlicher Zusatz:] und zwar des *φύσει* ὄν – immer von selbst sich herstellenden.

intentionalen Worauf, es ist ja ein Seiendes, das ist gerade dadurch, daß es je anders sein kann. Lediglich *in der reinen Zeitigung* der σοφία *als solcher* muß, ob der ihr verfügbaren *eigentlichen* Bewegtheit, das Sein des Lebens gesehen werden. Der νοῦς, als reines Vernehmen, ist *erstens* dann in seiner genuinen Bewegtheit, wenn er sich jeglichen *ausrichtenden* Besorgens begeben hat und *nur* vernimmt; *zweitens* ist er als solches Vernehmen *die* Bewegtheit, die als zu ihrem Ende gekommene, sofern sie das rein Vernehmbare im Blick hat, nicht nur nicht aufhört, sondern gerade erst – *als* zu Ende gekommene – *Bewegung ist.*

Jede Bewegung ist – als βάδισις εἰς τέλος – Unterwegssein zu – ihrem Sinne nach ein noch nicht Erreichthaben ihres Worauf; sie ist gerade als Zugehen darauf: Lernen, Gehen, Hausbau; das Gehen ist von dem Gegangensein in seinem Seinscharakter prinzipiell verschieden: ἕτερον καὶ κινεῖ καὶ κεκίνηκεν (Met. Θ 6, 1048 b 32 sq.). Dagegen ist das Gesehenhaben *im Zugleich* mit dem Sehen; er hat nur gesehen – in Sicht –, sofern er gerade sieht, er hat vernommen gerade im Vernehmen, νοεῖ καὶ νενόηκεν (ib. b 34). Solche Bewegtheit ist Sein in der verwahrenden Zeitigung als zeitigender Verwahrung (ἅμα τὸ αὐτό, ib. b 33; vgl. Met. Θ 6). Der höchsten Idee reiner Bewegtheit genügt nur die νόησις als reines θεωρεῖν. Eigentliches Sein des Menschen zeitigt sich im reinen Vollzug der σοφία als dem *unbekümmerten*, zeithabenden (σχολή), rein vernehmenden Verweilen bei den ἀρχαί des immer Seienden. Der Seinscharakter der ἕξις und damit der ἀρετή, das heißt: die ontologische Struktur des Menschseins, wird aus der Ontologie des Seienden im Wie einer bestimmten Bewegtheit und der ontologischen Radikalisierung der Idee *dieser* Bewegtheit verständlich.

Metaphysica A 1 und 2

Die Interpretation dieser beiden Kapitel stellt im Hinblick auf das leitende Problem der Faktizität ein *Dreifaches* heraus:

1. Die phänomenale Struktur des hinsehenden, Warum-Zusammenhänge bestimmenden Umgangs (ἐπιστήμη) nach seinem intentionalen Worauf und Bezug; die phänomenale Struktur der höchstmöglichen Zeitigung dieses Umgangs, des hinsehenden eigentlichen Verstehens (σοφία) als des Inverwahrungbringens der ἀρχαί. Von da aus wird im vorhinein die konkrete ἀρχή-Forschung, als welche die »Physik« zu verstehen ist, nach der ihr aus der Idee des reinen Verstehens vorgezeichneten *Gegenstandsausgrenzung*, nach *Ansatz* (der spezifisch *kritischen* Grundlegung) und nach der Methode der kategorialen Explikation durchsichtig.

2. Den *Weg*, auf dem Aristoteles überhaupt den Zugang zu dem Phänomen des reinen Verstehens gewinnt, und die Art der Auslegung desselben; beide sind charakteristisch für den Grundsinn der ›Philosophie‹.

3. Den Seinscharakter der σοφία als solcher und ihre konstitutive Leistung für das Sein des menschlichen Lebens.

Die drei Hinsichten der Betrachtung hängen in sich zusammen, so zwar, daß die Struktur des reinen Verstehens gerade nur verständlich wird aus ihrer seinsmäßigen Verwurzelung im faktischen Leben und der Weise ihrer *Genesis in diesem*. Die Interpretation hat daher ihr eigentliches Gewicht im Aufweis des unter 2. Genannten.

Gefragt wird: wie ist das, was Aristoteles als Forschung charakterisiert, *ausgänglich* da? Wo wird es und als was vorfindlich? Wie geht Aristoteles darauf zu, und wie geht er damit um? Aristoteles nimmt aus dem faktischen Leben, aus der Weise seines eigenen umgänglichen Sprechens die Rede von σοφώτερον – verstehender sein als – auf; d. h. er hält sich an die faktischen *Dafürnahmen*, in denen das Leben seine eigenen Umgangsweisen ἐμπειρία, τέχνη auslegt: οἰόμεθα, ὑπολαμβάνομεν, νομίζομεν, ἡγούμεθα. Er setzt an bei einem *komparativischen* Ausdruck. In diesem wird sichtbar, worauf es dem Leben, wenn es etwas als σοφώτερον anspricht, ankommt: auf das μᾶλλον εἰδέναι, auf das Mehr an Hinsehen. Das faktische Leben ist darum besorgt, seinen Umgang, auch und gerade ursprünglich den verrichtenden, herstellenden, zu einem solchen auszubilden, der für sich selbst immer über ein Mehr an Hinsehen als der jeweils vorgegebene verfügt. In diesem Mehr an Hinsehen wird das ›Aussehen‹ des Umgangswomit sichtbar, und zwar nicht als Gegenstand theoretischen Bestimmens, sondern als Worauf des ausrichtenden Besorgens. Das ›Aussehen‹ (z.B. einer Krankheit) hat einen Warumcharakter (αἴτιον) für das umgänglich verrichtende Besorgen (ἰατρεύειν »verarzten«). Das Warum hat einen ursprünglich ›praktischen‹ Sinn.

In seiner Tendenz auf das Mehr an Hinsehen kommt das faktische Leben dazu, die Sorge der Verrichtung aufzugeben. Das Womit des verrichtenden Umgangs wird zum Worauf des *bloßen* Hinsehens. Das Aussehen wird auf seine das Was des Gegenstandes an ihm selbst bestimmenden Warumbeziehungen hin angesehen und expliziert. Die Sorgenstendenz hat sich in das Hinsehen als solches verlegt. Dieses wird eigenständiger Umgang und als solcher das Worauf einer eigenen Besorgnis.

In der Auslegung des Sinnes des Mehr an Hinsehen, den das faktische Leben *selbst vorgibt*, liegt die Direktion auf das σοφώτερον. Aristoteles geht mit dem faktischen Leben in dessen eigener Auslegungsrichtung mit, er nimmt wiederum aus ihm selbst die Dafürnahmen auf, in denen es einen Menschen als σοφός, als eigentlich Verstehenden, anspricht. Die Auslegung dieser Weisen des Ansprechens ergibt den übereinstimmenden Sinn der σοφία: der eigentlich Verstehende ist besorgt um die *letzten Hinsichten*, in denen das Seiende an ihm selbst zu möglicher Bestimmung gebracht wird. Diese Hinsichten haben zu ihrem Worauf die ersten ›Vonwoaus‹, hinsichtlich deren das Seiende im vorhinein enthüllt sein muß, soll es im konkreten bestimmenden

Ansprechen und Besprechen der Forschung in angemessene Verwahrung gebracht werden. Aristoteles gewinnt also den Sinn der ›Philosophie‹ *durch Auslegung einer faktischen Sorgensbewegtheit auf ihre letzte Tendenz.* Dieser rein hinsehende Umgang erweist sich aber als ein solcher, der in seinem Worauf gerade das Leben selbst, in dem er ist, nicht mehr mit sieht. Sofern dieser Umgang als das reine Verstehen doch Leben zeitigend ist, ist er das durch seine Bewegtheit als solche.

Das reine Verstehen hat seine konkrete Vollzugsmöglichkeit im Freisein von den Besorgnissen des verrichtenden Umgangs; sie ist das Wie, in dem das Leben hinsichtlich einer seiner Grundtendenzen einen *Aufenthalt* nimmt. Das θεωρεῖν ist die reinste Bewegtheit, über die das Leben verfügt. Dadurch ist es etwas ›Göttliches‹. Die Idee des Göttlichen ist aber für Aristoteles nicht in der Explikation eines in religiöser Grunderfahrung zugänglich gewordenen Gegenständlichen erwachsen, das θεῖον ist vielmehr der Ausdruck für den *höchsten* Seinscharakter, der sich in der ontologischen Radikalisierung der Idee des Bewegtseienden ergibt. Das θεωρεῖν ist nur *deshalb* θεῖον, weil solches Vernehmen hinsichtlich seines Seinscharakters, das ist: seiner Bewegtheit, *der Idee des Bewegtseins als solchen am reinsten genügt.* Dieses Seiende *muß* reines Vernehmen sein, d. h. frei von *jedem emotionalen* Bezug zu seinem Worauf. Das ›Göttliche‹ kann nicht neidisch sein, nicht weil es die absolute Güte und Liebe ist, sondern weil es überhaupt in seinem Sein als reine Bewegtheit weder hassen noch lieben kann.

Das besagt aber: die entscheidende Seins-*Vorhabe*, das Seiende in Bewegung, und die bestimmte ontologische Explikation *dieses* Seienden sind die Motivquellen für die ontologischen Grundstrukturen, die späterhin das göttliche Sein im spezifisch christlichen Sinne (actus purus), das innergöttliche Leben (Trinität) und damit zugleich das Seinsverhältnis Gottes zum Menschen und damit den eigenen Seinssinn des Menschen selbst entscheidend bestimmen. Die christliche Theologie und die in ihrem Einfluß stehende philosophische ›Spekulation‹ und die in solchen

Zusammenhängen immer mit erwachsende Anthropologie *sprechen in erborgten, ihrem eigenen Seinsfelde fremden Kategorien.*

Daß trotzdem gerade die aristotelische Ontologie des Seelischen innerhalb der christlichen Lebenswelt eine weitgehende und reiche Auslegung des Seins des Lebens mitzeitigen half, liegt daran, daß mit dem Bewegungsaspekt und gerade durch ihn der entscheidende Phänomencharakter der Intentionalität in den Blick kam und eine bestimmte Blickrichtung damit festigte.

Das Phänomen der Bewegung wird zu seiner ontologisch kategorialen Explikation gebracht in *der* Forschung, die unter dem Titel »Physik« überliefert ist. Die Interpretation hat aus der phänomenalen Bewegtheit dieser Forschung selbst aufzuweisen: die in ihr wirksame Grunderfahrung, das ist die Weise der Gegenstandsvorgabe (des θεωρεῖν), ferner die Hinsichten, in die dieses Gegenständliche gestellt wird, und die Explikate, die in der so hinsehenden Analyse erwachsen.

Die Forschung wird charakterisiert als κίνησις-Forschung; sie hat die ›Vonwoaus‹ (ἀρχή) in Verwahrung zu bringen, von denen her das κινούμενον gesehen wird. Diese ἀρχαί selbst müssen aber, sofern sie zu der ihrem Sinn entsprechenden Leistung sollen kommen können, selbst aus dem phänomenalen Sachgehalt des Gegenständlichen geschöpft sein. Die ἀρχαί des Seienden sind für den besorgend ausrichtenden Umgang und dessen Umsicht *nicht da*; die Besorgnis lebt in andern Hinsichten, den auf die nächst begegnende Umgangswelt gerichteten. In der Sichtweite des besorgenden Umgangs des faktischen Lebens sind die ›Vonwoaus‹ des Seienden als solchen verborgen. In Phys. A 1 und überhaupt im Problemansatz der Physik als Forschung zeigt sich der ursprüngliche Sinn des ›Wahrheitsbegriffes‹ als wirksam.

Die ἀρχή-Forschung ist *Zugangsforschung*. Als solche hat sie 1. die *Vorhabe* zu sichern, d. h. das thematische Gegenstandsfeld im Wie des phänomenalen Grundcharakters seiner Sachhaltigkeit in den Blick zu bringen, 2. den *Vorgriff* auszubilden, d. h. die Hinsichten bereitzustellen, in denen sich der Vollzug der Explikation des Seinsfeldes halten soll. Der *Ansatz* der Forschung ist *Kritik*, und zwar prinzipielle Kritik. Die Interpretation macht verständlich, warum solche Zugangsforschung notwendig einen kritischen Ansatz zu nehmen hat: Jede Forschung bewegt sich in einer bestimmten Stufe vorgegebener Ausgelegtheit des Lebens und vorgegebener Besprechensweisen der Welt. In der eigenen Faktizität ist als wirksam da das Wie, in dem schon die ›alten Physiker‹ die ›Natur‹ gesehen, angesprochen und besprochen haben.

Die kritische Frage der ἀρχή-Forschung an die Vorzeit wird demnach lauten: hat sie das als κινούμενον intendierte Seiende so in die Vorhabe gebracht, daß der entscheidende phänomenale Sachcharakter desselben, den die vorangegangene Forschung in ihren Ansprechensweisen immer irgendwie mit vermeint – die Bewegung – zur Verwahrung und ursprünglicher Explikation kommt? Oder aber ist die Zugangsweise der überlieferten Forschung zu dem fraglichen Seinsgebiet, daß es sich im vorhinein in ›Theorien‹ und prinzipiellen Thesen bewegt, die nicht nur nicht aus dem Seinsgebiet geschöpft sind, sondern geradezu den Zugang zu ihm verbauen?

In dieser Fragestellung liegt der Sinn der kritischen Haltung des Aristoteles. Seine Kritik ist im ausgezeichneten Sinne positiv, und sie fußt ausdrücklich auf der entscheidenden Grunderfahrung: wir setzen von vornherein an, es gibt Seiendes in Bewegung. Dieses Seiende in solchem Wie ist schlicht zugänglich in der ἐπαγωγή. Das erste Buch der »Physik« zeigt einen ganz straffen Aufbau, und die erste Stufe der Kritik, die der Eleaten, wird nur aus der konkreten Aufgabe der Zugangsforschung und ihrem notwendigen kritischen Ansatz verständlich.

Die Eleaten gehören zwar – nach der ausdrücklichen Bemerkung des Aristoteles – ›eigentlich‹ überhaupt nicht in das Thema der Kritik. Ihr Vorgriff, ihre Theorie des Seins ist so, daß sie grundsätzlich den Zugang zum Seienden als einem bewegten (also zur κίνησις selbst) verbaut. Die Eleaten setzten sich selbst außerstande, das Grundphänomen des im Thema der Forschung stehenden Sachgebietes, die Bewegung, zu sehen und von ihr her sich die entscheidenden Hinsichten des konkreten Fragens und Bestimmens vorgeben zu lassen.

Aristoteles zieht aber die Eleaten, trotz ihres ›Nichthergehörens‹, nicht deshalb herein, wie *Bonitz*[1] meinte, um ein billiges Objekt der Widerlegung zu haben, sondern um in dieser Kritik *das für alle weitere Problematik entscheidende Blickfeld zu sichern:* ἡμῖν δ' ὑποκείσθω τὰ φύσει ἢ πάντα ἢ ἔνια κινούμενα εἶναι [Phys. A 2, 185 a 12 sq.]. Aristoteles zeigt: das im Thema der Forschung Stehende, das φύσει ὄν, ist als Gegenstand der ἐπιστήμη angesprochener und besprochener Gegenstand ein ὂν λεγόμενον (Phys. A 2 u. 3). Dieses Seiende muß in *der* ontologischen Struktur im vorhinein angesetzt werden, die dadurch vorgebildet ist, daß es grundsätzlich ein ›Worauf‹ des Ansprechens und Besprechens ist, d.h. vermeint wird im Wie der ›Als-Charaktere‹. Das Seiende ist kategorial immer dieses etwas *als* so und so, das besagt: der Sinn des Seins ist prinzipiell *mannigfaltig* (mehrfältig). Aus dem Sinn des ὂν λεγόμενον ist apriorisch vorgezeichnet, daß jedes Angesprochene ist etwas *als* etwas. Die Idee der ἀρχή, des von ›Woaus‹ *für* etwas, die Hinsicht *auf* als Rücksicht *für* wird kategorial überhaupt unmöglich, wenn das Sein seinem Sinne nach nicht mehrfältig artikuliert ist, wenn die Wissenschaft von der Physis mit der These ἓν καὶ ἀκίνητον τὸ ὄν [Phys. A 2, 184 b 26] auf ihr Gegenstandsfeld zugeht.

Eine Zwischenbetrachtung, als Interpretation der entscheidenden ontologischen Zusammenhänge des Parmenideischen Lehrgedichtes, zeigt, wie Parmenides erstmals das Sein des Seienden in den Blick bekam, daß es aber, ontologisch gesprochen, bei diesem ersten ›Seinseindruck‹ blieb. Mit dieser ersten, aber entscheidenden Sicht war das ontologische Sehen auch schon an seinem Ende. Die Idee, alles ist im Wie des Gegenstandsseins, wurde eine das Sachgebiet betreffende These, so zwar, daß dieses Gegenstandssein überhaupt selbst ›real‹ als das seiende Sein vermeint wurde, von dem aus nun bezüglich der übrigen Seinsbestimmun-

[1] [Vgl. Hermann Bonitz, Aristotelische Studien IV. In: Sitzungsberichte der Kaiserlichen Akademie der Wissenschaften, Wien. Philosophisch-historische Klasse. Bd. LII, 4 (1866), S. 347–423, bes. S. 391 (Nachdruck in: ders., Aristotelische Studien. Fünf Teile in einem Band. Hildesheim: Olms 1969, S. 240–316, bes. S. 284).]

gen in der Weise negativer Abscheidung entschieden wurde. Das νοεῖν als Vermeinen schlechthin und das λέγειν, Ansprechen, sind im gleichen erstmals gesehen, und zwar in eins mit dem Sein. Diese φύσις bleibt aber in ihren ersten entscheidenden phänomenalen Grundstrukturen unabgehoben.

Die erste Stufe der Kritik will zeigen: die ἀρχή-Forschung muß, sofern sie überhaupt das vorgegebene Sachgebiet und seine Hinsichten gewinnen will im Hinsehen auf das Grundphänomen der Bewegung, die ontologische Verfassung dieses Gebietes herausarbeiten. Es ist nur eine innere Konsequenz der Problemstellung, daß Aristoteles im Zusammenhang der Eleatenkritik auf das Problem des λέγειν/λόγος stößt, der schlicht explizierenden Bestimmung eines Gegenständlichen im Was seiner Seinshaftigkeit. Dieses Gegenständliche ist hier das zu explizierende Phänomen der Bewegung.

Die Interpretation zeigt von der ersten Stufe der Kritik her, die überhaupt das Blickfeld sichert, wie Aristoteles die Meinungen und Explikationen der ›alten Naturphilosophen‹ daraufhin befragt, wie weit sie das Bewegungsphänomen von ihm selbst her sprechen lassen und wie sie dabei immer durch vorgefaßte Theorien über den Sinn des Seins grundsätzlich an der Explikation behindert werden. Durch solche Interpretation wird sichtbar, daß hinter der scheinbar formalistischen Frage, *wie viele* und welche ἀρχαί hinsichtlich der φύσει ὄντα anzusetzen seien, *die* verbirgt: wie weit ist jeweils Bewegung an ihr selbst gesehen und genuin expliziert? Wenn sie das ist, dann gibt es notwendig *mehr als ein* ›Vonwoaus‹ ihrer kategorialen Struktur und ebenso notwendig *nicht mehr als drei.* Die positive Explikation des Phänomens, und das zunächst rein im Rahmen der angesetzten ἀρχή-Problematik, gibt Aristoteles in Kap. 3; von da ist auf die vorangegangenen Kapitel *zurückzusehen.* In den Explikationen des Kapitels 7 erwächst die ›Grundkategorie‹ der ποίησις, die die aristotelische Ontologie durchherrscht, d. h. aber, sie erwächst in der Explikation eines bestimmten Ansprechens von bestimmt gesehener Bewegtheit. Charakteristischerweise hat in der auf die κίνησις gerichteten Problematik das ›Werden der Bildsäule aus Erz‹ (in der Umgangsbewegtheit der *Herstellung*) die Rolle des führenden[2] Exempels.

Im II. Buch der »Physik« wird die κίνησις-Problematik von einer anderen Blickrichtung her angesetzt. Es wird gefragt, welche Möglichkeiten des theoretischen *Befragtwerdens* (διὰ τί, vgl. Met. Z 17, Anal. post. B 1[3] – warum) sind im Sachgehalt der φύσις und ihrer kategorialen Grundstruktur motiviert. Die Interpretation zeigt, wie die ›vier Ursachen‹ der schon charakterisierten ontologischen Problematik entspringen. Das Buch ist aber zugleich (Kap. 4–6) im Hinblick auf das Faktizitätsproblem als solches von entscheidender Bedeutung. Es wird gezeigt, wie Aristoteles unter den Titeln τύχη, αὐτόματον[4] (die bezüglich ihrer eigentlichen Bedeutung schlechthin unübersetzbar sind) die ›historische‹ Bewegtheit des faktischen Lebens, die Bewegtheit dessen, ›was einem täglich so passiert und passieren kann‹, ontologisch expliziert. Diese ontologischen Analysen sind bis heute nicht nur unübertroffen, sondern nicht einmal als solche verstanden und ausgewertet. Man nimmt sie als einen unbequemen und nicht weiter verwertbaren Annex zu der Bestimmung der ›eigentlichen Ursachen‹, die ihre *Bedingtheit* aus dem bestimmten Problemansatz deutlich bekunden.

Im III. Buch setzt Aristoteles zur eigentlich thematischen Analyse des Bewegungsphänomens an. Die Interpretation dieses Buches (vor allem der Kap. 1–3), die mit fast unüberwindlichen textlichen Schwierigkeiten zu kämpfen hat (schon Simplicius[5] 395, 20 sqq. klagt darüber), kann nur im konkreten Zusammenhange exponiert werden. Entscheidend ist für Aristoteles zu zeigen, daß mit den überlieferten bislang von der Ontologie beigestellten Kategorien Sein und Nichtsein – Anderssein – Ungleichartigsein –

[2] [Handschriftliche Einfügung von einem Wort.]

[3] [Stellenangaben handschriftliche Ergänzung.]

[4] [Mit Bezug auf den Plural wurde das Wort αὐτόματον aus dem an Georg Misch in Göttingen übersandten Exemplar des Typoskripts ergänzt.]

[5] [Simplicii in Phys., ed. Diels, op. cit.]

das Bewegungsphänomen grundsätzlich kategorial nicht faßbar wird. Das Phänomen gibt von sich selbst her die ihrerseits ursprünglichen und letzten Strukturen: δύναμις, das je bestimmte Verfügenkönnen über, ἐνέργεια, das in gen[uine][6] Verwendung Nehmen der Verfügbarkeit, und ἐντελέχεια, das verwendende in Verwahrung Halten dieser Verfügbarkeit.

[6] [Handschriftliche Einfügung von einem Wort.]

[Zum zweiten Teil der Untersuchungen: Interpretation von Metaphysica Z, H, Θ]

Der zweite Teil der Untersuchungen hat das Schwergewicht der Interpretation in Met. Z, H, Θ. Es wird gezeigt, wie Aristoteles durch eine bestimmt geführte Explikation des im bestimmten λέγειν Angesprochenen als solchen, das vorhabemäßig zugleich das Aussehen des irgendwie Bewegten, aus einer Bewegung (ποιούμενον) entsprungen ist, die Grundproblematik der Seinshaftigkeit entwickelt und von dieser her zu der ontologischen Ausformung der ›Kategorien‹ δύναμις – ἐνέργεια kommt, die mit den Kategorien des Aristoteles im engeren Sinne für das Sein ›des Seienden‹ konstitutiv sind.

In diesen ontologischen Horizont wird dann die »Ethik« gestellt, als die Explikation des Seienden als Menschsein, menschliches Leben, Lebensbewegtheit. Das wird in der Weise bewerkstelligt, daß zuvor De anima, und zwar auf der breiten Basis der Explikation des Seinsfeldes des *Lebens* als einer bestimmten Bewegtheit (Interpretation von De motu animalium), auf ihre ontologisch-logische Verfassung hin ausgelegt wird. Es wird gezeigt, wie die ›Intentionalität‹ in die Sicht kommt, und zwar als ›objektive‹ ein Wie der Bewegtheit des in seinem Umgang irgendwie ›noetisch‹ erhellten Lebens. Das Seiende im Grundaspekt des Bewegtseins – des ›Ausseins auf etwas‹ – ist die Vorhabe, Bedingung für die Abhebbarkeit der Intentionalität dergestalt, wie sie bei Aristoteles explizit wird und ihrerseits den Grundcharakter des θεωρεῖν sichtbar macht. So ist erst die konkrete Motivbasis beigestellt, aus der die letzte von Aristoteles erreichte Stufe ontologischer und logischer Problematik verständlich wird. Sie ist in ihrer Verwurzelung aufgewiesen durch Interpretation von Met. Λ, I und der von De interpretatione und der »Analytiken«. Hieraus wird sichtbar, inwiefern die bestimmte Ontologie eines bestimmten Seinsfeldes und die Logik eines bestimmten Ansprechens, der

Verfallensgeneigtheit des Auslegens folgend, zu *der* Ontologie und *der* Logik wurde, als welche sie nicht nur ihre eigene Geschichte, sondern die Geistesgeschichte selbst, d. h. die Existenzgeschichte, entscheidend durchherrscht.

Der Ursprung der ›Kategorien‹ liegt weder im λέγειν als solchen, noch sind sie an den ›Dingen‹ abgelesen; sie sind die Grundweisen eines bestimmten Ansprechens des bestimmten *aussehensmäßig* in der Vorhabe gehaltenen Gegenstandsfeldes der in Verrichtung besorgbaren Umgangsgegenstände. Als solche sind sie die sinnmäßigen ›Stämme‹ der Alswascharaktere, in denen dieses Gegenständliche ansprechbar wird. Sie sind mit dem ὂν δυνάμει, weil *aus* dem gegenständlichen Was und *für* dieses erwachsend für das Sein der ›Tuns‹-Gegenstände (ποιούμενα) konstitutiv. Das ὂν ὡς ἀληθές als Charakter des Seienden, als das Wie des unverhüllt an ihm selbst da Seins, ist dagegen nicht konstitutiv für das ὄν und doch das κυρίως ὄν, das Entscheidende, Führunggebende in Hinsicht auf den Zugang zum Seienden in der Weise des schlichten Vernehmens und des explizierenden Bestimmens. So wenig wie das ὂν ὡς ἀληθές ist das κατὰ συμβεβηκός, das Sein im Wie der Mithaftigkeit, konstitutiv für das Seiende. Denn der Sinn für Sein ist ursprünglich *Hergestelltsein.* Dieses Seiende ist in dem, was es ist, originär nur da für den herstellenden Umgang, schon nicht mehr in dem es gebrauchenden, sofern dieser den fertigen Gegenstand in verschiedene nicht mehr ursprüngliche Sorgenshinsichten nehmen kann.

Das Sein des Hauses ist das Sein als Erstelltsein (ποιούμενον), der Sinn von Sein ist also ein *ganz bestimmter*, nicht der vage und indifferente von Realität überhaupt, und das Sein ist relativ auf Herstellung, bzw. die *diesen* Umgang erhellende Umsicht (das Verfahren). Zufolge diesem grundsätzlich angesetzten Sinn von eigentlichem Sein müssen sich *die* Aussehens- und Begegnisweisen der Umgangsgegenstände, die sie in ihrer vollen umweltlichen Bedeutsamkeit geben, das bequem-, schön-, gutgelegen-, gut beleuchtet-Sein des Hauses, als *nur mithaft* und als ein ἐγγύς τι τοῦ *μὴ ὄντος* (Met. E 2, 1026 b 21) ergeben. Daß aber Aristoteles in dieser Weise die Mithaftigkeit als eigenen Seinssinn zur Abhebung bringen kann, ist zugleich der stärkste Ausdruck dafür, daß die Umwelt als voll erfahrene genommen, das Mithafte gesehen ist, nur schon durch den Terminus ontologisch ausgelegt am Leitfaden eines bestimmten als entscheidend ausgeformten Seinssinnes. Dieser selbst hat seine Herkunft aus der ursprünglich gegebenen Umwelt, verliert aber dann noch bei Aristoteles selbst unter dem Druck der ausgeformten Ontologie seinen Herkunftssinn und verfällt im Verlauf der weiteren Entwicklung der ontologischen Forschung in die unbestimmte Bedeutungsdurchschnittlichkeit von Realität, Wirklichkeit, als welche er dann den Ansatz für erkenntnistheoretische Problematik abgibt, sofern nicht die aus ihm erst wiederum erwachsene ›Objektivität‹ der theoretischen Gegenstandsbestimmung als ›Natur‹ zum problemführenden Seinssinn gemacht wird.

B. BEILAGEN[1]
(AUFZEICHNUNGEN UND ENTWÜRFE)

[1] [Insbesondere zu *Ethica Nicomachea VI*, oben S. 376 ff.]

1. Νοῦς

Νοῦς πρακτικός etwas ganz anderes als *praktische Vernunft* – und doch diese von dort her geführt.
Vernehmend haben für und in umweltlichem besorgenden Erledigen.
Vgl. *προαίρεσις*, vgl. E[th. Nic.] Z 13, *Aporien z. B.*!!

2. Νοῦς
Vermeinen – Vernehmen

ist dasselbe (φαντασία, De an. Γ 10 fin.), weil es ankommt auf *Haben von sich Zeigendem* als solchem, nicht aber auf *›Aktivität‹* und ›Passivität‹ im intentionalen Sinne. Vielmehr ist für den Griechen das *Vermeinen* ein *antreffendes Vernehmen* – Aufenthalt entsprungenes Vernehmen – nur noch Schauen, Ausschau halten, wartend auf *sich!* zu kommen lassen – nicht mehr *ποίησις* und doch aus ihr herkünftig und in *ihrem fertigen* Milieu ausreifend – *διαγωγή*.

3. Νοῦς I

Das Vernehmen des φύσει, das das ἴδιον des Menschen ausmacht; er ist im νοῦς schon der Möglichkeit nach am *Entscheidenden* in beiden Seinsgebieten.

Er ist die Grundweise der vorlaufenden (ansprechenden! λόγος!) Ausbildung, Verfügbarmachung der jeweils erforderten Seinsvorhabe – τὰ ἔσχατα. Das in σοφία und φρόνησις je entscheidende τέλος-hafte bringt er zu Gesicht. Er setzt nicht *bestimmte* Zwecke, sondern ist das *Auge* für Möglichkeiten der Zweckhaftigkeiten.

Beachte Definition des Menschen – ζῷον der ψυχή *und hier des νοῦς!* Von da zu sehen *ἐντελέχεια:* die eigentliche Lebensermöglichung und das das Leben führende – ἐν τῇ ψυχῇ τὰ κύρια[2] [Eth. Nic. Z 2, 1139 a 17 sq.] – *offenbart* sich als führend (1143 b, [Eth. Nic.] Z 12!) im Sein; *Dasein* des Menschen der Grundbestand an Gestelltsein zur Welt – zu Sein. Nicht *Nichts* zuerst, sondern volles Sehen; ἄνθρωπος und *das Seiende*!

λείπεται τὸν νοῦν τῶν ἀρχῶν εἶναι [vgl. Eth. Nic. Z 6, 1141 a 7 sq.] – er ist immer an den Ausgängen, für *Seinsverwahrung*, allen Umgang *mit* verstehende, bewahrende und ausrichtende [Seinsverwahrung].

Vgl. Pol. I 5[3]: ὁ [...] νοῦς τῆς ὀρέξεως [1254 b 5]!

Ist der νοῦς eine dianoetische Tugend? Eberlein[4] 21, vgl. 20, 4, unbegründet: weil er τῶν ἀρχῶν ist, ermöglicht er Tugend! Ist aber nicht selbst! – außer als *φύσει*! Er geht sogar [in Eth. Nic.] VI, 8, 9 dem λόγος ›voraus‹; das Angesprochene als Anzusprechendes überhaupt gibt er vor. *Er hält vor das mögliche Woraufhin überhaupt* der Lebensbewegtheit nach seinen zwei Grundrichtungen σοφία – φρόνησις! Er ist die *erste* Aneignungs- und Verwahrungsweise, d. h. Umsicht *ist* schon am Sein. *Σοφία – φρόνησις:* Verwahrungs- Aneignungsvollzüge, Zeitigungen, *Bewegtheiten!* Vgl. καθ' ἃς οὖν ἕξεις [zwei ist Mehrzahl] *μάλιστα* (vgl. 1139 b 12 sq.).

Interpretation dieses Phänomens muß geführt sein von der Vorhabe – Seins- und Bewegtheits-, Lebenswelt [?] des Menschseins – Lebensdasein.

[2] De an. b § [?] 13 [sqq.]: *οὐσία* τις οὖσα [De an. A 4, 408 b 19].

[3] [Der von Lienhard Eberlein in seiner Dissertation (s. Anm. 4) angegebene und auch von Heidegger übernommene Stellennachweis »Polit. I, 2« (S. 20, Anm. 2) ist falsch.]

[4] [Lienhard Eberlein, Die dianoëtischen Tugenden der Nikomachischen Ethik nach ihrem Sinn und ihrer Bedeutung (Diss. phil. Univ. Leipzig 1888). Leipzig: Druck v. Grimme & Trömel 1888.]

4. Νοῦς II

Als *Vernehmen* ist νοῦς δόξα, *doxisch! – Urglaube!*

δύναμις κριτική – Unterscheiden, Auswählen – im Sinne des Vernehmenden [vgl. z. B. De an. Γ 3, 428 a 3 sqq.]

αἴσθησις – ›Vorgreifen‹ – ›Nachsetzen‹, δίωξις – φυγή [vgl. z. B. De an. Γ 5, 431 a 9 sqq.].

τῶν ἐσχάτων ([Eth. Nic.] Z 12 [1143 a 29 sqq.]; De an. Γ 10, 433 a 12 [sqq.])

Eberlein[5] 38, Anm. 2: »Die Beziehung der αἴσθησις auf die praktische Vernunft ist so lange nicht möglich, als nicht nachgewiesen ist, dass die *praktische Vernunft [heißt]* nach Aristoteles zugleich *erkennend, d. h. theoretisch* [?? – als] ist.«[6] Auf welches zu verwahrende Seiende kommt es an? Das in Handlung *erzielte*! Seinsaneignung beherrscht beides!

Der νοῦς gerade das Kann; die ›Mächtigkeit‹ meint nicht Tugend als psychische Eignung – das *Sein* der entscheidenden Seinsaneignungsermöglichung! Vgl. ἡ σοφία νοῦς καὶ ἐπιστήμη [Eth. Nic. Z 7, 1141 a 19], nicht *ὁ* νοῦς *ἡ* [ἐπιστήμη] (Eberlein 42).[7]

Vernehmen des ›deswegen‹ – ›irgendwegen‹ – *τέλος!* Vernehmen: Halten – Verwahrung – Verwahrung ermöglichen, aber auch Wahl und Festsetzung. *Erhellend! Φῶς τις!* In diesem Verwahren und Halten bewegt sich *φρόνησις*! Verwahren aber auch des τὸ νῦν – des Augenblicks!

Das Vorschweben haben des Zieles und in diesem *νόησις*, eine ganz bestimmte dadurch; *Ziel halten* eine eigene Weise und doch αἴσθησις – *schlicht!* Vgl. [...]* *797, 800 »feststehen«*; vgl. mit ἀρχαί

[5] [Lienhard Eberlein, Die dianoëtischen Tugenden der Nikomachischen Ethik ..., a.a.O.]

[6] [Hervorhebungen und in eckige Klammern gesetzte Zusätze von Heidegger. Die Zusätze beziehen sich auf die hervorgehobenen (kursiv gesetzten) Termini.]

[7] [Die Stelle lautet bei Eberlein: »Auch nicht die gesammte Thätigkeit des νοῦς geht in der Weisheit auf; wir lernten vorhin eine solche kennen, die auf das Einzelne gerichtet ist und die Weisheit daher nicht berührt. Darum ist die σοφία nur νοῦς καὶ ἐπιστήμη, nicht, ὁ νοῦς καὶ ἡ ἐπιστήμη.«]

* [Zwei Worte (abgekürzter Literaturhinweis) unleserlich.]

der theoretischen Wissenschaften. Als πάσχειν Begegnung ermöglichend, sie habend. Seins-verwahrung, Sorgen auch empfangenerweise ›erfahren‹! – nicht als Subjektivität und Aktivität.

5. Νοῦς III

Beachte die verschiedenen Hinsichten, in denen νοῦς, διάνοια, ὄρεξις und dergleichen gesehen in Eth. [Nic.] Z, De an.

Vgl. προαίρεσις Grundphänomen. Ursprünglicher Charakter des νοῦς ist das *πρακτικός*. νοῦς δὲ ὁ ἕνεκά του *λογιζόμενος* καὶ ὁ πρακτικός ([De an. Γ 10] 433 a 14). οὐ γὰρ ἡ ὄρεξις, *αὕτη* ἀρχὴ τοῦ *πρακτικοῦ* νοῦ· τὸ δ' ἔσχατον [ib. a 15 sq.] – *sein* letztes. Das Vernehmen und Seinsverwahren, das *beendet wegen etwas, im Gerichtetsein auf irgendwegen – Grundphänomen* diese Haltung und das so Handlung Mitvollziehende!

Der Gegenstand des Ausseins auf ist vom Gegenstandscharakter des *›weswegen‹*. Dieses *worauf (ὀρεκτόν)* der ὄρεξις ist das *von wo aus* für den praktischen νοῦς. Also er muß es haben – er ist es, der *diese* ἀρχή vernimmt, behält. Vgl. [Eth. Nic. Z 2] 1139 a fin.: die ἀρχή dessen, was anders, so oder so sein kann, *ἀρχή der πρακτά*! *[ὀρεκτόν·]* διὰ τοῦτο ἡ διάνοια κινεῖ.

Das *von wo aus* und zwar genuin das *überlegend*! Dieses ›von wo aus‹ steht im *Ziel*-charakter.

Der theoretische νοῦς *sucht und hält ἀρχαί*, die nicht im τέλος-Charakter – *τῷ τέλει!* schlechthin![8] – stehen, dementsprechend ist auch sein Vernehmen *anderes. Gegenstandnahme – Wertnehmender.* Überhaupt Vernehmen – im Sichthalten, *Sicht*geben. Ἀρχή – *von wo aus* das je Seiende *vernehmen;* Seinsverwahrung und Aneignung überhaupt ermöglichen. Vgl. die scharfe Analyse De mot. an. 700 b 23 sqq.

[8] Vgl. θεώρημα τὸ τέλος ([De motu animalium 7] 701 a 10)!

6. *Νοῦς IV*

ἡ γὰρ νόησις καὶ ἡ φαντασία, ὥσπερ εἴρηται πρότερον, τὰ ποιητικὰ τῶν παθημάτων προσφέρουσι· τὰ γὰρ εἴδη τῶν ποιητικῶν προσφέρουσιν. ([De motu animalium 11] 703 b 18 sqq.)

ποιητικόν? (vgl. προτάσεις ποιητικαί [vgl. De mot. an. 7, 701 a 23 sq.]).

7. *Διάνοια πρακτική I*

διάνοια πρακτική – θεωρητική – ποιητική ([Eth. Nic. Z 2] 1139 a 26 sqq.). Vgl. die Ordnung in Met. E 1, 1025 b 25 sq.: **πρακτική** – ποιητική – ***θεωρητική.***

(Der gemeine Sinn von πρακτικός – kann man einfach »praktisch« übersetzen?! Vgl. Pol. 1312 b 27 sq.: »praktischer« – *wirksamer*! Gar nicht Gegensatz zu theoretisch, sondern ›un-tätig‹, un-wirksam!)

διανοεῖν – durch-vernehmen! im Augenblick – Situation. Ein solches *volles Vernehmen* ist *praktisches* (ansprechendes – durchsprechendes) *Vernehmen*, das eigentliche! – und sein Worauf – das *unverhüllte Seiende* – als volles *Worauf* des Besorgens.

Das ist die eigentliche volle (faktische) Bewegtheit des Lebens bzw. seine ἀρχή. *Θεωρεῖν* auch πρᾶξις! *Beleg?*

Das *Was* und *Womit der Ausrichtung ist bedeutsam* – das *zu Besorgende* steht in der *Hinsicht* des Gut und Schlecht. *Das* Wie der Zeitung, *was in ihr besorgt wird* (vgl. kritische Anmerkung β[9]). Für das nur hinsehende, nicht ausrichtende durchsprechende Vernehmen aber ist das *Worauf* (*Sorgensworauf;* das Gute und Schlechte) lediglich das Unverhülltseiende und das täuschende Seiende als solches. (Besorgen im Umgang die Sorge um das Womit *für* ποίησις, d. h. verfügbar in Verwahrung nehmen.)

Denn das ist das *Besorgte,* Erledigte in *jeglichem* besprechen-

[9] [Die Anmerkung konnte nicht identifiziert werden.]

den Vernehmen als solchen. Das *erhält sich noch* als *Worauf*, wo Ausrichtungstendenz *wegfällt; erhält sich noch*, sofern es nie eigenständig angesetzt ist: *es ist ursprünglich schon da, nicht auf Gnade des θεωρεῖν, sondern des νοεῖν* – als κύριον πράξεως (I.) καὶ ἀληθείας (II.) [vgl. Eth. Nic. Z 2, 1139 a 18]! (Vgl. [Διάνοια πρακτική] II.[10])

Ἀληθές ist mit ein *ursprüngliches* Worauf der *Sorge* (ὄρεξις εἰδέναι), d. h. nicht eigenständig, sondern als *Wie* des *Womit*. Womit als irgendwie verwahrtes. *Womit*charakter eigentlich Korrelat des Sorgens[11]; dieses an ihm selbst ›auf hin‹. *Womit* – ein irgendwie *Verwahrtes*, schon in dem bloßen Aussein auf – ›*mit*‹-lich – *Seiendes* unverhülltes. (Vgl. kritische Anmerkung β.[12])

Also ›ἀληθές‹ nicht nur nicht auf Urteil – als *besonderes* θεωρεῖν noch gar –, *sondern überhaupt nicht auf θεωρεῖν, ›theoretisch‹*, ursprünglich bezogen, sondern im Grundcharakter des Umgangswomit des Besorgens. *Im ›Sorgen‹ als solchem mit besorgt das ἀληθές!* Gegensatz: *θεατὴς* [hat den Ton!] *γὰρ* τἀλητοῦς ([Eth. Nic. A 7] 1098 a 31).

8. Διάνοια πρακτική II
(Vgl. III νοῦς πρακτικός)[13]

Die Unverhülltheit des Seienden (Worauf) als die des besorgend-durchvernehmenden Umgangs hält sich gleichsprechend – dem Aussein auf – dem festgemachten (*ungenügend* Walter[14] 269 f.), d. h. sie schaltet noch nicht aus den spezifischen Bedeutsamkeitscharakter (ὄρεξις). Der ist eigentlich angesprochener; in

[10] [Im vorliegenden Band: Beilage Nr. 8, unten S. 408 f.]

[11] [Pfeilstrich von:] Korrelat des Sorgens [zu vorige Seite unten:] (Besorgen im Umgang … in Verwahrung nehmen.)

[12] [Die Anmerkung konnte nicht identifiziert werden.]

[13] [Im vorliegenden Band: Beilage Nr. 5, oben S. 406.]

[14] [Julius Walter, Die Lehre von der praktischen Vernunft in der griechischen Philosophie. Jena: Mauke 1874 (Abschnitt: Die Wahrheit der praktischen Vernunft).]

der Hinsicht auf ihn ist konkret das Durchvernehmen. (Ὁμολογία: Einräumung – Eingestehen – Raumgeben dem Worauf der ὄρεξις, mit in den *Anspruch* stellen, gibt Raum, *ist so*, daß sie aus dem Verdeckten reißt das zu Besprechende – als Ein-*gestanden* – in das Worauf der ὄρεξις.)

λόγος ὁ ἕνεκά τινος[15] [Eth. Nic. Z 2, 1139 a 32 sq.] – *das Besprechen*, das sich in einem Weswegen hält, das Zeitigungsweise der konkreten Weswegens-Vorhabe. οὗ γὰρ ἡ ὄρεξις [τὸ ὀρεκτόν], αὕτη ἀρχὴ τοῦ πρακτικοῦ νοῦ· τὸ δὲ ἔσχατον [τοῦ πρακτικοῦ νοῦ] ἀρχὴ τῆς πράξεως. (De an. Γ 10, 433 a 15 sqq.) Der πρακτικὸς νοῦς, das Vernehmen im Wie des besorgenden Umgangs, ist *als solches* ein *διανοεῖν*,[16] denn es lebt in der Vorhabe eines *des-wegen. Der ursprüngliche ›als-Charakter‹ im ›praktischen‹ διανοεῖν* (vgl. Zettel λόγος[17]) – Umgangs-Besorgens-Womit (Be-deut-samkeit).

Vernehmen von etwas – als wie ›in *Betracht*‹ kommend für das Deswegen als ›wegen *des* ...‹.

Der Grundcharakter des ›wegen‹ am Womit des Umgangs in der begegnenden Welt. *›Wegen‹ (›Mittelhaftigkeit‹)*, auf das hin be-deut-sam; ›*nicht*-wegen‹, ›unwegen‹; ›es steht in Betracht *für*‹; *es* ist notwendig *angesprochen* im ›als‹, genauer: das ›als‹ ist ursprünglich das Grundartikulat von Bedeutsamkeit. Be-deut-sam, -›samkeit‹, Üblichkeit des So-*Seins*, *das Seinshafte*. Es an ihm selbst *ist*, was es ist, im Wie des Be-deutend-seins – ›er be-deutet mir‹, gibt zu verstehen das Was der ›Auslegung‹. Λόγος ursprünglich auslegend!

[Die Unverhülltheit des Seienden:][18] entsprechend ist der Sinn der *Unverhülltheit*.

Ὀρθὸς λόγος ist das durchvernehmende Besprechen *›innerhalb‹* der Vorhabe – der ὄρεξις *ὀρθή*. Die Spruchweise der *φρόνησις*.

[15] [Doppelpfeil von:] *λόγος ὁ ἕνεκά τινος* [zu unten, gleicher Absatz:] *Der ursprüngliche ›als-Charakter‹ im ›praktischen‹ διανοεῖν.*

[16] Vgl. [Eth. Nic. Z 2] 1139 b 4 sq.: ὀρεκτὸς νοῦς = ὄρεξις διανοητική = προαίρεσις – τοιαύτη ἀρχὴ ἄνθρωπος. [Nach Heideggers Handexemplar der Ethica Nicomachea (ed. Susemihl, Leipzig 1882) heißt es ὀρεκτικὸς νοῦς.]

[17] [Der Zettel konnte nicht identifiziert werden.]

[18] [Anknüpfung, d. h. Pfeilstrich vom Beginn dieser Beilage.]

9. Διάνοια πρακτική III

διάνοια αὐτή [vgl. Eth. Nic. Z 2, 1139 a 35 sq.] – Durchvernehmen als solches, d. h. rein nur hinsehend, αὐτή, es selbst, herausgelöst aus seinem faktischen Umgang – ›bewegt nichts‹, führt nicht zu Handlung, es ist ja überhaupt keine Sorgenstendenz da; das Worauf des Vernehmens ist nicht ›*Bedeutsames*‹, sondern nur *das Durchvernehmen von Bedeutsamem* als dem *kairologisch* bestimmten; [ist nicht ›*Bedeutsames*‹,] sondern nur ›*aussehendes Was*‹. Wie hat sich darin Bedeutsamkeit verzogen, *so* daß *sie* doch noch da ist?

Alles solches ›deswegen‹ ›bedeutet mir‹ (dem ›man‹, dem faktischen ›mir‹), gibt zu verstehen eine Handlung, *eine Zeitigung!* Und das *besorgte Durchvernehmen*, auf Besorgung *ausseiende* (ὄρεξις), behandelnde, auf Behandlung ausseiende, dieses *beherrscht auch* das (›herrscht auch im‹) ausrichtend-herstellende.

Als *besorgendes*: 1. in Sorge sein um – besorgt sein um, 2. erledigen – Erledigung mitzeitigen. *Das Besorgen* (T[erminus]) – *die Besorgnis.*

Das Was (Worauf des Besorgens!) der Herstellung ist *ein* Bedeutsames; sein Sein – Hergestelltsein – ist *eigentlich* seiend *Bedeutsamsein*, ein *wegen des*, ein ›*in so fern*‹, nicht schlechthin das Weswegen selbst, das in *wie* fern, das Wie selbst. Dagegen im Handeln *kommt es an* auf die Zeitigung des *Wie* als solchen, d. h. der Handlung selbst. Das Weswegen *des Herstellens* als ein etwas Bestimmtes – πρός τι (?) – für eine Besorgenswelt, ein *anderes*, was in Sorge steht (oder τέλος?) – und von etwas Bestimmten – τινος (?) – von *etwas*, das nicht das Umgehen selbst ist, sondern sein Worauf.

Das Was des Handelns – was in ihm besorgt wird – ist das Weswegen schlechthin! Weswegen – das Handeln selbst und zwar als gutes. ἐσόμενον – ἐνδεχόμενον [vgl. Eth. Nic. Z 2, 1139 b 8]; Besorgen – ins *Sein* bringen der Handlung als solcher. *Auch πρᾶξις von ποίησις her gesehen.*

Handlung: ihr Bewegungscharakter ›Zugehen auf‹ (ὀρεγόμενον ἢ φεῦγον κινεῖται [De anima Γ 9, 432 b 17]). *Πρακτόν* da im Wie des Zugehens auf – des weg von *ihm*. Der Vollzug ist die πρᾶξις.

10. Νοῦς (vgl. λόγος)

Die griechische Auslegung – Grundansatz bei Parmenides.

1. *Vernehmen von...*
2. als Vernehmen von – sich ausladend, ausschlagend: *Vernehmen über...*
3. auch dieses [Vernehmen von...] ist – aneignungsweise ein Vernehmen über, das *über* das *Wovon* als solches nicht hinausgeht; aber es ist dann doch schon (aneignend, d. h. dieses *als* dieses) Vernehmen des etwas über sich selbst *als* es selbst.

Im Vernehmen *(νοεῖν)* als solchen *vor*gezeichnet die Notwendigkeit des Ausschlagens. (Schief! *νοεῖν* konkretes Sehen, nicht als Vermögen der Seele, sondern Wie des Menschen; vgl. De an. A.)

Ἀληθεύειν ist: ›in Verwahrung *geben*‹ und seine Weisen sind: in Verwahrung *nehmen*, in Verwahrung *behalten*, verwahrend den Umgang[19] *sichern* (φρόνησις).

Νοῦς überhaupt etwas *›geben‹*, Sichtiges als solches ›ermöglichen‹, Sicht gebend, ›etwas ansichtig werden‹; damit ›Gesehenes‹ überhaupt geben, d. h. *als Gesehenes.* ›Sehen‹ – Vermeinen ist an ihm selbst faktisch schon verwahrend.

[19] sein Womit und ihn selbst zu einem unverhüllten (d. h. dem erhellten) machen.

11. Ἐνδεχόμενον ἄλλως

τοῦ δ' ἐνδεχομένου ἄλλως ἔχειν ἔστι τι καὶ ποιητὸν καὶ πρακτόν ([Eth. Nic. Z 4] 1140 a 1 sq.). Verschiedene *Wie* der Bedeutsamkeit.

12. Νοῦς πρακτικός

Vgl. [Eth. Nic. Z 2] 1139 a 18: πρᾶξις – ἀλήθεια. Wie kommen beide als entscheidend zusammen, betreffen was? *Προαίρεσις!* [a 23 sqq.] und diese besagt hier das Sein des Menschen: *ausseiendes* Vernehmen – ›Sorgen *um*‹.

Walter[20] 243:

»Wir haben [...] in der Aristotelischen Distinction nicht eine Eintheilung der erkennenden Vernunft zu sehen wonach der einen Function derselben die Disciplinen zufielen die das Ewige und Nothwendige behandeln, etwa Theologie und Mathematik, während die andere Seite die Wissenschaften enthielte die von den veränderlichen Dingen handeln, Einsichten die nur einen höheren oder geringeren Grad von Wahrscheinlichkeit mit sich führen. Es handelt sich nicht um Theologie und Ethik, nicht um Mathematik und Physik, sondern um Erkennen und Handeln, um eine Eintheilung des Vernunftvermögens nicht des Erkenntnissvermögens.«

Beide Einteilungen treffen nicht.

1. Nicht um Wissenschaften! Νοῦς ist nicht *Wissenschaft*!
2. Nicht um Erkennen und Handeln, sondern um Weisen des Umgangs mit – und zwar Weisen der Seinsverwahrung als der Umgangserhellung! Diese braucht nicht Wissenschaft; hinderlich ist hier ein ungenügender Begriff von Erkennen.

Νοῦς liegt *vor* Erkennen als Wissenschaft und πρακτικός besagt: ›Handlung‹ mitzeitigend (wie bedacht-sam, wirk-sam!).

[20] [Julius Walter, Die Lehre von der praktischen Vernunft ..., a.a.O.]

Handlung ist Umgang, also das Womit als Seiendes in Verwahrung *geben* (vgl. 1139 a 17!).

[Walter] 245:

»die Vernunft (νοῦς) ist dem Denken (διάνοια) ganz gleichwerthig und verhält sich zum λόγον ἔχον wie die ὄρεξις zum ὀρεκτικόν, die αἴσθησις zum αἰσθητικόν.«

Eben nicht, *διά*νοεῖν ist ein ganz eigenes *νοεῖν* – νοεῖν heißt nicht Denken und Erkennen, sondern Vernehmen. Es gibt theoretisches, *nur* hinsehendes, und praktisches Vernehmen, *umsichtig besorgendes*!

Vgl. 1139 a 33: ἄνευ νοῦ *καὶ διανοίας*! Warum beides! Νοῦς zugleich Vernehmen des *Wes*wegen! Διάνοια Durchvernehmen des Deswegen.

Vorhabe des Weswegen sich expliziert im Besprechen des Deswegen. Grundphänomen die je konkrete volle *Vornahme*! – *explizierte, verwahrte Vorhabe!*

13. Δόξα – [Eth. Nic. Z 10] 1142 b 18–29

Sie steht *in* der Vorhabe, die sie irgendwie festgemacht haben muß. Ein Unverhülltes muß ihr irgendwie verfügbar sein; sie kann *richtig sein* und doch *›unwahr‹* – keine echte Seinsvorhabe. Die ἐπιστήμη hat diese ihrem Sinne nach mit ihren *ἀρχαί* – auch wenn diese nicht thematisch gehabt sind. Sie sind aber das, was ursprünglich in der ἐπαγωγή des Seinsgebietes erhoben ist.

Δόξα als faktisch zunächst vollzogenes, vor-theoretisches und vor-praktisches Durchvernehmen und Meinen. ἡ μὲν γὰρ δόξα δοκεῖ περὶ πάντα εἶναι, καὶ οὐδὲν ἧττον περὶ τὰ ἀίδια *καὶ τὰ ἀδύνατα* ἢ τὰ ἐφ' ἡμῖν (Eth. Nic. Γ 4, 1111 b 31 sqq.). [*καὶ τὰ ἀδύνατα:*] worüber wir nicht verfügen, was nicht in unserer Macht steht – hinsichtlich seines Seins. Was wir weder Herstellen noch Umbringen.

Walter[21] 457 ((gut) *halbrichtig*!):

[21] [Julius Walter, Die Lehre von der praktischen Vernunft ..., a.a.O.]

»Wenn es dagegen von der δόξα heisst sie beziehe sich auf das ἐνδεχόμενον, so ist unter denselben jede beliebige Erkenntniss gemeint, sofern sie nicht in ihrer objectiven Nothwendigkeit erkannt ist.«

Wo gibt es eigentlich solche Erkenntnis im faktischen Umgang? Dafürnahme, dafürnehmende nächste Auslegung und Ansprechen!

14. Seinsverwahrung und ἀρχή-Vorhabe. Νοῦς (vgl. τέχνη)

Gerade in der ἀρχή-Verwahrung ist die eigentliche Funktion des νοῦς im eigentlichen Sinne zu sehen. Diese aber nicht überall gleichsinnig.

Beachtet man dies, dann rücken φρόνησις und σοφία in ihrer analogen (?) Struktur noch mehr zusammen, d.h. φρόνησις geht auch auf ἀρχαί, trotzdem diese scheinbar nur in der βουλή sind. Φρόνησις leistet gerade eigentliche seinshafte Verwahrung, und zwar gerade dadurch, daß sie das volle ›Wegen‹ zur vollen Aneignung bringt. *Durch dieses Wegen hindurch bzw. gerade nur in ihm ist die ἀρχή eigentlich da* – ›praktisch‹, d.h. als echtes Woraufhin bzw. *Von wo aus* des Besorgens. Die φρόνησις ist eigentlich die *Seinsverwahrung* auf das *τέλος*, wenn auch nicht *Grunderfahrung;* aber beides nicht zu trennen, d.h. Grunderfahrung hat *ihr* Licht. Grunderfahrung immer in einer faktisch proairetischen Situation, aus ihr heraus und für sie. Ἀρχή-Verwahrung ursprünglicher als im θεωρεῖν. In diesem perspektivisch erreichbar, bei φρόνησις respektivisch da!

Die σοφία dagegen nimmt die ἀρχαί ›theoretisch‹, d.h. gerade ›ohne Beziehung auf‹ Besorgen – *situationsfrei*; nur für ein *Seiendes*, das sich selbst besorgt, möglich. *Θεωρεῖν* abkünftig – eine bestimmt *vollzogene* Radikalisierung eines bestimmten *Gesehenen* und *Besorgten*, d.h. Verfallen, das selbst noch ruinant als eigentliches ἔργον gerechtfertigt wird.

Die σοφία dagegen ist durch Aufenthalt hindurchgegangen: die Radikalisierung des θεωρεῖν, einer Besorgensweise, die von *τέχνη* herkommt, für das ›*Praktische* und *Theoretische*‹ je ursprünglich konstitutiv. D. h. aber: aller Seinssinn erwächst als Auslegung dieses hier ursprünglich vermeinten Seinssinnes; nicht nur *dieser bestimmte Umgang*, sondern *wie er selbst noch gesehen und ausgelegt* ist; κίνησις – εἶδος ontologisch entscheidend!

Genesis des Theoretischen. Die verfallende Weise der ›Erkenntnis‹-Auslegung – das Zunächst des abgehobenen eigenläufigen Erkennens; dessen *Herkunft nicht* gesehen. Mit ihm selbst aber dann das *nicht* Theoretische aufgeklärt, statt die Herkunft zu sehen und das *Theoretische* als nicht ›Praktisches‹ zu nehmen. Das verlangt aber einen weiteren Vorblick in eigentliche *Grundphänomene des Umgangs* und des Sorgens und die möglichen Weisen der ›Sperrung‹. *[Grundphänomene]* diese ⟶ Faktizität – Leben – Sein! – Mensch.

Hermeneutische Bedingungen des Sehens von Herkunft:

1. Überhaupt auf Herkunft (anders als ›psychologisch‹, anders als bewußtseins*konstituierend*) eingestellt sein.
2. Herkunft und als herkünftig dem *wo* und wie sein – *faktisch* – Bewegtheit; Herkunfts- und Herkommensbereich das Leben selbst.
3. Herkunft als Abkunft – Wie einer bestimmten Sorgensbewegtheit.
4. Herkunft als mitzeitigend – Lage-, situationsbildend.

C. GRIECHISCHE TERMINI

Abweichende griechische (und sonstige) Termini in dem an Georg Misch in Göttingen gesandten Exemplar des Typoskripts vom vorliegenden (im Besitz Heideggers verbliebenen) Exemplar

Zu S. 384:[1] »seine ἀρχαί« statt »seine ἀρχή« / »Die ἀρχή ist, was sie ist« statt »Die φρόνησις ist, was sie ist«.

Zu S. 385: »ἕξις als σοφία« statt »σοφία als ἕξις«

Zu S. 386: »als βάδισις εἰς« statt »als βάδισις εἰς τέλος«.

Zu S. 388: »Direktion auf das μάλιστα εἰδέναι« statt »Direktion auf das σοφώτερον« / »Menschen als σοφόν« statt »Menschen als σοφός«.

Zu S. 389: »Das θεῖον ist nur *deshalb* νόησις νοήσεως« statt »Das θεωρεῖν ist nur *deshalb* θεῖον«.

Zu S. 391: Überschrift: *»Physica A, B, Γ 1–3«* statt *»Physica A–E«* / »(das κινούμενον)« statt »(des θεωρεῖν)« / »als ἀρχή-Forschung« statt »als κίνησις-Forschung« / » ›Vonwoaus‹ (ἀρχαί)« statt » ›Vonwoaus‹ (ἀρχή)«.

Zu S. 392: »das als φύσις« statt »das als κινούμενον« / »irgendwie mit vermeinte« statt »irgendwie mit vermeint« / »Seinsgebiet so, daß sie sich« statt »Seinsgebiet, daß es sich« / »wir setzen von vornherein an (ἡμῖν ὑποκείσθω)« (185 a 12 sq.) statt nur »wir setzen von vornherein an« / »(also zur φύσις)« statt »(also zur κίνησις selbst)«.

[1] In der Reihenfolge: »⟨Text mit den handschriftlich eingefügten Termini des an Misch gesandten Exemplars⟩« statt »⟨Text mit den handschriftlich eingefügten Termini des im Besitz Heideggers verbliebenen Exemplars (vorliegende Ausgabe)⟩«. Vgl. dazu auch das Nachwort des Herausgebers, S. 427 f., 444 ff.

Zu S. 393: »den λόγος bzw. das κινούμενον *als* λεγόμενον« statt »ἡμῖν δ' ὑποκείσθω ... εἶναι« / »das κινούμενον« statt »das φύσει ὄν« / »Gegenstand: ἐπιστήμη und σοφία (als νοῦς *καὶ* ἐπιστήμη, [vgl. Eth. Nic. Z 6] 1141 a 5) sind *μετὰ* λόγου« statt »Gegenstand ein ὂν λεγόμενον (Phys. A 2 u. 3)« / »Sinn des λέγειν« statt »Sinn des ὂν λεγόμενον« / »ἓν τὰ πάντα« (185 a 22) statt »ἓν καὶ ἀκίνητον τὸ ὄν« / »alles Erfahrene ist im Wie des Gegenstandsseins« statt »alles ist im Wie des Gegenstandsseins«.

Zu S. 394: »und das φάναι« statt »und das λέγειν« / »Diese ἀλήθεια« statt »Diese φύσις« / Komma gesetzt nach »Hinsichten gewinnen will, ...« statt nach »... Grundphänomen der Bewegung, ...« / »Problem des ὁρισμός« statt »Problem des λέγειν/λόγος« / »angesetzten λόγος-Problematik« statt »angesetzten ἀρχή-Problematik« / » ›Grundkategorie‹ der στέρησις« statt »›Grundkategorie‹ der ποίησις« / »auf die κίνησις der φύσει ὄντα« statt »auf die κίνησις«

Zu S. 395: »ἀρχή-Problematik« statt »κίνησις-Problematik« / »(αἴτιον – warum)« statt »(διὰ τί ... – warum)« / »Sachgehalt der φύσει ὄντα« statt »Sachgehalt der φύσις«.

Zu S. 397: »im bestimmten λόγος« statt »im bestimmten λέγειν« / »aus einer Bewegung (κίνησις – ποίησις – πρᾶξις) Entsprungenen ist« statt »aus einer Bewegung (ποιούμενον) entsprungen ist« / »und zwar als ›objektive‹, als ein Wie« statt »und zwar als ›objektive‹ ein Wie« / »Grundcharakter des λόγος« statt »Grundcharakter des θεωρεῖν« / »Interpretation von Met. Γ, E, B, I« statt »Interpretation von Met. Λ, I«.

Zu S. 398: »im λόγος als solchen« statt »im λέγειν als solchen« / »δυνάμει und ἐνεργείᾳ ὄν« statt »ὂν δυνάμει« / » ›Tuns‹-Gegenstände (ὂν ὡς πρᾶγμα)« statt » ›Tuns‹-Gegenstände (ποιούμενα)« / »nicht konstitutiv für das πρᾶγμα und doch das κυριώτατον ([Met. Θ 10] 1051 b)« statt »nicht konstitutiv für das ὄν und doch das κυρίως ὄν« / »das ὂν *κατὰ* συμβεβηκός« statt »das κατὰ συμβεβηκός« / »Erstelltsein (οὐσία γινομένη, ποιηθεῖσα)« statt »Erstelltsein (ποιούμενον)« / »ἐγγύς τι μὴ ὄν – ὥσπερ ὀνόματι μόνον ([vgl.] 1026 b 21 [und b 13])« statt »ἐγγύς τι τοῦ *μὴ ὄντος* (Met. E 2, 1026 b 21)«.

NACHWORT DES HERAUSGEBERS

Heideggers Vorlesung vom Sommersemester 1922 wird im Vorlesungsverzeichnis mit dem Titel »Ankündigung der Vorlesungen der Badischen Albert Ludwigs-Universität Freiburg im Breisgau für das Sommerhalbjahr 1922« unter der folgenden Bezeichnung angekündigt: »Phänomenologische Interpretationen (ausgewählte Abhandlungen des Aristoteles zur Ontologie und Logik); Mo Mi Do Fr 6–7«. In der handgeschriebenen »Vita« vom 30. Juni 1922, die Heidegger an Georg Misch in Göttingen schickte, nennt er in der Übersicht zu seinen abgehaltenen Vorlesungen und Übungen auch die Vorlesung vom Sommersemester 1922 und die vorangehende Vorlesung vom Wintersemester: »Wintersemester 1921/22: Phänomenologische Interpretationen ausgewählter Abhandlungen des Aristoteles zur Ontologie und Logik (phänomenologische systematische Einleitung und Hermeneutik), zweistündig; Sommersemester 1922: Phänomenologische Interpretation zu Aristoteles, Fortsetzung, vierstündig.«[1] In Anlehnung an das Vorlesungsverzeichnis und die »Vita« sowie an das von William J. Richardson erstellte und von Heidegger selbst durchgesehene und korrigierte »Verzeichnis der Vorlesungen und Übungen von Martin Heidegger«[2] wird der Titel »Phänomenologische Interpretationen ausgewählter Abhandlungen des Aristoteles zur Ontologie und Logik« für die Vorlesung vom Sommersemester 1922 gewählt. Nach der »Akademischen Quästur«, der »Abrech-

[1] In: Martin Heidegger, Reden und andere Zeugnisse eines Lebensweges 1910–1976. Hg. von Hermann Heidegger. Gesamtausgabe Bd. 16. Frankfurt a. M.: Klostermann 2000, S. 41–45; hier S. 44.

[2] In: William J. Richardson, Heidegger. Through Phenomenology to Thought. Preface by Martin Heidegger. 4th ed. (with a new preface by the author) New York: Fordham University Press 2003, S. 669–679; hier S. 672. (Gegenüber Heideggers »Vita« besteht nur eine kleine Abweichung: »Phänomenologische Interpretation ausgewählter Abhandlungen...« statt Plural »Phänomenologische Interpretationen...«.)

nung mit Herrn Dr. Heidegger, Privatdozent, über die Erhebung und Ablieferung der Kollegiengelder vom Sommer-Semester 1922«, nahmen 36 Hörer an den »Phänomenologischen Interpretationen« teil, von denen einer von der Zahlung des Kollegiengeldes (von 80 Mark) befreit war. Zu den Hörern gehörten Walter Bröcker, Helene Weiß und Franz Josef Brecht, deren Nachschriften dem Herausgeber zur Verfügung standen. Noch zu nennen sind Karl Löwith, der zu Heideggers bekanntesten Schülern gehört, und Bruno Strauß, der von der Vorlesung sehr beeindruckt war und darüber in Marburg berichtete.[3] Abweichend vom Vorlesungsverzeichnis hielt Heidegger die vierstündige Vorlesung am Montag, Dienstag, Donnerstag und Freitag. Dies geht eindeutig aus der Nachschrift von Helene Weiß hervor, in der (bis auf einige Auslassungen) das Datum der Vorlesungsstunden vermerkt ist. Die sich nach der Nachschrift ergebenden Wochentage sind auch in Übereinstimmung mit der (unvollständigen) »Einzeichnungsliste der Zuhörer des Herrn Dr. Heidegger für die Vorlesungen über Phänomenologische Interpretationen« an der Universität Freiburg i. Br. im Sommersemester 1922. Ebenfalls abweichend vom Vorlesungsverzeichnis wird in der »Einzeichnungsliste« als Zeitangabe »v. 8–9 Uhr« genannt. Die erste Datumsangabe findet sich in der Nachschrift (Handschrift) von Helene Weiß auf Seite 4: »8.V.22« (Montag). Die Vorlesung begann also wohl in der ersten Maiwoche und endete gemäß der letzten Datumsangabe am Ende der Nachschrift am 28. Juli 1922 (Freitag). Auf die »Donnerstagstunde« und die »Freitagstunde« verweist Heidegger selbst in der in § 3 b der Vorlesung (nach der Gliederung des Herausgebers) gegebenen »Anweisung zum Studium«.

Abweichend von seiner üblichen Gepflogenheit hatte Heidegger für die Vorlesung vom Sommersemester 1922 kein durchge-

[3] Auf die Mitteilung des »Herrn Strauß aus Kirchhain« verweist Paul Natorp in seinem Brief an Edmund Husserl vom 30. Oktober 1922 (in: Edmund Husserl, Briefwechsel. (10 Bde.). In Verbindung mit Elisabeth Schuhmann hg. von Karl Schuhmann. Dordrecht/Boston/London: Kluwer Academic Publishers 1994 (Husserliana Dokumente Bd. III). Bd. V: Die Neukantianer, S. 161).

hendes Manuskript mit durchlaufenden Seitenzahlen ausgearbeitet, sondern im Hinblick auf ein geplantes Buch über Aristoteles (vgl. unten S. 440 f.) einzelne, nur in sich durchgezählte Konvolute verfaßt, ohne diese entsprechend ihrer Zugehörigkeit zur fraglichen Vorlesung oder zu den Entwürfen zum geplanten Buch zu kennzeichnen. Von den zahlreichen Manuskriptkonvoluten aus der Zeit der fraglichen Vorlesung trägt nur eines, nämlich die »Vorbemerkung zu den Aristotelesinterpretationen«, eine eindeutige Zuordnung zur Vorlesung »S.S. 1922« von Heideggers eigener Hand. Durch den eingehenden Vergleich der in Frage kommenden Konvolute mit den drei verfügbaren Nachschriften (Bröcker, Weiß, Brecht) konnten die zur Vorlesung gehörigen Konvolute vom Nachlaßverwalter herausgefunden und auf der Grundlage der von Herrn Dr. Hartmut Tietjen erstellten maschinenschriftlichen Transkriptionen definitiv in ihrer Zugehörigkeit bestimmt werden. Dabei erwies sich, daß die in der maschinenschriftlichen Abschrift von Herbert Marcuse vorliegende Nachschrift Bröckers den Vorlesungsverlauf insgesamt am verläßlichsten und kontinuierlichsten wiedergibt.

Aufgrund des engen sachlichen sowie die Entstehung betreffenden Zusammenhangs mit der Vorlesung wird die als sogenannter »Natorp-Bericht« bekannt gewordene Ausarbeitung Heideggers für die Marburger und die Göttinger Philosophische Fakultät vom Herbst 1922 mit dem Titel »Phänomenologische Interpretationen zu Aristoteles (Anzeige der hermeneutischen Situation)« in den Anhang aufgenommen.

Als Editionsgrundlage für die Vorlesung standen dem Herausgeber die folgenden handschriftlichen Originalmanuskripte Heideggers und studentischen Nachschriften in den vom Deutschen Literaturarchiv in Marbach a. N. angefertigten Photokopien zur Verfügung:

1. Das Konvolut von drei auf der Vorderseite im Querformat beschriebenen Quartblättern (wie bei den folgenden Konvoluten vom Format 32,5 × 20,7 cm) mit der Numerierung $1^{\times}$, $2^{\times}$ und 1b und mit der Überschrift (auf Blatt $1^{\times}$) »Vorbemerkung zu den

Aristotelesinterpretationen (S.S. 1922)«. Diese Überschrift wurde in der vom Herausgeber erstellten Gliederung der Vorlesung unverändert übernommen. Von diesem Konvolut stand eine maschinenschriftliche Transkription der Entzifferung der Handschrift zur Verfügung, die Herr Dr. Hartmut Tietjen Anfang der neunziger Jahre besorgt hat. (Diese Zeitangabe gilt auch für die im folgenden noch genannten Abschriften.)

2. Das Konvolut von 18 fortlaufend in arabischen Ziffern gezählten Quartblättern im Querformat, die (bis auf wenige Notizen auf der Rückseite) nur auf der Vorderseite beschrieben sind. Unmittelbar zum Vorlesungstext gehören noch zwei eingelegte Quartblätter mit der Bezeichnung »zu Met. A 1 (I. S. 7/8)« und »Beilage zu 10« und ein eingelegtes Oktavblatt mit der Bezeichnung »I. Met A 2. S. 16«. Blatt 1 trägt die Überschrift »Phänomenologische Interpretationen zu Aristoteles«. Noch auf Blatt 1 beginnt der »Übersetzung« (von »Met. A 1« und ab Blatt 4 von »Met. A 2«) genannte Teil. Etwa in der Mitte von Blatt 6 beginnt ohne Überschrift und ohne eine deutliche Abtrennung die Interpretation von »Metaphysik« A 1 und A 2. Die Abkürzung »I.« auf den eingelegten Blättern verweist auf die »Interpretation«. Zu dem Konvolut gehören noch mehrere eingelegte Zettel und mehrere Beilagen verschiedener Formate. Vom Vorlesungstext und einem Teil der Beilagen stand die von Herrn Dr. Tietjen besorgte maschinenschriftliche Abschrift der Handschrift zur Verfügung (ca. 100 Seiten in DIN A 4). Dem Konvolut entspricht in der Gliederung des Herausgebers das I. Kapitel und Anhang I, Beilagen zum I. Kapitel.

3. Das Konvolut von zwei im Querformat auf der Vorderseite beschriebenen Quartblättern mit der Numerierung α und β. Blatt α trägt die Überschrift »Überleitung von Met. A 1, 2 zu Phys.« und daneben in Klammern einen Hinweis auf den unmittelbaren Anschluß an das zuvor beschriebene Konvolut: »vgl. Schluß v. (I.) A 1, 2 S. 18«. Zu dem Konvolut gehören mehrere Beilagen im Quartformat. Vom Vorlesungstext und den Beilagen stand wiederum die von Herrn Dr. Tietjen besorgte maschinenschriftliche

Abschrift der Handschrift zur Verfügung. Dem Konvolut entspricht in der Gliederung des Herausgebers das II. Kapitel und Anhang I, Beilagen zum II. Kapitel.

4. Das auf zwei verschiedene Konvolute aufgeteilte (Blatt 1–6: Übersetzung von Phys. A 1 – A 3 und Blatt 7–8: Übersetzung von Phys. A 4), aber ursprünglich zusammengehörige Manuskript von 8 fortlaufend in arabischen Ziffern gezählten Quartblättern, die im Querformat und nur auf der Vorderseite beschrieben sind und eine Übersetzung von »Physik« A 1 bis A 4 enthalten. Blatt 1 trägt die Überschrift »Phys. A 1 (Übersetzung)«. Das Konvolut enthält noch einen zur Vorlesung gehörenden eingelegten Zettel mit der Bezeichnung »zu S. 5, b 23 ff.«. Von dem Konvolut stand die von Herrn Dr. Tietjen besorgte maschinenschriftliche Abschrift der Handschrift zur Verfügung (32 Seiten in DIN A 4). Dem Manuskript entspricht in der Gliederung des Herausgebers die Sektion A (einschließlich § 15) des III. Kapitels.

5. Das Konvolut von 16 fortlaufend in arabischen Ziffern gezählten Quartblättern im Querformat, von denen nur die Vorderseite beschrieben ist. Zur Vorlesung gehören noch 7 weitere eingelegte Quartblätter mit der Bezeichnung »zu I. Phys. A, S. 3«, »zu (I.) Phys. A 2 u. 3, S. 7«, »zu 10/α«, »zu 10/β«, »10 x«, »15 a« und »zu S. 16 (Phys. A 2, 3)«. Das Konvolut gibt eine »Interpretation« von »Physik« A 2 und A 3, worauf wiederum die Abkürzung »I.« auf den eingelegten Blättern verweist, und entspricht in der Gliederung des Herausgebers der Sektion B des III. Kapitels. Die in die §§ 21 und 26 c aufgenommenen Exkurse fehlen allerdings und wurden daher aus den Nachschriften übernommen (vgl. unten S. 430 f.). Zu dem Konvolut gehören noch mehrere Beilagen in verschiedenen Formaten, die in den Anhang I, Beilagen zum III. Kapitel, aufgenommen wurden. Von dem Konvolut stand die von Herrn Dr. Tietjen besorgte maschinenschriftliche Abschrift der Handschrift zur Verfügung (80 Seiten in DIN A 4).

6. Das auf einem Deckblatt »Ontologie – Phys. A« bezeichnete Konvolut von drei Quartblättern im Querformat, von denen nur

die Vorderseite beschrieben ist. Das erste Blatt trägt die Überschrift »Phänomenolog. Interp. der Überlegung« und wurde vom Herausgeber von der Thematik her den Beilagen zum I. Kapitel (Anhang I, Nr. 14) zugeordnet. Die beiden weiteren Blätter mit der Numerierung α und β tragen die Überschrift »Zunächst zu Phys. A« und wurden in die Beilagen zum III. Kapitel (Anhang I, Nr. 29) aufgenommen. Von dem Konvolut stand wiederum die von Herrn Dr. Tietjen besorgte maschinenschriftliche Abschrift zur Verfügung.

7. Die nur in der von Herbert Marcuse besorgten maschinenschriftlichen Abschrift der Handschrift vorliegende Nachschrift von Walter Bröcker. Das Typoskript besteht aus 79 fortlaufend gezählten und einzeilig getippten DIN A 4 Seiten und trägt auf Seite 1 die Überschrift: »HEIDEGGER: Phänomenologische Interpretationen zu *Aristoteles*. Freiburg, Sommersemester 1922.« Das Vorsatzblatt trägt den Titel: »*Martin Heidegger:* INTERPRETATIONEN ZU ARISTOTELES. Sommer 1922 Freiburg i. Br.« Die Originalnachschrift Bröckers konnte in der Recherche des Herausgebers in mehreren Archiven nicht aufgefunden werden. Zum Typoskript, das sich heute im Herbert Marcuse-Archiv der Stadt- und Universitätsbibliothek in Frankfurt a. M. befindet, gehört die von Marcuse entworfene Gliederungsskizze auf einem Notizblatt mit dem Kopf »Paul Weyrich G.m.b.H. – Kohlen«.[4] Die Überschrift »Ontologie und Geschichte« für den aus der Nachschrift übernommenen Exkurs (§ 21 nach der Gliederung des Herausgebers) wurde von Marcuse übernommen. Kurze aufschlußreiche Ergänzungen zu Heideggers Manuskript aus der Nachschrift wurden mit einer entsprechenden Kennzeichnung in die Anmerkungen (Fußnoten) aufgenommen, längere Auszüge in den Anhang II mit einem entsprechenden Verweis in den Anmerkungen.

8. Die Nachschrift von Helene Weiß besteht aus 183 fortlaufend gezählten losen Seiten eines linierten Kollegheftes im Ok-

[4] Vgl. auch Thomas Regehly, Übersicht über die »Heideggeriana« im Herbert Marcuse-Archiv der Stadt- und Universitätsbibliothek in Frankfurt am Main. In: Heidegger Studies 7 (1991), S. 179–209; hier S. 183 f.

tavformat mit der Aufschrift »SOENNECKEN«. Dieses Deckblatt trägt den Titel: »22. *Heidegger: Aristoteles*«. Die Überschrift auf Seite 1 lautet: »*Heidegger:* Phänomenologische Interpretationen. (im Anschluß an Aristoteles) S.S. 22.« Eine Seite wurde dem Herausgeber freundlicherweise in einer besseren Photokopie vom Department of Special Collections der Stanford University Libraries in Kalifornien zugesandt, wo sich der Nachlaß von Helene Weiß heute befindet. Von der in lateinischer Handschrift verfaßten Nachschrift stand die 1990 von Herrn Dr. Tietjen besorgte maschinenschriftliche Abschrift zur Verfügung (157 Seiten in DIN A 4). Auszüge aus der Nachschrift wurden wiederum in die Anmerkungen und in den Anhang II übernommen.

9. Die Nachschrift von Franz Josef Brecht besteht aus 67 unpaginierten Seiten eines gebundenen linierten Schulheftes im Oktavformat mit einem Seitenrand für Anmerkungen. Der Einband trägt die Aufschrift: »Heidegger, Phänomenologische Interpretationen (Aristoteles) – Franz Josef Brecht – S.S. 1922.« Die Nachschrift bricht nach § 22 a (nach der Gliederung des Herausgebers) ab. Da die in deutscher Handschrift verfaßte Nachschrift gut lesbar ist, wurde keine Abschrift angefertigt.

Der in den Anhang III aufgenommene sogenannte »Natorp-Bericht«, Heideggers Ausarbeitung für die Marburger und die Göttinger Philosophische Fakultät vom Herbst 1922, wurde von Franziska Ebbinghaus (geb. Schragmüller), der Frau von Heideggers Freiburger Kollegen Julius Ebbinghaus, mit mindestens zwei Durchschlägen getippt (vgl. unten S. 444 f.). Als Editionsgrundlage standen dem Herausgeber die beiden erhaltenen Exemplare zur Verfügung:

1. Primäre Textgrundlage dieser Edition ist die vom Deutschen Literaturarchiv in Marbach a. N. angefertigte Photokopie des im Besitz Heideggers verbliebenen Typoskripts auf Durchschlagpapier (im folgenden bezeichnet als Heidegger-Typoskript), dessen zunächst für verschollen gehaltene zweite Hälfte (d. h. die Abschnitte zur »Nikomachischen Ethik«, »Metaphysik« und »Physik«; vgl. im vorliegenden Band S. 376 ff.) Anfang der

neunziger Jahre im Zuge einer eingehenden Sichtung des in der Handschriftenabteilung des Deutschen Literaturarchivs aufbewahrten Nachlasses Heideggers durch den Nachlaßverwalter wiederaufgefunden worden war. Es handelt sich um ein fortlaufend gezähltes Typoskript von 51 Seiten und vom Format 33×21 cm, dessen Text auf der ersten Seite beginnt (ohne Vorsatzblatt). Die Überschrift auf Seite 1 lautet: »Phänomenologische Interpretationen zu Aristoteles.« mit dem Untertitel »Anzeige der hermeneutischen Situation.« Die Seiten 23 bis 27 und 40 des Heidegger-Typoskripts wurden jedoch nicht mehr aufgefunden und daher aus dem anderen Exemplar übernommen. Auf den vorhandenen Blättern befinden sich eine Vielzahl von handschriftlichen Korrekturen, Zusätzen, ergänzenden Erläuterungen und Randbemerkungen in der Handschrift Heideggers sowie einige zusätzliche Unterstreichungen. Des weiteren liegen ein handschriftliches Vorblatt mit der Überschrift »Zu Einleitung.« (im vorliegenden Band S. 345 f.) und mehrere handschriftliche Beilagen, die in den Anhang III B aufgenommen wurden, vor. Auf die Beilagen beziehen sich zwei handschriftlich in das Heidegger-Typoskript eingefügte Verweise (im vorliegenden Band S. 354, Anm. 26 und S. 378, Anm. 5). Von den handschriftlich in das Heidegger-Typoskript eingetragenen Zusätzen, dem handschriftlichen Vorblatt und den Beilagen lag eine von Herrn Dr. Tietjen besorgte maschinenschriftliche Abschrift vor.

2. Bei dem anderen Exemplar handelt es sich um das an Georg Misch in Göttingen gesandte Typoskript ebenfalls auf Durchschlagpapier (im folgenden bezeichnet als Misch-Typoskript), das vollständig erhalten ist und von dem eine von Herrn Prof. Dr. Hans-Ulrich Lessing zugeschickte Photokopie zur Verfügung stand. Dieses Exemplar des Typoskripts lag schon der Erstveröffentlichung durch Hans-Ulrich Lessing im Jahre von Heideggers 100. Geburtstag (1989) in Band 6 des »Dilthey-Jahrbuchs für Philosophie und Geschichte der Geisteswissenschaften« (S. 235–269; vgl. auch das Nachwort des Herausgebers, S. 270–274) zugrunde.

Von den Beilagen zur Vorlesung enthält nur die Beilage Nr. 11

(nach der Gliederung des Herausgebers) eine Datumsangabe: »2. September 22« (im vorliegenden Band S. 273, Anm. 13). Die Beilagen wurden wohl im Hinblick auf das geplante Aristoteles-Buch geschrieben und könnten somit zum Teil bis in das Jahr 1924 hinein entstanden sein (vgl. unten S. 440 f.). Auf einem Blatt der »Überleitung« findet sich rechts ein Hinweis auf die Vorlesung vom »S.S. 23« (S. 116, Anm. 4). Auch einige Randbemerkungen zur Vorlesung wie beispielsweise »Gewicht der Methode anders verteilen!« (S. 51, Anm. 7), »die ganze Interpretation schärfer durcharbeiten« (S. 63, Anm. 17), »Met. A 1 und 2 von Z her schärfer nehmen« (S. 115, Anm. 2; vgl. auch S. 165, Anm. 1 und S. 200, Anm. 6) oder »Nicht endgültig! Vor allem die Interpretation zuspitzen auf die Charakteristik des vollen Sinnes der ἀρχαί« (S. 182, Anm. 2) dürften im Hinblick auf das geplante Aristoteles-Buch oder die als »Einleitung« (vgl. unten S. 440 f.) bezeichnete Ausarbeitung (Bericht für die Marburger und die Göttinger Philosophische Fakultät) entstanden sein.

Aufgrund des unterschiedlichen Charakters der für die Vorlesung vom Sommersemester 1922 und der für die Ausarbeitung für die Marburger und die Göttinger Philosophische Fakultät vom Herbst 1922 (Anhang III) vorliegenden Manuskripte sollen die für die Edition befolgten Richtlinien separat beschrieben werden.

Es soll mit der Vorlesung begonnen werden. Zunächst gehörte es zur Aufgabe des Herausgebers, die in (alter) deutscher Handschrift geschriebene Vorlesung mit der maschinenschriftlichen Abschrift der von Herrn Dr. Tietjen besorgten Entzifferung Wort für Wort zu kollationieren, verbliebene Fehlstellen und fragliche Lesarten aufzulösen und noch nicht transkribierte Teile des Textes zu entziffern. In einigen Fällen hartnäckiger Lesartprobleme wurde gemeinsam mit Herrn Dr. Tietjen in der Handschriftenabteilung des Deutschen Literaturarchivs in Marbach a.N. Einblick in das Originalmanuskript genommen. Einige zumeist kürzere stenographische Textstellen (Gabelsberger Kurzschrift) wurden von Herrn Dr. Robin D. Rollinger und Herrn Dr.

Thomas Vongehr vom Husserl-Archiv der Universitäten Freiburg i. Br. und Leuven entziffert und mögliche Lesarten mit dem Herausgeber besprochen. Der eng mit schwarzer Tinte im Querformat geschriebene Haupttext reicht in der Regel nur etwa bis zur Mitte der Blätter, auf der rechten Blattseite finden sich oft ziemlich umfangreiche Ergänzungen, Anmerkungen und Ausführungen, die nur zum Teil durch Striche oder Einfügungszeichen unmittelbar dem Haupttext zugeordnet sind. Der Text auf der rechten Blattseite ist zum Teil ebenfalls in schwarzer Tinte geschrieben, enthält aber auch weitere Ergänzungen mit Bleistift und roter bzw. rotbrauner Tinte, die zumeist verblaßt und schwer zu entziffern sind. Auch im Haupttext finden sich Korrekturen, Ergänzungen und Unterstreichungen mit roter Tinte und Bleistift.

Gemäß den von Heidegger erteilten Richtlinien zur Edition seiner Vorlesungen war es Aufgabe des Herausgebers, einen einheitlichen, fortlaufenden Vorlesungstext zu erstellen. Dazu wurde die Handschrift Heideggers Satz für Satz mit den Hörer-Nachschriften verglichen, um eine genaue Zuordnung der auf der rechten Blattseite stehenden umfangreichen Ergänzungen zum Haupttext zu ermöglichen. Dabei zeigte sich, daß Heidegger während des Vortrags der Vorlesung seinen Aufzeichnungen weitgehend gefolgt ist. Vor allem die in den Ergänzungen auf der rechten Blattseite entworfenen Gedanken hat er manchmal im freien Vortrag offenbar breiter ausgeführt. Dasselbe gilt auch für Teile der Übersetzungen. Wie bereits erwähnt, gibt die Nachschrift von Walter Bröcker insgesamt den Verlauf der Vorlesung am verläßlichsten und kontinuierlichsten wieder. Die Nachschrift von Helene Weiß ist umfangreicher, aber von unterschiedlicher Qualität. Manche Textpassagen sind bei ihr ausführlicher und folgen Heideggers Text und Sprachstil genauer als bei Bröcker. Die Nachschrift von Franz Josef Brecht ist die kürzeste und am wenigsten authentisch; sie wurde nur zum Textvergleich mit den anderen Nachschriften herangezogen. Da (bis auf zwei fehlende Exkurse) Heideggers Manuskripte insgesamt den Vortrag der

Vorlesung ziemlich vollständig wiedergeben, wurden die Nachschriften von Bröcker und Weiß nur zur Ergänzung herangezogen und deutlich von Heideggers Aufzeichnungen abgesetzt. Kürzere Ergänzungen aus den Nachschriften wurden mit einem entsprechenden Hinweis in die Anmerkungen (Fußnoten) aufgenommen und in eckige Klammern gesetzt, längere für den Vorlesungstext aufschlußreiche Textstellen aus den Nachschriften wurden mit einem entsprechenden Verweis in den Anmerkungen des Haupttextes in den Anhang II aufgenommen. Es wurden nur solche Textstellen aus den Nachschriften in die Anmerkungen und in den Anhang II aufgenommen, die eine wirkliche gedankliche bzw. sachliche Ergänzung oder Verdeutlichung zu Heideggers Aufzeichnungen darstellen und durch den Vergleich mit Heideggers handschriftlichen Notizen oder durch den Vergleich der Nachschriften untereinander oder vom sachlichen Zusammenhang her als weitgehend authentisch eingestuft werden konnten. Der Exkurs »Ontologie und Geschichte« (§ 21 nach der Gliederung des Herausgebers) wurde von Bröcker und der Exkurs »Übersetzung von De interpretatione 4 und 6« (§ 26 c) von Weiß übernommen.

Eine Besonderheit dieser Vorlesung stellen die großen, der Interpretation vorangehenden Übersetzungsteile dar. Der Übersetzung lagen als griechischer Text die von Heidegger benutzten Handexemplare (Teubner-Ausgaben des Aristoteles, Leipzig) zugrunde, die in den Anmerkungen des Herausgebers zu § 1 der Vorlesung einzeln aufgeführt sind. Der griechische Text fehlt in Heideggers Handschrift. Die Übersetzungsteile enthalten zum Teil auch ergänzende Kommentare und Hinweise, wobei aus der Handschrift oft nicht erkennbar ist, wo die Übersetzung endet und der Kommentar beginnt. Die Übersetzungsteile wurden daher vom Herausgeber Wort für Wort mit dem griechischen Text abgeglichen. Da die benutzten Aristoteles-Ausgaben heute nicht mehr leicht zugänglich sind und zum besseren Nachvollzug der Eigenart von Heideggers Übersetzung für den Leser, wurde der gesamte griechische Text vom Herausgeber nach den Handexemplaren aufgenommen und Heideggers Übersetzungen jeweils vorangestellt. Zur deutlichen Trennung vom Kommentar wurden alle Übersetzungen in (gewöhnliche) Anführungszeichen (»...«) gesetzt. Zur Eigenart von Heideggers Übersetzung gehört es, daß er den oft knappen und elliptischen griechischen Text über die im Griechischen stehenden Wörter hinaus ergänzend weiterübersetzt bzw. erläutert (zur Übersetzung vgl. auch unten S. 434 f.). Solche Erläuterungen innerhalb der Übersetzung wurden in eckige Klammern gesetzt, wobei der Übergang zwischen ausführlicher Übersetzung und Erläuterung bzw. Kommentierung fließend ist. In vielen Fällen setzt Heidegger aber selbst (runde oder eckige) Klammern, die übernommen werden konnten.

Im übrigen lagen der Edition die für die II. Abteilung (Vorlesungen 1919–1944) der Gesamtausgabe geltenden Richtlinien zugrunde. Zur Erstellung eines fortlaufenden, einheitlichen Textes wurden die Ergänzungen auf der rechten Blattseite – soweit möglich – unter Heranziehung der Nachschriften in den Vorlesungstext eingefügt. Texte, die nicht eingefügt werden konnten, weil sie den Duktus des Haupttextes stören würden, sowie Texte, die einer anderen bzw. späteren Besinnungsebene (manchmal angezeigt durch einen Wechsel des Stiftes bzw. der Farbe) entstammen (wie Reflexion, Kommentar oder Kritik an dem Gesagten, Fragen, Ausblick auf noch ausstehende Aufgaben) wurden in die Anmerkungen (Fußnoten) aufgenommen.

Die Gliederung in Kapitel und Sektionen (A und B) stammt zwar vom Herausgeber, konnte sich aber unmittelbar an den Vorlesungstext anlehnen. Die Durchgliederung des Vorlesungstextes in Paragraphen und die weitere Untergliederung wurde dagegen vom Herausgeber erstellt. Alle Überschriften der Vorlesung (mit Ausnahme der als »Überschrift von Heidegger« gekennzeichneten) stammen vom Herausgeber und wurden in Anlehnung an Wendungen und Formulierungen des Textes, aber auch im Hinblick auf möglichst leichte Orientierung über das systematische Gefüge der Vorlesung gewählt. Die Durchgliederung brachte erst den auf den ersten Blick nicht erkennbaren strengen Aufbau der ganzen Vorlesung zum Vorschein. In den Übersetzungsteilen wurde die Stellenangabe durch einen in Klammern gesetzten sachlichen Untertitel ergänzt. In den Interpretationsteilen wurde dagegen nur dann der sachliche Titel durch eine in Klammern gesetzte Stellenangabe ergänzt, wenn sich die Interpretation eindeutig auf einen bestimmten Textabschnitt des Aristoteles bezieht. Auch die Absatzgliederung stammt vom Herausgeber, konnte sich jedoch oft an die Handschrift anlehnen. Es ist noch darauf hinzuweisen, daß die Überschriften der in den Anhang I aufgenommenen Beilagen (mit Ausnahme der in eckige Klammern gesetzten) von Heidegger stammen.

Heidegger verwendet in der Handschrift sowohl gewöhnliche als auch halbe Anführungszeichen ohne eine eindeutige und durchgängige Unterscheidung. Vom Herausgeber wurden zur Vereinheitlichung Übersetzungen, Zitate und Titel in gewöhnliche Anführungszeichen (»...«) gesetzt, Termini dagegen, die innerhalb des Satzes herausgehoben werden sollen, in halbe Anführungszeichen (›...‹). Die Hervorhebungen im Text durch Kursivsatz folgen den Unterstreichungen Heideggers in den Manuskripten. Da in der Handschrift an manchen Stellen nur Pausenzeichen gesetzt sind, wurde in solchen Fällen die Zeichensetzung vom Herausgeber ergänzt und wurden offenkundige Fehler oder Inkonsequenzen der Interpunktion korrigiert. Ebenso wurden geringfügige grammatische Ergänzungen (fehlendes ›ist‹, ›und‹ usw.) stillschweigend vorgenommen. Die Rechtschreibung wurde der neueren (nicht der neuesten) behutsam angeglichen, wobei alle Eigentümlichkeiten der Schreibweise (Substantivierung präpositionaler Wendungen, zusammengesetzte Termini, Anlehnungen an das Griechische, terminologische Prägungen), wie sie für das Denken Heideggers zu dieser Zeit charakteristisch sind, unverändert übernommen wurden. Alternierende Schreibweisen wurden nur dann vereinheitlicht, wenn die abweichenden Schreibweisen rein zufällig sind und eine inhaltliche Relevanz der Abweichungen definitiv ausgeschlossen werden kann. Als Beispiel für eine sinnvolle Vereinheitlichung sei die Schreibweise von »aristotelisch« genannt, das in der Handschrift zumeist klein, manchmal aber auch groß geschrieben wird. Da sich das Wort stets auf Aristoteles *selbst* bezieht, kann eine inhaltliche Relevanz der Klein- oder Großschreibung ausgeschlossen werden. In Anlehnung an das in den Anhang III aufgenommene Typoskript vom Herbst 1922 und andere Texte wurde einheitlich die Kleinschreibung gewählt. Für griechische Termini am Satzanfang wurde, außer in Zitaten und dem ergänzten griechischen Text der Übersetzungsteile, einheitlich die Großschreibung gewählt.

Alle griechischen und sonstigen Zitate und alle Literaturhinweise wurden vom Herausgeber verifiziert. Die Stellenangaben und Literaturhinweise wurden überprüft und fehlende oder unvollständige Angaben ergänzt, wobei die vom Herausgeber ergänzten Stellenangaben und bibliographischen Angaben in eckige Klammern gesetzt sind. Nicht nachgewiesene griechische Zitate konnten mit dem an der Bibliothek der Universität Konstanz auf CD-ROM vorliegenden »Thesaurus Linguae Graecae« aufgefunden werden. Geringfügige Abweichungen der griechischen und sonstigen Zitate in Orthographie, Interpunktion und Stellenangabe wurden stillschweigend korrigiert. Ebenso wurden Abkürzungen, falls sie eindeutig sind, stillschweigend ausgeschrieben. Auslassungen Heideggers in den Originalzitaten sind durch in eckige Klammern gesetzte Auslassungspunkte gekennzeichnet. Bei nicht wörtlicher Zitation ist der Stellenangabe der Zusatz »vgl.« vorangestellt. Eckige Klammern in Zitaten und deren Übersetzung (zu den Übersetzungsteilen vgl. auch oben S. 431 f.) bezeichnen Zusätze und Erläuterungen Heideggers, außerhalb von Zitaten Konjekturen und Ergänzungen des Herausgebers. Ergänzungen des Herausgebers in Übersetzungen sind ausdrücklich als solche gekennzeichnet (»Erg. d. Hg.«). Die Hinweise zu den Nachschriften und die bibliographischen und sonstigen Angaben des Herausgebers in den Anmerkungen (Fußnoten) sind ebenfalls in eckige Klammern gesetzt. Auf nicht entzifferte Wörter wird in gesonderten, mit Sternchen versehenen Anmerkungen hingewiesen, fragliche Lesarten sind mit einem in eckige Klammern gesetzten Fragezeichen hinter dem nicht zweifelsfrei entzifferten Wort gekennzeichnet.

*

Die Aristoteles-Vorlesung vom Sommersemester 1922 gibt nach einer »Vorbemerkung« (u. a. zu Quellen, Textausgaben, Literatur und zum Titel »Metaphysik«) eine Übersetzung und anschließende Interpretation der ersten zwei Kapitel des ersten Buchs der »Metaphysik« und – verbunden durch eine »Überleitung« – eine Übersetzung der ersten vier Kapitel des ersten Buchs der »Physik«, an die sich aber nur eine Interpretation der Eleaten-Kritik des zweiten und dritten Kapitels anschließt.

Aufgrund der umfangreichen Übersetzungsteile ist es nicht verwunderlich, wenn Heidegger an zwei Stellen auf das Problem des Übersetzens näher eingeht (§ 3 a und Beginn von § 7 nach der Gliederung des Herausgebers). Für § 3 a der »Vorbemerkung zu den Aristotelesinterpretationen« wurde vom Herausgeber die Überschrift »Sprachbeherrschung, Übersetzung und Interpretation« gewählt. Philologische Sprachbeherrschung ist zwar »notwendige, aber grundsätzlich nicht hinreichende Verstehensbedingung« (im vorliegenden Band S. 6). Jede Übersetzung ist »schon eine bestimmte Interpretation«, denn echte Verstehensleistung kann erst dann wirksam werden, »wenn sie selbst von der hermeneutischen Situation her, die dem ausgedrückten Gegenstandszusammenhang angemessen ausgebildet sein muß, ihre Direktion erfährt« (ebd.).

Wie Heidegger in einer »Vorbemerkung« (§ 6) zur »Übersetzung und Interpretation von ›Metaphysik‹ A 1 und A 2« (I. Kapitel) vorausschickt, ist das nächste Ziel der Untersuchung »die Gewinnung eines prinzipiellen Verständnisses dessen, was man am kürzesten [...] »als die *Ontologie des Aristoteles* bezeichnen kann« (S. 13) und was er so fixiert: *»Die Frage nach dem, was das Seiende nach dem Charakter des ›Seins‹ am Seienden ist, dem Seins-*

sinn des Seienden« (S. 15). Ein echtes und volles Verständnis der aristotelischen Ontologie bedarf eines vorgängigen Verständnisses dessen, »was Aristoteles selbst unter wissenschaftlicher Forschung versteht, d.h. es bedarf einer *ersten Interpretation des vollen Sinnes der Fragehaltung*, in der sich für Aristoteles seine ontologische Forschung ins Werk setzt« (ebd.). Die der Übersetzung folgende Interpretation von »Metaphysik« A 1 und A 2 dient der – für die Zwecke der Untersuchung hinreichenden – Voraufgabe der »Gewinnung eines Verständnisses des vollen Sinnes der Frage- und Forschungshaltung der aristotelischen Philosophie« (§ 9, S. 47). Das Ziel des Aristoteles ist die Bestimmung des eigentlichen (das forschende Verhalten bestimmenden) Verstehens (σοφία). Die den Sinn der Frage- und Forschungshaltung bestimmenden Weisen des Verstehens und Verstehenderseins (σοφώτερον) interpretiert Heidegger als faktische Dafürnahmen (ὑπολήψεις) des faktisch umgänglichen Lebens. Im Ausgang von »Metaphysik« A 1 werden vier faktisch auslegende Dafürnahmen bezüglich des ›*mehr* an Hinsehen‹ (μᾶλλον εἰδέναι) aufgewiesen (§ 10), zu denen die bekannten Bestimmungen des Bewunderns oder Staunens (θαυμάζειν) und des Lehrenkönnens (δύνασθαι διδάσκειν) gehören. In der Interpretation von »Metaphysik« A 2 werden im ausdrücklichen Mitgehen mit den faktisch auslegenden Dafürnahmen des Lebens fünf verschiedene Dafürnahmen bezüglich des eigentlich Verstehenden (σόφος) expliziert (§ 11). Es ist dem Herausgeber der Marburger Vorlesung vom Sommersemester 1924 über die »Grundbegriffe der aristotelischen Philosophie« zuzustimmen, der in seinem Nachwort darlegt, daß Heidegger viele Begriffe seines eigenen Denkens »im Zuge seiner Untersuchung der aristotelischen Begrifflichkeit gewann oder zumindest an ihr sich bewähren ließ«.[5] Als Beispiel soll die zweite faktisch auslegende Dafürnahme des Lebens genannt werden (S. 73 ff., 81 ff.), die etwas am Wie seines Seins als ›schwer‹ (χα-

[5] Martin Heidegger, Grundbegriffe der aristotelischen Philosophie. Marburger Vorlesung Sommersemester 1924. Hg. von Mark Michalski. Gesamtausgabe Bd. 18. Frankfurt a.M.: Klostermann 2002, S. 405–418; hier S. 417.

λεπός) oder ›leicht‹ ansprechen kann und auf den in § 29 von »Sein und Zeit« genannten »Lastcharakter des Daseins« vorausdeutet. Ausführlicher geht Heidegger im I. Kapitel noch auf die bestimmte Auffassung des Gegenstands- und Seinssinns des Göttlichen (θεῖον) ein, aus der sich der Charakter des eigentlichen Verstehens noch weiter bestimmen läßt (§ 11 f). Entgegen christlichen und scholastischen Auslegungstendenzen erwächst für Heidegger der Seins- und Gegenstandssinn des Göttlichen bei Aristoteles rein aus dem Problem der φύσις bzw. der Grundbestimmung an dieser, dem Phänomen der *Bewegung* (κίνησις).

Die Frage, »woraus und wie und in welchem Bestimmungsursprung *für* welches Gegenstandsfeld die ontologischen Grundbegriffe entspringen« (§ 12, S. 112 f.), deutet schon voraus auf die Untersuchung der »Physik« des Aristoteles. Die Physik wird in der im II. Kapitel gegebenen »Überleitung von ›Metaphysik‹ A 1 und A 2 zu ›Physik‹« als der Boden bestimmt, auf dem die weiteren ontologischen Forschungen erwachsen. Zugleich läßt sich mit der Auslegung der Bewegung (κίνησις) als deren Grundgegenstand »eine kategoriale Charakteristik des Zusammenhangs gewinnen, in dem die vorgenannten Weisen des Umgangs, die Lebensbewegtheit, das Sein von Leben steht« (§ 14, S. 119).

Aus den kritischen Betrachtungen des ersten Buchs der »Physik« werden die Kapitel 2 und 3 deshalb zunächst (d. h. in dieser Vorlesung) besprochen, weil die hier entfaltete »Kritik der Eleaten für den Umgangscharakter des kritischen Verfahrens des Aristoteles von grundsätzlicher Bedeutung ist« (§ 20, S. 168 f.). Heidegger unterscheidet sechs Phasen im Gang der Kritik, in deren Zentrum die von Aristoteles in der These »Das Alles (das Seiende) ist einhaft.« (ἓν τὰ πάντα) (Übersetzung nach S. 137) thematisch angesetzte Lehrmeinung der Eleaten steht. Thema der aristotelischen Kritik ist ›der Satz‹ ἓν τὰ πάντα, also ein *Logos*. Die Explikation der drei Bedeutungen des ἕν führt Heidegger zu der entscheidenden Frage: *»In welcher bestimmten Weise entspringt im* *λόγος und ist in ihm vollzugsmäßig Sein?*«, wobei die »ausgeformte ›Vorstellung‹ von der erlebnis- oder bewußtseinsmäßigen Gegenständlichkeit und Seinsweise des λόγος« zurückzunehmen ist (S. 244). Damit ist (entsprechend dem gewählten sachlichen Titel der Vorlesung) jene Problematik angesprochen, die in der Ausarbeitung vom Herbst 1922 als »kategoriale Interpretation des Ansprechens und Auslegens, das heißt *Logik*« bezeichnet wird (Anhang III, S. 364). Die griechische Logik charakterisiert er bereits in dieser Vorlesung als »produktive Logik« (S. 232; vgl. Sein und Zeit, § 3). In einem Exkurs (§ 25) gibt er zur schärferen Herausarbeitung der Seinsproblematik auch eine auszugsweise Auslegung und Übersetzung des Parmenideischen Lehrgedichtes und setzt sich eingehend mit der damals neuesten Parmenides-Auslegung von Karl Reinhardt auseinander.[6]

*

Die als sogenannter »Natorp-Bericht« bekannt gewordene Ausarbeitung Heideggers entstand in Zusammenhang mit der Wiederbesetzung zweier philosophischer Extraordinariate in Marburg und Göttingen im Jahre 1922. Sowohl für die Nachfolge Nicolai Hartmanns in Marburg, der dort nun das durch die Emeritierung Paul Natorps vakant gewordene Ordinariat innehatte, als auch für die ehemals von Edmund Husserl besetzte Professur in Göttingen (der Dilthey-Schüler Herman Nohl, seit 1919 Inhaber des Extraordinariates, übernahm dort 1922 ein neu geschaffenes Ordinariat für Philosophie und Pädagogik) war Heidegger als aussichtsreicher Kandidat im Gespräch. Für die Berufung der vakan-

[6] Zu Reinhardts Untersuchung vgl. auch Martin Heidegger, Die Grundbegriffe der antiken Philosophie. Marburger Vorlesung Sommersemester 1926. Hg. von Franz-Karl Blust. Gesamtausgabe Bd. 22. Frankfurt a. M.: Klostermann 1993; 2. Aufl. 2004, S. 62 ff.; Martin Heidegger, Sein und Zeit. 18. Aufl., unveränd. Nachdr. der 15., an Hand d. Gesamtausg. durchges. Aufl. mit d. Randbemerkungen aus d. Handex. d. Autors im Anh., Tübingen: Niemeyer 2001, S. 223, Anm. 1 (in der Gesamtausgabe: Martin Heidegger, Sein und Zeit. Hg. von Friedrich-Wilhelm von Herrmann. Gesamtausgabe Bd. 2. Frankfurt a. M.: Klostermann 1977, S. 295, Anm. 20).

ten Professuren hatten sich Paul Natorp[7] und Georg Misch[8] jeweils mit der brieflichen Bitte an ihren Freiburger Kollegen Edmund Husserl gewandt, ihnen einen eingehenden Bericht über die Vorlesungstätigkeit, Ausarbeitungen und nächsten Publikationspläne – wie Natorp wünschte, möglichst schon »in Druckbogen oder druckfähigem Manuskript« – seines Assistenten Heidegger vorzulegen. Nicht nur die zunehmende Schätzung Husserls[9], sondern auch die Kunde von Hörern seiner Freiburger Dozenten-Vorlesungen[10], besonders über die Bemühung, »die phänomenologische Methode grade auf Geschichte der Philos⟨ophie⟩ (z.B. Aristoteles u[nd] Mittelalter) anzuwenden u[nd] sie dadurch auf sichere Fundamente zu stützen«,[11] haben schon früh auf Heidegger aufmerksam gemacht. Berühmt geworden ist die von Hannah Arendt geprägte Wendung, daß Heideggers Name aufgrund der von Hand zu Hand gehenden Kollegnachschriften »durch ganz Deutschland [reiste] wie das Gerücht vom heimlichen König«.[12] Ein mögliches Hindernis für eine Berufung lag allerdings darin, daß er noch wenig publiziert hatte, sich die Forschungen noch nicht, wie Natorp anmerkte, in »greifbare[n] Unterlagen«, die man doch »bes⟨onders⟩ der Fakultät gegenüber brauchte«[13], niedergeschlagen hatten. Heidegger hatte seit seiner

[7] Brief an Edmund Husserl vom 22. September 1922. In: Husserl, Briefwechsel, a.a.O., Bd. V: Die Neukantianer, S. 158 f. (In eckige Klammern gesetzte Zusätze stammen vom Herausgeber des vorliegenden Bandes und Verfasser des Nachworts, in spitze Klammern gesetzte Zusätze dagegen vom Herausgeber der zitierten Briefe.)

[8] Brief an Edmund Husserl vom 28. Mai 1922. In: Husserl, Briefwechsel, a.a.O., Bd. VI: Philosophenbriefe, S. 272 f., vgl. S. 503 (Textkritischer Anhang).

[9] Vgl. z.B. dessen Briefe an Paul Natorp vom 8. Oktober 1917, 11. Februar 1920 und 1. Februar 1922. In: Husserl, Briefwechsel, a.a.O., Bd. V, S. 131 f., 139 f. und 150 f.

[10] Auf Bruno Strauß, der Heideggers Vorlesung vom Sommersemester 1922 in Freiburg i.Br. hörte, wurde oben (S. 422) bereits hingewiesen.

[11] Husserl, Briefwechsel, a.a.O., Bd. V, S. 158.

[12] Hannah Arendt, Martin Heidegger ist achtzig Jahre alt. In: Antwort. Martin Heidegger im Gespräch. Hg. von Günther Neske und Emil Kettering. Pfullingen: Neske 1988, S. 232–246; hier S. 232 f.

[13] Husserl, Briefwechsel, a.a.O., Bd. V, S. 159. In seinem Brief an Karl Jaspers

Habilitationsschrift über »Die Kategorien- und Bedeutungslehre des Duns Scotus« (Tübingen 1916) und seiner ebenfalls 1916 erschienenen Probevorlesung »Der Zeitbegriff in der Geschichtswissenschaft«, die er am 27. Juli 1915 vor der Philosophischen Fakultät der Universität Freiburg i. Br. zur Erlangung der Venia legendi gehalten hat, nichts mehr veröffentlicht.[14]

In der von Heidegger selbst als »Aristoteles-Einleitung« oder nur als »Einleitung« bezeichneten Ausarbeitung für die Marburger und die Göttinger Philosophische Fakultät berichtet er über methodischen Ansatz, Stand und Richtung seiner Aristoteles-Studien, die unter dem Titel »Phänomenologische Interpretationen zu Aristoteles« als grundlegendes großes Werk im VII. und wohl auch VIII. Band des von Husserl herausgegebenen »Jahrbuchs für Philosophie und phänomenologische Forschung« ab dem Erscheinungsjahr 1924 im Verlag von Max Niemeyer in Halle a. d. S. veröffentlicht werden sollten.[15] In seinem Brief an Heidegger vom 19. September 1923 fragt Oskar

vom 19. November 1922 befürchtet Heidegger selbst, daß sein Freiburger Kollege und Konkurrent in Marburg, Richard Kroner, »wohl an erster Stelle« auf der Berufungsliste stehen wird: »er ist ›der Ältere‹, und vor allem das viele Papier« (Martin Heidegger/Karl Jaspers, Briefwechsel 1920–1963. Hg. von Walter Biemel und Hans Saner. Frankfurt a. M.: Klostermann und München/Zürich: Piper 1990, S. 34). Vgl. auch Husserl, Briefwechsel, a.a.O., Bd. II: Die Münchener Phänomenologen, S. 110 (Moritz Geiger an Edmund Husserl, 9. August 1922).

[14] Wiederabdruck der beiden Texte in: Martin Heidegger, Frühe Schriften. Hg. von Friedrich-Wilhelm von Herrmann. Gesamtausgabe Bd. 1. Frankfurt a. M.: Klostermann 1978, S. 189–433. Das Interesse Natorps an Heideggers Buch über Duns Scotus verdeutlicht ein vierseitiges Manuskript mit Notizen (Natorp-Archiv der Universitätsbibliothek Marburg, Ms. 831; vgl. auch Husserl, Briefwechsel, a.a.O., Bd. V, S. 131).

[15] Vgl. Husserl, Briefwechsel, a.a.O., Bd. III: Die Göttinger Schule, S. 217 (Edmund Husserl an Roman Ingarden, 14. Dezember 1922); ferner Hans-Georg Gadamer, Gesammelte Werke. Bd. 3: Neuere Philosophie I. Hegel, Husserl, Heidegger. Tübingen: Mohr Siebeck 1987, S. 286, vgl. auch S. 199, 263, 313, 396; ders., Heideggers »theologische« Jugendschrift. In: Dilthey-Jahrbuch 6 (1989), S. 228–234, bes. S. 230 (Wiederabdruck in: Martin Heidegger, Phänomenologische Interpretationen zu Aristoteles. Ausarbeitung für die Marburger und die Göttinger Philosophische Fakultät (1922). Hg. von Günther Neumann. Mit einem Essay von Hans-Georg Gadamer. Stuttgart: Reclam 2003 (Universal-Bibliothek Nr. 18250), S. 76–86, bes. S. 79).

Becker: »Wird denn jetzt Ihr ›Aristoteles‹ gedruckt?« Becker verweist auch auf die jetzt gerade schwierige Lage, »mit etwas Neuem in buchhändlerischer Hinsicht zu beginnen«.[16] Das geplante Aristoteles-Buch hat Heidegger dann gegen Ende 1924 aufgegeben.[17]

Erste Arbeiten an der »Einleitung« zu der geplanten Publikation begannen schon während des Sommers 1922. Bei seinem achttägigen Besuch bei Karl Jaspers in Heidelberg (bis etwa Mitte September) las ihm Heidegger bereits einige Seiten aus einem Manuskript vor. Jaspers »drängte auf natürliche Ausdrucksweise«.[18] Von der konkreten Entstehung der »Übersicht« für die Fakultäten berichtet Heidegger selbst in mehreren Briefen. Nach der Rückkehr von seinem Besuch bei Jaspers erhielt er am 26. September 1922 eine Karte Husserls mit der Bitte, umgehend zu ihm zu kommen.[19] Bei dem dann erfolgten Gespräch las Husserl ihm »einen langen Brief von Natorp vor«.[20] Den erwünschten Bericht hat er – wohl unmittelbar nach der Benachrichtigung durch Husserl – innerhalb von drei Wochen verfaßt. In seinem Brief an Jaspers vom 19. November 1922 berichtet er: »Als ich

[16] Oskar Becker, Vier Briefe an Martin Heidegger. Hg. von Bernd Peter Aust. In: Die Philosophie und die Wissenschaften. Zum Werk Oskar Beckers. Hg. von Annemarie Gethmann-Siefert und Jürgen Mittelstraß. München: Fink 2002, S. 249–256; hier S. 251.

[17] Aufschluß über die mehrfachen Entwürfe zur »Einleitung« und das geplante Aristoteles-Buch geben auch die (unveröffentlichten) Briefe Martin Heideggers an Karl Löwith vom 20. September 1922 bis zum 17. Dezember 1924.

[18] Karl Jaspers, Philosophische Autobiographie. Erw. Neuausg. München: Piper 1977, S. 98.

[19] Darüber berichtet Martin Heidegger in einem (unveröffentlichten) Brief an den Freiburger Musikwissenschaftler Willibald Gurlitt vom 27. September 1922. Wie diesem Schreiben, der Mitteilung an Jaspers vom 19. November 1922 (Heidegger/Jaspers, Briefwechsel 1920–1963, a.a.O., S. 33 f.) und einem (unveröffentlichten) Brief an Karl Löwith vom 22. November 1922 zu entnehmen ist, war er durch Husserl über die brieflichen Mitteilungen Natorps und Mischs im Zusammenhang der Berufungen sehr genau informiert.

[20] Brief Martin Heideggers an Willibald Gurlitt vom 27. September 1922 (unveröffentlicht). Bei dem erwähnten Brief Natorps muß es sich um den bereits genannten Brief an Husserl vom 22. September 1922 handeln (Husserl, Briefwechsel, a.a.O., Bd. V, S. 155–159).

hierher zurückkam, erwartete mich Husserl mit der Nachricht, man habe in Marburg von meinen Aristotelesvorlesungen und so fort Kunde; Natorp wünsche eine konkrete Orientierung über meine geplanten Arbeiten. Darauf setzte ich mich drei Wochen hin und exzerpierte mich selbst und schrieb dabei eine ›Einleitung‹; das Ganze diktierte ich dann (60 Seiten) und schickte durch Husserl je ein Exemplar nach Marburg und Göttingen.«[21]

Der Sendung eines Exemplars des Typoskripts der »Aristoteles-Einleitung« durch Husserl nach Göttingen an Georg Misch, den Schüler und Schwiegersohn Wilhelm Diltheys, war eine maschinenschriftliche Fassung der für die »Göttinger gelehrten Anzeigen« vorgesehenen »Anmerkungen« zu Karl Jaspers' »Psychologie der Weltanschauungen« beigefügt, die aber erst in dem von Hans Saner zum 90. Geburtstag herausgegebenen Sammelband »Karl Jaspers in der Diskussion« (München: Piper 1973, S. 70–100) veröffentlicht wurde.[22] Bereits am 2. November 1922 verabschiedete die Philosophische Fakultät der Georg-August-Universität zu Göttingen die Berufungsliste.[23] Moritz Geiger, der das Extraordinariat auch erhielt, stand an erster Stelle, gefolgt von Heidegger an zweiter Stelle und drei Privatdozenten, die gleichrangig an dritter Stelle nominiert wurden: Julius Stenzel, Hans Freyer und Erich Rothacker. Den zweiten Listenplatz in Göttingen wertete Heidegger in dem bereits genannten Brief an Jaspers als »Erfolg« und berichtete zugleich, daß in Marburg »nun die Arbeit auch eingeschlagen« hat.[24]

Für das im Jahre 1908 errichtete Marburger Extraordinariat

[21] Heidegger/Jaspers, Briefwechsel 1920–1963, a.a.O., S. 33 f.

[22] Wiederabdruck in: Martin Heidegger, Wegmarken. Hg. von Friedrich-Wilhelm von Herrmann. Gesamtausgabe Bd. 9. Frankfurt a. M.: Klostermann 1976; 2., durchges. Aufl. 1996; 3. Aufl. 2004, S. 1–44.

[23] Das »Gutachten der Philosophischen Fakultät vom 2.11.1922«, das Misch als Dekan verfaßte, ist ungekürzt abgedruckt im Nachwort des Herausgebers Hans-Ulrich Lessing zur Erstveröffentlichung der Ausarbeitung im »Dilthey-Jahrbuch« (Bd. 6 (1989), S. 270–274; hier S. 272).

[24] Heidegger/Jaspers, Briefwechsel 1920–1963, a.a.O., S. 34.

für Philosophie hatte Heidegger bereits früh das Interesse Natorps erweckt und wurde bereits bei früheren Wiederbesetzungen der Professur auf die Berufungsliste gesetzt.[25] Mit der Ernennung Hartmanns zum Nachfolger Natorps wurde, wie bereits erwähnt, das Extraordinariat 1922 erneut vakant. Neben dem Typoskript waren der Marburger Sendung auch handschriftliche Stücke der Aristoteles-Vorlesung vom Sommersemester 1922 beigefügt.[26] Den nachhaltigen Eindruck, den Heideggers »Auszug« bei Natorp wie auch bei Hartmann hinterlassen hat, bezeugen Natorps Briefe an Husserl vom 30. Oktober und 9. November 1922.[27] Die Bedeutung von Heideggers Ausarbeitung für die dann erfolgte Berufung nach Marburg läßt sich daran ermessen, daß sie die Erwartungen voll und ganz erfüllte, die neben Husserls Empfehlung auch die Berichte von Marburger Hörern seiner Freiburger Vorlesungen geweckt hatten. Besondere Betonung fanden »eine nicht alltägliche Originalität, Tiefe u[nd] Strenge« des Textes.[28]

[25] Vgl. die ausführlichere Darlegung im »Nachwort des Herausgebers« zu der vom Vittorio Klostermann Verlag genehmigten Einzelausgabe (im Reclam Verlag) der in den Anhang III des vorliegenden Bandes der Gesamtausgabe aufgenommenen Ausarbeitung: Martin Heidegger, Phänomenologische Interpretationen zu Aristoteles. Ausarbeitung für die Marburger und die Göttinger Philosophische Fakultät (1922). Hg. von Günther Neumann. Mit einem Essay von Hans-Georg Gadamer. Stuttgart: Reclam 2003 (Universal-Bibliothek Nr. 18250), S. 87–106; hier S. 90 f. Der Text des Anhangs III wurde für den vorliegenden Band der Gesamtausgabe nochmals durchgesehen.

[26] Nach dem (unveröffentlichten) Brief Martin Heideggers an Karl Löwith vom 22. November 1922.

[27] Husserl, Briefwechsel, a.a.O., Bd. V, S. 160–163.

[28] Husserl, Briefwechsel, a.a.O., Bd. V, S. 161. Zum Vergleich sei auf Natorps noch zum Jahresbeginn brieflich gegenüber Husserl geäußerte »Sorge« verwiesen, ob Heidegger, der »als *Phänomenologe* bisher nichts vorgelegt« hat, »nicht mehr anschmiegend und verständnisvoll aufnehmend u[nd] in der Richtung der erhaltenen Anstöße dann – gewiß förderlich – weitergebend, als aus ursprünglicher eigenster Produktivität heraus schaffend sei« (Husserl, Briefwechsel, a.a.O., Bd. V, S. 145 (Brief vom 29. Januar 1922)). Husserls Antwort vom 1. Februar 1922 ist unmittelbar gegen Natorps Bedenken gerichtet: »Seine *receptiven* Fähigkeiten sind *gering*, er ist das äußerste Gegentheil von anschmiegsam. Eine *ganz originelle* Persönlichkeit, ringend, sich selbst u[nd] die eigengegründete Art suchend und mühsam gestaltend. Seine Weise phänomenologisch zu sehen, zu arbeiten und das Feld seiner Interessen selbst – nichts davon ist bloß von mir übernommen, sondern bo-

Vor allem »die Originalität seines Vorgehens« innerhalb der phänomenologischen Bewegung hat auch bei Natorps Kollegen »starkes Interesse« hervorgerufen.[29] Folgerichtig wurde Heidegger in der am 12. Dezember 1922 verabschiedeten Berufungsliste an die erste Stelle gesetzt, gefolgt von Heinz Heimsoeth an zweiter Stelle. Heideggers Freiburger Konkurrent Richard Kroner folgte sogar erst auf dem dritten Listenplatz.[30] Der Ruf nach Marburg auf das »Extraordinariat mit Stellung und Rechten eines Ordinarius« erreichte ihn per Post am 18. Juni 1923.[31] Seine Professur an der Philipps-Universität zu Marburg trat er zum Wintersemester 1923/24 an.[32]

*

Wie einer brieflichen Äußerung Heideggers zu entnehmen ist, hat die Frau seines Freiburger Kollegen und späteren Professors für Philosophie in Rostock und Marburg, Julius Ebbinghaus, die

denständig in seiner eigenen Ursprünglichkeit. Er hat als Lehrer eine völlig eigene Wirkung neben der meinen, und wohl eine eben so starke.« (Ebd., S. 150.)

[29] Husserl, Briefwechsel, a.a.O., Bd. V, S. 163. Vgl. dazu auch den von Hartmann verfaßten Schlußbericht der Berufungskommission (in englischer Übersetzung abgedruckt in: Theodore J. Kisiel, The Missing Link in the Early Heidegger. In: Hermeneutic Phenomenology: Lectures and Essays. Ed. by Joseph J. Kockelmans. Washington, D. C.: Center for Advanced Research in Phenomonology & University Press of America 1988, S. 1–40; hier S. 15 f.).

[30] Vgl. Heidegger/Jaspers, Briefwechsel 1920–1963, a.a.O., S. 34 und 40 f. (Martin Heidegger an Karl Jaspers, 19. November 1922 und 14. Juli 1923).

[31] Vgl. Martin Heideggers Brief an Karl Jaspers vom 19. Juni 1923. In: Heidegger/Jaspers, Briefwechsel 1920–1963, a.a.O., S. 37. Wie schon sein Vorgänger Hartmann, der 1921 zum »persönlichen Ordinarius« ernannt worden war, wurde auch Heidegger ad personam als ordentlicher Professor auf das Extraordinariat berufen, das – wie Natorp am 23. März 1922 an Husserl schreibt – »nach der heutigen Auffassung in Preußen, eigentlich nur dem Gehalt nach den beiden [etatsmäßigen] Ordinariaten nicht gleichsteht« (Husserl, Briefwechsel, a.a.O., Bd. V, S. 153).

[32] Zum vierhundertjährigen Jubiläum der Universität im Jahre 1927 verfaßte Heidegger selbst eine Studie »Zur Geschichte des philosophischen Lehrstuhles seit 1866« (Wiederabdruck in: Martin Heidegger, Kant und das Problem der Metaphysik. Hg. von Friedrich-Wilhelm von Herrmann. Gesamtausgabe Bd. 3. Frankfurt a. M.: Klostermann 1991, S. 304–311).

Ausarbeitung für die Marburger und die Göttinger Philosophische Fakultät für ihn getippt: »Ebbinghaus hat meine ›Aristoteles-Einleitung‹ gelesen, seine Frau hat sie getippt.«[33] Julius Ebbinghaus kam auch von der Thematik her als Gesprächspartner in Betracht, da zu dem freundschaftlich geprägten Austausch der beiden Freiburger Privatdozenten insbesondere auch religionsphilosophische Themen gehörten.[34] Es ist anzunehmen, daß der gesamte Text in einem handschriftlichen Entwurf vorlag, aus dem er an Franziska Ebbinghaus (geb. Schragmüller) diktierte und dabei nur noch kleinere Änderungen vornahm.[35]

Für den hier edierten Text lag das Typoskript in zwei verschiedenen Exemplaren vor. Primäre Textgrundlage dieser Edition ist eine zur Verfügung stehende Photokopie des im Besitz Heideggers verbliebenen Typoskripts (Heidegger-Typoskript). Auf den vorhandenen Blättern finden sich eine Vielzahl von handschriftlichen Korrekturen, Zusätzen, ergänzenden Erläuterungen und Randbemerkungen in der Handschrift Heideggers sowie Unter-

[33] Brief an Karl Löwith vom 22. November 1922 (unveröffentlicht).

[34] Zu den gemeinsamen Abenden gehörte eine Zeitlang auch die Lektüre in Luthers reformatorischen Schriften (vgl. Ebbinghaus' Beitrag in: Philosophie in Selbstdarstellungen. Hg. von Ludwig J. Pongratz. Bd. III. Hamburg: Meiner 1977, S. 1–59; hier S. 30 ff., bes. S. 33). Im Sommersemester 1923 veranstaltete dann Heidegger gemeinsam mit Ebbinghaus an der Universität Freiburg i. Br. ein Kolloquium für Fortgeschrittene »Über die theologischen Grundlagen von Kant, Religion innerhalb der Grenzen der bloßen Vernunft, nach ausgewählten Texten« (Chronologisches Verzeichnis der Werke Heideggers. In: Heidegger und die Anfänge seines Denkens. Hg. von Alfred Denker, Hans-Helmuth Gander, Holger Zaborowski. Freiburg/München: Alber 2004 (Heidegger-Jahrbuch 1), S. 459–578; hier S. 476, Nr. 2303).

[35] Vgl. auch die oben (S. 441 f.) zitierte Textstelle aus dem Brief an Karl Jaspers. Zu dem Abschnitt »Anzeige der hermeneutischen Situation« ist das erste handschriftliche Blatt (im vorliegenden Band S. 346 bis S. 350 (»...möglichen fruchtbaren Gegnerschaft ausbilden.«)) und zu dem Abschnitt »Ethica Nicomachea VI« das (vermutlich) vorletzte handschriftliche Blatt (S. 382 (»Das reine hinsehende Verstehen bringt...«) bis S. 385 (»...im *negierenden* Gegenhalt gegen anderes und *eigentliches* Sein.«)) erhalten geblieben. Des weiteren konnte das den gesamten Abschnitt »Metaphysica A 1 und 2« (S. 387–390) enthaltende handschriftliche Blatt wieder aufgefunden werden. Der handschriftliche Text stimmt bis auf einige Ergänzungen und Änderungen der Formulierung weitestgehend mit dem Typoskript übereinstimmt.

streichungen. Da die griechischen Buchstaben, Termini und Zitate nicht getippt werden konnten, hat Heidegger diese in die im Typoskript freigelassenen Zwischenräume nachträglich mit der Hand selbst eingetragen.[36]

Bei dem anderen Exemplar handelt es sich um das an Georg Misch gesandte Typoskript auf Durchschlagpapier (Misch-Typoskript), von dem ebenfalls eine Photokopie zur Verfügung stand.[37] Vom Schicksal des für verschollen gehaltenen Typoskripts berichtet Hans-Ulrich Lessing in seinem Nachwort zur Erstveröffentlichung im »Dilthey-Jahrbuch« (Bd. 6 (1989), S. 270–274; hier S. 273). Misch schenkte das ihm zugesandte Exemplar seinem Schüler Josef König zu dessen 71. Geburtstag am 24. Februar 1964. In dessen Nachlaß in der Handschriftenabteilung der Niedersächsischen Staats- und Universitätsbibliothek Göttingen wurde es dann zusammen mit dem Typoskript der Jaspers-Rezension wiederaufgefunden. In diesem Typoskript finden sich neben den von Heidegger selbst handschriftlich eingefügten griechischen Textstellen und einer längeren handschriftlichen Fußnote (im vorliegenden Band S. 357, Anm. 39) nur noch eine relativ geringe Zahl kleinerer handschriftlicher Korrekturen und Einfügungen, die er in schwarzer Tinte vorgenommen hat. Die am Rand befindlichen Stichwörter in Bleistift, gelegentlich auch im Text, sowie eine Vielzahl von Unterstreichungen stammen aus der Hand Mischs und blieben daher unberücksichtigt.

Da das Heidegger-Typoskript dagegen neben den zahlreichen,

[36] Auf das Problem mit dem griechischen Text hat Heidegger in seinem (unveröffentlichten) Brief an Willibald Gurlitt vom 27. September 1922 selbst hingewiesen: Das Tippen »ist nur umständlich, da immer griechisch im Text steht«.

[37] Das an Paul Natorp in Marburg gesandte Exemplar des Typoskripts (auch mit vielen handschriftlichen Zusätzen) hat nach eigener Auskunft Hans-Georg Gadamer von diesem erhalten (allerdings nur den Abschnitt »Anzeige der hermeneutischen Situation«) und ist den Kriegszerstörungen (in Leipzig 1943) zum Opfer gefallen (vgl. Hans-Georg Gadamer, Heideggers »theologische« Jugendschrift. In: Dilthey-Jahrbuch 6 (1989), S. 228–234, bes. S. 229 (Wiederabdruck in: Heidegger, Phänomenologische Interpretationen zu Aristoteles. Hg. von G. Neumann, a.a.O., S. 76–86, bes. S. 78); ders., Gesammelte Werke. Bd. 10: Hermeneutik im Rückblick. Tübingen: Mohr Siebeck 1995, S. 4, 18 f., 32 f.).

zumeist längeren Randbemerkungen auch eine große Zahl von handschriftlichen Bearbeitungen Heideggers aufweist, wurde dieses Exemplar als Textgrundlage zur Erstellung der vorliegenden Edition herangezogen. Die fehlenden Blätter wurden aus dem Misch-Typoskript übernommen.

Ein Problem bilden die in beide Exemplare des Typoskripts von Heidegger selbst handschriftlich mit schwarzer Tinte eingetragenen griechischen Textstellen, die ab Seite 384 (des vorliegenden Bandes) deutliche Abweichungen zwischen den beiden Exemplaren aufweisen. Es ist anzunehmen, daß er die Eintragung dieser Textstellen jeweils zu verschiedenen Zeiten und unabhängig voneinander vorgenommen hat, da die Fertigstellung der an die Fakultäten weitergeleiteten Exemplare sicherlich besonders dringlich gewesen ist. Beide Varianten sind in sich folgerichtig und schlüssig. Sie ergänzen und erläutern sich zum Teil wechselseitig. Alle vom Heidegger-Typoskript abweichenden griechischen Termini des Misch-Typoskripts wurden daher in den Anhang III C aufgenommen.

Bezüglich der übrigen von Heidegger vorgenommenen handschriftlichen Eintragungen in das Heidegger-Typoskript lassen sich folgende Unterscheidungen treffen. Zunächst gibt es deutlich mit Tinte geschriebene Korrekturen von zum Teil offensichtlichen Fehlern des maschinenschriftlichen Textes, die sich in den meisten Fällen auch im Misch-Typoskript befinden und auf ein frühes Korrekturlesen des diktierten Textes schließen lassen. Diese wurden stillschweigend übernommen. Daneben gibt es nur im Heidegger-Typoskript stehende und zumeist in (alter) deutscher Handschrift verfaßte kürzere handschriftliche Einfügungen oder Zusätze zum Text (zum Teil mit Zuordnungszeichen zum Text des Typoskripts), die nach Möglichkeit in den fortlaufenden Text eingefügt wurden (mit einem entsprechenden Hinweis in den Anmerkungen). Zusätze und erläuternde Hinweise, die nicht in den Text eingefügt werden konnten, und die zumeist längeren Randbemerkungen, ebenfalls in deutscher Schrift und an wenigen Stellen auch in Stenographie, wurden in die Anmerkungen

(Fußnoten) aufgenommen. Die Gliederung des Textes, die Einteilung in Absätze und die Überschriften (auch der Beilagen in Anhang III B) stammen von Heidegger (mit Ausnahme der in eckige Klammern gesetzten Überschrift auf S. 397 des vorliegenden Bandes).

Alle im Typoskript zur Hervorhebung gesperrt gesetzten Textstellen wurden durch Kursivsatz übernommen. Ebenfalls durch Kursivsatz hervorgehoben wurden die nachträglichen Unterstreichungen im Heidegger-Typoskript. Im übrigen kamen die bereits oben (S. 433 ff.) für die Vorlesung beschriebenen Editionsrichtlinien zur Anwendung.

*

Die besondere Bedeutung, die der Ausarbeitung vom Herbst 1922 für Heideggers Denkweg zukommt, ist auch mit dem nun (mit dem vorliegenden Band) vollständigen Erscheinen der frühen Freiburger und der Marburger Vorlesungen im Rahmen der Gesamtausgabe keinesfalls hinfällig geworden. In der Schrift gelingt es ihm wie kaum zuvor, sein noch suchendes Denken auf die wesentlichen und prinzipiellen Probleme hin »zu konzentrieren«[38]. Wenn er auch die Aufzeichnungen seiner vorangegangenen Freiburger Dozenten-Vorlesungen[39] für die Abfassung der »Einleitung« zugrunde legte und sich selbst »exzerpierte« (vgl. oben S. 442), dann hat er dabei doch sein Denken vor allem methodisch

[38] In einer brieflichen Mitteilung zu der geplanten »Einleitung« kündigt Heidegger an, »das Ganze noch mehr zu konzentrieren« (Brief an Karl Löwith, 20. September 1922, unveröffentlicht). Die Nachdrücklichkeit, mit der er dann an die Arbeit ging, läßt sich Äußerungen entnehmen wie: »sie [die »Einleitung«] ist nichts weniger und mehr als meine ›Existenz‹« (ebd.).

[39] Neben der unmittelbar voraufgegangenen Aristoteles-Vorlesung im vorliegenden Band ist insbesondere noch die Vorlesung vom Wintersemester 1921/22 zu nennen: Martin Heidegger, Phänomenologische Interpretationen zu Aristoteles. Einführung in die phänomenologische Forschung. Frühe Freiburger Vorlesung Wintersemester 1921/22. Hg. von Walter Bröcker und Käte Bröcker-Oltmanns. Gesamtausgabe Bd. 61. Frankfurt a.M.: Klostermann 1985; 2., durchges. Aufl. 1994.

entscheidend geschärft, um insbesondere mit der »Anzeige der hermeneutischen Situation« einen programmatischen Leitfaden für sein weiteres Philosophieren zu entfalten, das dann mit dem Erscheinen von »Sein und Zeit« im Frühjahr 1927 öffentlich bekannt geworden ist.

Die »einer Geschichte der Ontologie und Logik« (im vorliegenden Band S. 346) dienenden Untersuchungen sind von dem Ziel geleitet, eine ausführliche Begründung dafür zu geben, warum man neu auf Aristoteles zurückgehen müsse, wenn man die abendländisch-christliche Geschichte in ihren produktiven Grunderfahrungsmöglichkeiten *radikal* verstehen und unsere eigene Lage in ihrem Herkunftscharakter durchsichtig machen und in einer lebendigen Gegenwart *ursprünglich* aneignen will.

Aufgabe des ersten Abschnittes »Anzeige der hermeneutischen Situation« (S. 346–375) ist es, *die Bedingungen des Auslegens und Verstehens* ursprünglich aufzuklären und in der philosophischen Forschung selbst auf dem Wege der destruktiven Auseinandersetzung mit ihrer Geschichte (»phänomenologische Destruktion«) explizit mit in den Ansatz zu nehmen. Die Klärung der »hermeneutischen Situation«, auf die jede Interpretation relativ ist, zentriert in der Problematik der Selbstauslegung des faktischen Lebens, deren prinzipielle philosophische Erforschung als »die *phänomenologische Hermeneutik der Faktizität*« bezeichnet wird (S. 364). Die in dieser »Anzeige« der hermeneutischen Situation in den Blick gebrachten, aber »nicht konkret ausgezeichnet[en] und in ihren konstitutiven Verzahnungen gefaßt[en]« (S. 351) ontologischen Strukturen des Gegenstandes »faktische[s] menschliche[s] Dasein als solches« (ebd.) – wie das Sorgen und die schon immer irgendwie in Sorge genommene Welt (als Umwelt, Mitwelt und Selbstwelt), die Verfallensgeneigtheit, das »Wie« des den Tod Habens, die Möglichkeit der eigentlichen Bekümmerung um die Existenz (als Weisen der Zeitigung der faktischen Lebensbewegtheit) – deuten voraus auf die konkrete Ausarbeitung in der bekannten Daseinsanalytik von »Sein und Zeit«. Die das Sein des faktischen Lebens betreffende Problematik der Philosophie ist »*prinzipielle Ontologie*, so zwar«, wie es in einem wichtigen Nachsatz heißt, »daß die bestimmten einzelnen welthaften regionalen Ontologien von der Ontologie der Faktizität her Problemgrund und Problemsinn empfangen« (S. 364). Mit dem Terminus »prinzipielle Ontologie« ist vordeutend das angesprochen, was er später als »Fundamentalontologie« bezeichnet (vgl. Sein und Zeit, § 4). Ist aber »das Sein des faktischen Lebens im jeweiligen Wie des Angesprochen- und Ausgelegtseins« Thema der Philosophie, dann heißt das, »Philosophie ist als Ontologie der Faktizität zugleich kategoriale Interpretation des Ansprechens und Auslegens, das heißt *Logik*« (S. 364). Daher müssen Ontologie *und* Logik in die »Ursprungseinheit der Faktizitätsproblematik« zurückgenommen werden (ebd.). Mit den Begriffen »Ontologie und Logik« wird zugleich der sachliche Titel der Vorlesung des Sommersemesters an zentraler Stelle genannt.

Der folgenden Abschnitte (S. 376 ff.) zur »Nikomachischen Ethik«, »Metaphysik« und »Physik« geben einen Aufriß der großangelegten Aristoteles-Studien. Sie sind von der Frage geleitet, wie die ontologischen Grundstrukturen als Explikate einer bestimmten Weise des Angesprochen- und Ausgelegtseins, nämlich als *Forschung*, ursprünglich erwachsen. Die phänomenologische Interpretation der aristotelischen Philosophie stellt sich demnach zur Aufgabe, die Genesis und den Grundsinn überhaupt von Forschung als Vollzugsweise rein hinsehenden Vernehmens und den ursprünglichen Sinn des Wahrheitsbegriffes (ἀληθεύειν, ἀληθές – ψεῦδος) am Leitfaden der *Faktizitätsproblematik* zur Abhebung zu bringen. Zur konkreten Interpretation werden die zentralen ontologischen und logischen Strukturen und der Zusammenhang der Phänomene unter sich erörtert, in deren Horizont Forschung und theoretisches Erkennen als nur *eine* Weise der Umgangserhellung des faktischen Lebens zu verstehen sind. Als der prinzipiell neue Grundansatz des Aristoteles, aus dem seine Ontologie und Logik erwachsen, wird das Phänomen der *Bewegung*, dessen ontologisch kategoriale Explikation Thema der »Physik« ist, in die Vorhabe genommen.

Mein besonderer Dank gilt Herrn Dr. Hartmut Tietjen für die von ihm angefertigten Transkriptionen, die wertvollen Ratschläge zur Erstellung des Textes und die sorgsame Kollationierung und Gesamtdurchsicht bei der Endredaktion. Für das Nachkollationieren des gesamten Textes mit den handschriftlichen Vorlagen und die Auflösung mehrerer verbliebener Fehlstellen danke ich Herrn Priv.-Doz. Dr. Peter Trawny. Dem Nachlaßverwalter, Herrn Dr. Hermann Heidegger, der mir die Herausgabe dieses Bandes übertragen hat, danke ich herzlich für das mir gegenüber erwiesene Vertrauen und die Erlaubnis zur Zitation aus den noch unveröffentlichten Briefen Martin Heideggers an Willibald Gurlitt und Karl Löwith. Ihm, Herrn Prof. Dr. Friedrich-Wilhelm von Herrmann und Herrn Detlev Heidegger danke ich für die gemeinsam vollbrachte Entzifferung von Fehlstellen und fraglichen Lesarten. Dank schulde ich Herrn Dr. Robin D. Rollinger und Herrn Dr. Thomas Vongehr (Husserl-Archiv der Universitäten Freiburg i. Br. und Leuven) für die Entzifferung der stenographischen Textstellen. Für die Korrektur der Drucktexte gilt mein Dank Frau Jutta Heidegger, Herrn Dr. Hermann Heidegger und Herrn Prof. v. Herrmann sowie wiederum Herrn Dr. Tietjen. Herrn Prof. Dr. Hans-Ulrich Lessing (Dilthey-Forschungsstelle der Ruhr-Universität Bochum) schulde ich Dank für die zur Verfügung gestellte Photokopie des im Nachlaß von Josef König wiederaufgefundenen Misch-Typoskripts. Herrn Prof. Dr. Ernst Tugendhat gilt mein Dank für seinen Hinweis auf die Stanford University Libraries in Kalifornien, in deren Besitz sich heute der Nachlaß von Helene Weiß befindet. Dem Altphilologen Herrn Prof. Dr. Hans-Christian Günther (Universität Freiburg i. Br.) danke ich für philologische Hinweise und Herrn Dr. Karsten Wilkens, Fachreferent für Gräzistik an der Bibliothek der Universität Konstanz, für seine Einweisung in den auf CD-ROM vorliegenden »Thesaurus Linguae Graecae«.

Konstanz, im Januar 2005 Günther Neumann